DICTIONNAIRE RAISONNÉ

DU

MOBILIER FRANÇAIS

IV

Bar-le-Duc. — Imprimerie Comte-Jacquet, Facdouel, dir.

DICTIONNAIRE RAISONNÉ

DU

MOBILIER FRANÇAIS

DE L'ÉPOQUE CARLOVINGIENNE A LA RENAISSANCE

PAR

E. VIOLLET-LE-DUC

ARCHITECTE

TOME QUATRIÈME

Illustré de 378 gravures sur bois, sur acier et en chromolithographie

PARIS

LIBRAIRIE GRÜND ET MAGUET

9, RUE MAZARINE, 9

SÉPTIÈME PARTIE

VÊTEMENTS, BIJOUX DE CORPS
OBJETS DE TOILETTE
(SUITE)

JARRETIÈRE, s. f. Les jarretières furent en usage quand on porta des bas-de-chausses et des hauts-de-chausses ; cela va, sans

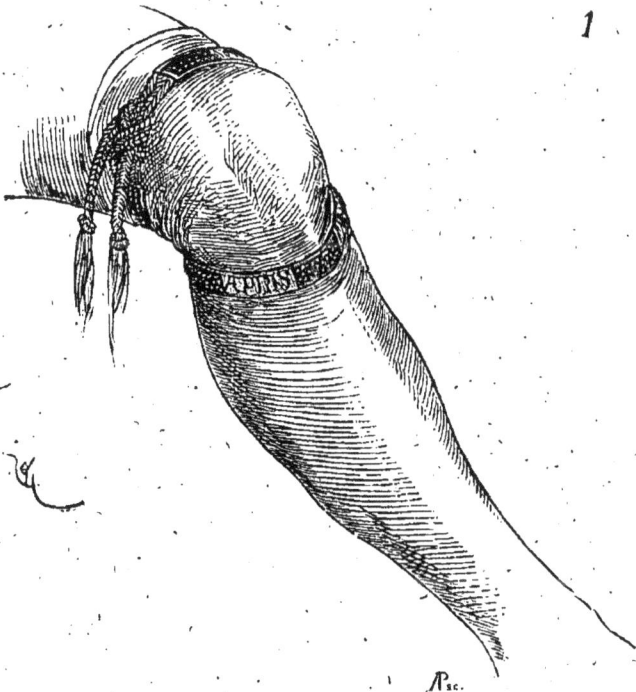

dire : Or, on porta des bas-de-chausses dès une époque très ancienne, puisque nous voyons, dans la tapisserie dite de la reine Mathilde, des personnages ayant les jambes vêtues de bas-de-chausses, que nous appelons *bas*, simplement aujourd'hui. Il est question de bas-de-chausses pour les femmes dès le xiie siècle ; ces bas-de-chausses exigeaient des jarretières.

Pour danser, les dames portaient des hauts-de-chausses (caleçons) et des bas-de-chausses, par conséquent des jarretières. Ces caleçons portés dans les bals, sous les jupes, étaient commandés par une

2

observation d'hygiène très exacte. Pendant le xive siècle, les dames mettaient des jarretières de soie brodées, qui, serrées sur les bas-de-chausses, au-dessous du genou, étaient croisées sous le jarret et venaient s'attacher au-dessus du genou (fig. 1¹). Les caleçons descendaient sur ces jarretières plus ou moins haut et ne serraient pas la jambe. Ces jarretières étaient attachées par une boucle ou simplement nouées, ainsi que l'indique notre figure.

Il n'est pas besoin de rappeler ici la tradition relative à l'institu-

---

¹ Miniature du xive siècle, ancienne collection H. Gérente.

tion de l'ordre de la Jarretière par Edouard III, roi d'Angleterre, en 1349. La jarretière de cet ordre est de velours bleu foncé, avec cette devise brodée en or : *Honni soit qui mal y pense !* Bien que cette partie du vêtement féminin ne soit pas destinée à être apparente, les dames se sont plu, de tout temps, à porter des jarretières richement brodées. Au xv⁰ siècle, il était de mode, pour les dames, de mettre des jarretières avec devises ou chiffres. Les gentilshommes élégants, sous les règnes de Charles VI et de Charles VII, faisaient broder sur un de leurs bas-de-chausses une jarretière avec devise ou chiffre entremêlés de perles et de pierreries, en l'honneur de quelque dame. Parfois le chiffre était brodé au-dessus de la jarretière, sur la cuisse (fig. 2 ¹). Ce jeune seigneur est vêtu d'un corset bleu avec pentes pourpres brodées d'or, taillées en lambrequin ; de bas-de-chausses noirs ; d'un manteau pourpre doublé d'hermine sans queues. Sur son bas-de-chausses gauche sont brodés une jarretière et un chiffre d'or.

Un petit collet de velours noir dépasse le corset, un délicat collier d'or est posé sur le manteau.

JOURNADE, s. f. (*jornade*). Surtout ; casaque sans ceinture habituellement, fort usitée pendant le xv⁰ siècle, portée par les hommes de tout rang, d'étoffe commune ou riche, suivant l'occurrence. Il y avait des journades ornées d'orfévrerie, doublées de martre ou d'hermine. Il y en avait de bure pour le peuple : ces dernières journades étaient plus longues que celles portées par la noblesse, et quelquefois alors retenues à la taille par une ceinture.

La journade était habituellement un vêtement de chevauchée. Les hérauts portaient, ainsi que leurs valets, des journades armoyées. « Ceux de l'ambassade du roy envoyerent un hérault à Gand pour « publier les trefves : et avoit son varlet une journade vestue ou « estoit l'enseigne du Duc (de Bourgogne), c'est à sçavoir la croix de « Saint Andrieu : mais ce varlet fut prins en la ville en menant les « chevaux boire, et pendu et estranglé en despit du Duc et en ven- « geance de la mort de leur Coûteillier, et le hérault s'en retourna « sain et sauf, tout effrayé ². »

A l'origine, c'est-à-dire au commencement du xv⁰ siècle, la journade n'est autre chose qu'une petite dalmatique dont les deux pans

---

¹ Manuscr. Biblioth. nationale, *Lancelot du Lac*, français (1425 environ).
² *Chronique* d'Enguerrand de Monstrelet (1452).

sont rattachés à la hauteur de la taille (fig. 1 [1]). Sur des chausses pourpre clair, ce jeune noble porte un surcot de velours amarante et une journade bleue brodée d'or et doublée de vert. Son chapel est rose et or. A peine si ce vêtement couvre les épaules et des ganses

1

rattachent le devant au pan de derrière au niveau de la ceinture, afin de ne point gêner les mouvements. On voit que ce vêtement est taillé à la façon des casaques armoyées des hérauts [2]. Cependant la journade fut bientôt pourvue de manches, courtes d'abord, puis

---

[1] Manuscr. Biblioth. nation., les *Cent nouvelles de Boccace*, français (1405 à 1410).
[2] Les hérauts portaient, comme vêtement distinctif, la casaque, qui n'était qu'une petite dalmatique, ou le hoqueton (voy. HOQUETON).

couvrant les bras jusqu'aux poignets. La journade des bourgeois,

2

le 1430 à 1440, ressemble fort à une garnache à jupe très courte
(fig. 2) (voy. GARNACHE).

Ce personnage est en habit de voyage ; il est chaussé de bottes

3

noires par-dessus des bas-de-chausses fauves. Sa cotte est pourpre vif et la journade est gris jaunâtre. Un chapeau de feutre noir à longs poils et haute forme couvre sa tête, et il porte une escarcelle en ban-

3 .bis

doulière [1]. Ce vêtement n'était pas assez élégant pour la noblesse, et sa coupe né pouvait convenir aux modes étriquées admises alors par

[1] Manuscr. Biblioth. nation., *Miroir historial*, français (1440 environ).

les gentilshommes qui n'avaient pas atteint l'âge mûr. Vers 1450, la
journade était une casaque très courte, sans collet, ouverte par
devant, avec manches fendues pour passer les bras (fig. 3 et 3 *bis* [1]).
Le personnage figure 3 a les jambes armées de cuissots et de grèves ;

son surcot, dont on n'aperçoit que les manches, est vert et or ; la
journade est pourpre clair, doublée d'hermine. Son chapel est gris.
Le personnage figure 3 *bis* porte des chausses pourpres et une
journade verte. Le collet haut est blanc, c'est-à-dire de linge empesé. Le chapeau est fauve, poilu et orné d'un chapelet en forme de
chaîne d'or. Les manches de la journade sont démesurément rembourrées aux épaules, suivant la mode du temps. On remarquera
comment les plis de ce vêtement sont disposés par derrière, de
manière à laisser sous les bras deux pans unis et plats. Mais encore
portait-on des journades sans manches en façon de dalmatiques

[1] Manuscr. Biblioth. nation. : fig. 3, *Mirouer du monde* (1460 environ) ; fig. 3 *bis*, *Miroir historial*, français (1450 environ).

excessivement courtes avec un pli creux au milieu du dos (fig. 4 [1]). Ce gentilhomme à cheval est vêtu d'un surcot rouge à manches fendues et lacées par derrière, de chausses bleues avec de hautes bottes noires à revers fauves. La journade est noire et le chapel vert. Bien entendu, cette journade, composée de deux pans et laissant deux vides latéralement, n'était point ouverte par devant, comme l'est celle qui est représentée figure 3.

Quant à la journade, casaque de héraut, la figure 5 en fournit un exemple. Une ceinture retient le pan de devant à la taille ; le pan de derrière tombe librement. Cette dalmatique est longue, faite de drap d'or et découpée sur les bords. Le surcot, garni d'un collet et de spallières longues, est vert ; les chausses, qui s'attachent à ce surcot par des aiguillettes, sont de même couleur. Le chapel est rouge [2]. La journade dalmatique, ou casaque des hérauts, est con-

[1] Manuscr. Biblioth. nation., *Girart de Nevers*, français (1440 environ).
[2] Manuscr. Biblioth. nation., *Passages d'outre-mer* (seconde moitié du xvᵉ siècle).

servée jusqu'au xive siècle; quant à celle que donne la figure 3, ell
disparaît vers 1465. Sur la journade comme sur le corset, les élégant
passaient souvent une chaîne d'or faisant plusieurs tours et tombant
assez bas par derrière comme par devant. Au total, ce vêtement
lorsqu'il était garni de manches, était commode pour chevaucher
On portait aussi la journade par-dessus l'armure.

JOYAUX, s. m. pl. Dès l'époque gallo-romaine, le luxe des joyau:
était poussé très loin. Les populations de la Gaule ont toujours ma
nifesté un goût prononcé pour les ornements d'or et d'argent, pou
les couleurs voyantes. Les invasions des barbares du nord-est, loi
de contribuer à étouffer cet amour pour les joyaux en Occident
ne firent au contraire que le développer, et sous les Mérovingiens
les vêtements civils, les vêtements militaires et les armes étaien
ornés de bijoux d'or qui, bien que barbares au point de vue de la
fabrication, n'en étaient pas moins d'une grande valeur intrinsèque
Sous les Carlovingiens, les rapports fréquents de l'Occident avec
Byzance répandirent en Italie et dans les Gaules quantité de bijou:
précieux, fort recherchés par la noblesse jusqu'au xiie siècle ; e
alors la fabrication de ces objets avait acquis, même en Occident
un degré de perfection remarquable.

Il y eut, au commencement du xiiie siècle, réaction, et, bien qu
le motif de ce changement, assez brusque, dans les modes, ne soi
pas facile à expliquer, c'est un fait sur l'existence duquel les monu
ments ne peuvent laisser de doutes. Pour les vêtements, comme dan
l'architecture et les arts de luxe, il y eut un mouvement très pro
noncé vers la simplicité des formes et la sobriété des ornements. O
portait peu de bijoux de corps dès le commencement du xiiie siècle
relativement aux époques précédentes. Le haut clergé seul semblai
conserver le privilège de ce luxe ; mais il était passé de mode chez
les laïques vers le milieu du xiiie siècle. Saint Louis n'aimait pas voi
les gentilshommes, autour de lui, parés de ces joyaux ruineux qu
excitaient la convoitise. Lui-même affectait une extrême simplicité
dans ses vêtements. Mais, au xive siècle, malgré les édits somptuaires
la noblesse se reprit de passion pour les joyaux de prix, et sous
Charles V et Charles VI ce luxe s'était développé d'une manière scan
daleuse. Les malheurs du commencement du xve siècle ralentiren
forcément les exagérations de cette mode, qui eut encore une époque
brillante sous Charles VII, Louis XI, Charles VIII et Louis XII.

Nous ne nous occuperons ici des joyaux qu'au point de vue de leu
application aux vêtements des deux sexes.

Jusqu'aux croisades, tout ce qui était motif de parure, étoffes précieuses et bijoux, faisait l'objet d'un commerce important. Les Lombards, c'est-à-dire les Vénitiens, qui faisaient à peu près seuls le trafic avec l'Orient, possédaient des comptoirs dans tout l'Occident, et particulièrement en France et en Angleterre. Les expéditions en Terre sainte, les rapports plus directs des Occidentaux avec Constantinople et la Syrie, ne firent que développer le goût pour les objets de provenance orientale; mais en même temps l'industrie occidentale s'empara de ces modèles pour fabriquer à son tour quantité de ces objets plus ou moins inspirés de l'art oriental. Les Vénitiens même fabriquaient beaucoup d'étoffes et de bijoux depuis longtemps, imitant la facture orientale et qu'ils vendaient comme de cette provenance.

L'art de mêler les perles et même les pierres précieuses aux tissus d'or et de soie était une des industries les plus répandues en Orient dès l'antiquité, et les débouchés occidentaux ne faisaient que donner un nouvel aliment à cette industrie.

Nous possédons encore quelques tissus de provenance orientale mêlés de perles qui datent des xie et xiie siècles, et les monuments figurés de cette dernière époque nous montrent combien l'usage des joyaux s'était répandu dans la noblesse française. C'étaient des passementeries semées de pierres, des agrafes de grande dimension et d'une extrême richesse, des fermoirs, des ceintures, des cercles et couronnes, des pendeloques, cassolettes, et quantité de menus objets que nous n'aurions pas à détailler ici, puisqu'ils trouvent leur place dans les articles de ce dictionnaire, s'il n'y avait pas quelque intérêt à montrer les transformations générales que subit la mode des joyaux. C'est donc à ce point de vue seulement que nous nous occuperons de cette partie importante de la parure de nos aïeux. Le goût tout oriental encore des bijoux de toilette vers le milieu du xiie siècle, se transforme peu à peu vers la fin de ce siècle et prend un caractère tout occidental pendant le xiiie, caractère qu'il ne perd plus jusqu'à l'époque de la renaissance.

Venise ne cessa cependant de fabriquer des joyaux qu'elle vendit toujours en Occident; mais, en industriels intelligents, les Vénitiens cessèrent d'imiter les objets de provenance orientale à l'époque où la mode de ces objets disparut, et se conformèrent au goût nouveau. Ils n'en continuèrent pas moins à produire avec une supériorité marquée toutes ces futilités précieuses, si chères en tout temps aux classes élevées et riches.

C'est ainsi qu'à une époque relativement récente (xvie siècle), où

les bijoux dits de Nuremberg étaient en vogue en France comme en
Allemagne et en Angleterre; les Vénitiens firent quantité de ces broches, pendants d'oreilles, châtelaines, ceintures, dans le goût de la
bijouterie tudesque. Cet éclectisme a été pour Venise une source
énorme de richesse, et l'on peut dire que l'industrie vénitienne, sans
avoir possédé un caractère propre, une originalité locale, sauf sur
quelques points, savait se plier aux fluctuations des modes occidentales, et fournissait aussi bien des objets orientaux sortis de
ses ateliers que des objets tudesques, le cas échéant; le tout, avec
un talent d'assimilation et une perfection d'exécution qui faisaient
excuser la contrefaçon.

Encore aujourd'hui, si réduite que soit l'industrie vénitienne,
elle a conservé ce précieux privilège, et surprend par l'habileté
qu'elle apporte dans ses imitations.

Nous nous garderons de trahir les secrets innocents qui lui
permettent encore de conserver quelques restes de sa splendeur
passée; mais il est certain que les amateurs de vieux bijoux, de
vieux bronzes, en trouveront toujours à Venise, comme ils trouveront toujours des antiques à Naples et à Rome, avec cette différence, toutefois, qu'il n'est pas besoin d'être très connaisseur pour
constater la fraude dans ces dernières localités, et qu'à Venise,
le bijou de Nuremberg que l'on fabrique aujourd'hui est, à tous
égards, égal au bijou ancien; a-t-il encore sur celui-ci l'avantage
de coûter beaucoup moins cher.

Pendant la période carlovingienne, les bijoux de parure pour les
hommes et les femmes étaient évidemment empruntés à la fabrication byzantine, avec quelques restes des traditions gallo-romaines
et mérovingiennes. Ces bijoux, hormis les couronnes, bagues et
colliers, étaient attachés aux vêtements, en faisaient partie, pour ainsi
dire. Ils consistaient en agrafes, fermaux, boutons, ornements de
ceinture, passementeries d'or, ou broderies entremêlées de perles
et de pierreries, semis d'or attachés sur les étoffes, représentant
des fleurettes, des croisettes, des animaux. Tout cela était plutôt de
l'orfévrerie de parure que de la bijouterie proprement dite.

Dans la partie traitant de l'ORFÉVRERIE, nous donnons plusieurs
exemples de bijoux appartenant à l'époque mérovingienne et carlovingienne. On trouve, en outre, dans le bel ouvrage de M. Labarte [1],
d'assez nombreux documents sur la matière, notamment les bijoux

---

[1] *Hist. des arts industr. au moyen âge et à l'époque de la renaissance.*

provenant du tombeau de Childéric [1] ; fragments de fibules, boutons, agrafes, abeilles d'or, avec plaques de grenat encloisonnées. Les couronnes d'or trouvées à la Fuente de Guarrazar, près de Tolède, et déposées aujourd'hui au musée de Cluny, présentent aussi des exemples de bijoux, notamment une croix avec pendeloques, qui

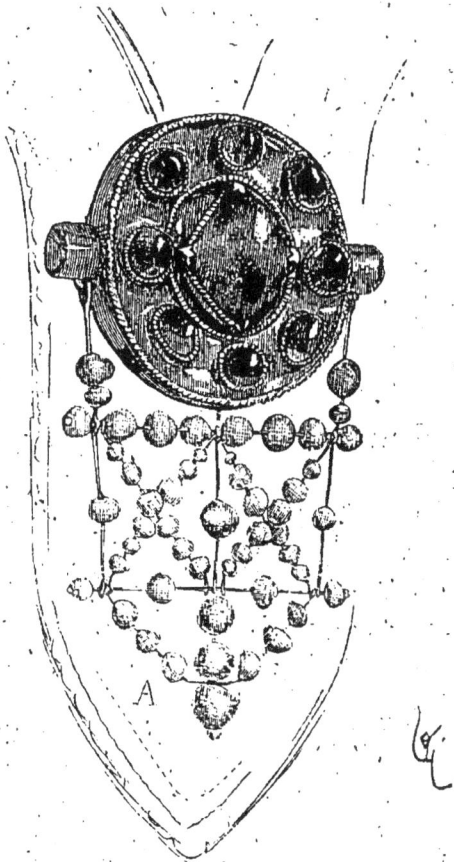

appartiennent au VIIe siècle et à la civilisation des Wisigoths. Tous ces exemples, surtout les derniers, sont fortement empreints de l'influence byzantine, et l'on ne peut voir là les traces d'une industrie franchement occidentale. Ce n'est guère qu'au XIIe siècle que le bijou ainsi que les autres objets appartenant à la parure commencent à s'affranchir du goût byzantin. Nous ne nous occuperons que de ceux-là, afin de rester dans notre cadre. Les dames françaises ne portaient pas alors, ainsi que nous l'avons dit ailleurs, de colliers, mais des plaques de poitrine qui servaient d'agrafes ou de fermaux;

[1] Planche XXX, et tome I, p. 453.

qui prenaient un développement hors de proportion avec leur usage, et étaient plutôt un ornement qu'un objet d'utilité.

Tel est le bijou que nous donnons ici (fig. 1 [1]). C'est une agrafe (afiche) pectorale de femme. Aux deux bouts semi-cylindriques qui masquent la tête et la pointe de la broche est suspendu un réseau de fines tigettes garnies de perles enfilées. Cela tombait sur la broderie qui bordait la fente de l'encolure de la robe sous le bliaut (voy. BLIAUT). Ces *afiches* circulaires étaient très ordinaires alors, et souvent d'une grande dimension (voy. COIFFURE, fig. 5), mais il est rare de les voir accompagnées de cet appendice inférieur. L'usage des

2

pièces d'or ou besants attachés sur l'encolure des robes de femme suivant un certain ordre et tombant sur la poitrine, se rencontre aussi parfois pendant le cours du xiie siècle (fig. 2 [2]). Mais c'était là un ornement byzantin que nous voyons persister très tard dans la haute Italie et dans tout l'Orient. Ainsi, sur l'un des chapiteaux du palais des doges de Venise [3], on voit une jeune femme dont le corsage est entièrement couvert de besants d'or.

Cette dame est vêtue, sur sa cotte, d'un surcot simple à manches

---

[1] Fragment de statuette provenant d'un chapiteau du porche de l'église abbatiale de Vézelay (1130 environ).

[2] Fragment de la même provenance.

[3] Partie du xive siècle.

ouvertes et étroites à partir du coude, suivant la mode du temps (1350 environ). La poitrine, les épaules, le haut des manches, sont entièrement couverts de besants larges, dont deux rangées descendent par devant jusqu'au bas du vêtement (fig. 3). Les habits des personnages qui décorent ces chapiteaux sont identiques, à très peu près, avec ceux qu'on portait alors en France, et cette mode des semis de besants pénétra jusque chez nous.

3

Pendant les xive et xve siècles, il est fait mention parfois d'écus attachés aux chapels et chaperons, aux manches des vêtements des hommes, aux corsages des vêtements des femmes, et ces pièces d'or étaient même répandues à profusion sur ces pièces d'habillement. Voyez, à l'article MANCHE, la description du costume du seigneur de Graville, 1407.)

C'est au xiie siècle qu'apparaissent, dans les bijoux, ces filigranes perlés, employés dès la haute antiquité grecque et asiatique. On peut voir, au musée du Louvre, des bijoux phéniciens provenant de a nécropole de Camiros, et qui sont en grande partie composés de ils d'or délicatement perlés. Or, ces bijoux ont une analogie frappante avec ceux que nous possédons encore, soit en nature, soit sur les monuments, et qui datent du xiie siècle. Mêmes procédés de repoussés, de retouches au burin, de pendeloques, de pierres ou de perles scintillant au bout de fils perlés. Il est bien certain que ces procédés

de fabrication, qui ne s'étaient jamais perdus en Orient, furent
adoptés au moment des croisades par nos industriels occidentaux.
Mais ils y appliquèrent leur goût particulier, qui se développait avec
beaucoup d'énergie.

On employait alors dans les vêtements, outre les passementeries,
des plaques d'or travaillées, repoussées, gaufrées et burinées, ornées
de pierreries et de perles qui s'appliquaient aux cols des robes des
hommes et des femmes, aux ceintures, aux cercles qui retenaient
les cheveux longs, et même aux chaussures. Ces plaques, posées
jointives, cousues sur l'étoffe, pouvaient prendre ainsi la forme
des parties du corps qu'elles couvraient.

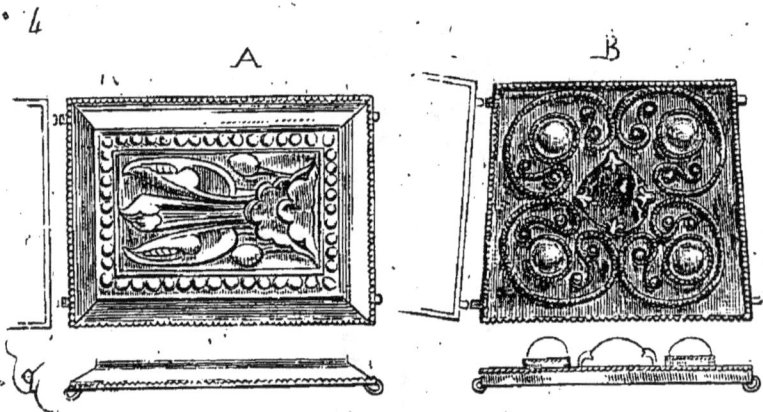

Les statues du xiiᵉ siècle nous fournissent d'assez nombreux exemples de ces sortes de joyaux, dont quelques échantillons se trouvent
encore dans nos musées sans indication de provenance (fig. 4[1]);
mais dont les attaches sous-jacentes ne peuvent laisser de doutes
sur leur destination. Ces sortes de plaques étaient parfois couvertes
d'émaux cloisonnés ou faites à l'étampe (A), ou décorées de pierreries
et de perles (B). Il en était qui présentaient en saillie des enroulements et arabesques de filigranes perlés détachés du fond (fig. 5[2]),
d'un dessin charmant et d'une exécution parfaite. Ces joyaux appartiennent à la fabrication occidentale, ou tout au moins lombarde,
mais ne doivent pas être mis au compte de l'industrie byzantine,
dont le style tendait alors à s'éloigner de cette ornementation délicate que nous voyons, d'ailleurs, reproduite dans la décoration
architectonique, et surtout dans les manuscrits occidentaux. Cepen-

---

[1] Statues du portail occidental de la cathédrale de Chartres. Fragments, musée de
Cluny. A, plaque de ceinture ; B, plaque de collier.

[2] Ancien cabinet de M. Louis Fould ; argent doré.

dant, on ne peut douter que ces sortes de bijoux n'eussent été originairement imités de ceux que fournissait l'Orient ; mais, si la fabrication byzantine avait donné les premiers modèles, les joailliers
occidentaux y ajoutaient peu à peu leur goût particulier, et y
mêlaient des traditions de fabrication locale qui s'étaient maintenues
depuis l'époque antique.

Nous n'avons trouvé trace, dans aucun monument des XIIe et XIIIe
siècles, de boucles d'oreilles pour les femmes et de bracelets caractérisés. Mais il était un ornement qui remplaçait fréquemment les
boucles d'oreilles pour les deux sexes. Aux cercles ou couronnes
étaient suspendus latéralement des bijoux qui descendaient le
long des cheveux jusqu'aux épaules. Cette parure était fort en vogue
dès avant l'époque carlovingienne, et elle persista jusque vers la
moitié du XIIe siècle. C'était là évidemment une importation byzantine, puisque nous voyons ces joyaux adaptés à des couronnes de
grands personnages dans les manuscrits grecs jusqu'au XIIe siècle.
Sur ces miniatures, ces pendeloques sont habituellement des groupes
de perles enfilées, car à Byzance les perles étaient considérées
comme l'ornement de joyau le plus recherché. En Occident, les perles
étaient remplacées souvent par de simples verroteries ou par des
ornements d'or, petites sphères ou besants. Toutefois, ces joyaux
sont rarement figurés sur nos monuments ou manuscrits français.
Dans les provinces voisines de la Méditerranée, en Provence, dans
le Languedoc, qui recevaient plus directement les influences byzantines, on voit parfois sur les statues des joyaux de tête composés
de cercles avec pendeloques tombant même tout autour de la tête
(fig. 6[1]). C'était une mode usitée dans l'Aragon pendant les XIIe et

---

[1] Fragment déposé dans le cloître de Saint-Hilaire, près de Castelnaudary (XIIe siècle).

xiiie siècles et qui date d'une haute antiquité, puisqu'on trouve des
parures de tête ainsi composées sur les monuments de l'Egypte.

Ces joyaux des xiie et xiiie siècles, bien que très habilement composés et d'un charmant dessin, sont exécutés avec une grande
liberté, irréguliers souvent, ce qui ajoute singulièrement à leur

6

effet comme objets de parure. Ce sont des objets d'art, qualité qui
manque trop souvent aux joyaux modernes, dont la régularité mécanique a quelque chose de froid et de roide qui fait contraste avec la
souplesse et l'imprévu des plis de l'étoffe. Pour que le métal puisse
s'allier aux vêtements, il est nécessaire que les formes qu'il adopte
aient une certaine liberté ; que ces formes participent de celles que
fournit la broderie, quelque peu irrégulière toujours et souple.
C'est ce qu'avaient compris les anciens, et, à ce point de vue, les
bijoux grecs présentent les mêmes qualités; tandis que les imitations récentes qu'on a prétendu faire de ces objets ont une régularité, une rigidité qui sont bien loin de satisfaire les gens de goût.

Pendant le xiie siècle, les prélats portaient quantité de joyaux de

valeur, agrafes, frémaux, pectoraux, orfrois d'orfévrerie et de
pierres précieuses, plaques de gants, mitres et chaussures enrichies
de métaux travaillés et de pierreries, bagues, étoles et manipules
également décorés de plaques d'argent doré ou d'or. Il n'en était
pas de même, ainsi qu'il a été dit plus haut, dans l'ordre civil. De
1220 à 1280, la noblesse ne fit pas abus de joyaux. La coupe des
vêtements ne se prêtait pas à leur emploi, et, sauf quelques agrafes
ou frémaux destinés à retenir les manteaux, on ne voyait plus alors
de ces bordures si riches, adoptées pendant les XI⁰ et XII⁰ siècles, de
ces pendeloques et semis importés de Byzance. L'Orient n'exerçait
plus la même influence que précédemment sur les modes non plus
que sur les arts ; mais aussi les joyaux de cette époque prennent-ils
une physionomie franchement occidentale.

Pour les gentilshommes, pendant cette période, les joyaux ne
consistaient qu'en agrafes de robes et manteaux, en ceintures, boutons et cercles propres à retenir les cheveux. Les joyaux étaient
particulièrement réservés aux armures ; on en décorait les ceintu-
rons, les guiges d'écus, les heaumes, et parfois même les quelques
pièces d'acier (plates) que l'on commençait à porter avec les mailles
(voyez la partie des ARMES). Pour les femmes, outre les ceintures
et agrafes, les joyaux les plus recherchés s'appliquaient à la coiffure.

> « Venus i fut la bele Aude à vis cler ;
> « Ele ot le jor un mantel afublé :
> « Un poc fut cors : ce li avint assés.
> « Plaist vos oïr com grant fut sa biauté ?
> « Un chapelet ot en son chief posé,
> « A riches pierres, qui getent grant clarté¹ »

Ces joyaux de tête consistaient en cercles plus ou moins riches et
en résilles ornées de perles ou de pierres fines. Alors on commençait, dans la bijouterie comme dans les ornements d'architecture, à
s'inspirer de la flore plutôt que des ornements byzantins évidemment
passés de mode. Les fleurs, les feuillages reproduits en or ou argent
composaient les joyaux, afiches, cercles pour coiffure (fig. 7). Nous
avons décrit, à l'article ORFÉVRERIE, les procédés de fabrication
de ces sortes de bijoux d'enlevure, c'est-à-dire faits au repoussé,
pendant le XIII⁰ siècle, et qui s'éloignent complètement du goût
byzantin. Plus légers, plus variés, comme composition, mais plus

¹ Roman de Girard de Viane (XIII⁰ siècle), publ. par M. Tarbé, p. 90.

fragiles, ils ont facilement disparu, et nos collections n'en laissent voir que de très rares échantillons ; d'autant qu'à cette époque, ainsi que nous l'avons dit, on n'abusait pas des joyaux sur les vêtements civils.

Toutefois on appliquait encore, sur les passementeries et étoffes, des ornements d'or ou de vermeil, pour décorer les encolures de robes, les bordures de manteaux et les ceintures, ainsi que cela était si fréquemment pratiqué pendant le siècle précédent. Mais ces applications étaient très légères, et n'avaient pas l'aspect sévère et monumental que le xii° siècle leur avait donné. Des débris trouvés dans des tombes et les monuments figurés montrent que ces applications ne consistaient qu'en des feuilles de métal très minces, décorées à l'étampe, et que l'on cousait aux bordures ou sur les pleins des vêtements. Ce n'était qu'un paillon épais et étampé qui prenait des reflets plus vifs que ne le peut faire la broderie ou le brochage, et qui convenait aux vêtements de cérémonie destinés à produire de l'effet à grande distance.

Les émaux cloisonnés ou colorés entraient aussi dans la fabrication des joyaux, et notamment de ceux adoptés par le haut clergé. Mais l'aspect dur et froid de ces bijoux ne convenait que médiocrement aux parures civiles, tandis qu'il s'associait aux armures et harnais de guerre.

Après la mort de Saint-Louis, le goût des joyaux prit dans la noblesse un grand développement et ne fit que croître pendant le cours du xiv° siècle. Le nord de l'Italie en fabriquait beaucoup ; les joailliers français ne restèrent pas en arrière, et les rapports de la cour de France avec le nord de l'Espagne et la Lombardie, de 1290 à 1390, ne firent que propager le goût pour ce genre de luxe, qui s'étendit bientôt à la bourgeoisie, et contre lequel de nombreux édits royaux restèrent impuissants. On constate, en examinant les miniatures des manuscrits dues à des artistes italiens, au commencement du xiv° siècle, combien l'habitude de porter des joyaux sur les vêtements civils était répandue dans la péninsule, alors que chez nous

l se développait à peine après la période de sobriété relative que
marque notre xiii⁰ siècle. Les coiffures des femmes sont déjà d'une
richesse qui n'était plus de mise en France dans la noblesse depuis
le xii⁰ siècle, mais qui ne tarda pas à être dépassée. Il est un fait
étrange dans l'histoire de notre pays : le luxe des habits semble
s'accroître dans les époques calamiteuses. Ainsi le xiii⁰ siècle est un
des plus prospères de notre histoire. Pas de guerres importantes
à l'intérieur ; un développement prodigieux dans les travaux de l'intelligence et de la prospérité matérielle ; une organisation administrative relativement perfectionnée ; le cours régulier de la justice, si
l'on compare les institutions de saint Louis au chaos judiciaire précédent. Pendant cette période, on voit le luxe exagéré du xii⁰ siècle
remplacé par une certaine simplicité dans les habits. La noblesse et
la bourgeoisie sont à peu près habillées de la même manière, quant
à la coupe des vêtements ; peu de bijoux. Avec le xiv⁰ siècle, le luxe
s'empare de nouveau des classes élevées. Ni les désastres de Crécy,
ni ceux de Poitiers, ne ralentissent cette passion pour la richesse des
vêtements, qui se répand jusque dans la bourgeoisie. Le niveau se
maintient pendant le règne de Charles V ; puis, après les malheurs du
commencement du xv⁰ siècle, il y a recrudescence dans les habitudes de luxe appliquées aux vêtements. Temps d'arrêt sous Louis XI ;
nouveau déploiement du luxe depuis lors pendant les époques calamiteuses du xvi⁰ siècle. Est-ce désir de jouir du moment présent,
lorsque l'avenir est mal assuré ? Est-ce une sorte de fièvre qui s'empare des esprits au temps des malheurs publics et qui fait que chacun
veut paraître, ne fût-ce qu'un instant, sur la scène d'un monde
troublé ? Nous ne savons. Mais il y a là matière à exercer la saga-
cité des philosophes observateurs. Pendant que la moitié de la
France est la proie des Anglais, au commencement du xv⁰ siècle,
on voit la noblesse commander les habits les plus somptueux et songer à des fêtes pendant lesquelles on déployait un luxe inouï. De
même, bien plus près de nous, voyons-nous, sous le Directoire,
lorsqu'à peine la guillotine est abattue, lorsque nos frontières sont
menacées, la société quitter le deuil pour s'adonner à un luxe scandaleux.

La richesse des habits dans la société française n'est donc pas
en raison de la prospérité publique. C'est plutôt le contraire qui
serait vrai. Il semblerait que pour elle, après une catastrophe
publique qui lui fait entrevoir la misère, et qui la force pour un
temps à se priver des choses les plus nécessaires, le besoin qui se
fait le plus impérieusement sentir, celui auquel son désir la porte

à satisfaire tout d'abord, c'est l'élégance dans les habits, dans les meubles usuels... Faut-il s'en plaindre, faut-il s'en féliciter? Est-ce légèreté de caractère? Est-ce amour des futilités? Est-ce un appétit particulier pour les délicatesses du goût? Fait non moins étrange! c'est à la suite des longues périodes de prospérité que la perfection de la main-d'œuvre décline chez nous, que les intelligences s'alanguissent. Vienne un cataclysme, une interruption dans les travaux d'art et d'industrie, des temps d'obscurité; dès que l'apparence du calme renaît, l'art, l'industrie, reparaissent rajeunis, se montrent avec un lustre nouveau, comme si, dans les périodes d'angoisses, il s'était fait une nouvelle éclaircie pour les intelligences, il s'était produit un tour nouveau dans le travail de la main de l'artiste et de l'artisan.

La sobriété des joyaux sur les vêtements français du xiiie siècle n'était pas observée dans les pays voisins. En Angleterre, en Brabant, en Bavière, dans le nord de l'Italie et de l'Espagne, les joyaux étaient alors adoptés sur les vêtements. Ainsi voit-on dans le transept de l'église de Ruremonde la statue de Gérard III, comte de Gueldre, mort en 1229, et celle de sa femme, la comtesse Marguerite. Ces deux figures, de grandeur forte nature, sont habillées à la mode du temps. Leur costume diffère peu de ceux adoptés alors en France, si ce n'est que les deux personnages portent au cou des colliers d'or avec pierreries, serrés, cachant l'ouverture d'une chemisette à petits plis, prise sous le corsage, très décolleté. La figure 8 présente cette partie du vêtement de la femme. Il fallait que cette sorte de carcan fût disposé à charnières pour pouvoir ainsi s'ajuster au cou, par-dessus la fronce supérieure de la chemisette. Le manteau, qui tombait par derrière, était attaché par deux torsades et un fermail orné de pierreries pendant sur le devant de la gorge. Ces carcans d'or sont restés longtemps de mode dans les Flandres et en Hollande. Les femmes du peuple en portaient encore jusqu'à la fin du xviie siècle.

Le xive siècle voit donc renaître la mode des joyaux sur les vêtements, aussi bien pour les femmes que chez les hommes, et cette mode ne cesse de progresser jusqu'à l'époque de la renaissance. L'inventaire du trésor de Charles V mentionne une quantité prodigieuse de joyaux très précieux propres aux vêtements des deux sexes, et des broderies avec mélanges de perles fines. « Un chapperon sans gorge, fourré d'ermynes, d'un veluau azuré, « brodé d'or de Chippre, tout semé de compas¹ d'œuvre de perles,

¹ L'or de Chippre est de l'or filé, c'est-à-dire, ainsi que cela se pratique encore

« et en un chacun compas a cinq grosses perles de compte [1] »
Il est fait mention, dans ce même inventaire, de nombreuses

croix portées par les princesses de la famille royale : « Une pe-
« tite croix d'or à quatre balaiz, un saphir et huit perles, pesant

aujourd'hui, un fil d'argent doré ou d'or passé à la filière, puis aplati, et entourant en
spirale un fil de soie. Compas, dans ce cas, doit s'entendre comme cercles, formes
annulaires. On disait aussi : œuvre faite à compas, c'est-à-dire avec régularité. Un
« collier d'or à compas » est un collier formé d'anneaux circulaires.
[1] N° 3443 de l'Inventaire du Trésor de Charles V, Biblioth. nation.

« quinze estellins d'or [1]. » On représentait même alors sur ces bijoux, qu'on appelait *enseignes* ou *tableaux*, ou *pendans*, des scènes entières : « Item un petit crucifiement d'or où est Notre « Dame et Saint Jehan assiz sur un entablement sans pierrerie, « pesant une once [2]. Item ung tableaux d'or ou dedans est le cru- « cifiement et le couronnement (de la Vierge) garniz de perles, « rubis d'Alixandre et esmeraudes, pesant six onces [3]. » Les reli- quaires n'étaient pas oubliés; on les portait au cou, ou pendus à la ceinture : « Autres petitz joyaulx et reliquaires d'or pendans et « à pendre lesquels furent à feue madame Marie de France jadis « fille du roy [4]. »

« Item un reliquaire ou dedenz est ung miroer et la gésine Notre « Dame, garny à l'un costé d'un ballay et quatre perles et de l'autre « costé quatre ballaiz, quatre saphirs, quatre dyamens et quatorze « perles, pesant six onces et demye. [5] » Ces pendants servaient aussi à contenir certaines poudres de senteur ou de véritables amulettes : « Une boiste d'or à façon de poire pour mettre pouldre, « ou dessus est un petit lys ou fruitelet, pesant deux onces douze « estellins [6]. » — Une pierre appelée « la pierre Saincte, qui ayde « aux femmes à avoir enffant ; laquelle est enchassée en or et y « sont quatre perles, six esmeraudes, deux ballais et au dos y a ung « escu de France, estant en ung estuy de cuir [7]. » Les colliers et chaînes ne sont pas oubliés : « Ung très petit collier à chienet « (à chaînons) sur un tissu ynde, ferré à petiz lys d'or, troyes clo- « chettes, mordant et boucle d'or pesant onze estellins [8]. » Non plus que les ceintures : « Item une seincture en laquelle a soixante « assiettes [9] et en trente d'icelles a en chacune deux saphirs, deux « rubis et quatre grosses perles; et en chacune des autres trente « assiettes a ung ruby ou milieu ; et ou mordant de ladicte seincture « a cinq gros saphirs, cinq rubiz, quatre dyamans et vingt grosses « perles. Et en la boucle, a troys gros rubiz et six petiz, troys groz « saphirs, quatre dyamans et seize grosses perles. Et ou mordant

---

[1] N° 200 de l'*Invent. du trésor de Charles V.*

[2] N° 203 du même *Inventaire.*

[3] N° 208..

[4] *Invent. du trésor de Charles V*, f° XXIX.

[5] N° 205.

[6] N° 2642.

[7] N° 617.

[8] N° 2797.

[9] C'est-à-dire pierres enchassées sur plaques d'or.

« de ladicte seincture fault ung saphir, et en la seincture une petite
« perle et ung saphir [1]. »

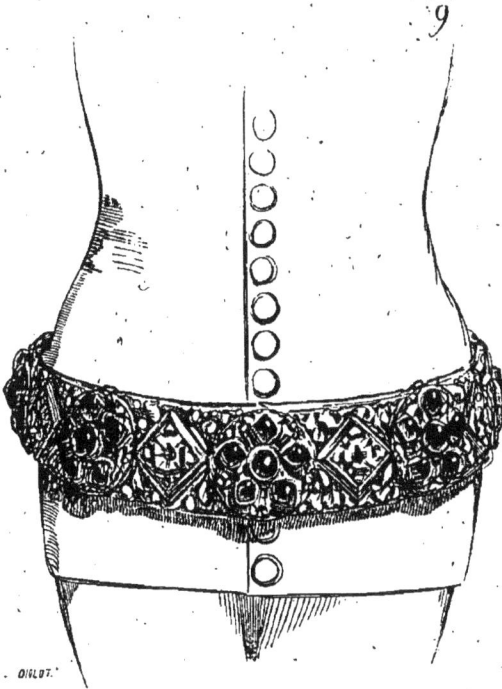

De ces richesses, il ne reste aujourd'hui que de très rares échantillons ; mais les statues tombales et les vignettes des manuscrits

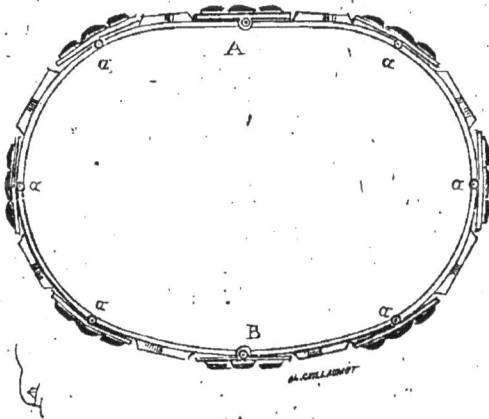

reproduisent une grande quantité de ces joyaux précieux. C'est à ces
documents qu'il faut avoir recours.

[1] N° 58 de l'*Invent. du trésor de Charles V.*

Sous le règne du roi Jean, les gentilshommes commencent

10

à porter des joyaux d'une grande valeur sur les vêtements étroits,

qui étaient déjà de mode. La ceinture basse était le plus riche
de ces joyaux et atteignait des prix fabuleux. Larges, lourdes, cou-

11

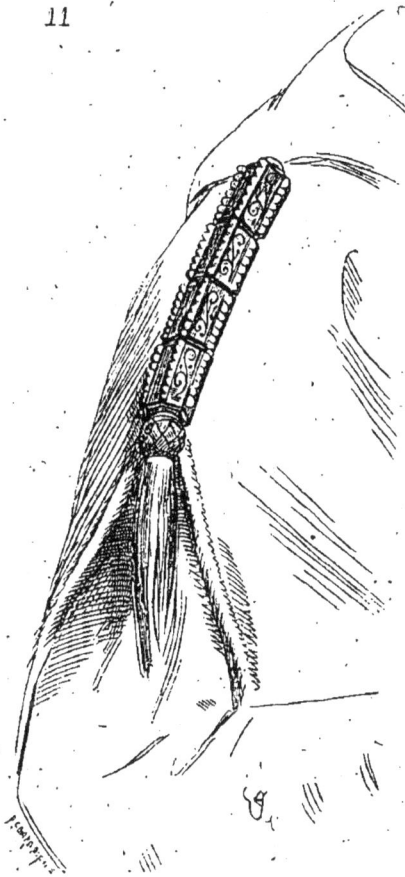

vertes de pierreries, ces ceintures étaient portées alors à la hauteur
des hanches (voy. CEINTURE). Elles étaient attachées derrière la
cotte-hardie et tombaient librement sur le devant (fig. 9) [1]. Ces
ceintures se composaient de segments réunis par des charnières
(fig. 9 *bis*), ce qui leur donnait une certaine flexibilité. Pour les
mettre, on enlevait les deux broches A et B. La ceinture était alors
divisée en deux parties, rendues quelque peu souples au moyen des
charnières *a*. Un peu plus tard, vers le commencement du règne de
Charles V, ces ceintures sont portées plus basses encore et parfaite-

[1] Voyez le manuscrit des *Statuts de l'ordre du Saint-Esprit au droit désir* (1352),
Musée du Louvre, et le manuscrit de la Biblioth. nation., *Lancelot du Lac*, français
(1340 à 1350). Aussi la statue de William de Windsor, chapelle de Saint-Edouard, abb.
de Westminster.

ment parallèles au bas de la cotte-hardie, à laquelle on les attachait par des agrafes; elles sont parfois ornées d'un médaillon central par devant (fig. 10 [1]). Les chaperons sont d'une extrême richesse,

11 bis

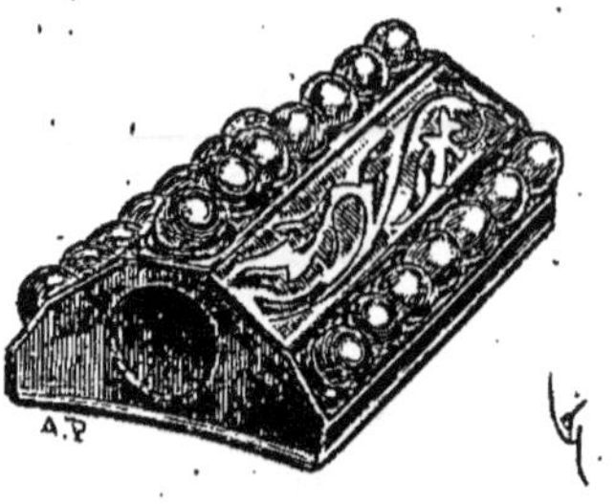

brodés d'or et même enrichis de perles sur la poitrine. C'est aussi vers cette époque, et même un peu avant, que les gentilshommes portent la cape à capuchon avec ouverture du côté droit. Du capu-

12

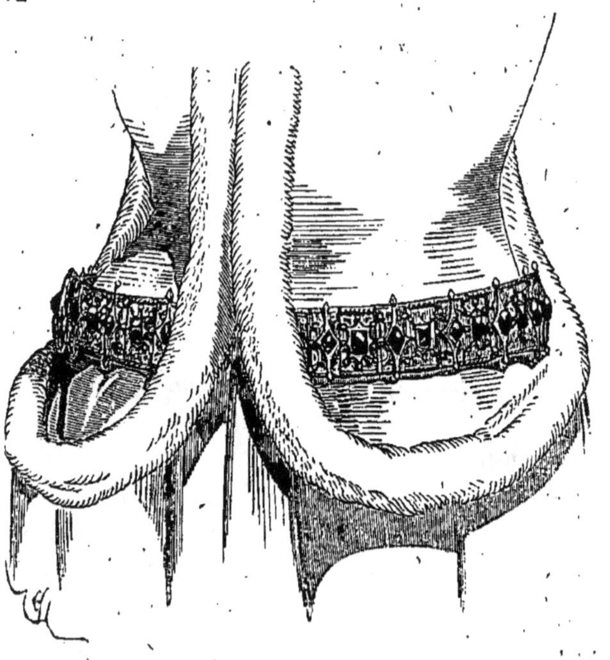

chon à cette ouverture, sur l'épaule droite, sont disposés des boutons ou joyaux qui simulent l'attache de l'ancien manteau franc (fig. 11) (voy. CAPE, fig. 12). Cet ornement se compose de coulants

---

[1] Manuscr. Biblioth. nation., Guillaume de Machaut, français.

d'or ou de vermeil avec pierres ou perles. Cousus deçà et delà sur les deux bords de la cape, une ganse de soie réunit ces coulants, dont la figure 11 *bis* donne le détail grandeur d'exécution.

Les dames nobles revêtaient alors la cotte-hardie ou surcot, très étroit par devant sur la poitrine, et laissant voir latéralement la ceinture basse posée à la hauteur des hanches sur la cotte de dessous (fig. 12 [1]). Ces ceintures sont à charnières répétées, pour pouvoir

12 bis

s'adapter aux formes du corps et présenter une certaine souplesse, ou bien se composent de plaques séparées cousues sur une bande d'étoffe de soie ou de velours. Alors on leur donnait le nom de ceintures ferrées. Le détail des plaques dont se compose la ceinture figure 12 est donné grandeur d'exécution figure 12 *bis*. La partie antérieure de la cotte-hardie s'élargit bientôt et est revêtue d'un pectoral de fourrure (voy. SURCOT) en deux parties, entre lesquelles est placé verticalement un riche joyau qui descend de la gorge jusque sur la jupe (fig. 13 [2]).

Beaucoup de statues de dames nobles, de la fin du XIVᵉ siècle et de la première moitié du XVᵉ, présentent cette sorte de parure. Par-

---

[1] Manuscr. Biblioth. nation., *Le livre des hist. du commencement du monde*, français (1370 environ).

[2] Statue de Jeanne de Bourbon, femme de Charles V. Cette statue provient du portail des Célestins à Paris ; elle est aujourd'hui déposée dans l'église de Saint-Denis.

dessus la bande verticale d'orfèvrerie, les deux parties du pectoral de fourrure sont réunies par une agrafe très riche dont la
figure 13 *bis* donne le détail grandeur d'exécution [1].

13

Mais, après la mort de Charles V, le goût pour les joyaux ne fai
que se développer chez la noblesse; sous Charles VI, il devient ruineux. On couvre de bijoux les coiffures des hommes et des femmes;
on porte d'énormes colliers ou chaînes, des ceintures de plus en
plus somptueuses. Dans les comptes des ducs d'Orléans, Louis et
Charles, il est question d'un nombre prodigieux de joyaux achetés,
puis vendus ou donnés en gage, suivant les besoins de ces princes,
toujours à court d'argent. En juin 1395, « Gance, orfèvre, recon-
« naist avoir reçu de monseigneur d'Orléans 1459 francs 12 sols
« 9 deniers tournois pour huit colliers d'or, en chacun desquels

---

[1] Des restaurations faites à cette statue lorsqu'elle fut transportée au musée des
monuments français, ont fait disparaître l'agrafe, dont on n'aperçoit que la trace. Nous
l'avons rétablie ici à l'aide de monuments de la même époque.

« pend une cosse de pierreries ; pour 46 *plumes* de porc-épics, en
« chascune desquelles est un diamant ; pour deux chaînes d'or à un
« tigre, garni de trois diamans et trois perles[1].... » — « .... Nous
« avons fait acheter à Manuel de Lamer, marchant de Gennes, un

13 bis

« chapel d'or, garny de pierreries et de perles, le pris et la somme
« de trois mille frans d'or, et lequel chapel nous avons donné à nostre
« très-chière et très-amée compaigne la duchesse, si vous mandons
« que icelle somme de III. mille frans d'or vous paiez (1390)[2]. »
Trois mille francs ! cela fait une bien grosse somme pour un chapel, et qui équivaut à plus de 40,000 francs de notre monnaie,
en prenant pour base la valeur du blé à la fin du XIVe siècle[3]

---

[1] *Louis et Charles d'Orléans,* par A. Champollion-Figeac, 1844, 3e partie, p. 27.

[2] *Ibid.,* p. 28.

[3] Voici un autre mode d'estimation de la valeur du franc sous Charles V, compara-
tivement à celle d'aujourd'hui. Dans les dépenses faites au Louvre par ce prince, le
tailleur de pierre est payé cinq sols six deniers par jour. Il y avait les francs à 16 sols
et les francs à 18 sols ; en prenant comme base le franc à 16 sols, ou 192 deniers, cinq
sols six deniers donnent 66 deniers. Or, le tailleur de pierre étant payé aujourd'hui
5 francs en moyenne, 66 deniers équivalent à 5 francs : 3000 francs font 576 000 deniers ou 8727 fois 66 et une fraction que nous négligeons, c'est-à-dire 8727 journées
à 5 francs, soit 43 635 francs. (Voyez les *Comptes des dépenses faites par Charles V
au Louvre,* publ. par M. Le Roux de Lincy, 1852.)

(voy. COIFFURE). A la cour de Charles VI, les ducs de Berry, de Bourgogne, d'Orléans, rivalisaient de faste, et ce dernier prince, notamment, avait une singulière passion pour les joyaux de grand prix. Avant les désastres du règne, la haute noblesse avait suivi l'exemple de la cour, les gentilshommes portaient des chaînes avec fermaux de pierres précieuses, jusqu'à des bracelets avec casso-lettes, et, principalement des joyaux à parer les chapels et chape-rons. Les dames serraient leurs corsages avec des ceintures larges de grand prix; ou bien portaient les joyaux attachés à la cotte-hardie de plus en plus riches. Quant à leurs coiffures, des sommes énormes étaient employées à les couvrir de pierreries, et principale-ment de perles, qui étaient alors fort à la mode. Les figures 12 *bis* et 13 *bis* nous montrent les derniers joyaux composés d'ornements, souvent géométriques, rapportés sur des plaques burinées ou sim-plement poinçonnées. Ce genre de fabrication, très usité pendant les XIIIe et XIVe siècles, est abandonné sous le règne de Charles VI, et est remplacé par des feuilles d'or *embouties* ou repoussées très délicatement, retouchées au burin, figurant des feuillages, des fleurs, des animaux et ornements divers. Le caractère largement décoratif de l'orfévrerie appliquée aux habits, si énergique jus-qu'alors, se perd; l'exécution est plus fine, plus recherchée, mais, au total, ces joyaux, si riches qu'ils soient, produisent moins d'effet. Il faut dire aussi que le caractère des vêtements perd la physionomie de grandeur simple qu'il avait conservée jusque sous le règne de Charles V, ainsi qu'il est facile de le constater en parcourant les divers articles du Dictionnaire, et que la fabrication des bijoux devait se ressentir de ce changement dans les goûts de la noblesse et de la bourgeoisie française.

Pendant le XVe siècle, on se prend de passion pour les joyaux d'une exécution de plus en plus maigre, jolis à voir de près, mais qui, à distance, ne produisent qu'un médiocre effet. Cependant, la fabrication des bijoux conserve toujours le caractère qui convient au travail de métaux précieux, et la main-d'œuvre l'emporte sur la richesse de la matière.

Les camées et intailles antiques avaient été, dès l'époque de Char-lemagne, adaptés aux bijoux de corps aussi bien qu'aux objets d'orfévrerie d'église et de table. Cette mode fut presque abandon-née, pour les bijoux de vêtements, pendant la fin du XIIIe siècle et le commencement du XIVe. Elle reprit sous le règne de Charles V et ne fit que se développer jusqu'au moment de la renaissance. Beau-coup de châsses d'une époque très ancienne, qui étaient ornées d'une grande quantité de ces pierres antiques, furent dépouillées pour fournir des camées et intailles aux bijoux profanes. Des abbayes et des évêques achetaient ainsi les bonnes grâces de seigneurs puissants. Les Valois, qui tous étaient singulièrement amateurs d'objets d'art, et qui contribuèrent si fort, pendant le xv⁰ siècle, à préparer le mouvement de la renaissance, donnèrent à l'art de la bijouterie, aussi bien qu'aux arts de l'architecture et de la sculpture, une vive impulsion, et les écrins des princes de cette maison étaient, sinon les plus riches comme matière, les plus précieux au moins par le choix des objets qui les composaient. On fixait les camées, qu'on désignait alors sous le nom de *camayeux*, sur des bagues, sur des ceintures, des fermaux, des agrafes, des boutons de chapels, des plaques ou enseignes de colliers et chaînes. Les inventaires des xiv⁰ et xv⁰ siècles regorgent de ces pierres gravées. Beaucoup ont contribué à former le noyau de la belle collection du cabinet des médailles de la Bibliothèque nationale. Quelques inventaires mentionnent des bourses remplies de ces pierres antiques, attendant un emploi.

Il n'est pas douteux que l'art de graver les pierres dures ne fût répandu pendant le xv⁰ siècle, non seulement en Italie, mais en France. Après la mort du duc Charles de Bourgogne, Philippe de Commines dit : « J'ai depuis vu un signet [1], que maintes fois « j'avois vu pendre à son pourpoint (du duc Charles), qui estoit un « anneau, et y avoit un fusil entaillé en un camayeu, où estoient « ses armes, lequel fut vendu pour deux ducats [2] audit lieu de « Milan [3]. »

Passons en revue d'abord les joyaux de coiffures de femmes et de corsages, à dater du milieu du règne de Charles V, c'est-à-dire de 1370. C'est, en effet, à dater de cette époque que l'on signale les exagérations des ornements de tête chez le beau sexe. Le cercle d'or avec perles ou pierreries était adopté par les dames nobles depuis le xi⁰ siècle. A l'origine, ce cercle était destiné à maintenir les cheveux sur les tempes, à les empêcher de tomber sur le visage. Au xiii⁰ siècle, cette mode était fort répandue, et, lorsque les dames ne portaient pas le chaperon, qu'elles se coiffaient en cheveux, le cercle d'or était habituellement en usage. Cette mode fut quelque peu abandonnée pendant la première moitié du xiv⁰ siècle ; mais,

---

[1] *Signet*, sceau.
[2] Après la bataille de Nancy.
[3] *Mém. de Ph. de Commines*, liv. V, chap. IX.

vers 1360, la noblesse se reprit de goût pour les cercles d'or avec
pierreries, seulement ces joyaux ne furent plus qu'un ornement et
n'eurent plus la destination utile qu'on leur avait donnée antérieurement. Loin de là, ils composèrent une parure de tête de plus en
plus lourde et incommode, jusqu'au xve siècle. Au lieu de laisser

tomber les cheveux en boucles ou en nattes le long des tempes et sur
la nuque, les dames les relevèrent en cercle autour de la tête, et sur
le cône renversé que formait alors la coiffure elles posèrent un riche
joyau en forme de couronne (fig. 14 [1]). Sur le corsage collant de la
cotte on posa des bijoux, sur le devant, en manière d'agrafe, et
sur les épaules.

Quand une mode commence à outre-passer les règles du bon
sens, on peut être assuré qu'elle atteindra bientôt les dernières
limites de l'extravagance.

_____

[1] Manuscr. Biblioth. nation., *Le livre des hist. du commencement du monde*, français
(1370 environ).

Cette sorte de couronne était ovale; car les cheveux se développaient beaucoup plus sur les tempes que sur l'occiput. Ils tendirent

15

à se relever de plus en plus, à découvrir complètement les oreilles, et enfin à se cacher sous l'escoffion, c'est-à-dire sous une sorte de boisseau d'étoffe très richement orné de joyaux.

Un *Boccace français* de la Bibliothèque nationale, qui date de 1405 à 1410[1], nous montre la limite de cette mode, lorsque les cheveux ont disparu entièrement sous l'escoffion. La dame que donne la figure 15 devise en belle compagnie. Elle est coiffée du haut escoffion en façon de turban, sur lequel deux bandes de joyaux se croisent. Ces bandes sont composées de petites plaques carrées d'or,

16

rehaussées de ciselures et cousues sur une étoffe bleue. Le corps du turban est fait d'une étoffe d'or piquée ou gaufrée. Cette dame porte un corsage très décolleté, garni d'un collet de menu vair, terminé par derrière en pointe sous la ceinture très large, qui est noire avec haute boucle d'or derrière la taille. La robe est bleu foncé, avec bordure et parements de manches de menu vair.

Cependant, cette mode de cacher les cheveux n'était pas absolue. A l'article COIFFURE (fig. 37), on voit une jeune femme de la fin

_____
[1] *Les Cent Nouvelles.*

PARURE DE DAME NOBLE (1430 environ)

du XIVᵉ siècle, dont les cheveux tombent en une énorme queue der-

17 ᵇⁱˢ

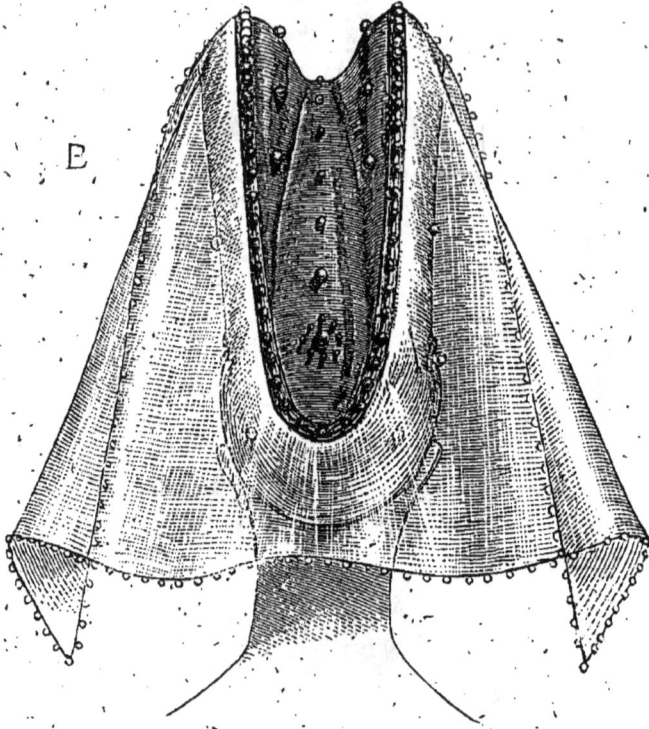

E

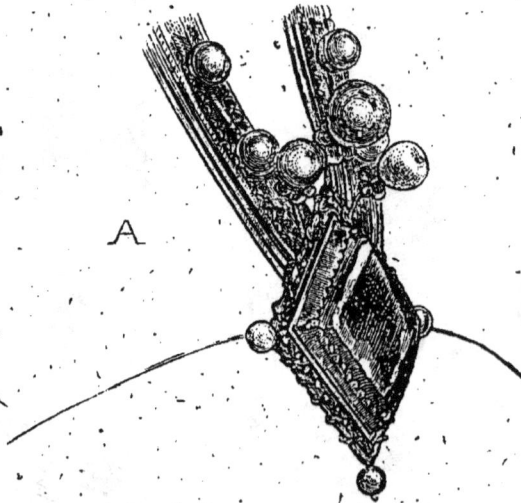

A

A PRUHAIRE.

rière la tête, sous un escoffion bas, et, dans le même manuscrit dont

nous venons de parler, qui date de 1405 à 1410, est représentée
une dame portant une coiffure analogue à celle de la figure 15,
mais dont les cheveux tombent librement dessous l'escoffion
(fig. 16). Cet escoffion est orné de perles par devant, sur une étoffe
d'or ; latéralement et par derrière, le turban est garni d'une étoffe
blanche. Un tortil blanc, rouge et bleu, surmonte le tout. Un très fin
collier, orné d'une grosse perle, entoure le cou de cette jeune femme.

18

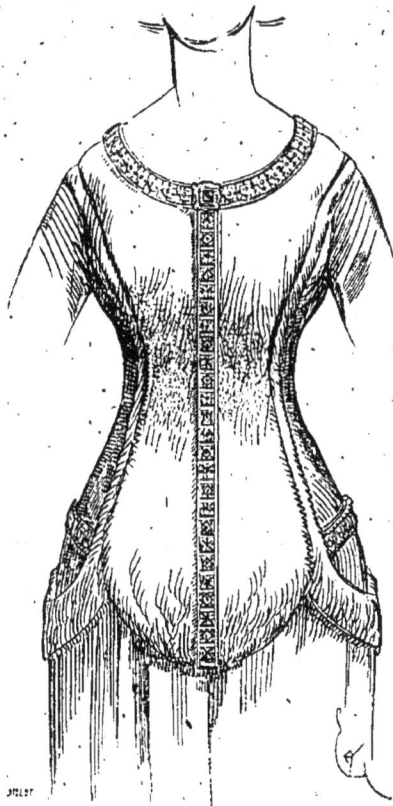

Un autre manuscrit de Boccace, français, de la Bibliothèque
nationale, datant de 1430 environ [1], nous montre une très noble
dame recevant la dédicace du livre (fig. 17). Sa toilette se compose
d'un hennin à cornes, fait d'une étoffe d'or et rehaussé de joyaux
semés et d'un frontal de pierreries ; de deux colliers, l'un très délié,
simple fil de soie avec une seule perle, l'autre plus bas, formé de
grains d'or avec petite croix de rubis et saphirs ; d'un surcot d'étoffe

[1] Des nobles femmes.

de soie pourpre dont le devant, garni d'hermine, est orné de joyaux

18 bis

A

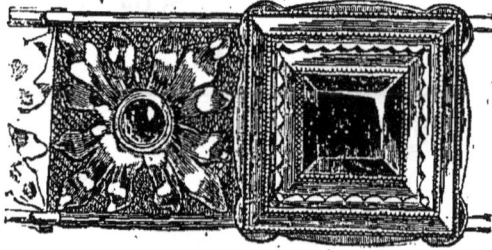

B

C

de pierreries ; d'une robe de dessous de soie verte, avec ceinture basse d'or. Mais il convient d'expliquer comment sont disposés les joyaux du hennin (fig. 17 *bis*). La côte supérieure des deux cornes est garnie de filets d'or avec perles saillantes, lesquels filets (voy. en A) se réunissent au joyau du frontal par devant, et descendent par derrière jusqu'à l'occiput, en forme d'un U. Le voile, empesé, bordé de perles, et attaché à ces deux branches postérieures du filet (voy. en B), part du sommet des deux cornes, et descend à la hauteur du cou, en manière de bavolet.

19

DIDOT.

Un peu plus tard, vers 1440, le surcot est garni d'un collier d'or et de pierreries, à l'agrafe duquel s'attache le bijou vertical qui est posé sur le pectoral d'hermine (fig. 18 [1]). La figure 18 *bis* donne en A le détail du collier avec son agrafe, grandeur d'exécution, et en B le détail du joyau tombant verticalement sur l'hermine du surcot; en C, le détail de la ceinture basse posée sur la jupe. Cette

[1] Statue de Jeanne de Saveuse, femme de Charles d'Artois, morte en 1448, abbaye d'Eu.

ceinture est composée d'ornements d'or repoussés, au milieu desquels sont enchâssés des rubis et des saphirs alternés et perlés sur une étoffe d'or souple. Les deux bordures de rubis et saphirs sont brisées pour pouvoir suivre la courbe de l'étoffe. Le collier et le joyau vertical sont ornés de même, de rubis et de saphirs alternés au milieu de chacune des rosaces.

20

Mais nous n'en avons pas fini avec les joyaux destinés à orner les hennins des dames nobles. Voici (fig. 19) une de ces coiffures [1] composée d'un dessous formant turban très haut, de velours bleu, semé de perles, sur lequel se pose un bourrelet plié d'étoffe de soie mor-

[1] Manuscr. Biblioth. nat'on., *Miroir historial*, français (1440 environ).

dorée, rayé de ganses d'or antérieurement et postérieurement. Sur le bord externe des deux lobes de ce bourrelet un rang de grains d'or est fixé. Le voile est bordé de paillettes d'or. Quelquefois un joyau frontal est posé à la jonction antérieure des deux lobes (fig. 20 [1]), et une sorte de double crête de riches joyaux accompagne ces lobes. L'étrangeté de ces coiffures dépasse ce que l'imagination la plus fantasque peut rêver. Ainsi l'escoffion en forme de turban que donne la figure 15 est parfois accompagné de trois cornes ornées de joyaux. Un voile recouvre le tout et tombe derrière le cou en deux pentes et une longue queue (fig. 21 [2]). Ces cornes sont faites d'étoffe noire, de velours probablement, de manière à faire mieux ressortir les ors et les pierreries. Les cheveux du personnage sont apparents, soigneusement divisés en ondes séparées par des ganses en or et noir très déliées, rattachés par derrière et tombant en une longue queue flottante. C'est ce qui ressort de l'examen d'autres miniatures du même manuscrit. Il y avait une grande variété dans ces parures, et la mode n'était pas tellement impérieuse que chacun se crût obligé de copier servilement, comme aujourd'hui, certains types admis. On peut supposer que les femmes consultaient plutôt leur miroir que leur couturière, et qu'elles modifiaient la mode en raison du caractère de leur physique. Ce qui est hors de doute, c'est que ces vêtements, et les joyaux qui les ornaient, coûtaient des sommes folles, ce qui n'était pas un obstacle au changement rapide de la coupe des vêtements. Que les bourgeoises conservassent une robe pendant un grand nombre d'années pour s'en parer certains jours de fête, cela est possible, mais cette habitude n'existait pas chez la noblesse. La forme des habits, des coiffures, variait d'une année à l'autre; si peu que ce fût, cela suffisait pour qu'une femme qui se respectait n'osât porter une parure datant de plusieurs années. Des différences qui, à distance, nous paraissent à peine sensibles, choquaient les yeux des contemporains, semblaient comme aujourd'hui, ridicules, et le ridicule a de tout temps inspiré une véritable terreur en France.

Si nombreux et si riches que fussent les joyaux posés sur les vêtements des dames françaises pendant le xve siècle, ce luxe conserva toujours une certaine modération relative. On tenait plus encore à l'élégance d'une coupe heureuse, à une certaine désinvolture dans

---

[1] Même manuscrit.
[2] Manuscr. Biblioth. nation., *Missel* latin (1450). Ce manuscrit renferme des miniatures ravissantes.

la manière de porter les habits, à la variété et à la fraîcheur des étoffes, à l'harmonie tranquille de leurs tons, qu'à la profusion des

27

matières riches, qu'à la somptuosité; hormis toutefois pour certains habillements propres aux grandes solennités. Il n'en était pas de même, ainsi que nous l'avons dit déjà, en Italie et en Espagne. Dans ces contrées, les joyaux prenaient une place beaucoup plus considérable sur les vêtements des deux sexes, et des femmes en particulier, que chez nous. En Angleterre même, le goût pour les joyaux tendait à l'exagération au moment où les modes anglaises ne furent plus identiques avec les modes françaises, c'est-à-dire à partir de la seconde moitié du XIVe siècle. Les luttes politiques contribuèrent évidemment à marquer de plus en plus cette différence. Ce fait est notoire, s'il s'agit des armes, par exemple, mais il est sensible aussi s'il s'agit des habits civils. La joaillerie des vêtements anglais du XVe siècle est autrement riche et chargée que n'est celle de la France, et cette joaillerie, qui venait en grande partie d'Italie, était vendue sur le sol britannique par ce qu'on appelait les *Lombards*, lesquels, outre le métier de bijoutiers, se faisaient prêteurs sur gages, banquiers au besoin, marchands d'épices et d'étoffes de Venise, de Sicile, de Florence et d'Orient.

Le goût pour la joaillerie italienne prit en France avec passion, au moment des guerres de Charles VIII, et il faut dire qu'alors cette bijouterie était admirablement belle. En la comparant à la nôtre, elle avait une supériorité marquée. Vers la fin du XVe siècle, la joaillerie française était chargée à l'excès de détails, elle était lourde, comme composition, si finement exécutée qu'elle fût. Puis l'influence prépondérante de la cour de Bourgogne, jusque sous Louis XI, avait apporté au goût français une modification fâcheuse. Cette cour si riche, si luxueuse, était quelque peu entachée du goût flamand, lequel ne se recommandait ni par l'élégance, ni par la simplicité. Peu à peu l'école bourguignonne avait pris un ascendant considérable dans l'industrie des objets de luxe, par la raison qu'elle seule avait pu prospérer pendant la première moitié du XVe siècle. Les écrins des seigneurs de la cour de Bourgogne étaient autrement bien garnis que n'étaient ceux de la noblesse française, en grande partie ruinée.

C'était dans les fêtes, dans les joutes et tournois de la cour de Bourgogne que le luxe des habits dépassait en richesse ce qui s'était fait jusqu'alors. Les gentilshommes paraissaient à ces fêtes vêtus de *robes d'orfévrerie*, c'est-à-dire faites d'étoffes précieuses sur lesquelles étaient appliqués des joyaux et que l'on couvrait de broderies d'or semées de perles et de pierreries.

Le beau style des objets et monuments d'art dus à l'influence des premiers des Valois s'était perdu après les désastres du commencement du XVe siècle, et la cour luxueuse de Bourgogne n'apportait pas un discernement aussi délicat dans le choix des œuvres qu'elle faisait éclore en quantité prodigieuse, si bien que, sous Charles VII et Louis XI, la fabrication des objets de luxe en France ne tenait plus

le rang qu'elle avait su prendre depuis le xiiie siècle jusqu'à l'avènement de Charles VI. Entachée de ce caractère flamand et tudesque,
dont le moindre défaut est le manque de sobriété, cette fabrication
tombait dans la mièvrerie, la profusion des détails, adoptait des
types qui semblent avoir pris l'étude du laid et du difforme comme

22.

point de départ. Tous les joyaux fabriqués en France pendant cette
période du règne de Louis XI offrent ce singulier parfum de goût
tudesque, moins l'âpreté qui lui donne encore un caractère tranché.
On comprend alors comment les objets analogues venus d'Italie
furent une véritable révélation, d'autant que la fin du xve siècle
est certainement l'époque la plus brillante des arts appliqués aux
industries dans cette contrée.

On ne se contenta pas de faire venir d'Italie des joyaux et menus
objets de toilette, on adopta les coiffures et certaines parties de
l'habillement portées dans la Toscane et la Lombardie.

Mais, avant d'en venir à cette dernière transformation du vêtement français, au moment de la renaissance, examinons les joyaux adoptés en France par les hommes depuis Charles V.

Indépendamment des ceintures nobles dont nous avons déjà parlé, les gentilshommes, dès le règne du roi Jean, ornaient leurs chapels de joyaux, plaques, agrafes, chaînes, chapelets, suivant la forme et la nature de la coiffure. Sous Charles V, on plaçait même déjà des joyaux dans les cheveux (voy. COIFFURE, fig. 33). Un des chapels les plus habituellement adoptés alors par toutes les classes, était un

23

feutre à forme ronde, avec bords relevés. Sur le devant, les gens riches faisaient poser un joyau surmonté habituellement d'une plume (fig. 22 [1]). Mais cette coiffure convenait aux hommes d'un âge mur; les jeunes gens portaient des chapeaux plus hauts de forme, cylindriques, avec larges bords retroussés, et agrafe composée d'un riche joyau (fig. 23 [2]). Les joyaux de vêtements des gentishommes de cette époque ne s'appliquaient pas seulement aux coiffures. Vers la fin du XIVe siècle, la ceinture noble portée au-dessous des hanches était passée de mode, avec le surcot juste usité sous Charles V. On endossait alors, au contraire, des surcots assez amples, à plis, des pelicons et garde-corps, quelquefois avec cein-

[1] Manuscr. Biblioth. nation., *Le livre des histoires du commencement du monde*, français (1370 environ).

[2] Manuscr. Biblioth. nation., *Le livre du commencement du monde*, français (1370 environ).

ture prenant la taille. Le gentilhomme que donne la figure 24[1] est

25

vêtu d'un large surcot à manches fendues très amples, avec jupe

[1] Manuscr. Biblioth. nation., *Chronique d'Angleterre*, franç. (1390 environ).

à gros plis, et ceinture d'orfévrerie à laquelle pendent des grelots. Il était alors d'usage — et même antérieurement à cette époque, puisqu'il en est question dès le XIIIᵉ siècle — d'attacher des grelots ou clochettes aux chaînes de cou, aux ceintures ou aux manches. On trouvait probablement un charme au bruissement de ces ornements de métal. C'était, à coup sûr, un moyen d'annoncer sa présence. Le surcot de ce gentilhomme est blanc, sauf les côtés internes des manches, qui sont bleu foncé ; des raies roses passent sur le bleu et le blanc de ces manches. Les spallières déchiquetées sont roses, avec pendeloques (*brelans*) d'or. Les lourdes manches de dessous sont également roses, ainsi que le chapel en forme de turban squamé. Les bas-de-chausses sont blancs, sans souliers. C'est aussi vers cette époque (1400) que les nobles portent de grosses chaînes, gourmettes ou torsades épaisses d'or, sur les épaules, auxquelles parfois étaient suspendues des cosses ou feuilles *brantantes*, ou un médaillon. Un manuscrit de la bibliothèque de Troyes[1] nous montre Amilcar vêtu comme un seigneur du temps de Charles VI. Ce personnage (fig. 25) porte un chaperon rouge sur coiffe brune ; il est couvert d'un surcot bleu-clair fourré de gris ; de bas-de-chausses, l'un rouge, avec soulier noir, l'autre blanc, avec soulier rouge. Une épaisse torsade d'or, enrichie de pierres et de perles, est posée sur ses épaules, et une ceinture de treillis d'or entoure sa taille sans la serrer. Une escarcelle, précieusement ornée de broderies ou de pierreries, était au besoin suspendue à la ceinture ; quelquefois aussi un poignard à manche délicatement ciselé, ou des patenôtres d'une grande valeur. « Pour huit aulnes de gros cordon de soye de « plusieurs sortes pour enfiller plusieurs patenostres pour mondit « seigneur, au prix de xv deniers tournois l'aulne[2]. » — « Pour une « canéte de fil d'or pour faire une grosse houpe pour unes grans « patenostres pour monseigneur le duc[3]. »

Vers 1360, la noblesse s'était prise de goût pour les bijoux avec personnages d'or ou émaillés. Les mors de chape, les afiches, les fermaux de ceinture, étaient ainsi décorés de figures plus ou moins nombreuses et représentant souvent des scènes entières. Mais beaucoup de ces joyaux n'étaient pas destinés à être portés sur les

---

[1] Biblioth. de la ville de Troyes, *Guerre punique*, trad. en franç. de Tite-Live (1400 environ).

[2] *Comptes de Charles d'Orléans* (1465).

[3] *Ibid.* Voy. *Louis et Charles d'Orléans*, par M. A. Champollion-Figeac. Paris, 1844, 2ᵉ partie.

PARURE DE GENTILHOMME (commencement du xvᵉ siècle)

vêtements.; ils ornaient les petits oratoires, étaient suspendus en manière de tableaux, et faisaient l'objet de dons gracieux : tel est, par exemple, le joyau dont les comptes de Louis d'Orléans font mention :

« Un ymage d'or d'un saint George sur une terrasse [1] d'argent « esmaillée de vert, et au dessoubz d'icelle terrasse a ix pilliez d'ar-« gent doré, et entre iceulx pilliers a une dame d'or esmaillée de « blanc, et un petit mouton; garny le dit ymage, en la targe (du « saint George), d'un gros balay (rubis), viii grosses perles, et ail-« leurs tant en escharpe, sainture, dyadéme et espée (du même « saint) de quinze petits balaiz, un saphirs et xlii perles, que unes « que autres pesant xiiii marcs i once v esterlins, venduz au plus « offrant cc ccc lxii livres x sols tourn. » Et cet autre : « 4 juin 1395. « N. Giffart, orffaivre, reconnoist avoir receu de monseigneur d'Or-« léans cinq cent franz d'or pour un joyau d'or, en manière du chef « saincte Catherine, tenu par deux anges d'or, garni de balais, « saphirs et perles, du pois de trois marcs, que monseigneur a fait « acheter pour donner à notre saint père le Pape [2]. »

On a pu voir, dans les citations précédentes, qu'il est question de diamants. Et, en effet, le diamant, connu dès l'antiquité grecque, dont Pline parle et dont tous nos inventaires du moyen âge font mention, était mis en œuvre par les joailliers et taillé à l'aide de sa propre poussière [3]. C'était un de ces secrets qui n'avait jamais été perdu, seulement on se contentait de polir les facettes naturelles du cristal, ou on le taillait en table ; aussi ne produisait-il que peu d'effet, et cependant était-il tenu en grande estime. Dans les inven-taires des xive et xve siècles, il est fait mention fréquemment de dia-mants en tables ou en façon de miroirs, ce qui est tout un : « Un « gros diamant plat et ront, en façon de mirouer, qui souloit estre « en un fermail d'or en façon de rose [4]. — « Ung gros dyamant, en « façon de mirouer, assiz en un anel d'or, vi mil livr. t. [5]. » — « Ung « grant dyamant rond et plat, en façon de miroer, en un anel d'or, « prisé mil escus. » Pour les diamants polis suivant les facettes les plus ordinaires de ce cristal, on les distinguait sous le nom de dia-

[1] Soubassement.
[2] *Louis et Charles d'Orléans*, par M. A. Champollion-Figeac, 3e partie, art. 19 et 20, § III.
[3] Voyez, à ce sujet, le *Glossaire et Répertoire, Notice des émaux, bijoux, etc., exposés dans les galeries du Musée du Louvre*, par M. de Laborde, 1853.
[4] *Comptes royaux* (1412).
[5] *Invent. du duc de Berry* (1416).

mants *pointus* : « Ung dyamant pointu, appelé le dyamant saint-Loys,
« assis en cet anel d'or, lequel monseigneur achèta de MS. de la
« Rivière; III c. xxxvij liv. x s. » — « Un tres bel fermail d'or
« garny d'un beau dyamant pointu et de trois grosses perles, l'une
« branlant, prisé comme appert ou dit inventoire, c'est assavoir :
« ledit dyamant v mil escus et les trois grosses perles ij mil escus,
« en ce comprins le fermail ; vij m. viiij°xxv liv. t.[1]. — « Ung collier
« d'or, de feuilles branlans, garny de xij pointes de dyamans naïfs,
« à xxiiij tronses de perles[2]. » Ces citations suffisent pour faire
connaître la valeur qu'on donnait au diamant pendant les derniers
siècles du moyen âge, bien que ce cristal ne fût pas encore taillé de
manière à produire les feux obtenus par la combinaison des facettes.
Il semble que ce fut au xvi° siècle, en effet, que l'on trouva ces
combinaisons.

Jusque vers le milieu du xiii° siècle, les pierres fines, diamants,
rubis, saphirs, émeraudes, topazes, améthystes et hyacinthes, gre-
nats, opales et calcédoines, n'étaient taillées qu'en cabochon, c'est-
à-dire arrondies et polies du côté externe, planes en dessous,
quelquefois (notamment pour les saphirs et émeraudes) avec des
biseaux mousses sur les rives. Il est évident que ce genre de taille
ne donnait pas au diamant une apparence même égale à celle du
cristal de roche. Mais, vers le temps de saint Louis, on commença
à tailler quelques pierres en table, les émeraudes, les saphirs, les
rubis et les diamants ; ceux-ci dès lors prirent plus de valeur parce
qu'ils pouvaient déjà produire des reflets irisés. Aussi n'est-ce qu'à
dater du xiv° siècle que les diamants paraissent estimés et qu'ils
figurent dans les bijoux. Cependant, une des citations précédentes
donne comme ayant appartenu à saint Louis un diamant en *pointe*.
Il est donc à croire que les joailliers se contentaient de polir les
faces naturelles du diamant tel qu'on le trouvait. Ce qui est certain,
c'est que Louis de Berquen n'a pas été, comme le prétend l'un de
ses descendants, Robert de Berquen, en 1669, l'inventeur de la taille
du diamant, puisque les Romains avaient trouvé déjà le moyen de
le percer à l'aide de sa propre poussière[3], et que les comptes
et inventaires, dès le xiv° siècle, signalent quantité de diamants
en table, en pointe, en rose.

[1] *Invent. du duc de Berry* (1416).
[2] *Tronse de perle* est une demi-perle enchâssée. — *Invent. des ducs de Bourgogne*,
art. 3130 (1467).
[3] « Nam et ictibus frangitur, et alio adamante perforari potest. » (Pline, *Natur. hist.*,
lib. XXXVII, § xv.)

Jusqu'à l'époque de la renaissance, on continua néanmoins de tailler les pierres fines, autres, que le diamant, en cabochon, et encore aujourd'hui ce genre de taille est conservé pour les rubis, les opales et calcédoines.

C'est sous Charles V que la mode nouvelle dans la fabrication des bijoux émaillés, colorés en ronde bosse, avait pris naissance. Toutefois, ce ne fut guère que sous Charles VI que le goût pour ces sortes de bijoux se répandit parmi la noblesse. On façonnait ainsi des fleurs, de petits animaux, des personnages entremêlés d'ornements, des chiffres et devises fort en vogue jusqu'à la renaissance. Les personnages et animaux étaient émaillés le plus ordinairement de blanc : « Un ours d'or émaillé de blanc, garni de pierreries, que « le Duc avoit eu de Mr de Richemont en eschange d'un autre ours « que Mr de Berry luy avoit donné[1]. » — « Pour la broderie faitte « en et sur deux houppelandes — pour le roy NS. et pour MS. le « duc d'Orléans (un chemin figuré en broderie courait sur la « manche gauche), et y a, sur icelui chemin, un cheval d'or mi-« cousu de rouge qui fait manière de cheval échappé, assiz sur le « dessus des dites manches et pend au col de chascun cheval un « collier d'or, d'orfevrerie, où il y a en chascun xvi lettres pendans « qui dient : *J'ayme la plus belle*, et deux cosses de genestes[2] pen-« dans en chacun d'iceulx colliers, l'une esmaillée de blanc et l'autre « de vert[3]. »

Ces joyaux de manches se retrouvent souvent à dater de la seconde moitié du xive siècle ; ils étaient posés au-dessous des épaules, étaient parfois très volumineux et ornés de branlants. Parfois aussi ils formaient des sortes d'épaulettes de grosses perles d'or avec pendeloques. Lorsqu'un gentilhomme avait résolu de mener à fin une aventure, il affichait son *emprise*, comme on disait alors, au moyen d'un bijou significatif placé sur l'une des manches du surcot ou de la houppelande, et le gardait ainsi jusqu'au moment où il avait pu accomplir cette sorte de vœu. C'était un engagement public qu'il prenait et que l'honneur l'obligeait à remplir.

Les bijoux de coiffures des dames, les couronnes, furent aussi, à cette époque, souvent émaillés sur or, ainsi que les attaches de manteaux et les colliers ; le tout entremêlé de pierreries et de perles. Les manteaux que portaient les nobles dames dans les solennités étaient taillés en portion de cercle (fig. 26). En A, A,

[1] *Comptes et Invent. du duc de Bretagne* (1414).
[2] *De genêt.*
[3] *Comptes royaux* (1392).

étaient fixés deux joyaux munis par-dessous, chacun, d'un œil dans

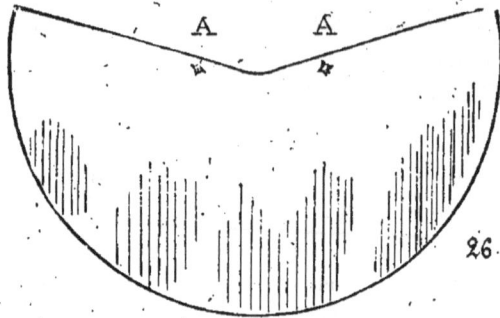

lequel passait la ganse qui servait à maintenir ce vêtement sur les épaules et à le fermer plus ou moins, à volonté. Ces sortes de joyaux

sont d'une grande richesse, très apparents et heureusement posés devant les deux épaules, pour produire beaucoup d'effet (fig. 27 [1]).

---

[1] Fragment d'une tombe du commencement du xvᵉ siècle (magasins de l'église de Saint-Denis). Voyez aussi un certain nombre de ces bijoux reproduits dans l'ouvrage de C.-A. Stothard, *the Monumental Effigies of Great Britain*, 1817.

La figure **27** *bis* indique l'usage de ce bijou, et comment la ganse
qui passait dans les œils ménagés en dessous de la plaque permettait de retenir les bords du manteau, et, au besoin, de les fermer
plus ou moins sur la poitrine. Cet exemple (fig. 27) ne paraît pas

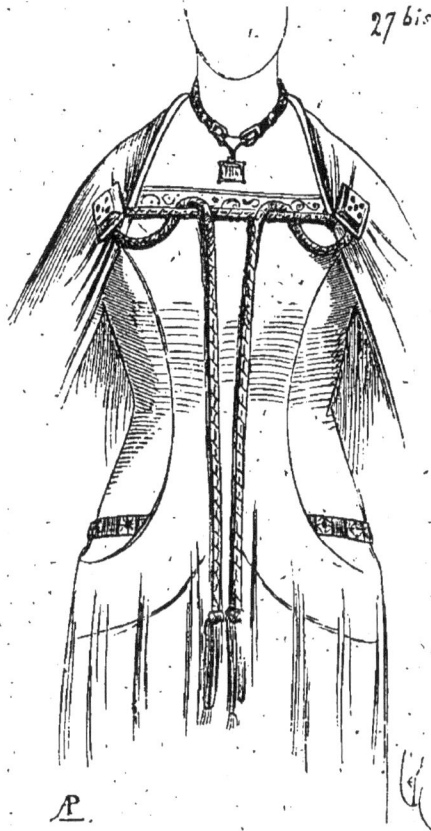

27 bis

avoir été émaillé et n'était enrichi que de pierres et de perles. Mais
voici (fig. 28) une de ces attaches qui paraît dater de la même
époque (1420 à 1440), et dont la coloration était certainement due
à de l'émail posé sur l'or en ronde bosse. Cet émail était blanc sur
les fleurettes et vert sur les feuilles du pourtour[1]. Le cœur des fleurettes, indiqué en rouge, était probablement un rubis enchâssé.
En B, est tracée la coupe du bijou avec les deux œils *aa* par lesquels
passaient la ganse et les bielles *bb* qui servaient à le coudre à l'étoffe
du manteau. On avait aussi adopté, dès la fin du XIVᵉ siècle, pour

[1] Dessin de la collection Garneray, provenant d'une statue tombale (cabinet de
l'auteur).

attacher les chapes (voy. Chape), de larges ornements d'or articulés.

28

B

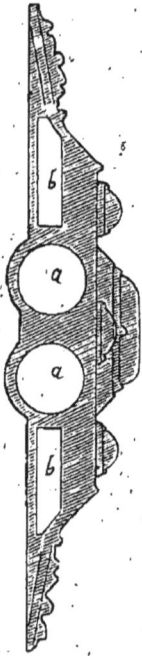

qui remplaçaient les ganses dont nous venons de parler. Ce joyau
était porté par les hommes en habits de cérémonie ; il formait

29

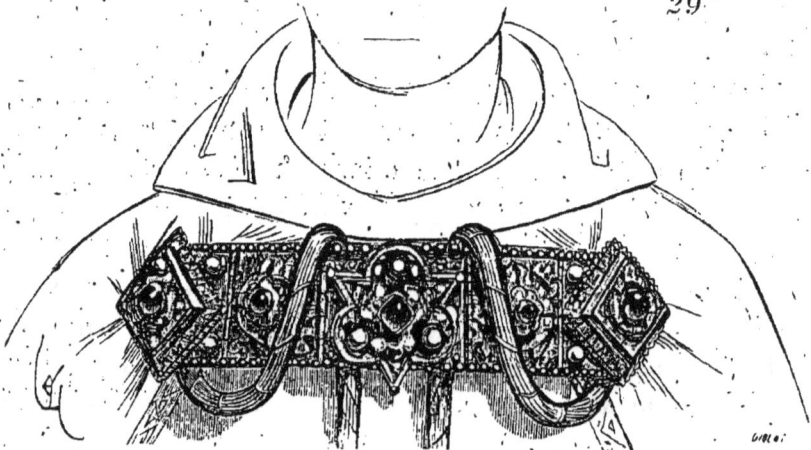

comme une sorte de collier passant sur la poitrine (fig. 29) d'une

PARURE DE DAMOISELLE (1480 environ)

épaule à l'autre, habituellement d'une grande richesse [1]. Ces chapes de cérémonie ayant été conservées jusqu'à la fin du xve siècle, ce mode d'attache persista et prit même des dimensions exagérées comme largeur; quelquefois des pendeloques y sont attachées.

Pendant la première partie du règne de Charles VII, l'orfévrerie de fabrication française eut fort à souffrir des malheurs du temps; mais dès que ce prince fut rentré à Paris, en 1438, cette industrie commença par façonner des bijoux en négligeant la vaisselle plate. Cependant sous Louis XI la joaillerie ne fut guère en honneur. La cour, à l'instar du prince, affectait la simplicité sur les habits, et l'on sait que le roi, en fait de joyaux de parure, ne portait que de petites médailles de plomb, ou *enseignes*, sur son chapel; par compensation donnait-il volontiers des châsses aux églises. Le luxe des bijoux reparut à l'avènement de Charles VIII (fig. 30 [2]). Cette dame est vêtue d'une robe rouge à queue, et d'un surcot de velours vert par-dessus, à manches courtes et pectoral blanc, sur lequel sont semés de très riches joyaux. Le surcot est bordé, par le bas, de perles et de pierreries, et ses deux ouvertures latérales, garnies d'orfrois, sont bridées par des attaches d'or et de pierreries. Elle tient à la main droite des patenôtres d'or, et le collier qui serre son cou se compose d'une torsade passant dans des anneaux, à laquelle est suspendu un médaillon d'or avec une grosse pierre. Les larges manches sous le surcot sont faites d'une étoffe très transparente. La coiffure est évidemment une fantaisie de l'artiste et ne se retrouve pas sur les monuments de cette époque. Nous atteignons la limite de la joaillerie française du moyen âge. A dater de ce moment, à la suite des guerres d'Italie entreprises par Charles VIII et Louis XII, les joyaux italiens deviennent à la mode en France, et remplacent la bijouterie fort entachée alors du goût flamand, ainsi qu'il a été dit plus haut, par suite de l'influence qu'avait acquise la cour de Bourgogne, dont nos malheurs n'avaient fait que développer la richesse [3]. Ces joyaux italiens méritaient la faveur dont ils allaient jouir parmi la noblesse française. Venise, Florence surtout, en composaient d'un goût excellent; et si le titre de l'or de ces bijoux,

---

[1] Statue trouvée dans les fouilles de l'église d'Eu : fragments divers. Voyez aussi le recueil de C.-A. Stothard, *the Monumental Effigies* (Londres, 1817), les statues de Henri IV dans la chapelle de Saint-Thomas Becket à Canterbury.

[2] Tapisserie de la cathédrale de Sens, dame de la cour d'Esther (1490 environ).

[3] Toute la joaillerie de la cour de Bourgogne était de la fabrication flamande. Gand certainement fournissait la plus grande partie de ces objets de parure.

donnait matière à la critique, leur fabrication, au point de vue de l'art, était irréprochable. Les pierres étaient montées en perfection et faisaient paraître la vieille monture gothique lourde et grossière. Les ouvrages en filigranes étaient délicats et charmants, et les perles admirablement associées aux parures.

Le luxe des habits des dames de la noblesse vénitienne, à la fin du xv⁰ siècle, dépassait ce qu'on peut imaginer, ne ressemblait en rien à ce que montraient nos toilettes françaises de cette époque, et dut avoir une influence sur nos parures au moment où la renaissance se fit sentir dans les vêtements de nos dames. Les joyaux, sur ces parures vénitiennes, étaient prodigués, mais avec une délicatesse rare. Un certain goût oriental donnait à ces riches habits un aspect original qui ne pouvait manquer de séduire. Sans copier ces parures, nos *modistes* de France et nos joailliers ne manquèrent pas de s'en inspirer. Mais Florence eut une influence plus marquée sur nos modes, et particulièrement sur les bijoux; ceux-ci, en effet, étaient traités avec un art supérieur, et s'harmonisaient avec notre costume mieux que ne pouvaient le faire les bijoux vénitiens.

La figure 31 donne la toilette de tête de Baptista Sforza, femme de Frédéric de Montefeltro, prince d'Urbin [1]. Les cheveux, blonds, sont retenus par un voile de gaze bouillonnant au-dessus de la nuque, tombant sur le derrière du cou, et par un ruban blanc qui s'enroule autour des mèches tournées sur les oreilles et bride le voile sur le sommet de la tête. Un riche joyau est attaché au point culminant, et d'autres jolies attaches maintiennent les volutes de cheveux, dont les extrémités tombent en mèches libres des deux côtés. Un collier de perles et de pierreries entourées de grains de corail serre le cou. De ce collier trois fils de perles suspendent un médaillon au bout d'une chaînette d'or. Le corsage est de velours noir, et les manches de drap d'or avec dessins rouges. Il est aisé de reconnaître que cette coiffure ressemble de tous points à celles des dames de la cour de Louis XII, au moment où elles se décidèrent à laisser de côté les cornes, chaperons, escoffions et couvre-chef modifiés pendant le cours du xv⁰ siècle, pour revenir à des formes plus simples. Il n'en est pas moins évident qu'une pareille coiffure devait encore demander beaucoup de temps pour être montée.

Résumons ce qui a été dit dans cet article sur la joaillerie française appliquée à la toilette.

Empreinte du goût oriental byzantin pendant la période carlo-

---

[1] Galerie royale de Florence, Pietro della Francesca, n⁰ 1300 du catalogue.

vingienne et jusqu'au XII⁰ siècle, la fabrication des joyaux occidentaux s'en affranchit peu à peu vers le commencement du XIII⁰ siècle,
pour adopter un caractère nouveau. Aux vieux types conventionnels

31

de l'Orient, à ces filigranes perlés appliqués sur les fonds unis, aux
lourdes et très saillantes bâtes sertissant les pierreries, les joailliers
substituent les travaux d'*enlevure*, c'est-à-dire repoussés ou em-
boutis, les délicates gravures, les bâtes de monture relativement
peu saillantes, parfois la ciselure, ou tout au moins un burinage

très ferme et délié du métal préalablement repoussé. Cependant les habits de la noblesse ne sont plus faits d'étoffes ornées d'orfrois et de plaques d'orfèvrerie. Les bijoux se bornent à des ceintures, des colliers, des coiffures et couronnes, des fermoirs et mordants.

Le goût pour le port des joyaux sur les habits reparaît après la mort de Louis IX, et ne fit que se développer pendant le cours du XIVe siècle.

L'inventaire du trésor de Charles V contient un nombre prodigieux de joyaux de corps d'un grand prix, indépendamment de la vaisselle plate d'or et d'argent, des châsses, reliquaires et *tableaux* d'orfèvrerie. C'est aussi sous ce prince que l'industrie des joailliers atteint l'apogée, non seulement comme quantité de fabrication, mais comme qualité et comme goût. Jamais on ne sut mieux adapter cet art à la toilette. Les quelques objets qui nous restent de cette époque, et les nombreux monuments figurés qui nous en ont conservé les formes et la composition, montrent la supériorité de cette fabrication française à la fin du XIVe siècle. Alors aussi était-il de mode de poser beaucoup de joyaux sur les habits de guerre. Relativement même, ces vêtements étaient-ils plus richement ornés que n'étaient les vêtements civils (voy. la partie des ARMES).

Après les désastres du commencement du XVe siècle, le luxe des joyaux reparaît, mais l'influence de la cour de Bourgogne a remplacé celle de la cour des Valois, et cette influence est, au point de vue du goût, médiocre, tout entachée de style flamand et tudesque. La profusion des détails, la confusion des compositions, la sécheresse de l'exécution, et l'affectation à suivre certains types de convention, maniérés toujours, laids assez souvent, font des joyaux de cette époque des œuvres intéressantes, curieuses à coup sûr, belles très rarement. C'est cependant sur ces échantillons, assez nombreux dans les musées de l'Europe, qu'on juge la joaillerie *gothique*. C'est à peu près comme si l'on prétendait juger les qualités des écrivains français du XVIIIe siècle sur les œuvres du grand Frédéric écrites en notre langue, en supposant que, de Montesquieu et de Voltaire, il restât seulement quelques pages, et que le grand Frédéric ou les seigneurs de sa cour eussent laissé de gros volumes. Mais nous sommes ainsi faits : nous admettons bien que la langue française a son génie particulier, son style à part, nous n'admettons pas volontiers que l'art chez nous ait eu son caractère tout spécial, et pas un de nos musées n'a classé par natures de fabrication les objets du moyen âge qu'ils renferment; si bien que nos artistes mettent dans un tableau *historique* un bijou allemand sur le cou d'une

Parisienne de 1400. Il est bon d'étudier, si l'on a le loisir, toutes
les langues et tous les arts, mais il n'est pas bon de parler comme
l'écolier Limousin de Rabelais. L'art et l'industrie en France, sous
les Valois de la fin du xive siècle, ont un caractère nettement empreint du génie français, et, parmi ces industries, l'orfévrerie et
la joaillerie se distinguent particulièrement. Ce caractère s'efface
pendant les malheurs du xve siècle, et ne recommence à se montrer avec franchise qu'à la fin de ce siècle, c'est-à-dire aux premières
lueurs de la renaissance.

C'est ainsi que le génie de notre pays a ses éclipses, quelquefois
très longues, s'attarde et se laisse dépasser, pour reprendre en quelques années de prospérité la tête de la civilisation dans les pro-
duits de l'intelligence et des industries soumises à l'art. C'est ainsi
qu'après la médiocre statuaire, empreinte de goût flamand, que l'on
faisait en France vers la fin du règne de Louis XI, il s'élève tout
à coup des Jean Goujon et des Germain Pilon, qui sont bien Français et ne laissent voir aucune influence des styles étrangers dans
leurs œuvres. Nos arts, comme les belles industries qui y tiennent
de près, ne se relèvent qu'en reprenant une vigueur nouvelle sur le
sol qui les nourrit. L'éclectisme cosmopolite nous a toujours été
fatal, aussi bien en politique qu'en art, car les deux choses se
tiennent. Il est aussi nécessaire de bien connaître les éléments
étrangers qui nous entourent qu'il est funeste de vouloir se les
assimiler sans choix.

JUBE, s. f. (*jupe, jupon, gippon*). Vêtement d'homme, sorte de
tunique à manches : « Le suppliant trouva un sac où estoit une
« manche d'une jube[1]. » Il ne paraît pas qu'il y ait une différence
marquée entre la cotte et la jupe. L'une et l'autre étaient des vêtements de dessous, une seconde chemise commune à toutes les
classes. Cependant on mettait la jube par-dessus l'armure comme la
cotte. Mais dans la vie civile la jube, jupe ou gippon, était le premier vêtement que l'on passait sur la chemise. Il est question de la
jupe dès les xiie et xiiie siècles.

> « Li Amiraus avoit une jupe vestie ;
> « De sadoine ert li dras plus vermax d'une alie,
> « La forréure en est de beste marmorie[2]. »

[1] Lettres de rémiss., 1406 (voy. du Cange, JUBEUS et JUPA).
[2] *La Conquête de Jérusalem*, vers 5665 et suiv.

La jube était parfois richement ornée de pierreries, suivant l'habitude de cette époque :

> « De perres présioses fu la jupe closie. »

Ce n'en était pas moins un vêtement que portaient les gens du peuple, les pèlerins :

> « J'aurai bordon et paume et jupc antretel [1]. »

Et beaucoup plus tard on retrouve ce vêtement :

> « Argent ne pend à gippon ne ceinture [2]. »

La jube primitive était habituellement serrée à la taille par une

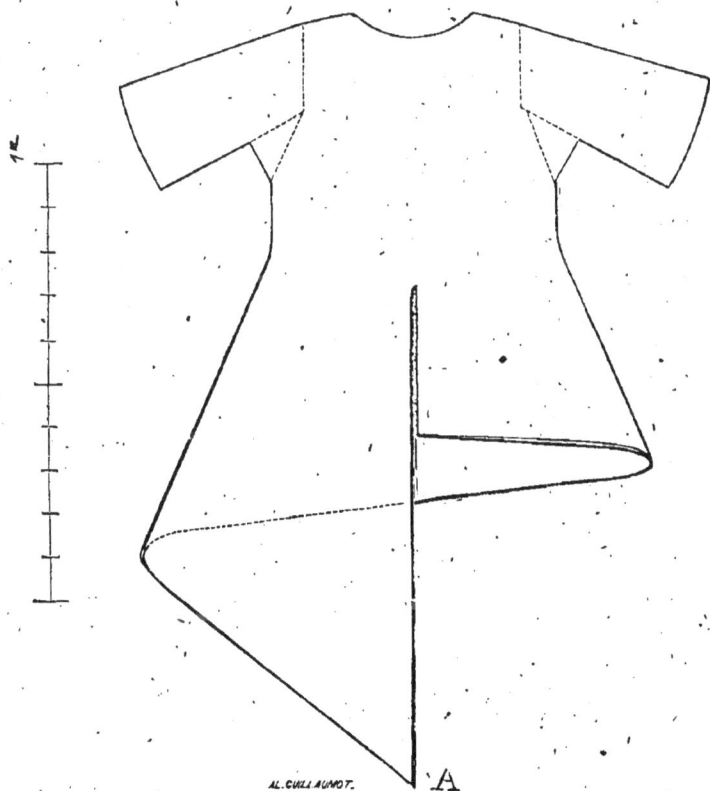

AL. GUILLAUMOT.

ceinture ; elle était largement ouverte au cou, et ses manches étaient

---

[1] *Parise la Duchesse*, vers 187 (commencement du xiiiᵉ siècle).

[2] Villon, *la Requeste*, envoyée par le poëte à Monseigneur de Bourbon.

assez amples, sans descendre plus bas que le milieu de l'avant-bras.
Est-ce là du moins la jube du XIIᵉ siècle. Ce vêtement ressemblait

fort à la blouse moderne ; il descendait aux genoux. Mais il faut
mentionner la jube orientale dont la coupe eut une influence sur
les vêtements portés en Occident pendant les XIᵉ et XIIᵉ siècles. Les

artistes occidentaux, lorsqu'ils représentent, avant le xii⁰ siècle, des
personnages de l'Orient, comme les rois mages, par exemple, ont le
soin de leur donner un vêtement qui, évidemment, était plus ou
moins exactement copié de ceux qu'on portait dans l'Asie Mineure,
avec laquelle l'Occident avait alors des rapports très suivis. Ce vêtement consiste principalement en une jube ou tunique fendue par
devant du bas à la ceinture, et dont un des pans descendait beaucoup
plus bas que l'autre, ainsi que le montre la figure 1. Le pan A était
retroussé dans une ceinture large fort riche et dont on laissait
pendre un bout. Sur cette ceinture on en ajoutait une autre souvent,
d'étoffe légère, sorte d'écharpe retenue elle-même par une autre
ceinture plus étroite et ornée de pierreries. Le personnage que
donne la figure 2 ¹ est ainsi vêtu. Il représente un des trois rois
mages qui viennent rendre hommage à Jésus enfant. Dessous la
jube, dont le pan dextre est relevé sous la ceinture large, dont on
voit pendre un bout, le mage porte des braies d'une étoffe très
riche, assez semblable à du cachemire des Indes. Cette jube est de
couleur pourpre foncé; par-dessus est une seconde ceinture étroite
d'or et de perles avec l'écharpe dont il vient d'être parlé, laquelle
est d'un gris rosé. Le manteau est vert pâle; les brodequins sont
rouges, avec ornements roses et blancs. Le bonnet est rose.

Les Occidentaux ne paraissent pas avoir admis la coupe étrange
de la partie inférieure de la jube orientale; mais, en laissant les deux
pans égaux, ils adoptèrent souvent cette ceinture d'étoffe que l'on
voit figurée sur beaucoup de nos monuments du xii⁰ siècle.

Cependant la jube occidentale, celle du peuple, — car c'était là
un vêtement porté par toutes les classes, — n'est pas toujours
fendue par devant; c'est exactement la tunique avec ceinture. Le
même manuscrit du xi⁰ siècle ² montre un berger vêtu de la véritable
jube française ³. Un camail de peau garantit ses épaules, et son
bonnet conique est retenu au cou par un cordon. Les braies de
ce berger, qui semblent être faites d'une toile souple, sont serrées
au-dessus des chevilles par les cordons des souliers.

La jube peut être considérée comme une cotte, bien que généralement elle soit moins longue, car elle ne descend guère qu'aux
genoux (fig. 3) ⁴. Si les pans sont très longs, ils sont retroussés dans

¹ Manuscr. Biblioth. nation., *Evang. festiv.*, latin (commencement du xi⁰ siècle).
² Idem, *ibid*.
³ Voyez, dans la partie des USTENSILES, l'article BATON, fig. 1.
⁴ Manuscr. Biblioth. nation , *Histor. Ierosolimit.*, latin (xii⁰ siècle).

la ceinture (fig. 4 ¹). Cette jube est fendue par devant et par derrière, et les quatre coins des pentes sont ramenés dans la ceinture cachée

sous le bourrelet que forme la partie ample supérieure. Lorsque

l'on montait à cheval, on laissait tomber ces pentes, qui couvraient

¹ Manuscr. biblioth. de Tours, *Grég. in Job* (commencement du xiiᵉ siècle).

ainsi les deux jambes jusqu'aux pieds. Ce vêtement était porté même par-dessus l'armure de mailles ou d'écailles.

Au commencement du XIIIe siècle, la jube est souvent fendue par devant, plus longue que précédemment et médiocrement ample. La figure 5[1] montre la jube portée par les gentilshommes à cette

époque. Les manches de ce vêtement sont justes, collantes sur les bras. Cette jube est blanc rosé, rayée de bleu gris; les bas-de-chausses sont rouges, et on voit qu'ils ne montent que jusqu'au-dessus des genoux. Les souliers sont couleur marron; le manteau est bleu-indigo. Les rayures de l'étoffe sont fondues et non tranchées. Alors il semble qu'on portait beaucoup de ces sortes de tissus nuancés de rayures en travers, passées. La jube des nobles était enrichie de riches broderies et d'ornements d'or, dès la fin du XIIe siècle. La figure 6 donne un modèle remarquable de ce genre de vêtement[2]. Ce personnage est coiffé d'un bonnet blanc; sa jube est rouge, avec large bordure d'or au cou, ornements blancs et rouge clair sur la poitrine et les bras; seconde bordure d'or en bas. Elle n'est pas fendue par devant et assez étroite à partir des hanches, ce qui, du reste, est un des caractères des tuniques de cette époque. La cotte de dessous est bleu foncé, les bas-de-chausses rouges et les souliers noirs. Il n'y avait que les gentilshommes qui portaient ces jubes et cottes longues; les vilains ne mettaient que des jubes courtes pendant le cours du XIIIe siècle, avec heuses ou chausses

[1] Manuscr. Biblioth. nation., *Psalter.*, latin (commencement du XIIIe siècle).
[2] Même manuscrit.

(fig. 7). Ce vilain, « mal façoné », comme dit le texte du manuscrit auquel nous empruntons cette vignette [1], est vêtu d'une jube ver-

dâtre, avec chaperon rose. Cette jube est la tunique à manches justes

[1] Manuscr. Biblioth. nation., *Pèlerinage de la vie humaine*, français (seconde moitié du XIII⁰ siècle).

avec ceinture, et cet habillement persiste, dans le bas peuple, jusqu'à la fin du xive siècle (fig. 8 [1]). Alors seulement les plis ont disparu sur la poitrine, la ceinture est très basse, suivant la mode du

8

7

temps, et la pente très courte. Cette jube est verte; les bas-de-chausses sont rouges et les brodequins (chausses) noirs. Ce varlet est coiffé d'un morceau d'étoffe bleu, et il porte de gros gants.

La jube des gentilshommes ne subit pas de notables changements pendant le xiiie siècle : c'est une longue tunique à manches justes, avec ceinture, fendue ordinairement par devant et par derrière. La partie inférieure devient, sous saint Louis, plus ample qu'elle ne l'était au commencement du xiiie siècle, et l'on voit parfois ses pans relevés dans la ceinture, pour ne pas gêner la marche ou les mouvements violents. Cette habitude, ou du moins la tradition de cette habitude de retrousser les pans de la jube ou de la cotte dans la ceinture, se conserva très tard, car, dans le *Journal d'un bourgeois de Paris sous Charles VI*, on lit ce passage : « Mais Dieu, qui « scait les choses abscondées (cachées), regarda en pitié son peuple « et esveilla Fortune, qui en soùrsault se leva comme chose es-

[1] Manuscr. Biblioth. nation., *Lancelot du Lac*, français (1390 environ).

« tourdie, et mit les pans à la ceinture, et donna hardement
« à aucuns de Paris de faire assavoir aux Bourguignons que ils tout
« hardiement venissent le dimanche ensuyvant, etc. [1] ».

La jube n'est guère un vêtement ajusté que vers le milieu du
XIVe siècle (fig. 9 [2]). Alors la ceinture disparaît ; le corps du vête-

ment, sans serrer précisément la taille, s'y adapte. Les manches
sont justes et s'arrêtent au coude pour finir en pointe. Sur les côtés,
sont percées des ouvertures pour passer les mains. Cette jube descend aux chevilles, et est fendue par devant et par derrière, du bas
à la hauteur des genoux. Ce personnage porte le chaperon plié sur
l'épaule. Sous la jube, on voit les manches justes, à poignets, de la
cotte. A dater de cette époque, ce vêtement ne paraît plus sur les
inventaires et dans les textes, s'il s'agit de vêtements de gentils-

[1] Année 1418, Coll. Michaud et Poujoulat, t. II, p. 650.
[2] Manuscr. Biblioth. nation., Guillaume de Machau, français (1360 environ).

hommes, et ne s'applique, semble-t-il, qu'à la tunique pourpoint, portée par les vilains, les serviteurs et gens de petit état. Encore, dès le temps de Charles VI, le mot *jube* est-il remplacé par le mot *gippon*. Dans le *Journal d'un bourgeois de Paris*, à la date du 24 avril 1418, on lit ce passage [1] : « Et vray fut que l'année de may « (à la fête de la plantation du may), les gens de l'ostel du Roy « allèrent, comme accoutumé est, au bois de Boülogne pour appor- « ter du may pour l'ostel du Roy. Les gens d'armes de Montmartre « à la Ville l'Evesque à l'entrée de Paris, vindrent sur eulx à force, « et les navrerent de plusieurs playes, et puis les desroberent de « tout ce qu'ils porent, et fut bien en ceulx desdits serviteurs du « Roy qui se pot sauver en gippon ou en chemise tout à pié. » Le gippon était donc encore, au commencement du XVe siècle, un vête- ment de dessous que l'on mettait par-dessus la chemise, sous le surcot, la cotte hardie, le peliçon ou la houppelande. Mais alors le gippon possédait un corsage ajusté, avec pente ou jupe courte. On attachait les chausses au bas de ce corsage, qui descendait aux hanches, avec des aiguillettes.

LACET, s. m. (*lacs, lasnières, couttouère*). Cordon de fil ou de soie destiné à retenir certaines parties des vêtements en passant dans des œillets ou en s'attachant à des boutons au moyen d'une boucle. Dès le XIe siècle, on voit des lacs attachant des manteaux, des braies. Les Orientaux paraissent avoir fait usage de ces cordons laçants, à une époque reculée, et les Occidentaux, lorsqu'ils adop- tèrent, à dater du IXe siècle, certaines parties des vêtements byzan- tins, notamment les bliauts, ou vêtements légers de dessus, et les chapes, ou manteaux ronds attachés sur la poitrine, prirent en même temps les lacets qui servaient à maintenir ces habits sur le corps. Des monuments des XIe et XIIe siècles indiquent clairement l'usage du lacet comme moyen d'attache de ces manteaux ronds. (fig. 1 [2]). Aux deux bords du manteau sont cousues deux plaques métalliques oblongues, percées chacune de dix trous par paire.

[1] Coll. Michaud et Poujoulat, t. II, p. 650.
[2] Musée de Toulouse, statue de femme (XIIe siècle).

Un double lacet passe par ces trous et s'attache derrière le dos du personnage. En lâchant plus ou moins les doubles lacets, on éloignait ou l'on rapprochait les bords du manteau. Le frottement de

ces cordons passant dans les œillets suffisait (admettant que leurs extrémités n'eussent pas été attachées) à maintenir les deux plaques plus ou moins jointives.

On se servait aussi de lacets, ou plutôt de *lasnières* pour attacher les braies ou le braieul. On lit ces vers dans le *Roman d'Amadas et Ydoine* [1] :

> « Garinès l'a mult bien caucié
> « D'unes cauces bien décaupées,
> « De noir et de vermel bendées,
> « Mult bien seantes à son voel,
> « Si ot lasnières ou braioel,
> « Qui n'estoit pas povre ne vis,
> « D'or et de soie mult soutis. »

[1] Publ. par M. Hippeau, vers 3768 et suiv. (XIIIe siècle).

Ces lasnières du braieul ou des braies n'étaient point des bretelles comme quelques critiques l'ont pensé, mais un lacet passant dans des œillets par derrière, et venant s'attacher sur le devant. Les braies étaient taillées alors (au XIIIe siècle) amples à la ceinture

2

(voy. BRAIES, fig. 6 et suiv.). Elles n'étaient maintenues au-dessus des hanches que par une courroie ou un lacet. On donnait aussi le nom de lasnières à des ganses propres à attacher les robes, c'est-à-dire à des ceintures : « Pour 3 onces de soye pour faire les lasnières « le Roy, et pour la façon, 12 s. ¹. »

¹ *Compte de Geoffroi de Fleuri* (1316).

Les *couttouères* étaient aussi des ganses, cordonnets ou lacets :
« Deux pieces de couttouere pour faire lacets à cottes simples et
« doublets pour la Royne. — Six autres pieces de couttouere ver-
« meille, blanche et noire, pour faire semblables lacets [1]. »

Les cottes et les bliauts des hommes et des femmes, pendant le
XIIe siècle, sont généralement lacés par derrière. On voit encore,
pendant le milieu du XIIIe siècle, des bliauts de femme justes au
corsage, lacés de même[2]. Mais cependant l'usage des vêtements
ajustés du cou aux hanches est rare chez les deux sexes, de 1210 à
1350. On voit disparaître les cottes ajustées, pour les femmes, de
1200 à 1220 ; il n'était donc plus besoin de lacets pour maintenir les
corsages collants au corps. Cette habitude reparait sous le roi Jean
et se développe sous Charles V. Mais généralement les robes de des-

[1] Compte de 1401. Voy. la table des mots techniques des *Comptes de l'argenterie des
rois de France au* XIVe *siècle*, par L. Douet d'Arcq.
[2] Voy. BLIAUT, fig. 9.

sous ou de dessus des femmes sont alors lacées par derrière (voy. MANCHE, fig. 7 et 8). Vers la fin du XIVᵉ siècle, les corsages lacés par devant reparaissent (fig. 2 [1]). On voit alors des robes justes lacées, serrées de l'encolure au nombril, de manière à dessiner les formes du corps jusqu'aux hanches. Ces robes sont avec ou sans manches justes, et quelquefois décorées, à la partie supérieure, de

riches broderies d'or. Ces habits, toutefois, sont rares. Plus tard, de 1400 à 1415, avec des corsages très collants, portés par les femmes et lacés par derrière, on en voit aussi qui sont lacés par devant, et dont les bords écartés, de la poitrine au-dessous du nombril, laissent voir une cotte de dessous, à laquelle appartiennent les manches à mitons, doublées de fourrure (fig. 3 [2]). Il était de mode alors, chez les dames élégantes, de se faire un ventre saillant et de

[1] Manuscr. Biblioth. nation., *Tite-Live*, français (1395 environ).

[2] Manuscr. Biblioth. nation., *Le Livre des merveilles du monde* (1400 à 1415).

porter autour des hanches des ceintures-écharpes volumineuses.
Cette mode étrange est déjà critiquée par Eustache Deschamps. Ces
corsages étaient très décolletés par devant et par derrière, et ne laissaient jamais voir le haut de la chemise. L'étoffe était directement
placée sur la peau sans vêtement intermédiaire de linge...

C'est à dater du règne du roi Jean qu'on voit aussi les hommes
adopter des vêtements étroits ajustés à la taille. Ces vêtements étaient
le plus souvent boutonnés ou agrafés par devant. Cependant, il en
était qu'on laçait sur les côtés ou par derrière (voy. CORSET). Vers
le commencement du xvᵉ siècle, les gens de peu, comme disait plus
tard Saint-Simon, portaient des corsets ou pourpoints très justes
sur un vêtement de dessous rembourré et lacé par devant (fig. 4 [1]).
Cette mode dura très tard et jusque vers la fin du règne de
Louis XI.

Les chausses s'attachaient à des aiguillettes à ce pourpoint, dont
les manches justes étaient garnies d'un bourrelet au-dessous des
épaules. C'était le costume habituel des soudards de l'époque, sur
lequel ils endossaient la brigantine, le jacque ou le corselet.

Les fentes des manches larges des vêtements de dessous portés
par les hommes pendant le xvᵉ siècle étaient souvent maintenues par
des lacets, à travers lesquels on apercevait l'étoffe de la chemise
(voy. CORSET; SURCOT).

LINCEUL, s. m. (*sydoine, suaire*). Pièce de lin, de toile ou
d'étoffe de soie, que l'on employait plus particulièrement à envelopper les corps avant de les placer dans la tombe. On donnait aussi
le nom de linceuls à des draps de lit, et même à certains vêtements
très simples et blancs.

Dans l'*Inventaire des biens meubles et immeubles* de la comtesse
Mahaut d'Artois [2], on trouve mentionnés : « Deux paires de granz
« linceulz déliés, de toile de Reins pour Dames, à parer à leur re-
« levée, dont chacune piece tenoit xxv. aunes ou pris de .L. lib. »

Ces linceuls étaient des sortes de larges peignoirs.

L'usage d'envelopper les corps dans des bandelettes de lin date de
la plus haute antiquité, puisque les momies de l'ancienne Egypte
sont ainsi préparées.

On sait que les Grecs ainsi que les populations de l'Italie brûlaient
les corps; mais les premiers chrétiens, qui attendaient la résurrec-

---

[1] Manuscr. Biblioth. nation., *Historial*, français (1440 environ).
[2] Pillés par l'armée de son neveu Robert d'Artois, en 1313.

tion corporelle aussi bien que la résurrection de l'âme, ne brûlaient point les corps de leurs coreligionnaires. Ils les ensevelissaient dans des cavités creusées dans le tuf ou dans des sarcophages, après les avoir enveloppés de bandelettes d'étoffe. Toutefois, il semblerait, d'après l'examen des peintures des Catacombes, que le visage du mort restait à découvert [1]. Les monuments figurés de l'Occident, à dater du Xe siècle, représentent les corps morts complétement couverts de bandelettes, la tête comprise. Quelquefois, une croix est tracée sur la face du cadavre. Il était aussi d'usage d'envelopper dans une peau de cerf les corps des personnages de distinction [2].

On donnait le nom de *sydoine, syndon*, aux linceuls :

> « Joseph le corps envolepa
> « En un sydoine qu'acheta,
> « Et en une pierre le mist
> « Qu'il à son wes avoit eslist,
> « Et d'une pierre le couvri
> « Que nous apelons tombe ci [3]. »

Le sydoine ou le syndon était très probablement une étoffe de soie : « *Capis nigris cum capuciis de sydone vel taffata utentur* [4]. » Cette étoffe s'employait aussi bien pour les vêtements que pour les ensevelissements. On plaçait aussi, pendant le moyen âge, les personnages de distinction dans le cercueil avec leurs vêtements de cérémonie, et cette habitude paraissait généralement adoptée par le haut clergé. Toutes les tombes d'évêques que nous avons vu ouvrir, et qui dataient des XIIe, XIIIe, XIVe et XVe siècles, conservaient les vestiges des vêtements de ces dignitaires ecclésiastiques. Il en était de même pour les tombes des seigneurs suzerains pendant le moyen âge. Ces personnages étaient plus ou moins bien embaumés, revêtus de leurs habits, et portés, le visage découvert, jusqu'à leur sépulture sur des lits de plantes odoriférantes.

LIVRÉE, s. f. On désignait par ce nom, pendant les XIIe, XIIIe et XIVe siècles, les vêtements que les seigneurs donnaient à leurs familiers ou aux personnes auxquelles on prétendait faire acte de gracieuseté. Comme il arrivait que ces vêtements étaient livrés à

---

[1] Voy. Bosio, *Roma sotterranea*, p. 267. Peinture représentant la résurrection de Lazare.

[2] Voy. OBSÈQUES, t. I.

[3] *Roman du Saint-Graal*, vers 575 et suiv. (XIIIe siècle).

[4] *Monasticum anglic.*, t. III, part. 2, p. 93.

certaines occasions solennelles à plusieurs personnes, on les faisait
faire de pareilles façon et étoffe, ce qui indiquait la magnificence
du seigneur et le respect de ceux qui avaient reçu le don.

C'est ainsi qu'à l'occasion de la réception que le roi Charles V fit
à Charles IV [1], les princes et seigneurs de la cour durent se rendre
aux frontières pour faire cortège au noble visiteur jusqu'à Paris.

« Tost après, vindrent, de par le Roy, ses freres les ducs de Berry
« et de Bourgongne, le conte de Harecourt, l'arcevesque de Sens et
« l'évèque de Laon à grant compaignie de gentils-hommes et gens
« d'onneur, vestus de livréés des seigneurs; les chevaliers de ve-
« loux, les escuyers de drap de soye, et bien furent cinq cents che-
« vaulx [2]. » Et plus loin... « Se parti de Saint-Denis (l'empereur)
« et vint en littiere jusques à la Chapelle, car grief luy estoit le che-
« vauchier. Au devant lui alerent le prévost de Paris et celluy des
« marchans, les eschevins, les bourgois, tous vestus de livrée, en
« bel arroy et bien montez, jusques environs, que d'eulx que des
« officiers du Roy, quatre mille chevaulx [3]... »

Les livrées consistaient alors en un hoqueton, habituellement aux
armes du personnage qui le donnait, ou avec une manche à ses
armes.

Il ne faut pas confondre la livrée avec le vêtement que l'on donnait à un trouvère, à un ménétrier ou à un jongleur, lorsqu'on voulait récompenser ces amuseurs si fort recherchés dans les châteaux.
Ces cadeaux consistaient en vêtements quelconques pris dans la
garde-robe du seigneur. Il arrivait parfois que celui-ci, charmé par
les récits, les airs ou les tours de ces coureurs de châteaux, se dé-
pouillait de son vêtement pour le leur donner. Mais la livrée était
un habit que l'on n'octroyait qu'à un fidèle. Il eût été très inconve-
nant d'en revêtir le premier venu. Celui qui portait la livrée était
tenu de la faire respecter, comme le seigneur qui la donnait assu-
rait sa protection à celui qui la recevait. La livrée n'était point dès
lors une marque de servage, mais une sorte de contrat passé entre
le donateur et l'acceptant.

Un passage de Guillaume de Machau nous renseigne exactement
sur ce qu'on entendait par le mot *livrée* au milieu du XIVe siècle.
Le poëte s'adresse à Charles le Mauvais, en prison alors, et essaye

---

[1] En 1377.

[2] Christine de Pisan, *le Livre de faicts et bonnes meurs du sage roy Charles*, chap.
XXXIV.

[3] Chap. XXXV.

de donner des conseils à ce prince avec lequel il avait entretenu des relations amicales.

Guillaume fait ressortir dans ses vers le contraste entre la richesse des habillements, chez certains seigneurs, et la tenue plus que négligée des personnes de leur suite. Ces seigneurs, dit-il, sont couverts d'or et d'argent, de pierreries, d'enseignes à images :

> « Mais leur gent vestent si ensamble
> « Que riens n'i a qui se ressamble :
> « Car li uns est vestus de pers
> « Qui en cuide estre plus appers ;
> « L'autre est entortillé de vert ;
> « Li autres ha son cors couvert
> « De camelin ou de fustainne,
> « De toile, ou d'autre drap de lainne;
> « L'autre est ou de noir ou de blanc ;
> « L'autre l'est plus rouge que sang,
> « Qui de jaune porte une bande ;
> « L'autre porte une houpelande ;
> « L'autre un pourpoint, l'autre un lodier.
> « Plus ne veil dire ne plaidier.
> « Mais tuit ont les solers bescus,
> « Et à chascun d'yaulz pert li cus[1].

> « Mais se li signeur se volóient
> « Ordener, tous les vestiroient
> « De ce qu'il portent sur leurs cors,
> « Et encore est-ce mes recors
> « Qu'il soient vestu d'unité,
> « Chascuns selon sa qualité.
> « Ainssi le fai·oient jadis
> « Li bon qui sont en paradis ;
> « Et se vestoient richement
> « De fins dras et honéstement.
> « Pour ce je te pri, Chiers Amis.
> « Qu'à ce tes cuers soit adès mis
> « Que tu mainteingne honnesteté,
> « (Je le t'ay ja amonnesté)
> « Et que tu veilles remirer
> « Tes gens, et toy en eulx mirer.
> « Car vraiment pas ne foloie
> « Cilz qui par austrui se chastoie ;
> « Ne ja n'auras si bon chastoy
> « Com celui que tu prens de toy.

---

[1] *Solers bescus,* souliers à la poulaine. *Et à chascun d'yaulx pert li cus* veut dire : et chacun de ces souliers perd ses talons ; chacun d'eux est éculé.

« N'est-ce pas chose plus honourable
« Qué tu voies devant ta table
« Tes chevaliers, tes escuiers,
« Tes clers, tes servans, tes mestiers
« Vestis ensamble en ordenance
« A la bonne guise de France,
« Que ce qu'il soient en tel guise
« Que chascun ainsi se desguise ?
« Ne scay comment on s'y consent :
« Et certes li uns en vaut cent[1]. »

Ce curieux passage présente, comme un *desideratum*, des habillements uniformes pour les personnes attachées au service d'un seigneur. Il fait connaître que les princes mêmes, placés au sommet de la société, comme l'était le roi de Navarre, ne prenaient pas toujours soin de la bonne tenue de leurs serviteurs. Charles V fut un des premiers, en effet, ainsi qu'on vient de le voir plus haut, qui eut une maison bien ordonnée. Les personnes ayant des charges à sa cour paraissent, en effet, avoir été vêtues d'habillements dont la coupe et la couleur étaient réglées.

LODIER, s. m. Sorte de surcot ample, porté par les gens de petit état. (Voy. Souquenille).

MANCHE, s. f. (*manchette, mance*). Les manches, dans les vêtements des deux sexes, pendant le moyen âge, subissent les transformations les plus étranges et les plus variées. Les exemples d'habillements présentés dans le *Dictionnaire* font passer sous les yeux du lecteur une grande diversité de formes données aux manches. Il paraît nécessaire de consacrer cependant un article spécial à cet appendice.

La tunique carlovingienne, la cotte, est pourvue de manches justes aux bras et couvrant les poignets. Quant aux chemises des hommes, de cette époque au XIIIᵉ siècle, leurs manches, assez amples, ne descendent qu'au coude (fig. 1[2]). Celles des femmes, au

---

[1] Guillaume de Machau, *Confort d'ami.*
[2] Manuscr. Biblioth. nation., *Psalm.*, latin (premières années du XIIIᵉ siècle).

contraire, sont presque justes et atteignent les poignets (voy. CHE-
MISE). Très délicatement plissées et couvertes de fines passementeries ou broderies au cou, les chemises de femme, pendant le

1

XIIe siècle, étaient un vêtement assez élégant pour qu'on en laissât
voir des parties, et notamment les manches, sous la cotte et le
bliaut.

Pendant le xe siècle, les femmes portent habituellement des robes
de dessus avec manches ne tombant qu'au-dessous du coude, mais
terminées en entonnoir et formant pointe (fig. 2[1]). Les manches
sont, suivant la mode d'alors, bordées de passementeries ou de
broderies. Il ne semble pas que cette forme de manches dont le
patron est tracé en A se soit modifiée beaucoup pendant le XIe siècle.
Toutefois, ces appendices tendent généralement à s'allonger.

C'est vers la fin du XIe siècle que les robes de dessus des femmes
commencent à être pourvues de manches d'une longueur démesurée ;
si bien qu'il fallait nouer l'extrémité de ces manches pour qu'elles
ne balayassent pas le sol (fig. 3[2]). Cette robe de dessus est le bliaut

[1] Manuscr. Biblioth. nation., *Biblia*, latin, 643 (xe siècle).
[2] Manuscr. Biblioth. nation., *Cartular. Virsionense* (fin du XIe siècle).

porté pendant tout le cours du XIIe siècle par les dames nobles [1].
Mais alors les manches du bliaut prennent des formes assez variées.
Les unes, comme dans le précédent exemple, se terminent en pointe,
d'autres sont arrondies à leur extrémité. Il en est qui sont plissées
à leur ouverture, à petits plis formant ruches [2].

Parfois les manches du bliaut tombent en fourreau jusqu'à terre
et sont percées à la hauteur des mains (fig. 4 [3]). En A, est figuré le
patron de cette manche, avec son ouverture pour la main en b. Ces

[1] Voyez BLIAUT.
[2] Voyez COIFFURE, fig. 5.
[3] Manuscr. Biblioth. nation., *Histor. Ierosolimit.* (XIIe siècle).

manches servaient au besoin de manchons ou de gants pour se préserver du froid.¹ En ramassant le fourreau sur l'avant-bras et passant la main par l'ouverture extrème *c*, on tenait très chaudement
les poignets et tout l'avant-bras. On voit aussi parfois les fourreaux
de ces sortes de manches noués ou passés dans la ceinture du bliaut,
ou encore enroulés autour des avant-bras.

3

A. GUILLAUMOT.

Si pendant le XII⁰ siècle les manches des bliauts des hommes sont
longues et amples, il s'en faut qu'ils atteignent le développement
donné aux manches des bliauts des femmes ¹. Des cottes d'hommes
sont cependant, au commencement de ce siècle, pourvues de man-

¹ Voyez BLIAUT, fig. 1.

ches en fourreau, tombant beaucoup plus bas que les mains et les recouvrant entièrement [1].

C'est probablement dans une manche de cette sorte, fendue à la hauteur du coude, et dont on fermait l'ouverture inférieure en la

nouant, ce qui formait alors un sac, que ce chevalier dont il est question dans le *Roman de Rou* cacha une cuiller d'argent pendant un festin que donnait le duc Richard de Normandie.

Au commencement du repas, un chambellan distribue les cuillers aux chevaliers ; l'un d'eux en glisse une dans sa manche :

[1] Voyez COTTE, fig. 4.

> « À cel tems avéient granz manches,
> « Et vesteient kemises blanches ;
> « Par li flancs à lacs s'estreneient,
> « E draz bien trainanz feseint.
> « Cil ki la coillier ont emblée,
> « Desuz ses draz l'ont tost butée [1]. »

Le duc seul s'est aperçu du larcin :

> « Bien l'aparchéu, mot n'en dist. »

Après le banquet, celui qui a distribué les cuillers les compte ; il s'aperçoit qu'il en manque une, et demande qui n'a pas rendu la sienne. Personne ne répondant, le duc impose silence au réclamant. Quand chacun s'est retiré, le duc appelle un chambellan, et lui dit d'aller voir tel chevalier, qu'il lui nomme, à son logis, et d'observer sa contenance. Ainsi fait le serviteur, qui trouve le quidam buvant avec ses compagnons ; il vient rapporter au duc ce qu'il a vu. Va, dit le duc, trouver ses écuyers, et en particulier, sans que leur maître en sache rien, offre-leur de leur payer, avec des deniers que tu prendras dans mon trésor, l'arriéré de leurs gages. Tu te feras remettre les objets qu'ils auraient pu recevoir de leur maître comme à-compte. Le messager s'acquitte de sa mission, et parmi les gages qu'il rapporte se trouve la cuiller.

Mais les écuyers ne manquèrent pas de raconter à leur tour, en particulier, à leur maître, ce qui est advenu :

> « Honi mei ? dist li chevalier ;
> « Jà mez nul jur cest reproviez (reproche)
> « Ne me charra, kel part irai
> « Jà mez el Duc ne revendrai.

Plein de honte, le chevalier part dès le matin, sans dire le motif de sa brusque résolution à ses compagnons. Le duc, informé de ce départ, monte à cheval, rejoint le fuyard, le ramène « à la salle », et devant ses hommes lui donne

> « Tant duns ke se pout bien garir
> « Sainz l'aultrui prendre ne tolir.

Depuis lors, le chevalier fut un de ses hommes les plus dévoués, sans que jamais il y eût de reproches à lui faire.

[1] Le *Roman de Rou*, vers 7037 et suiv.

Nous avons rapporté cette anecdote qui peint les mœurs féodales de cette époque. Il n'en est pas moins certain que le poëte prête à

5

A

ses personnages, qui vivaient au xe siècle, des vêtements qui ne sont en usage qu'à dater de la fin du xie et pendant le xiie. Mais les trouvères faisaient bien d'autres anachronismes. Robert Wace ignorait certainement, au xiie siècle, les vêtements de la cour de Richard ; mais il savait qu'on portait des manches longues bien avant son temps, et quand il dit : « A cel tems », il se reporte à une époque ancienne pour lui et dont il a conservé la tradition.

Sous le règne de Philippe-Auguste, ces longues manches disparaissent aussi bien des vêtements des hommes que de ceux des femmes.

Au commencement du xiiie siècle, il n'y a plus que les religieux qui portent ces manches amples que nous leur voyons conserver assez tard.

La figure 5 représente un prêtre portant le viatique et précédé d'un clerc tenant une clochette et une lanterne [1]. En A, est tracé le patron de la manche du vêtement de dessus. Ces manches se terminent en entonnoir, et leur extrémité peut ainsi envelopper les mains.

Les manches des vêtements civils des hommes pendant le cours du xiiie siècle se modifient peu. Celles des robes de dessous, des

6

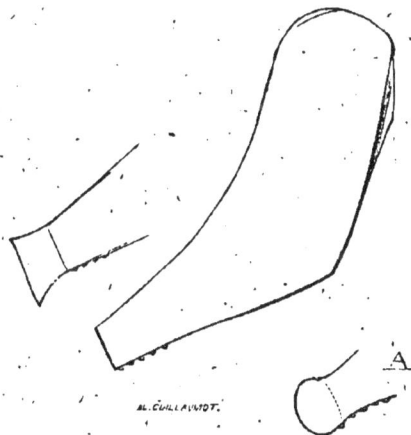

AL. GUILLAUMOT.

cottes, sont justes aux poignets, très aisées aux coudes et à l'arrière-bras. Le patron, figure 6, donne la forme de ces manches avec une variété de poignets. En effet, ces manches s'arrêtent serrées par quelques boutons au-dessous de la main ; ou bien leur extrémité la recouvre quelque peu, ou même parfois possède une garde arrondie qui s'avance jusque vers la partie moyenne externe de la main (voy. en A). Mais cette coupe ne se trouve guère que sur les monu-

---

[1] Manuscr. Biblioth. nation., *Naissance des choses* (milieu du xiiie siècle).

ments de la fin du xiiie siècle. Il n'est pas besoin de dire que les manches des robes de dessus, telles que bliauts, garde-corps, garnaches[1], sont plus larges, plus ouvertes, et n'atteignent point les poignets, ou bien tombent derrière le dos, si elles sont longues et fendues.

Pendant les xiiie et xive siècles, il était d'usage de porter attachée à un ruban ce qu'on appelait une manche, c'est-à-dire une pièce d'étoffe précieuse brodée par la main aimée. Dans *li Romans dou Chastelain de Couci*, le sire de Coucy adresse ainsi une requête à son amie la dame de Fayel :

> « Vouroie une mance de vous,
> « Ridée as las, large dessous,
> « Qu'en mon destre bras porteroie,
> « Espoir que plus preus en seroie[2]. »

Et plus d'un siècle après, dans le *Roman de Gilles de Chin*, on lit encore ces vers :

> « La contesse li demandoit
> « De celui qui mix fait l'avoit
> « A cel tornoi moult bonement;
> « Et li dist cortoisement :
> « — Certez, fait-il, 1 chevaliers
> « Prez et cortois, biax et légers,
> « N'a pas xx ans en son éage,
> « Ne mais si cortois ne si sage
> « Ne sai, por voir, en nul pays
> « N'est pas vilains ne esbahys ;
> « Et si porte par connissance,
> « D'amors en son brac une mance
> « Bien acesmée et bien polie ;
> « Ne fu mance si emploie[3]. »

Ces sortes de manches n'étaient portées que dans les tournois ou les actions de guerre. Aussi, nous ne nous étendrons pas plus longtemps ici à leur sujet[4].

Pendant tout le cours du xiiie siècle, les manches des vêtements des hommes et des femmes sont donc, comme nous le disions plus haut, étroites aux poignets jusqu'à moitié environ de l'avant-bras, aisées

[1] Voyez ces mots.
[2] Vers 703 et suiv.
[3] *Gilles de Chin*, vers 1045 et suiv.
[4] Voyez TOURNOI, et, dans la partie des ARMES, le mot MANCHE.

au coude et à l'arrière-bras, avec gousset aux entournures, pour ne point gêner les mouvements. Déjà sous le règne de Philippe le Hardi

elles se resserrent aux coudes, et les boutons, très petits et très rapprochés qui les attachent, montent jusqu'à 18 ou 20 centimètres au-dessus des poignets.

Bientôt ces manches sont collantes aux arrière-bras. Cette coupe de manches persiste surtout pour les vêtements des femmes jusqu'à la fin du règne de Charles V.

8

Dans le *Roman de la Rose* [1], Pygmalion, amoureux de sa statue, se plait à la parer. Il l'habille et la déshabille :

« D'une aguille bien afilée
« D'or fin, de fil d'or enfilée,
« Lia, por miex estre vestue,
« Ses deux manches estroit cosuës [2]. »

A ces manches très justes et dont l'extrémité couvrait souvent

[1] Partie de Jehan de Meung.
[2] Le *Roman de la Rose,* vers 21254.

une partie de la main ; fermées, avons-nous dit, au moyen de petits boutons, les dames nobles, ainsi que les gentilshommes, attachaient souvent, vers 1360, une sorte de brassard au-dessus de la saignée, brassard d'hermine, duquel tombait une bande de même fourrure (fig. 7 [1]) : la robe de cette dame est garnie au bas d'hermine également ; — ou bien (fig. 8 [2]) les manches de la robe de dessous étaient très justes, quelquefois avec un parement en entonnoir, roide et les manches de la robe de dessus ou du corset étaient plus aisées aux arrière-bras, fendues à la hauteur du coude, et tombaient en deux longues bandes jusqu'à terre.

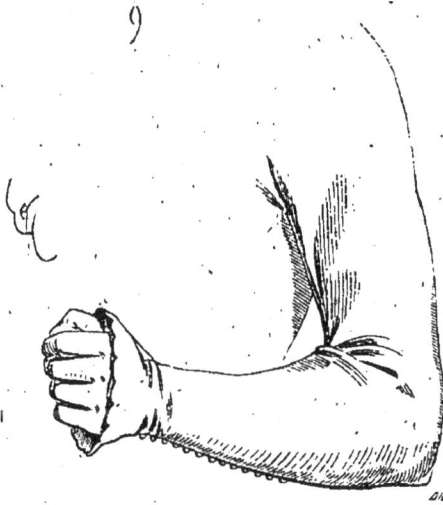

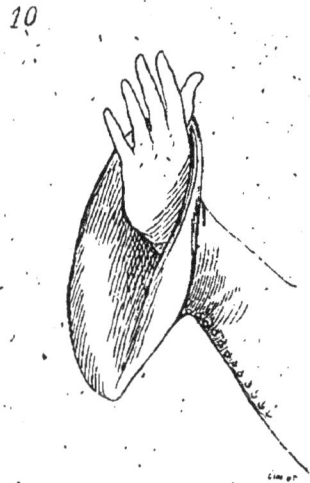

A la même époque, les manches des vêtements des hommes sont très serrées à l'avant-bras, boutonnées ; plus amples que celles des femmes à l'arrière-bras, déterminées en entonnoir couvrant partie de la main (fig. 9 [3]), ou démesurément évasées en pavillon de trompette (fig. 10 [4]). Mais par-dessus la cotte à laquelle tenaient ces sortes de manches, les gentilshommes endossaient généralement un corset, un surcot ou une houppelande, dont les manches étaient au contraire très amples (voy. ces articles).

A dater de la fin du XIVe siècle, les manches des vêtements d'hommes et de femmes prennent parfois les formes les plus étranges.

[1] Manuscr. Biblioth. nation., Guillaume de Machau, français.

[2] Manuscr. Biblioth. nation., Chron. d'Angleterre, français.

[3] Manuscr. Biblioth. nation., Miroir historial (fin du XIVe siècle).

[4] Voyez les sergents d'armes, gravure sur pierre du temps de Charles V (voy. CORSET, fig. 3).

Attachées aux vêtements de dessous, elles se gonflent autour de l'arrière-bras et aux épaules, jusqu'à dépasser, vers 1450, de beaucoup leur niveau.

Elles sont fendues et lacées latéralement, et laissent paraître entre ces lacets l'étoffe de la chemise ou d'un vêtement sous-jacent léger.

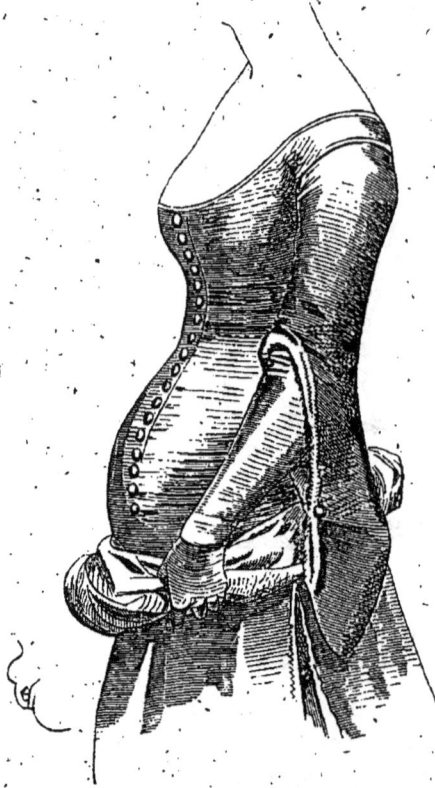

11

Il est d'usage, sous le règne de Charles VI et de Charles VII, d'orner ces manches de joyaux [1], de *branlants*, qui étaient de petites pièces de métal plates découpées de diverses manières, ou simplement des écus d'or. Dans la *Chronique normande* [2], à la date de février 1407, on lit ce passage curieux : « Et en mémoire que messire « de Guerartville [3], après ce qu'il se estoit vengié de Boursicaut,

[1] Voyez JOYAUX, fig. 24.
[2] P. Cochon.
[3] De Graville.

« fut en l'armée devant dicte de Kallès [1] et se partit de Rouen en
« la maniere que ensuit en belle compaignée de charrios, sommage
« et de gens d'armes soubz lui. Et pour son corps avoit quatre che-
« vaus enharnesquiés de quatre harnois de cuir couvers d'escarlate

12

« et de blanchet fin, et la cloueure d'argent souroré de fin or, et
« les fers des quatre chevax de cuivre sourorés d'or, et pour son
« abit ouquel avoit en chacune manches 200 escus ; item en la pate de
« son chapperon chinquante nobles d'Engleterre atachez en ma-
« niere de treffles ; item en son housel senestre 50 escus, et en son

---

[1] Calais.

« estendart chent escus. Ainsi se parti de Rouen, voiant tous cheux
« qui le povoient voir, et moy qui cy escript le vy. Somme toute,
« 350 escuz avec les 50 nobles. »

C'est à la même date de 1410 environ qu'il faut reporter la mode
des manches de femme et d'homme avec mitons (fig. 11 [1]). On
pouvait passer la main dans l'extrémité close de ces manches, et, en
les boutonnant, les mains se trouvaient prises comme dans un gant,
le pouce devait passer dans l'ouverture laissée au-dessous de ce
bouton. Suivant une mode fort prisée alors, et qui datait déjà du
règne de Charles V, les élégantes se faisaient un ventre très
saillant.

« Qu'on ne cognoist sovent les vuides des enceintes [2]. »

Ces manches de corset fermées du bout descendaient aussi plus
bas que les mains, et formaient deux sacs longs et étroits vers 1440,
portés surtout par les jongleurs, ménestrels et autres bohèmes qui
ne manquaient pas d'utiliser ces poches, d'autant que les vêtements
très étroits et justes au corps de cette époque ne permettaient pas
d'en avoir d'autres. La figure 12 [3] montre un *vielleux* vêtu d'un
corset garni de ces sortes de manches. Ce personnage est coiffé d'un
bonnet pointu, avec turban vert sur une coiffe cramoisie et or. Le
corset et le chaperon sont pourpre clair, et les braies jaune-jon-
quille. Plus tard, vers la fin du règne de Charles VII, ces manches
à gigots très développés prennent une ampleur démesurée, et par
suite les manches de houppelandes et peliçons qui les doivent couvrir
ont, aux épaules, la forme de ballons.

La figure 13 [4] nous montre un seigneur vêtu d'un ample peliçon
noir, d'une surcotte rouge dont on aperçoit le collet haut et la manche
fendue laissant passer les bouillons de la chemise. Son feutre est
noir. La manche du peliçon est largement fendue antérieurement, et
son extrémité est ramenée sur l'épaule, ce qui était très *distingué*
et augmentait d'autant la saillie des épaules. Le même manuscrit
représente le duc de Bourbon ainsi vêtu à cheval, une délicate couronne d'orfèvrerie est passée sur son feutre.

Ces manches à hautes épaules tombent pendant le règne de

[1] Manuscr. Biblioth. nation., *le Livre des merveilles du monde*, français (1404
à 1417).
[2] Jehan de Meung, *Testament* (voy. CEINTURE, fig. 8).
[3] Manuscr. Biblioth. nation., *Miroir historial*, français (1440 environ).
[4] Manuscr. Biblioth. nation., *Froissart*, t. IV (1440 à 1450).

Louis XI ; mais la mode des fentes libres, lacées ou boutonnées, persiste.

Cette mode était fort développée en Italie, à dater du milieu du xvᵉ siècle. Il y avait dans les vêtements des hommes et des femmes, à Florence, aussi bien qu'à Milan et à Venise, un luxe de taillades

13

de manches, avec lacets, joyaux, aiguillettes, que nos modes n'atteignaient pas. Cependant, après les expéditions de Charles VIII et de Louis XII en Italie, cette mode eut une influence sur nos vêtements. D'abord nous renonçâmes complétement à ces épaulières saillantes et, il faut bien le dire, très disgracieuses, puisqu'elles modifient complétement la ligne si belle des épaules humaines, pour adopter au contraire les habits *dévallants* du col à l'arrière-bras.

Un des tableaux si intéressants de Carpaccio, exposés dans l'*Accademia* de Venise [1], montre un ambassadeur vénitien (fig. 14)

14

vêtu d'une longue robe fourrée à manches très amples, ouvertes à la hauteur de l'arrière-bras, déchiquetées et avec pattes de recouvrement. Nous voyons en France cette mode adoptée pour les

[1] Sous le n° 542.

manches des peliçons courts portés sous Charles VIII (fig. 15 [1]). Ce
personnage est vêtu d'un pourpoint violet, de bas-de-chausses

15

rayés jaune et rouge, et d'un peliçon pourpre vif foncé, doublé de
bleu et avec revers de collet de même. Son bonnet est noir. Les

[1] Manuscr. Biblioth. nation., *Tite-Live*, français.

pattes de recouvrement de la fente des manches pouvaient se fermer pour empêcher l'air froid de frapper sur l'arrière-bras.

Nous n'avons fait, dans cet article, que mentionner les modifications les plus importantes données à la coupe des manches pendant le moyen âge.

Les nombreux exemples de vêtements que nous donnons présentent ces transformations dans le détail, ainsi qu'un nombre considérable de cas particuliers, bizarres, ou des modes qui n'ont eu que très peu de durée.

Malgré l'extravagance de quelques-unes de ces modes, on observera cependant que jamais une manche juste ne vient recouvrir une manche juste sous-jacente, et que les vêtements de dessus sont toujours pourvus de manches relativement larges, ce qui est très naturel. On observera encore que les manches fendues, à double fin, sont fort commodes, puisqu'elles permettent de couvrir ou de découvrir les bras à volonté, sans enlever le vêtement auquel ces manches sont attachées. Il serait difficile de dire pourquoi ces sortes de manches ont été abandonnées depuis le commencement du règne de Louis XIV.

MANIPULE, s. m. Le manipule était, dans les premiers temps de l'Église chrétienne, un linge blanc, fin, destiné à essuyer les mains et la figure du prêtre ou les vases sacrés, pendant la célébration des saints mystères. Cette bande de lin était attachée à la main gauche. Sans remonter aux origines de cet accessoire de l'habit ecclésiastique, nous dirons que le manipule était en usage dès le temps de Grégoire le Grand, et qu'alors ce purificatoire n'était porté que par le prêtre et le diacre, puisque le saint pontife interdit le port du manipule au clergé inférieur de l'église de Ravenne et l'accorde seulement aux prêtres et diacres. Plus tard, les sous-diacres le portèrent également, lorsqu'ils furent spécialement chargés de veiller à la propreté des objets employés à l'autel [1].

Ce suaire plié sur le bras gauche n'était plus déjà, au IXe siècle, qu'un ornement, une marque distinctive ; bien qu'Alcuin et Amalaire Fortunat lui attribuent encore la destination utile indiquée ci-dessus. D'après le texte d'Amalaire, le manipule n'est réellement qu'un mouchoir [2].

[1] Voyez à ce sujet la notice de M. Victor Gay, *Annales archéologiques*, t. VII, p 143.
[2] « Sudario solemus tergere pituitam oculorum et narium, atque superfluam salivam « decurrentem per labia. » (*De eccles. off.*, lib. II, cap. 24.)

Malgré les règles établies à plusieurs reprises par les autorités ecclésiastiques, pendant les ixe et xe siècles le manipule était porté, en beaucoup de localités, par tous les clercs et même par les laïques appliqués au service des autels, et conservait, dès lors, sa distinction utile de suaire. Jusqu'au xiie siècle, les enfants de chœur de l'abbaye de Cluny portaient le manipule pendant la messe.

Guillaume Durand [1] donne au manipule les noms de *fanum, manipula, sudarium.* Il dit que les ministres de l'autel les portent au bras gauche : « pour marquer qu'ils doivent être resserrés pour « les choses de la terre, mais libres pour acquérir les biens célestes. » Il eût été exact d'ajouter peut-être que, si ce suaire était suspendu

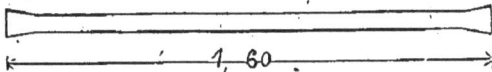

au poignet gauche, c'est qu'on en prenait les pentes de la main droite pour s'essuyer le visage. Nous ne connaissons pas de représentations de manipules indiquant cet usage primitif. Les plus anciens manipules figurés, tels que ceux des miniatures de la Bible de Charles le Chauve, de la tapisserie de Bayeux, sont déjà des bandes d'étoffes blanches frangées.

Il est à remarquer, toutefois, que, dans la vignette représentant les chanoines de Saint-Martin de Tours offrant à Charles le Chauve la Bible écrite par les Religieux, ceux-ci ont à la main droite, et non sur le poignet gauche, des manipules ou suaires formés d'une étoffe blanche pliée n'ayant, la plupart, d'autre ornement qu'une simple frange rouge à chaque extrémité.

Le manipule de saint Thomas Becket, conservé dans le trésor de la cathédrale de Sens, est un ornement dont la figure 1 donne la forme générale et les dimensions ; il est décoré exactement comme l'étole de ce prélat [2]. Les manipules des xie et xiie siècles sont habituellement terminés par de petits pendants d'orfèvrerie. Il en était même à l'extrémité desquels étaient suspendus des appendices

---

[1] *Rationale div. offic.*, lib. I, cap. 6.
[2] Voyez Étole, pl. 11.

métalliques sonores. En 915, l'évêque Riculfe d'Helena léguait à
ses successeurs six manipules brodés d'or, à l'un desquels étaient
suspendues de petites clochettes.

2

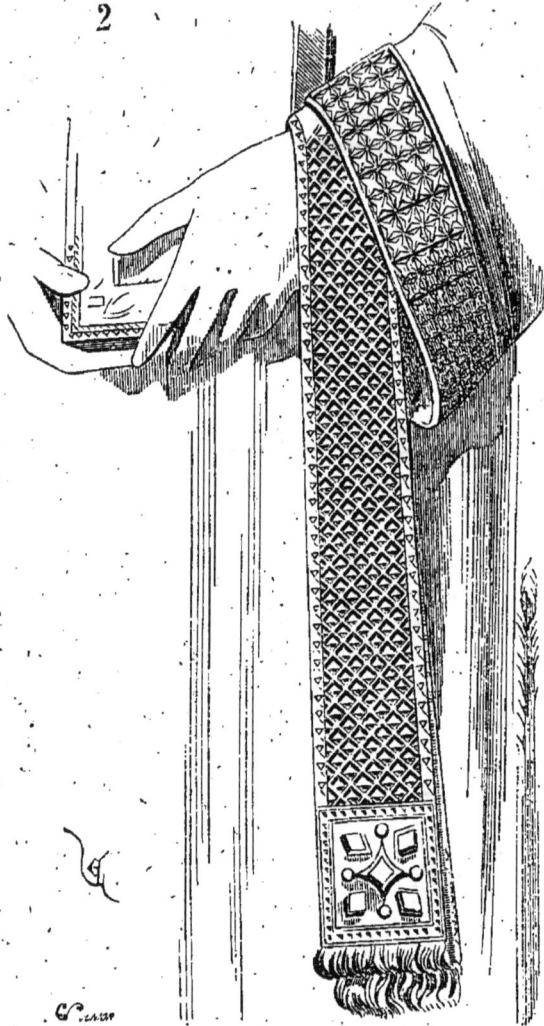

Les statues de la cathédrale de Chartres donnent un grand
nombre de ces manipules brodés. L'un d'eux (fig. 2 [1]) est porté
par un diacre. Ses extrémités sont ornées de pierreries et d'une
frange. Ces manipules sont attachés sur la manche de la tunique
sous-jacente au poignet gauche.

Ces manipules des XIIe et XIIIe siècles sont droits, légèrement

[1] Portail sud.

élargis à leur extrémité, ou forment deux pattes peu prononcées, tels que celui de saint Thomas Becket. Ce n'est que depuis le xviiie siècle que le clergé leur a donné cette forme extrême de palettes, si disgracieuse et gênante.

La planche XIV donne un manipule de la fin du xiiie siècle, qui est conservé dans le trésor de la cathédrale de Troyes.

MANTEAU, s. m. (*mantel, mantelet*) (petit manteau). Ce vêtement est un de ceux qui tiennent une place importante dans le vêtement, pendant tout le cours du moyen âge. Le manteau appartient plus particulièrement à la noblesse, et paraît même, sous les Mérovingiens, avoir été uniquement porté par la race dominante. Il ne faut pas, en effet, confondre le manteau avec la *cape*, la *gone*, le *tabar*, qui sont des vêtements adoptés par toutes les classes. Le manteau et la manière de le porter sont une marque de noblesse dont la trace ne s'efface guère qu'à la fin du xive siècle. Les Germains, ainsi que le constatent les bas-reliefs de la colonne trajane et les statues de captifs de l'arc de triomphe de Trajan, portaient le manteau semi-circulaire frangé et attaché sur l'épaule droite.

Les manuscrits grecs des xe et xie siècles montrent le manteau quadrangulaire (*pallium*) et semi-circulaire, attaché de même sur l'épaule droite, porté par les empereurs d'Orient et les grands personnages des deux sexes. Le *pallium* était un vêtement honorable, fait d'une pièce d'étoffe quadrangulaire. Deux des angles d'un des petits côtés s'attachaient sur l'épaule droite par une agrafe. Il paraît certain que ce manteau était celui que portaient les rois mérovingiens et carlovingiens dans les solennités. Cependant, l'ancienne mosaïque de Sainte-Suzanne, à Rome, reproduite dans l'ouvrage de Ciampini [1], présentait l'image de Charlemagne vêtu d'une tunique courte avec un manteau blanc, semi-circulaire, attaché sur l'épaule droite et recouvert d'une sorte de pèlerine. Le manteau quadrangulaire, ou *pallium*, n'en est pas moins indiqué sur les épaules de l'empereur Charles le Chauve [2] et de beaucoup d'autres personnages importants pendant la période carlovingienne. Le manteau semi-circulaire semble toutefois avoir été admis à dater de la fin du xie siècle, et on le trouve sur les épaules des rois et des reines du portail occidental de la cathédrale de Chartres, sur celui de Notre-Dame de Châlons-sur-Marne (1140 environ [3]).

[1] *Vetera monumenta*, t. II, p. 140.
[2] Manuscr. Musée des Souverains, au Louvre.
[3] Voyez l'article PALLIUM.

Carress c. del.   Viollet-Le Duc. direx.   E. Beau lith.

MANIPULE

Imp. R. Engelmann, Paris.

Les empereurs d'Occident ne faisaient, à dater de Charlemagne, qu'imiter les habits de cérémonie des empereurs d'Orient.

Il est même à croire que les rois mérovingiens avaient adopté les modes de Byzance, au moins pour les vêtements solennels. Or, à Byzance, on portait, et le *pallium* ou manteau quadrangulaire, et le manteau semi-circulaire ; ce dernier vêtement était commun aux deux sexes à la cour d'Orient.

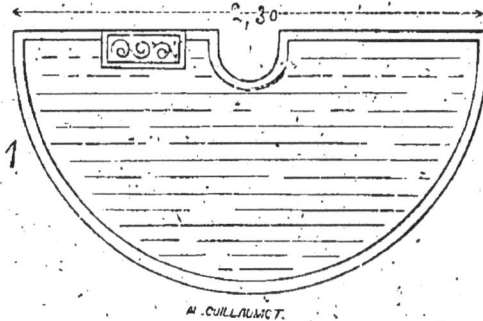

Á. GUILLAUMET.

On ne le voit guère porté, en Occident, que par les hommes nobles jusqu'au xiie siècle, où il devient parfois commun aux deux sexes.

Ces manteaux orientaux étaient d'une excessive richesse, couverts de broderies et de perles, bordés de pierreries [1], et, le long du pan gauche, était cousue une large broderie d'étoffe en forme de parallé-

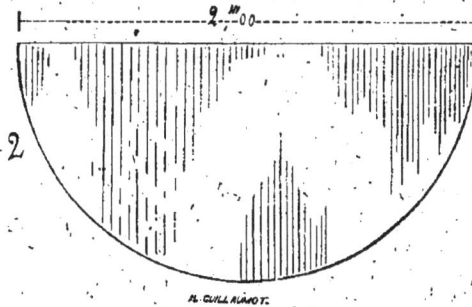

A. GUILLAUMET.

logramme, plus précieuse encore que n'était l'étoffe même du manteau (fig. 1). Les semis de broderies suivaient les lignes indiquées sur le tracé de notre figure ; une échancrure dégageait le col.

Les manteaux occidentaux antérieurs et de la même époque sont quadrangulaires (*pallium*) ou semi-circulaires de même, mais ne paraissent point posséder cette échancrure et sont rarement ornés de cette pièce quadrangulaire de riche broderie sur le pan de gauche (fig. 2). Ils sont moins longs et s'attachaient sur l'épaule

---

[1] Manuscr. grec, Biblioth. nation. Nicéphore Botoniate, couronné en 1078.

droite au moyen d'une agrafe ou d'un passant, ainsi que nous allons le faire voir.

La figure 3 donne le manteau rond porté par la noblesse sous

3

Charlemagne et, par ce prince lui-même, si l'on s'en rapporte à la mosaïque citée plus haut. C'était le manteau semi-circulaire de la figure 2. Le bras gauche relevait la partie circulaire à peu près au tiers de son développement. Il est peu de vêtements dont la forme soit sujette à moins de variations; mais il n'en est pas aussi qui présentent plus de différences dans la manière de le porter et de l'attacher, soit sur l'épaule, soit sur la poitrine.

Mais l'Orient n'avait pas seulement le manteau quadrangulaire et semi-circulaire ; on portait aussi, dans ces contrées, le manteau circulaire, qui, du reste, ne paraît guère avoir été communément adopté en Occident.

Ce manteau circulaire (fig. 4) était attaché sur le devant de la

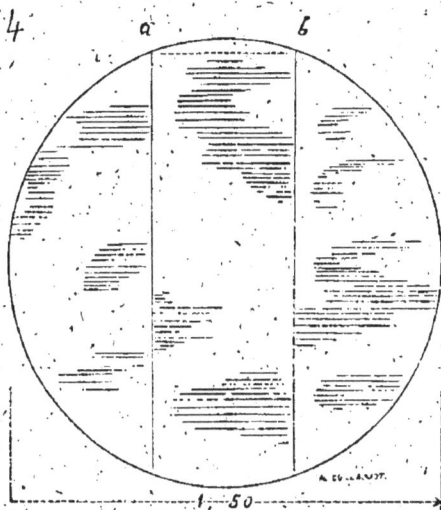

poitrine de *a* en *b*, cet espace enveloppant le col et l'arc retombant en plis sur le dos. La figure 5 montre ce manteau porté [1].

L'artiste a certainement prétendu, dans cette vignette représentant les rois mages venant rendre hommage au Christ enfant, représenter des personnages orientaux. Alors, au commencement du XIe siècle, l'Occident avait avec l'Asie Mineure des rapports assez fréquents et suivis, pour pouvoir reproduire assez exactement les habillements de cette contrée. Les pans de la longue tunique de ce mage, richement décorés de broderies avec pierreries, sont relevés dans la ceinture [2]. Les braies sont, de même, ornées de bandes de broderies biaises. Ce manteau circulaire est exactement, sauf le trou central pour passer la tête, la *planète* primitive [3]. On le trouve quelquefois représenté sur des monuments du midi de la France.

[1] Manuscr. Biblioth. nation., *Chron. et Traités divers*, fonds latin, Saint-Germain (Xe siècle).
[2] Voyez JUBE, figures 1 et 2.
[3] Voyez CAPE, figures 1, 2 et 3.

des XIe et XIIe siècles ; ces contrées ayant avec l'Orient les rapports
les plus suivis, il n'y a rien là qui doive surprendre. Dans la France
de la langue d'*oil*, on ne le rencontre pas ; et, depuis le VIIIe jusqu'au

5

XIIIe siècle, les manteaux quadrangulaires et semi-circulaires plus ou
moins amples paraissent invariablement adoptés. Toutefois, la manière d'attacher le manteau semi-circulaire diffère. Tantôt, ainsi
que le montre la figure 3, c'est une agrafe ou fibule en métal qui

retient ses bords sur l'épaule droite; tantôt (fig. 6), ce sont deux bandes d'étoffe fixées à l'un des bords et qui passent dans une boucle d'étoffe ou dans un anneau de métal [1].

6

Ce roi est vêtu, sur un bliaut recouvrant une robe, d'un manteau semi-circulaire, car il ne faut prendre les plis soulevés par le vent du côté droit, que comme une manière adoptée par les artistes de ce temps. Les plis du manteau sur les épaules, autour du col, indiquent assez clairement l'effet que produit la partie rectiligne du vêtement enveloppant le cou. Sur le bord de gauche est un coulant d'étoffe à travers lequel passent deux bandelettes minces, terminées par des

[1] Manuscr. Biblioth. nation., *Cartul. Virsionense*, latin (1000 environ).

franges ; ce qui permettait d'éloigner plus ou moins ces deux bords et, au besoin, de laisser pendre le vêtement derrière les épaules pour dégager les deux bras.

Quelques exemples caractérisés feront saisir les différentes ma-nières d'attacher le manteau semi-circulaire pendant le XIIe siècle.

7

La figure 7 [1] montre sur les deux bords rectilignes du manteau deux coulants-œillets doubles métalliques, à travers lesquels passe une ganse en double. En tirant plus ou moins sur les deux bouts de cette ganse, on serrait ou l'on desserrait les bords du manteau sur la poitrine ou sur l'épaule.

La figure 8 [2] indique un autre mode d'attache du même manteau. Sur le bord rectiligne, côté droit, est cousu un anneau de métal (voir en A). A travers cet anneau, on fait passer une partie du bord opposé et l'on noue cette partie. Il fallait, pour que ce mode d'attache

---

[1] Musée de Toulouse.
[2] Musée de Toulouse.

fût praticable, que l'étoffe fût assez souple et fine pour se prêter à
cette manœuvre. Ce qui fait supposer, si d'autres raisons ne le dé-
montraient pas d'ailleurs, que ces manteaux de nobles personnages
étaient taillés dans des pièces de soie assez fines. On remarquera
l'ornement de la manche de ce personnage, sur l'arrière-bras;

ornement composé d'une fronce très délicate décorée d'une bordure
brodée.

L'habitude de nouer même les deux bords rectilignes du manteau se rencontre assez fréquemment pendant le cours du XIIe siècle.
La statue de Childebert Ier provenant de l'abbaye Saint-Germain
des Prés et déposée aujourd'hui dans l'église Saint-Denis, statue
qui date de 1140 environ, nous en fournit un exemple remarquable (fig. 9).

Pour pouvoir ramener ainsi ces deux bords et les nouer, il fallait
nécessairement que l'étoffe du manteau fût d'une grande souplesse.

On observera que ce manteau n'a point de bordure de passemen-terie, laquelle eût rendu le nœud-impossible.

Si, au contraire, ces bords sont ornés de broderies ou de passe-

menteries, comme sur la statue dite de Clovis, et provenant du portail de Notre-Dame de Corbeil [1], ils ne sont réunis sur l'épaule

droite que par une agrafe (fig: 10), attachée à la paroi interne, ou par une fibule, comme on peut le voir sur les statues du portail occidental de la cathédrale de Chartres.

---

[1] Aujourd'hui déposée dans l'église abbatiale de Saint-Denis. Cette statue date de 1140 à 1150.

Au XIIe siècle on disait : « lacer le manteau » pour « attacher le manteau » ; c'est qu'en effet, ainsi qu'on vient de le voir, souvent le manteau était fixé par un lacet ou une ganse. Quand on vient annoncer à Guillaume le Bâtard que le roi Edward est mort et qu'Harold a été couronné, le duc devient pensif :

> « L'ovre del boix a tut lessié [1]
> « Sovent a sun mantel lacié,
> « Et sovent l'a destachié ;
> « Ne il a home ne parla,
> « Ne home à il parler n'osa [2]. »

Le manteau était si bien considéré en Occident comme un vêtement nécessaire à tout homme noble, que Robert Wace raconte [3] que le duc Robert de Normandie passant à Rome, vit la statue équestre de Constantin, laquelle était de bronze. Le duc trouvant étrange que cet empereur fût représenté sans manteau, lui en fit mettre un sur les épaules :

> « Du plus riche k'il pot truver ;
> « Poiz d'iluec s'en parti à tout,
> « Des Baruns de Rome gabant,
> « Ki lessoent lur avoé [4]
> « Iver et esté défublé ;
> « Bien le déussent enorer,
> « Et un mantel par an duner. »

Mais avant de passer outre, il nous faut parler des manteaux que les dames nobles portaient aussi bien que les hommes, depuis la période carlovingienne jusqu'à la fin du XIIIe siècle. La coupe des manteaux de femmes ne diffère pas de la coupe des vêtements des hommes. C'est le manteau semi-circulaire représenté figure 1, ou plus que semi-circulaire figure 11, dont les lés sont assemblés ainsi que l'indique cette figure ; de telle sorte que si l'étoffe est décorée d'ornements, ceux-ci suivent les bords du manteau. Ce vêtement est d'origine byzantine et était habituellement attaché sur l'épaule droite ; le bras gauche relevait la partie circulaire en laissant pendre devant la poitrine l'un des bords droits. Il a été dit plus haut que les

---

[1] Il quitte le bois où il chassait.
[2] Le *Roman de Rou*, vers 11002 et suiv.
[3] *Ibid.*, vers 8197 et suiv.
[4] Leur protecteur, leur patron.

empereurs et les impératrices d'Orient portaient ce manteau et le manteau quadrangulaire ou *pallium*, aussi bien que les grands personnages de la cour byzantine. La figure 12 nous fait voir l'impératrice Eudoxie, femme de l'empereur Ducas, puis de Romain IV, surnommé Diogène, couronné en 1067. Ce manteau est brodé de

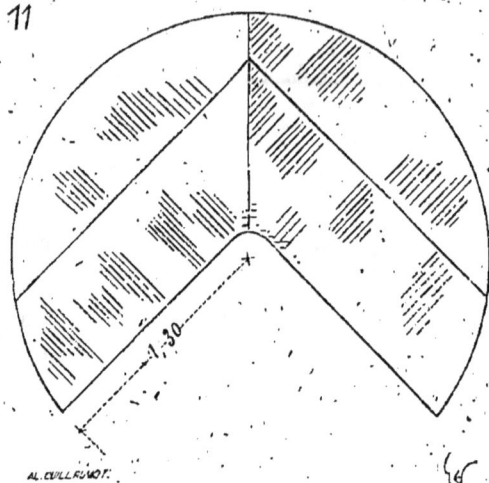

11

perles et orné de pierreries. Nous retrouvons la forme de ce vêtement sur nos monuments des XIe et XIIe siècles, représentant des princes ou des princesses [1], sans qu'elle paraisse subir des modifications. Cependant la manière de porter ce manteau présente quelques variétés. Souvent les femmes l'attachent par un lacet sur le devant de la poitrine et tombant parallèlement des deux épaules aux pieds, de manière à laisser les deux bras libres et à découvrir le bliaut.

Un capuchon est quelquefois adapté au col du manteau vers la fin du XIIe siècle :

« Et bons bliax et mantiax engolez [2]. »

Le mot *tasseau*, employé parfois dans les poëmes français des XIIe et XIIIe siècles, est l'agrafe du manteau.

« Et li ont fet un mantel aporter,
« La pel fu grise, dont l'en l'a fet forrer ;
« Seul les tasseaus, sanz mançonge conter,
« Ne péust pas un riche home acheter [3]. »

---

[1] Voir les statues du portail occidental de la cathédrale de Chartres.
[2] *Guillaume d'Orange.* Li coronemens Looys, vers 3737.
[3] *Ibid.*, vers 7592 et suiv. *Tassel, tasseau*, veut dire une pièce carrée, et aussi une agrafe quadrangulaire.

PARURE D'IMPÉRATRICE D'ORIENT (XIᵉ siècle)

Ce passage indique, aussi que ces manteaux étaient doublés de fourrures, dès le xiie siècle, en Occident.

> « Bel home ot en Sanson quant il fu bien vestus
> « Ses mantiaus fu hermins, de deseure volsus
> « D'un samit de Palerne vermel ou ver menus ;
> « Li tasiel sunt à pières, li ors i est parus [1] ».

A dater du commencement du xiiie siècle, il n'est guère question que de manteaux fourrés d'hermine, de menu-vair, de gris ou de martre zibeline.

A cette époque, la forme du manteau présentée figure 2 est celle qui semble le plus généralement adoptée pour les hommes comme pour les femmes nobles ; mais alors ces manteaux, si l'on s'en rapporte aux monuments peints, sont rarement décorés de broderies ou faits d'étoffes à dessins. Les couleurs le plus fréquemment admises sont le rouge, le bleu et le vert. Ces étoffes sont de soie.

> « Et afulla un mantel sabelin [2]. »

> « Si l'a prise par le mantel,
> « Fait d'un dyaspre rice et bel [3]. »

> « Le quens Guillaume fut vestu d'un cendal ;
> « S'ot affublé un mantel de Soal [4]. »

> « Un mantel li apportent d'un cendal de Rossie [5].

Aussi, les manteaux étaient-ils doublés d'étoffe de soie.

> « Et le riche mantel fourré de syglaton [6]. »

La forme des manteaux d'hommes et de femmes ne se modifie que vers la fin de la seconde moitié du xiiie siècle. Jusqu'à la fin du xiie siècle, les manteaux paraissent avoir été taillés dans des étoffes

---

[1] *Li romans d'Alixandre*, édit. de M. Michelant, p. 18, vers 36 et suiv.
[2] *Mantel sabelin*, fourré de martre zibeline ; li *Romans de Garin le Loherain*, t. II, p. 127, édit. Techener, 1833.
[3] *Li Romans d'Amadas et Ydoine*, vers 668.
[4] *Li Roman de Foulque de Candie* (xiiie siècle).
[5] *Ibid.*
[6] *Ibid.*

fines, déliées, qui pouvaient, sur le corps, se diviser en plis délicats ; ils semblent aussi n'avoir pas été doublés de fourrures jusqu'à cette époque ; mais, lorsqu'ils reçurent cette garniture lourde ou une doublure de soie, on dut choisir des étoffes assez épaisses et résistantes pour ne pas être entraînées par ces garnitures. Il faut dire aussi que la mode des plis larges fut adoptée vers 1230, et qu'à dater de cette époque, on ne rencontre guère ces étoffes orientales souples et se divisant en plis très fins, si fréquemment reproduites sur les monuments sculptés et peints du xiie siècle.

Mais, avant d'entrer dans la période du xiiie siècle, nous ne devons pas négliger de dire quelques mots touchant la manière de porter le manteau semi-circulaire en dehors de la mode habituelle. Quelquefois, ce manteau tombe entièrement derrière les épaules et n'est retenu que par le lacet bridé sur la poitrine, ou bien un des pans est retenu dans la ceinture (fig. 13 [1]) ; ou, encore, un de ces pans est ramené devant la poitrine et entoure le col. Il serait inexact de dire que les manteaux du xiie siècle sont invariablement taillés dans des étoffes très déliées. Les monuments figurés nous en montrent parfois, mais rarement, qui semblent coupés dans des draps assez épais de soie ou de laine. Ces étoffes étaient alors brochées ou tissées de plusieurs couleurs, formant des rayures [2], des dessins, comme celles employées pour les chapes et les chasubles. Les étoffes à *compas*, c'est-à-dire à cercles avec des animaux, étaient fort prisées sous le règne de Louis VII, et souvent appliquées aux manteaux. Il est à croire que l'expédition d'outre-mer provoquée par saint Bernard avait contribué au développement de ce goût pour les manteaux multicolores. L'étoffe représentée planche XV.[3], qui paraît dater de cette époque, offre un spécimen précieux de ces sortes de tissus d'un grand effet, mais qui ne pouvaient former, à cause de leur épaisseur, ces plis répétés que l'on voit figurés sur les statues et les peintures de la première moitié du xiie siècle.

Si les étoffes des manteaux, à dater du règne de Philippe-Auguste, sont plus épaisses, forment des plis plus larges, on constate aussi, dans la manière de porter ce vêtement, des variétés de plus en plus tranchées.

Les statues tombales de l'église de Saint-Denis et refaites au commencement du règne de saint Louis, représentant les rois, ses pré-

---

[1] Manuscr. Biblioth. nation., *Biblia sacra*, latin (xiie siècle).
[2] Mode fréquente à la fin du xiie siècle.
[3] Provenant du trésor de la cathédrale de Troyes.

MANIÈRE DE PORTER LE MANTEAU (XIIe siècle)

Carresse del.

Viollet-Le Duc direx.

E. Beau lith.

FRAGMENT DE MANTEAU

Imp. R. Engelmann, Paris.

décesseurs, fournissent de beaux exemples de port du manteau dont la forme plus que demi-circulaire est donnée figure 11. Le manteau était

14

jeté sur les deux épaules, mais en laissant rabattre la doublure; puis les bras relevaient à droite et à gauche deux portions du cercle (fig. 14). Dans cet exemple, les deux pans droits du vête-

ment tombaient des deux côtés de la poitrine et formaient des plis
en cascade jusqu'aux bras. Les plis au-dessous du coude étaient

très beaux. Par derrière, l'orle du manteau se trouvait bridé, en
laissant cependant un ou deux grands plis verticaux descendant

jusqu'aux chevilles[1]. La statue, figure 15[2] nous montre le manteau
porté tout autrement. L'un des angles est serré contre la hanche
par le bras droit ; l'autre angle est rabattu par derrière sur l'épaule
gauche. L'étoffe couvre ainsi complètement la poitrine, le bras droit
et le dos. A voir la diversité de port du manteau, il est évident que
savoir le draper d'une manière gracieuse était le résultat d'une
étude. Les femmes, ainsi qu'on peut le supposer, excellaient dans
l'art de porter le manteau. Les statues de Saint-Denis représentant

16

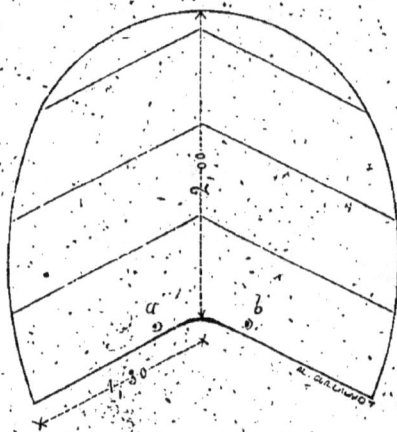

en costume du XIIIe siècle des reines Ermentrude, Constance d'Arles,
Constance de Castille, Isabelle d'Aragon, sont, comme agencement
de draperies, des œuvres d'autant plus estimables qu'elles sont empreintes d'un caractère d'aisance et de vérité qui fait connaître combien l'habitude de porter le manteau était familière à la noblesse.
Mais il ne faudrait pas croire que cet habit fût, de fait, exclusivement réservé aux nobles pendant les XIIe et XIIIe siècles. La France
a toujours eu le privilège de ne pas se soumettre aux lois ou aux
règlements qu'on prétendait imposer à sa population. Et en cela,
comme en bien d'autres choses, nous ne sommes guère changés
depuis César.

Le manteau dont les formes sont indiquées précédemment était un
vêtement essentiellement noble, ce qui n'empêchait pas les femmes

[1] Cette statue est celle de Clovis II. Il ne faut point oublier que le vêtement appartient
à 1240.
[2] De Philippe, fils de Louis IV.

des bourgeois et même les filles de joie de le porter aussi bien que

les grandes dames, dès le XIIᵉ siècle. Le moine de Vigeois, vers 1180, raconte que la reine donna, à l'église, le baiser de paix à une femme de mauvaise vie, la prenant, à la parure, pour une dame mariée et de bonne maison [1].

Or, la pièce principale de cette parure était le manteau. Ayant été informée de sa méprise, la reine en fit sa plainte au roi son époux, lequel, par un édit, défendit aux femmes publiques, à Paris, de porter le manteau. Comme bien d'autres édits somptuaires, celui-ci ne paraît pas avoir été longtemps respecté, car les imagiers ne manquent jamais, pendant le cours du XIIIe siècle, de représenter les prostituées parées du manteau. La légende de l'*Enfant prodigue*, si fréquemment reproduite dans les bas-reliefs et peintures de ce siècle, en fait foi.

La coutume qui paraît avoir été mieux observée est celle qui attribuait le manteau aux femmes mariées; les demoiselles ne le portaient pas, au moins dans la classe moyenne, car les trouvères ne manquent pas d'affubler les nobles pucelles de manteaux :

« En la lande, qu'est verde et belé,
« Vit Melions une pucele
« Venir sor j. bel palefroi ;
« Molt erent riche si conroi.
« Un vermeil samit ot vestu,
« Estoit à las molt bien cosu ;
« A son col j. mantel d'ermine ;
« Ainc meillor n'afubla roine ;
« Gent cors et bele espoulëure,
« Et blonde la cheveleüre,
« Petite bouche bien mollée
« Et comme rose encolorée ;
« Les ex ot vairs, clers et rians ;
« Molt estoit bele en tos semblans [2]. »

Le manteau des femmes, jusque vers 1270, ne paraît pas avoir adopté une forme différente du manteau des hommes, si ce n'est qu'il était ovale, afin de donner une traîne par derrière (fig. 16). Au moyen d'une ganse passant en *a* et en *b* dans des œillets, on le laissait pendre derrière les épaules et l'on en relevait les deux orles latéraux sur les bras ; ou bien on le passait sur une seule épaule, en serrant l'un des pans contre la poitrine et en rejetant l'autre sur un bras (fig. 17); ou encore on ramenait ce second pan sur l'épaule opposée.

[1] Voyez la Curne de Sainte-Palaye, *Mémoires sur l'ancienne chevalerie*, t. II, notes sur la 5e partie, p. 66.
[2] Le *Lai de Melion*, vers 83 et suiv.

Ces manteaux de femmes n'étaient pas toujours aussi longs :

> « La dame s'est tost acesmée,
> « Car belle dame est tost parée ;
> « Et elle estoit si fine belle,
> « Que n'avoit dame ne pucelle
> « Ens el païs qui l'ataindist.
> « Un cercle d'or qui bien li sist
> « Ot desus son chief, qui est blons ;
> « D'un mantel qui n'est pas trop lons
> « Ert afublée par quointise [1]. »

Ces manteaux courts des dames, et qu'elles ne portaient pas en cérémonie, étaient ronds, et non point ovales comme le précédent (fig. 18 [2]).

Le sire de Joinville rapporte que saint Louis, quand il venait au

[1] Li Romans dou chastelain de Couci, vers 149 et suiv.
[2] Manuscr. Biblioth. nation., Guerre de Troie, français (1300 environ).

MANIÈRE DE PORTER LE MANTEAU CARRÉ (XIIIe siècle)

jardin de Paris pour donner audience publique, était vêtu d'un mantel de cendal noir [1].

Vers la fin du XIII° siècle, on voit apparaître une nouvelle forme de manteau, c'est le *couvertour*. Joinville en parle déjà comme d'un objet usuel, mais qu'on ne portait pas habituellement et qui devait plutôt servir pour se couvrir pendant le sommeil :

« Quant je ving entre aus, il m'osterent mon hauberc; et pour la « pitié qu'il orent de moy, il geterent sur moy un mien couvertour « de escarlate fourrei de menu vair, que madame ma mere m'avoit « donnée; et li autres m'aporta une courroie blanche; et je me « ceingny sur mon couvertour, ouquel je avoie fait un pertuis et « l'avoie vestue; et li autres m'aporta un chaperon, que je mis en ma « teste [2]. » Joinville fait un trou dans son couvertour pour y passer la tête, ce qui lui composait une sorte de dalmatique. Mais plus tard le couvertour, ou manteau carré, est fréquemment porté drapé par les hommes et par les femmes. Ce manteau (fig. 19) avait de 2 mètres à 2m,10 de côtés; on le posait en le jetant sur une épaule, de manière à laisser la main libre passant un des bords, puis on ramenait l'angle postérieur sur l'autre épaule et par devant, autour du cou (fig. 20 [3]). Vers la fin du XIII° siècle, les femmes adoptent aussi parfois cette forme du manteau (fig. 21 [4]), que l'on drapait par devant d'un bras sur l'autre.

[1] *Hist. de saint Louis*, publ. par M. N. de Wailly, p. 22.

[2] *Hist. de saint Louis*, par Jean, sire de Joinville, publ. par M. Nat. de Wailly, p. 114.

[3] Manuscr. Biblioth. nation., *Rom. de la Table ronde*, français (1260 environ).

[4] Manuscr. Biblioth. nation., *Hist. de la vie et des miracles de saint Louis*, français (1300 environ).

Beaucoup de statues de la Vierge datant de cette époque sont vêtues de ce manteau carré ou quadrangulaire barlong.

Les nombreux exemples que nous venons de donner, et qui ne montrent que les façons générales de porter le manteau pendant le moyen âge jusqu'à la fin du xiii⁰ siècle, font assez voir l'importance qu'on attachait à ce vêtement, qui, par la simplicité de sa

21

coupe, exigeait, pour le draper d'une manière gracieuse et aisée, une assez longue habitude. C'est autre chose, en effet, de savoir porter convenablement un vêtement taillé sur le corps et dont on n'est pas le maître de changer la forme, ou un morceau d'étoffe qui prend des plis gauches ou gracieux, suivant qu'on le jette maladroitement ou adroitement sur le corps, qu'on sait le relever à propos sans gêner les mouvements et sans paraître emprunté. Cela exigeait toute une étude qui n'est pas sans avoir une certaine influence sur le goût, les mœurs et les relations journalières. Un passage du *Roman de la rose*[1] donne à ce sujet de précieux renseignements :

« Et s'el est tex que mantel port,
« Si le doit porter de tel port,
« Que trop la vëuë n'encombre
« Du biau cors à qui il fait ombre

[1] Partie de Jehan de Meung, vers 13758 et suiv.

« Et par ce que le cors miex père,
« Et li tissu dont el se père,
« Qui n'iert trop larges ne trop gresles,
« D'argent doré et menus pesles,
« Et l'aumonière toutevoie,
« Qu'il est bien drois que l'en la voie ;
« A deux mains doit le mantel prendre,
« Les bras élargir et estendre,
« Soit par bele voie, ou par boë,
« Et li soviengue de la roë,
« Que li paons fait de sa queuë,
« Face ausinc du mentel la seuë.
« Si que la penne ou vairé ou grise,
« Ou tel cum et l'i aura mise,
« Et tout le cors en apert monstre
« A ceus quel voit muser encontre. »

Ainsi fallait-il relever le manteau avec grâce sur les deux bras, en laissant voir la robe et aussi la fourrure. C'était encore, à cette époque, toute une étude.

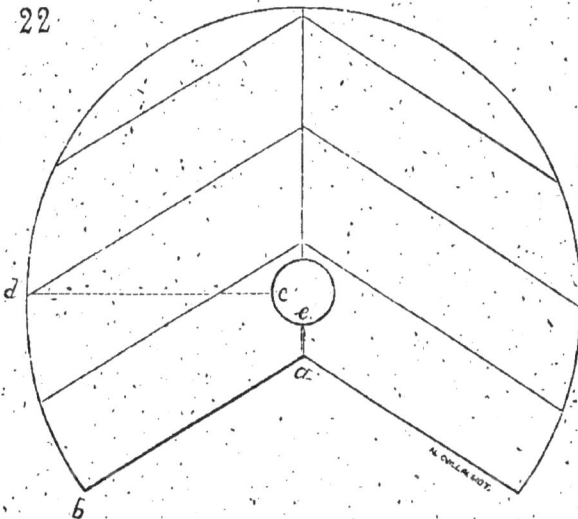

22

Le manteau libre, rond ou carré, se transforme pendant le XIVe siècle, et ne devient bientôt plus qu'un vêtement taillé qu'on endosse et dont l'apparence n'est plus dépendante des allures et de la grâce particulières à chacun.

C'est vers la fin du règne de Philippe de Valois que le manteau des hommes prend cette forme nouvelle et se rapproche beaucoup de la cape (voy. CAPE). Une entaille circulaire laisse passer la tête (fig. 22) et de a en e le vêtement est attaché sur l'épaule droite au moyen de boutons, d'olives ou de bijoux (fig. 23 [1]). La longueur *ab* (fig. 22) des bords du manteau est égale au rayon *cd*. Le roi Charles V est représenté vêtu de ce manteau sur plusieurs monuments et sur le frontispice du manuscrit de la Bibliothèque nationale intitulé : *Le livre des propriétés des choses, translaté de latin en françois par le comandement du roi Charles le Quint, de son nom régnant en France noblement et puissament en ce tems* (fig. 24).

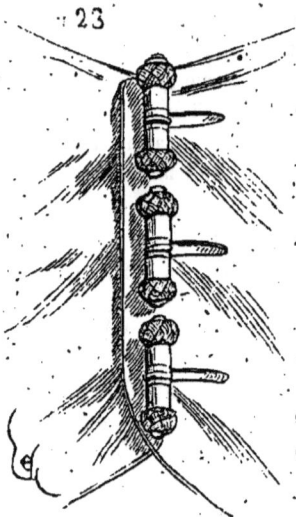

Ce manteau est bleu, semé de fleurs de lis d'or et bordé d'ornements de même. Les manches de la robe sont également bleues. Le prince porte des gants blancs.

Le bras droit était dégagé par l'ouverture du vêtement, dont on relevait le bord circulaire avec le bras gauche.

Ce manteau est parfois accompagné d'un capuchon fait d'une autre étoffe. Il arrive aussi que son ouverture est laissée devant la poitrine. La figure 25 [2] montre un noble vêtu d'une robe rouge et d'un manteau bleu doublé d'étoffe paille. Le capuchon de dessus est également paille, et celui de dessous, ou chaperon, est blanc. Il est évident que l'on ramenait à volonté l'ouverture du manteau sur l'une ou l'autre épaule ou sous le menton.

Ce manteau était alors porté par toutes les classes et on le passait même sur l'armure. « Le roi (Charles V) avoit ordonné, dès le tems

---

[1] Du Musée de Toulouse (XIVᵉ siècle).

[2] Manuscr. Biblioth. nation., *Tite-Live*, français, de la bibliothèque du roi Jean (1350 environ).

« de Bertrand du Guesclin, que l'on feroit de grands manteaux de
« gros drap, où le chaperon tiendroit (pour les hommes de la gar-
« nison du château de Vincennes [1]). »

24

La nouvelle coupe du manteau n'exigeait plus le goût et l'aisance
chez celui qui le portait; aussi les bourgeois et bourgeoises avaient

[1] Lebeuf, *Dioc. de Paris, Château de Vincennes*, 5e partie, p. 84.

adopté ce vêtement, qui, comme au XIIIe siècle, semblait affecté

25.

spécialement aux gentilshommes. A ce sujet, les poëtes satiriques du xive siècle s'élèvent contre ce qu'ils considèrent comme un abus, ou tout au moins un ridicule :

> « Vous avez une autre police
> « Qui certes me semble trop nice,
> « Qu'entre vous je voy ces truans
> « Voulans contrefaire les grans ;
> « Se un grans portoit mantel en ver,
> « Incontinent un vilain sers
> « Aussy se prend en ver porter
> « Pour les bien nobles ressambler [1]. »

Cet abus devait paraître d'autant plus scandaleux aux personnes qui tenaient à conserver les traditions, qu'avant cette époque, c'est-à-dire avant la fin du xiiie siècle, les chevaliers seuls et leurs femmes pouvaient porter le manteau fourré de vair ou d'hermine. Mais il est à croire que cette règle n'était pas rigoureusement observée, puisque les rois sont sans cesse obligés, depuis la fin du xiiie siècle, de renouveler les ordonnances relatives à cette matière.

Les suzerains distribuaient des manteaux aux nouveaux chevaliers, et cet usage se conserva jusque sous Louis XIV.

Les comptes des rois de France, pendant les xive et xve siècles, mentionnent souvent des manteaux destinés à être donnés à des chevaliers nouvellement armés ; et ces manteaux sont fourrés d'hermine ou de vair, et aussi de *sebelin* [2].

Lorsqu'on recevait d'un messager une heureuse nouvelle, il était assez habituel de lui donner le manteau que l'on portait. Nous trouvons un assez grand nombre d'exemples de ce fait :

> « La dame l'oit [3], molt en fu esjoïe
> « Elle défuble son mantel d'Aumarie,
> « Au messagier le done en baillie [4]. »

Quand Pierre le Cruel fut pris par Besque de Vilaines au château de Montiel, un messager fut aussitôt envoyé à Henri. La joie de ce dernier fut si grande, que, pour récompenser le porteur d'une si

---

[1] *L'Apparition de Jehan de Meung*, par Honoré Bonet (fin du xive siècle).
[2] Martre zibeline.
[3] Le messager qui vient lui annoncer le retour du fils de Bernier.
[4] *Li Romans de Raoul de Cambrai* (xiiie siècle), publ. par Edward le Glay, p. 318.

bonne nouvelle, le roi lui donna le manteau qu'il avait sur les épaules et qui était fort riche. [1]

Les seigneurs châtelains agissaient de même avec les trouvères, lorsque ceux-ci avaient su leur plaire par quelques récits. Mais cela ne

veut pas dire que ces messagers, non plus que ces poëtes nomades, portassent ces sortes de vêtements reçus en don.

A la fin du XIVe siècle, les manteaux des femmes deviennent plus rares et sont habituellement remplacés par la houppelande

[1] Chron. sur Bertrand du Guesclin.

(voy. Houppelande). Le manteau n'est plus guère qu'un vêtement de cérémonie, et il subit à peu près les transformations imposées au manteau des hommes, c'est-à-dire qu'il possède une ouverture et ne se porte plus avec la liberté de plis et la désinvolture observées précédemment. Retenu sur les épaules par une sorte de collet, il tombe sur les bras et traîne à terre derrière les talons (fig. 26 [1]).

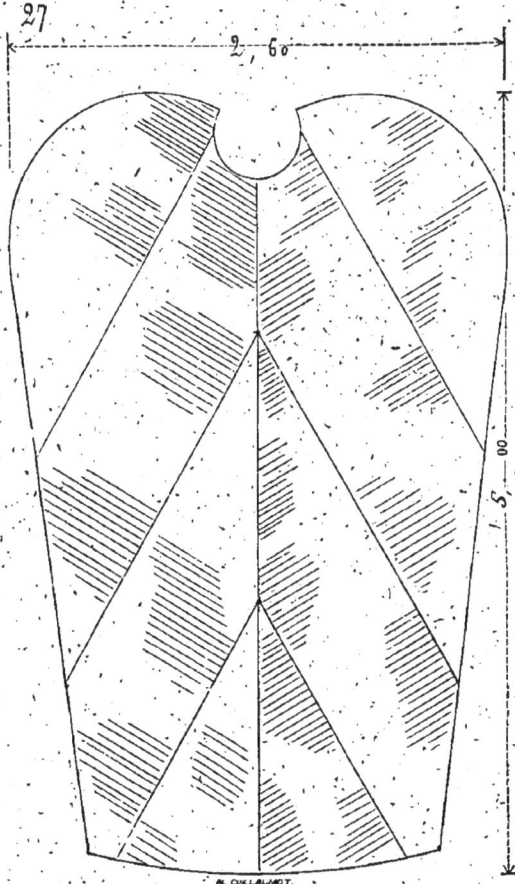

Cette dame est vêtue d'une robe bleu clair; son manteau est pourpre, avec collet de velours noir brodé de festons d'or. Une gorgière basse, empesée et transparente, dépasse le collet. Un fin collier de perles d'or entoure son cou. Sa coiffure est rouge avec pois or.

Plus tard ce manteau des dames nobles découvre davantage la poitrine; il n'est plus retenu que par une ganse avec bijoux [2], et sa forme est celle que donne la figure 27. Sa traîne est si longue, qu'il faut la faire porter par une suivante (fig. 28 [3]).

[1] Manuscr. Biblioth. nation., *Lancelot du Lac*, IIIe livr., français (1425 environ).
[2] Voyez Joyaux, fig. 27 *bis*.
[3] Manuscr. Biblioth. nation., *Miroir historial*, français (1440 environ).

Cette grande dame est coiffée d'un haut escoffion bleu piqué de

28

perles d'or et d'un bijou à la base, avec bourrelet fauve semé d'or.
Sa surcotte est d'une étoffe gris violet, et les manches de la cotte

sont de velours vert. Le manteau est raisin de Corinthe parfilé d'or, doublé d'hermine mouchetée. Aux pouces de ses mains sont passées des bagues. La suivante est vêtue d'une robe verte et coiffée d'un petit hennin raisin de Corinthe, agrémenté d'or.

Cette forme de manteau persiste, pour les femmes, jusqu'à la fin du règne de Louis XI.

Les nombreux exemples de manteaux que nous venons de donner, et les documents non moins nombreux touchant ce vêtement, montrent son importance pendant le moyen âge. Un épisode du *Roman de messire Gauvain* fait ressortir le rôle du manteau dans la parure des nobles des deux sexes. Gauvin, chevauchant avec la belle Ydain, sa maîtresse, et Gahariet, son frère, rencontre un varlet courant grande allure, sur un roncin : « Arrête ! » lui crie Gauvin. « Qui es-tu ? où vas-tu ? d'où viens-tu ? Approche céans ! »

> « — Sire, dit le vallès par foi !
> « Je sui' au signor de Mare,
> « A Carduel suis venu ore
> « Et si retorne à Rovelent.
> « Li rois Artus, à mult grant gens,
> « Y séjorne, xii jors a. »

« Quelles nouvelles ? » dit Gauvin.

« Hier matin, répond le varlet, vers midi, une étrange aventure a troublé fort la cour du roi :

> « Que fu ce ? — Ce fu .I. mantials
> « Qui à merveilles estoit biaus
> « Et rices ; mais il acorcioit,
> « Quant damoissele l'afubloit
> « Qui n'ert loiaus vers son ami.
> « Si en a cil maint anemi,
> « Qui devant li roi le porta ;
> « Car la roïne l'afubla ;
> « Si acorça li cors devant.
> « Provée en fu trestot avant,
> « Et totes celes del palès
> « Que plus de .C., tot près à près,
> « L'afublerent, et mal lor fist.
> « Par mon cief ! li rois ne vausist
> « Por mil mars, si com il disoit,
> « Qu'il acorcoit et retraioit
> « Devant et deriere à cascune.
> « Totes sont honies, fors une,
> « L'amie Caraduel Brief bras ;
> « Ele ot le mantel por les bas ;
> « Et ses amis en fu mult baus[1]. »

---

[1] *Messire Gauvain*, vers 3910 et suiv.

Les manteaux ne furent guère faits de velours que vers la seconde
moitié du xive siècle, encore sont-ils à cette époque rarement
taillés dans cette étoffe. On en faisait de cendal, de samit, d'écarlate, de pourpre, toutes étoffes de soie assez fortes et souples. Olivier
de la Marche rapporte que ce fut le duc Charles (le Téméraire) qui fit
le premier adopter, pour les manteaux de la Toison d'or, le velours
cramoisi, lesquels jusqu'alors n'étaient que d'écarlate [1].

29

Les manteaux ne sont plus, à la fin du xve siècle, pour les deux
sexes, qu'un vêtement de cérémonie. Alors ils sont accompagnés d'un
camail de fourrures, forment de nombreux plis dans le dos et sont
percés latéralement de deux ouvertures pour passer les bras. Les
statues des ducs d'Orléans couchées sur le tombeau que Louis XII
fit élever dans l'église des Célestins [2] sont revêtues de cette sorte de
manteau qui appartient aux dernières années du xve siècle.

Il ne faut pas omettre le manteau que portaient certains ordres

---

[1] *Mém.* d'Olivier de la Marche, liv. II, chap. 5.
[2] Monument placé aujourd'hui dans l'église de Saint-Denis.

religieux, et nôtamment les Dominicains. Ce manteau est accompagné d'un camail terminé en pointe par derrière, avec capuchon (fig. 29 [1]). Il est noir. La robe et le scapulaire sont blancs. Ce manteau est taillé sur le patron de celui qui est donné figure 22.

Le clergé séculier portait aussi des manteaux. Il est question, dans les contes des XIIIe et XIVe siècles, de curés vêtus de manteaux d'écarlate doublés de vair [2].

Le manteau était donc un vêtement que les prêtres considéraient comme indépendant du costume clérical et qu'ils croyaient pouvoir porter comme les laïques, quelle que fût sa couleur. Le mot écarlate n'indique point d'ailleurs une couleur, mais une étoffe de soie.

Il est aussi question, dans les inventaires, de manteaux courts, de manteaux à fond de cuve, c'est-à-dire formant des plis réguliers et roides (voyez FOND-DE-CUVE), de manteaux fendus de côté ; de manteaux sanglés, c'est-à-dire sans doublure ; de mantelets allemands : « Pour 5 aunes d'escarllate violette, délivrée celui jour « à Jean le Bourguignon, pour faire un mantelet alemant pour « parer, 50 s. l'aune, valent 12 l. 10 s. [3]. » Ce manteau est un vêtement de femme et rentre dans la catégorie de ceux dont la figure 18 donne la forme. Ces manteaux passaient pour très élégants.

MASQUE, s. m. Nous n'avons pu trouver trace du masque du visage, du *loup*, avant la fin du XVe siècle, dans les modes françaises. Monteil mentionne une ordonnance de Charles VI (1399) relative au port du masque, mais il ne cite point le texte de cette ordonnance et ne dit point où il l'a trouvée. Le mot *luppa* se rencontre dans des chartes italiennes dès l'année 1049 [4] et désigne un masque de visage ; mais il ne paraît pas que l'usage de cet accessoire de la toilette ait été admis en France avant les guerres de Charles VIII.

MÉLOTE, s. f. Vêtement fait de peau de brebis ou de chèvre, adopté par les paysans et aussi par des moines, lorsqu'ils se livraient aux travaux des champs. La mélote était une cape descendant du

[1] Manuscr. Biblioth. nation., *Missel* latin (1450 environ). Ce personnage représente saint Thomas d'Acquin.

[2] Voyez, entre autres, le conte de *la Dame qui attrapa un prêtre, un prévôt et un forestier* (Legrand d'Aussy, t. III, p. 362).

[3] Compte de Geoffroi de Fleuri (1316).

[4] Muratori, t. IV.

cou aux reins. Elle était sans manches ou à manches ; quelquefois munie d'un capuchon. C'était le vêtement des bergers pendant les mauvais temps, et sa forme ne se modifie guère pendant le cours du moyen âge. Elle s'est même conservée jusqu'à nos jours dans les départements du Centre et de l'Ouest. La figure 1 [1] nous montre

deux pastours : l'un est vêtu d'une gonelle ou manteau court, l'autre d'une mélote à manches avec capuchon indépendant. On observera que les bas-de-chausses de ces deux bergers recouvrent les souliers en façon de guêtres à plis verticaux, et sont serrés aux chevilles. Ces bas-de-chausses sont encore en usage dans la Bretagne et sur les côtes de l'Ouest jusqu'à Bayonne.

La mélote des religieux se confond parfois avec le scapulaire de travail. Guillaume Durand considère la mélote, ou le *taxus*, comme le vêtement que les religieux réguliers endossent en effet pour se livrer aux travaux manuels.

MIROIR, s. m. (*mirouer, mirœr*). Il ne peut être question ici que des miroirs de poche, ou pendus à la ceinture, et qui par cela même constituaient un objet de toilette fort en usage d'ailleurs chez le beau sexe, depuis le XIIe siècle jusqu'à la fin du XVe. Il

[1] Manuscr. Biblioth. nation., *les Passages d'outre-mer*, français (commencement du XVe siècle).

fallait que ces objets fussent très nombreux, puisque nos collections en conservent encore un aussi grand nombre, la plupart d'un précieux travail.

Ces miroirs consistaient en une plaque de métal poli, circulaire, enfermée dans une boîte d'ivoire, d'ébène, de poirier, d'argent ou d'or, parfois enrichie de pierres précieuses. A l'une des faces de la boîte circulaire elle-même, ou carrée, était fixée la plaque reflétante ; l'autre face formait couvercle. L'inventaire du trésor de Charles V mentionne plusieurs beaux miroirs de poche : « Ung myrouer « d'ybenus, ouvré à oyseaulx soubs rouge cler garny d'or, pesant « deux onces cinq estellins [1]. — Ung myrouer d'or où il y a quatre « saphirs et trente-quatre perles, pesant troys onces [2]. — Ung « myrouer garny d'or où, à l'environ sont les douze signes (du « zodiaque), et de l'austre costé est l'image Notre Dame Sainte- « Katherine et autres, pesant sept onces cinq estellins [3]. — Ung « autre myrouer garny d'or où est esmaillé Narcezus et faune à la « fontaine, pesant six onces sept estellins [4]. — Ung mirouer d'argent « esmaillé de France tout à l'environ, hachié (gravé) par derrière et « ou mylieu une Véronique, pesant cinq mars troys onces cinq « estellins. »

De ces miroirs à boîte d'argent ou d'or, il ne reste que peu d'exemples, mais les boîtes à miroirs d'ivoire, de poirier, de cuivre émaillé, sont, ainsi que nous le disions tout à l'heure, très communes. Parmi les plus remarquables, on peut citer une charmante boîte à miroir du musée de Cluny (fig. 1 [5]). Le plat circulaire qui contenait la plaque métallique a 14 centimètres de diamètre et est brisé vers l'orle gauche. Le couvercle, dont le profil est tracé en A, représente un roi assis, tenant un faucon sur un poing droit ; ses pieds sont posés sur un lion. A sa droite, est assise une reine jouant avec un chien microscopique sur son giron ; ses pieds reposent sur un dragon. A la gauche du roi sont deux personnages, dont un massier et un fauconnier. A la droite de la reine est une femme. Un ange sortant d'une nuée encense le prince, sur la tête duquel est suspendu un écu. L'imagier a-t-il prétendu figurer Salomon et la reine de Saba, David et Bethsabée ? Cela importe assez

[1] Biblioth. nation., n° 2883 de l'Inventaire.
[2] N° 213.
[3] N° 2703.
[4] N° 2704.
[5] Fin du XIIIe siècle.

peu. Mais il faut observer que la plupart des sujets sculptés sur des plaques de miroirs sont un hommage rendu à la beauté. Ce sont

des jeunes gens des deux sexes qui se couronnent de fleurs, des chevauchées pendant lesquelles le cavalier et la dame témoignent leur amour par quelque geste caressant, ou bien l'attaque d'un château, défendu par des damoiselles ; les assiégeants leur lancent des fleurs avec des pierrières. Puis vient l'assaut, et chaque chevalier enlève sa belle qui sourit au ravisseur. Une autre plaque de miroir faisant partie du musée de Cluny nous montre un vilain voulant s'emparer d'une jeune fille que défend un jouvenceau (fig. 2 [1]). La scène se passe dans un bois.

Souvent le cercle qui sertit le miroir est inscrit dans un carré, et les angles sont délicatement sculptés. Ce sont des animaux fantastiques, des feuillages. Les sculptures de ces plats fournissent de nombreux renseignements sur les vêtements du moyen âge.

L'une des plus curieuses, à ce point de vue, parmi les boîtes à miroir, fait partie du musée du Louvre (fig. 3 [2]). Elle représente un gentilhomme offrant une couronne à une dame richement parée. Sur une banderole ciselée au-dessus de la tête de l'homme, on lit ces mots : « *En gré.* » Le gentilhomme est vêtu d'une houppelande

[1] Fin du xiiiᵉ siècle (grandeur d'exécution). Ivoire.
[2] Collect. Sauvageot (grandi d'un dixième). Ivoire.

déchiquetée par le bas et pourvue de manches formant deux énormes
sacs pendants au-dessous du coude. Un chaperon à barbes d'écrevisse
entoure sa tête. La dame est coiffée d'un escoffion et vêtue d'une
longue robe (corset) à manches très amples et déchiquetées. Elle porte
un petit chien sur son bras gauche. Ces habits appartiennent aux
dernières années du xive siècle.

On suspendait aussi des miroirs à la ceinture; ceux-là étaient munis
d'un petit manche et n'avaient point de couvercle. Le musée du
Louvre possède un de ces miroirs datant de la fin du xve siècle
(fig. 4 [1]). En A, est représentée la face du miroir; en B, son revers,
qui représente un jeune homme offrant son cœur à une dame qui
tient un bouquet de fleurs. Le travail de ce dernier objet est grossier.

Il va sans dire que ces miroirs de poche, ou suspendus à la ceinture, ne pouvaient servir qu'à réparer quelques désordres causés

[1] Collect. Sauvageot (moitié d'exécution). Ivoire.

à la coiffure, ou à s'assurer de l'état du visage ; à mettre au besoin un peu de fard sur les joues ou les lèvres, ce dont les élégantes ne se privaient pas plus pendant le moyen âge qu'aujourd'hui. A l'époque où les femmes avaient adopté la mode de relever la peau des tempes et du front sous le hennin, afin de dissimuler toute

4

A   B

apparence de rides au-dessus des yeux, il était important de constater si quelque accident fâcheux n'avait pas dérangé la toilette. Il fallait donc avoir souvent recours au miroir, d'autant que les glaces n'étant point encore inventées, il n'était possible de faire usage que de quelques petits miroirs portatifs déposés dans les chambres privées ou de ces menus objets que l'on portait sur soi. Pendant le cours du moyen âge, et surtout à dater du XIIIe siècle, on prenait un soin extrême du visage. La délicatesse des traits, la finesse de la peau, la couleur des yeux et des cheveux, la souplesse et la longueur du cou, le tour gracieux de la bouche, la petitesse et la blancheur des dents, sont minutieusement décrits par les poëtes. Le miroir était donc un auxiliaire indispensable.

MITRE. s. f. Bonnet épiscopal, mais qui était commun à toutes les classes avant le Xe siècle. Aux origines du christianisme, les

religieux, non plus que les laïques, ne devaient avoir la tête couverte en priant ou en remplissant une fonction sacerdotale. Saint
Augustin, s'appuyant sur l'opinion de saint Paul [1], défend aux
religieux de couvrir leur tête rasée, lorsqu'ils prient ou prê-
chent. Siméon, archevêque de Thessalonique, dit [2] : « Que tous les
évêques et tous les prêtres de l'Orient, à la réserve du patriarche
d'Alexandrie, disent la messe la tête nue, parce que l'apôtre saint
Paul veut que, pour honorer Jésus-Christ, nous ayons la tête nue
en priant. »

Quoi qu'il en soit, les évêques, dans l'Église d'Occident, assistaient, dès le xiie siècle, aux offices de l'église la tête couverte, et ne
se découvraient que s'ils disaient eux-mêmes la messe, comme ils le
font encore aujourd'hui. Saint Sylvestre paraît avoir été le premier
parmi les papes qui ait porté la mitre. En effet, le pape Innocent III [3] dit que « Constantin, au moment où il se décida à quitter
Rome pour Constantinople, voulut donner son bandeau impérial
à saint Sylvestre, mais que celui-ci, par humilité, prit pour couvre-
chef une mitre ronde brodée d'or. » Platine [4] rapporte un fait
analogue touchant ce pontife, en ajoutant que celui-ci se contenta
d'une mitre blanche [5]. Mais il ne semble pas qu'alors ce vêtement
de tête eût un caractère ecclésiastique ; car, comme l'observe fort
bien Thiers dans son *Histoire des perruques* [6] : « Onufre Panuin, qui
« était si savant dans les antiquités sacrées et qui mourut sous le
« pontificat de Pie V, le dit précisément en ces termes : *Mitrarum*
« *usum in Romana Ecclesia non ante sexcentos annos esse opinor*.
« Et le P. Ménard n'est pas éloigné de ce sentiment, lorsqu'il dit
« que les mitres n'ont guère été connues dans l'Église avant l'an
« 1000. » Thiers ajoute avec beaucoup de raison : « Et, dans le
« vrai, il n'en est parlé (des mitres) en aucune manière, ni dans les
« anciens Sacramentaires, ni dans les anciennes Liturgies, ni dans
« les anciens Ordres romains, ni dans les anciens Rituels, ni dans
« les anciens auteurs qui ont écrit des Offices divins avant ce
« temps-là. Et ce n'est justement que depuis qu'elles sont devenues
« des habits ecclésiastiques de l'Église.

« On peut juger par là avec quelle vérité les peintres, les sculp-

---

[1] *De opere monach.*, cap. 31.
[2] *De templo ante Med.*
[3] *Sermon. de S. Silvestro.*
[4] In *Silvestro.*
[5] « *Phrygia mitra et candida tantummodo contentus fuit.* »
[6] Page 75.

« teurs et les graveurs représentent les évêques des premiers
« siècles, ceux de l'Église d'Orient comme ceux de l'Église d'Occi-
« dent, avec des mitres sur leurs têtes... »

A dater de l'an 1000, les monuments figurés commencent, en
effet, à montrer des évêques coiffés de la mitre, et ceux-ci portaient
ce bonnet aussi bien au dehors de l'église que pendant les cérémonies religieuses. Les papes comme les évêques portaient la mitre
dans leur palais, et saint Bernard nous en fournit la preuve lorsqu'il
raconte comment Innocent II reçut saint Malachie à Rome. Il dit que
ce pape ôta sa mitre de dessus sa tête pour la poser sur celle du
saint. Baronius dit, d'ailleurs [1] : « *Mos erat non nisi mitratos*
romanos pontifices ad audientiam admittere petentes audiri. ».

Guillaume le Maire, qui fut sacré évêque d'Angers en 1290 et
qui mourut vers l'an 1317, a laissé un journal des principaux
événements survenus pendant son épiscopat, sous le titre : *Gesta*
Guillelmi Majori Andeg. episc. ab ipsomet relata [2]. Dans ces
mémoires, on lit ce curieux passage : « Pendant notre fonction,
« nous ne quittâmes pas la coiffe et la mitre avec lesquelles nous
« avions été consacré, ni pendant tout ce jour, jusqu'au moment
« où nous nous mîmes au lit... Après la procession dans la ville,
« entré dans notre chambre, nous déposâmes tous les vêtements
« avec lesquels nous avions célébré la messe ; nous vêtîmes un
« nouveau rochet, une tunique et un manteau, et, conservant sur la
« tête la coiffure et la mitre, nous allâmes dîner au Palais. » Il ne faut
donc pas s'étonner si, sur les monuments figurés des xiiie et
xive siècles, on voit toujours les évêques mitrés en dehors des
fonctions purement ecclésiastiques.

Il arriva même que les papes accordèrent la permission de
porter la mitre à des laïques. Alexandre II [3] octroya la mitre
à Vratislas, duc de Bohème, pour lui témoigner son estime. Grégoire VII, qui rapporte le fait [4], ajoute toutefois que cela ne se
pratiquait pas à l'égard des laïques. Innocent II [5] agit de même
à l'égard de Roger, comte de Sicile.

Les papes accordèrent également la mitre aux abbés de quelques
abbayes privilégiées, ce qui fut assez peu goûté des évêques, et

---

[1] *Ad annum* 1137, circa finem.
[2] P. d'Achery, *Spicileg.*, t. X, et *App.* du tome XIII.
[3] 1061, 1073.
[4] Epist. xxxviii, 1. I.
[5] 1130, 1138.

cette distinction s'étendit même aux chanoines de quelques églises, notamment en France. Les dignitaires et chanoines des cathédrales de Lyon, du Puy, des collégiales de Saint-Pierre de Mâcon et de Saint-Julien de Brioude, portaient la mitre à l'occasion de certaines solennités et pendant la célébration de la messe.

Il n'est pas besoin d'ajouter que, pendant la célébration des saints mystères, les évêques quittent la mitre à l'autel ou au chœur à certains moments qui sont indiqués dans le Cérémonial des évêques et le Pontifical romain.

Sur les monuments figurés antérieurs au XIIe siècle, les évêques sont représentés tête nue ou coiffés d'un bonnet rond en forme de calotte bombée, avec un bandeau ceignant le front, les tempes et s'attachant par derrière. Ce bonnet est généralement blanc. Ce n'est guère qu'au commencement du XIIe siècle que l'on voit les cornes se prononcer, mais elles sont arrondies comme deux lobes, et, au lieu d'être l'une en avant, l'autre en arrière, elles sont disposées au-dessus de chacune des oreilles. La figure 1 [1] nous montre une

[1] Manuscr. Biblioth. nation., *Hist. Ierosolimit.* (XIIe siècle).

de ces mitres. La bandelette qui ceint le front est nouée par derrière et laisse tomber ses deux bouts, auxquels on donna le nom de
fanons. Plus tard, la bandelette n'est plus qu'un ornement de même
largeur et de même dessin que la bande verticale dont nous allons
indiquer la fonction, mais les fanons sont conservés et accompagnent encore aujourd'hui la mitre.

Sous ce bonnet on posait autrefois une coiffe blanche qui serrait
le crâne et dont les bords dépassaient parfois quelque peu le bas de
la mitre, et même l'*amict*, ainsi que le fait voir la statue émaillée
de l'évêque Ulger, reproduite dans la partie de l'ORFÉVRERIE [1]
(planche XLVI).

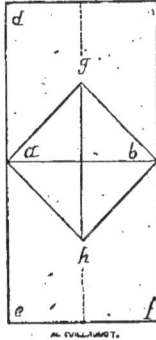

C'est pendant la seconde moitié du XIIᵉ siècle que la mitre
épiscopale change de forme. Elle consiste alors en un bonnet fait
simplement d'un morceau d'étoffe ayant en longueur deux fois sa
largeur (fig. 2). Ce morceau d'étoffe étant plié de *a* en *b*, deux
coutures sont faites pour réunir les deux bords *bc*, *bf*, et les deux
autres bords *ad*, *ae*. Ainsi obtient-on un sac de forme carrée.
Formant deux plis saillants de *a* en *g* et de *b* en *g*, deux autres de
a en *h* et de *b* en *h*, et un pli rentrant de *g* en *h*, on obtient la
figure 3, en C géométrale, et en D perspective. Les deux coutures
étant masquées par une passementerie, l'une d'elles se présente
au-dessus du front, l'autre au-dessus de l'occiput, et les deux cornes
A, B, sont l'une devant, l'autre derrière. Telle est faite la mitre de

---

[1] Tome.

saint Thomas Becket [1], dont la planche XVI donne la face aux deux tiers de l'exécution. Au-dessous est figurée l'extrémité d'un des

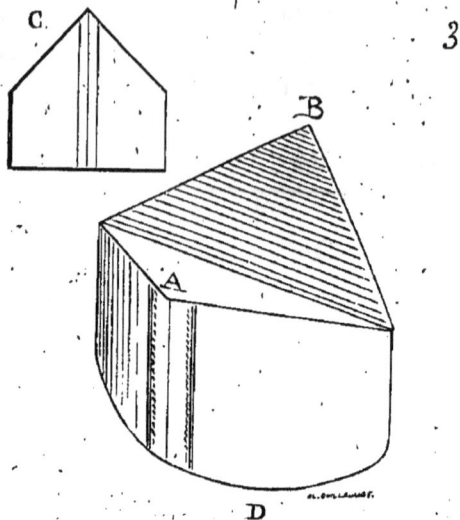

fanons. Cette forme donnée à la mitre ne change pas jusque vers 1230. Cependant, la mitre est plus ou moins haute, suivant les pro-

vinces, vers le commencement du XIIIe siècle, c'est-à-dire que les pointes s'élèvent un peu plus ou un peu moins. Les mitres les plus

[1] Conservée dans le trésor de la cathédrale de Sens.

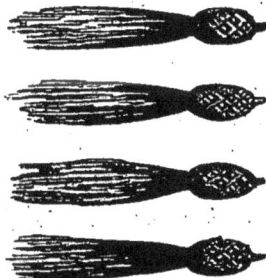

Viollet-le-Duc, del.   Lévié. lith.

MITRE DE SAINT THOMAS BECKET

Imp. R. Engelmann, Paris.

5

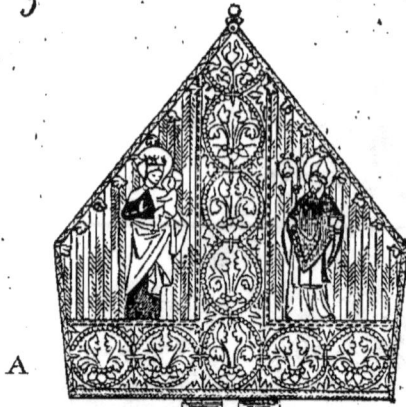

A

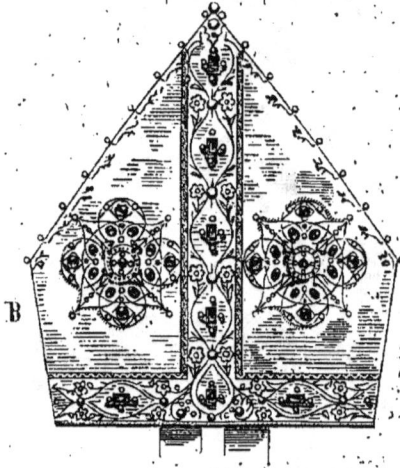

B

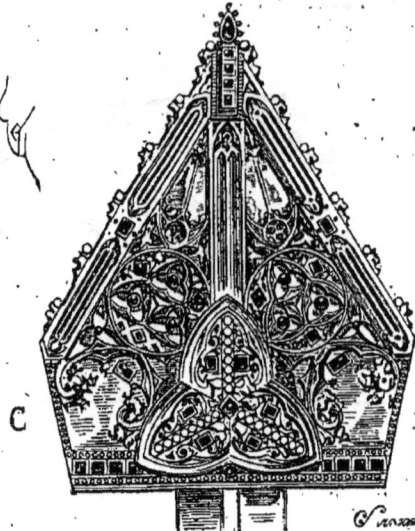

C

basses, à cette époque, sont celles de l'Ile-de-France et de la Champagne, et même, dans cette dernière province, lorsque les mitres
prennent une hauteur plus accusée vers la seconde moitié du
XIII⁰ siècle, elles restent relativement basses (fig. 4 ¹). Dans le
centre de la France, dans l'ouest et le midi, les mitres épiscopales sont déjà hautes pendant la première moitié du XIII⁰ siècle,
mais bien cylindriques. Telles sont les mitres épiscopales des
statues du portail méridional de la cathédrale de Chartres, du portail nord de la cathédrale de Bordeaux.

Cet habillement épiscopal de tête est souvent, pendant tout le
cours du moyen âge, couvert de riches broderies, de perles et
de pierreries, de joyaux et même de figures, dans les deux tra-
pèzes qui restent entre la bande verticale et le bandeau. Vers
la fin du XIII⁰ siècle, le patron primitif, si simple de la mitre, présenté dans les figures 2 et 3, est quelque peu dénaturé, et la
mitre pliée affecte la forme donnée figure 5, en A. Plus tard, vers
le milieu du XIV⁰ siècle, cette première modification s'accuse davantage (voyez en B), et dès le commencement du XV⁰ siècle l'exagération se manifeste (voyez en C).

A la fin du XV⁰ siècle, la mitre épiscopale prend déjà des dimensions hors de proportion avec l'échelle humaine; et depuis lors ces
dimensions ont encore été dépassées.

MORDANT, s. m. Bout de métal fixé à l'extrémité de la ceinture
opposée à la boucle, et qui facilitait l'introduction de la courroie
ou de la bande d'étoffe à travers le passant de cette boucle. Les
ceintures étaient toujours garnies d'un mordant plus ou moins
riche, lequel était rivé à l'extrémité destinée à pendre. On faisait
les mordants assez lourds pour qu'ils pussent empêcher cette extrémité de s'enrouler, si la ceinture était de peau, ou de flotter, si elle
était d'étoffe. Ils étaient souvent très finement ciselés et ornés de
pierreries (voy. CEINTURE).

MORS, s. m. S'entend comme broche et le plus souvent comme
agrafe ou fermail de chape. « La femme feu Jehan de Sevre,
« pour 5 mors de chappe avec les pannonceaux (blasons), pesant
« 5 mars 5 estellins d'argent, baillés audit Pierre Masie pour les
« chappes de ladite chapelle, 50 escus à chascun, achaté escus 22 s.
« pièce, 55 s. paris. ² » (Voy. AGRAFE.)

---

¹ Portail occidental de la cathédrale de Reims.
² *Dépense du mariage de Blanche de Bourbon* (1352).

MOUCHOIR, s. m. (*mouchenez*). Le mouchoir est un de ces accessoires de toilette qui n'est point de récente invention. On a toujours porté sur soi un morceau de tissu de toile, de chanvre, de lin ou même de soie, destiné à l'usage que l'on connait. Mais, si

l'objet remonte à l'antiquité, la manière de le porter diffère. Les Romains avaient le *sudarium*, le *fascitergum* qu'ils portaient autour du cou ou sur une épaule. Pendant le moyen âge, on a porté le mouchoir de même en guise d'écharpe, ou attaché à la manche (manipule) ou à la ceinture. Quelques évêques des provinces méridionales attachaient le *sudarium* au bâton épiscopal (fig. 1 '). On tenait le mouchoir dans l'aumônière ou l'escarcelle, ou même dans

---

' Statue de l'évêque Radulphe ; église Saint-Nazaire de Carcassonne (XIIIe siècle). — Voyez aussi la statue de Pierre de Roquefort, art. CAPE, fig. 5, et art. CHASUBLE, fig. 8.

une poche, dès le XIIe siècle. Les *manches* brodées, qui étaient données par les dames et portées par leurs servants, étaient des mouchoirs de parure souvent fort riches, dont, bien entendu, on ne faisait pas usage, mais qui, attachés à l'arrière-bras, tombaient parfois jusqu'à terre comme une longue écharpe. Les dames portaient aussi des mouchoirs précieux. Il en est fait mention dans les *Arrêts d'amour* de Martial d'Auvergne. « Or, disoit-il, qu'à cette « occasion, et à fin qu'elle l'eust en mémoire, il s'advisa aux es- « traines derniers passées de luy faire faire un des plus beaulx et « riche mouchoirs qu'il estoit possible de faire, où son nom estoit « en flettres entrelacées, le plus gentement du monde ; car il estoit « attaché à un beau cueur d'or, et franges de menues pensées [1]. » Ce mouchoir est destiné à être pendu à la ceinture avec les clefs. « La dame le refuse sous le prétexte qu'il n'est pas digne d'elle et « n'est bon que pour se moucher. » (Voyez SUDARIUM.)

MOUFLES, s. f. (*moffles*). Gros gants portés par le menu peuple ou pour voyager par les temps froids.

> « Chape avoit et mantel,
> « Et cote sus gonnel,
> « Et braies et chemise,
> « Et moufles por la bise,
> « Et en son chief chapel,
> « De mesmes le burel [2]. »

Ces gants, habituellement faits de tricot, n'avaient que le pouce séparé des quatre autres doigts et montaient jusqu'au-dessus du poignet.

NŒUD, s. m. Les nœuds de rubans n'existent pas dans les parures du moyen âge, par cette raison que l'on ne faisait pas usage de ces tissus satinés de soie si communément employés aujourd'hui. Ils étaient remplacés par des bandes de passementerie

---

[1] Le XXVIIe arrest (XVe siècle).
[2] *De l'eschacier* (*Jongleurs et trouvères du XIIIe et du XIVe siècle*, publ. par A. Jubinal, 1835).

ou de tissus épais, à fond de soie avec dessins d'or, d'argent ou de diverses nuances, habituellement très étroites ; par des ganses de soie, d'or ou d'argent, des torsades ou nattes. C'était avec ces ganses que l'on faisait des nœuds, ou plutôt des entrelacs soutachés, sur

M. CUILLAUMOT.

certaines parties des vêtements ; sur l'épaule des capes ou manteaux, sur les pourpoints ou surcots, sur la cuisse des chausses. Toutefois, ces ornements n'apparaissent guère qu'au xive siècle. La figure 1 présente quelques-uns de ces exemples qui deviennent très fréquents pendant le xve siècle.

Ces nœuds, soutachés sur les habits, indiquaient un vœu, et on les conservait jusqu'à ce que l'entreprise projetée fût accomplie ;

alors on déliait le nœud. Les chevaliers de l'ordre du *Saint-Esprit au droit désir*, ou *du Nœud* [1], étaient tenus de porter un nœud brodé sur leurs vêtements, bien visible et apparent. Ce nœud, composé d'une ganse d'or et même brodé de perles, devait être de soie

blanche sur chaperon noir, le vendredi, en souvenir de la passion. (fig. 2). Ce chevalier de l'ordre est vêtu d'un surcot pourpre avec avant-bras de drap d'or, manches pendantes et brassard d'hermine. Il porte la ceinture noble, le chaperon noir, ainsi que les

[1] Ordre institué à Naples en 1352, par Louis d'Anjou. Manuscr., musée des souverains au Louvre.

chausses. Le nœud de l'ordre devait être soutaché sur la cotte d'armes aussi bien que sur les vêtements civils. Quand un chevalier se sentait près de sa fin, il envoyait au prince, chef de l'ordre, son épée et un nœud aussi riche que possible, pour être déposé dans la chapelle réservée à la sépulture des membres de la compagnie.

Si un des chevaliers, dans une bataille, prenait une bannière ou faisait prisonnier un capitaine ennemi, il lui était permis, comme récompense honorable, de délier le nœud.

ŒUVRE *à l'aiguille*, s. f. On désignait ainsi, à dater du XIIIe siècle, les ouvrages de broderie.

ORFROIS, s. m. (*orfreis*). Passementeries, franges et broderies d'or employées pour border les vêtements. Si un habit était entièrement brodé d'or, on disait qu'il était à *orfrois* ou à *seignes d'orfrois* :

> « D'un drap od seignes d'orfreis [1]. »

On disait aussi *orfraiser* ou *orfraser* une robe, pour border une robe d'orfrois : « Item, pour 4 orfrois de pelles, pris celui jour par « ledit Tautain, pour orfraser ladite robe, 6 l. [2] » Ce passage indique que les orfrois étaient encore, au XIVe siècle, semés de perles. On y enchâssait aussi des pierreries et des plaques de métal.

Beaucoup de statues des XIIe et XIIIe siècles nous ont conservé la disposition et l'ornementation de ces broderies ou passementeries. Il en reste même quelques fragments provenant de sépultures. Les dessins en sont toujours bien composés, et leur origine orientale ne saurait être douteuse. Toutefois, dès la fin du XIIe siècle, cette ornementation prend un caractère occidental qu'elle ne perd plus.

Les vêtements parés, antérieurs à cette époque, portés par la noblesse, étaient faits d'étoffes orientales, bordées de passementeries ou décorées de broderies avec perles et pierreries de même provenance.

[1] *Chron. des ducs de Normandie*, vers 17192.
[2] *Compte de Geoffroi de Fleuri* (1316).

Ce luxe était déjà développé à la cour de Charlemagne, et ne fit que croître, depuis cette époque, jusqu'à la fin du xıⁱᵉ siècle. Les

miniatures des manuscrits, les peintures qui datent des xᵉ et xıᵉ siècles, font assez voir que les robes et manteaux d'apparat étaient, en Occident, garnis d'orfrois à l'instar des modes de la cour de Byzance,

où le luxe des vêtements se prononçait d'autant plus que l'empire
d'Orient tendait vers son déclin [1].

Il est rare que ces orfrois ne soient pas, pendant l'époque carlovingienne, brodés de perles, lesquelles forment ou les fonds ou les
dessins, ou des semis sur les fonds (fig. 1).

Ce fragment dont l'origine nous est inconnue, et qui était entre
les mains d'un amateur qui nous a permis de le dessiner, il y a plus
de vingt ans, nous paraît appartenir à la fabrication orientale des
x^e et xie siècles. Il se compose d'un tissu de soie pourpre, assez
semblable à du taffetas brodé d'or à la main. Les fonds sont garnis
de semence de perles, qui laissent paraître entre leurs pleins, et la

<hr/>

[1] Indé, ondamment des miniatures des manuscrits grecs qui montrent à quel degré
de richesse avaient atteint les vêtements de la cour de Byzance, on peut consulter l'étoffe
déposée dans le trésor de Bamberg, et qui paraît dater du commencement du xie siècle.
Cette étoffe a été publiée dans le tome II des *Mélanges archéologiques* des RR. PP. Martin
et Cahier.

broderie d'or un filet d'étoffe. Cet orfroi était assez souple pour
suivre les plis du vêtement. Notre figure reproduit l'ornement aux
4/5es de l'exécution; sa largeur est donc, en réalité, de 0m,075. La
figure 2 donne des bandes d'orfrois du commencement du xiie siècle [1],

dont deux, celles A et B, ne sont que des broderies d'or, tandis que
la bande C indique, avec la broderie, de petites plaques de métal sur
lesquelles sont fixées des perles. Ces plaques de métal étaient maintenues par des fils sur l'étoffe.

Les statues du xiie siècle nous fournissent un grand nombre de
ces orfrois servant de bordures aux vêtements, et qui se composent
le plus souvent de quadrillés, d'échiquetés; parfois, mais plus
rarement, d'enroulements très déliés (voyez les statues du portail
occidental de la cathédrale de Chartres), et aussi de petites pièces
d'orfévrerie, de pierreries et de perles fixées au galon (fig. 3).

[1] Statues; fragments de l'abbaye de Souvigny.

L'exemple A montre un orfroi de broderie quadrillée ; les exemples B, des orfrois de broderies mêlées de petites figures géométriques d'orféverrie, de pierres et de perles [1]. Ces orfrois n'étaient pas

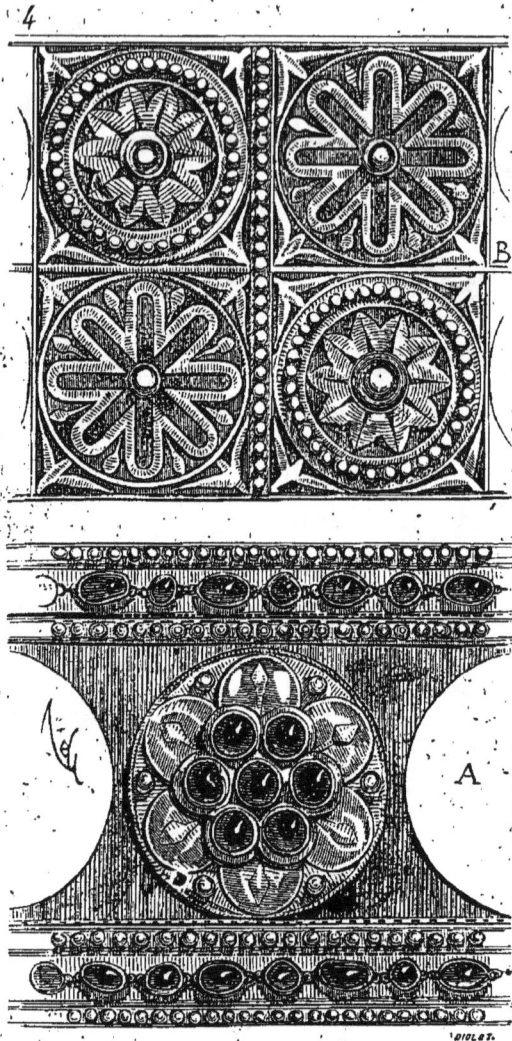

seulement destinés, pendant le XIIe siècle, à composer des bordures ; on en cousait des bandes en travers sur les robes, à la hauteur des cuisses ; sur les manches, à la hauteur de l'arrière-bras. Ces bandes avaient une largeur de 0m,10 à 0m,12 et étaient de même, parfois, enrichies de pierreries et de perles.

[1] Portail occidental de la cathédrale de Chartres, statues des rois ; statue dite de Clovis de Notre-Dame de Corbeil, déposée dans l'église de Saint-Denis (1.140 environ).

La figure 4 donne deux exemples de ces bandes appartenant au milieu du XIIe siècle [1].

5

A dater de la fin de ce siècle, les orfrois se trouvent rarement appliqués aux vêtements civils (voy. JOYAUX); mais les habits ecclé-

---

[1] Chartres, A; musée de Toulouse, B, statue d'ange.

siastiques ne laissent pas d'en montrer une certaine quantité d'une
extrème richesse et d'une charmante composition. Les chasubles,
chapes, aubes, étoles, manipules des évêques, étaient garnis d'orfrois, dans lesquels les pierreries se trouvaient enchâssées dans la
broderie. Cependant, au commencement du xiii⁰ siècle, bien que les
orfrois des vêtements ecclésiastiques prissent déjà un caractère
occidental, on retrouve encore dans leur composition quelques tradi-

tions orientales. Ainsi, la statue tombale de bronze, de l'évêque
Évrard de Fouilloy, fondateur de la cathédrale d'Amiens, mort en
1223, montre un orfroi de bas d'aube (fig. 5), dans la composition
duquel se trouvent ces oiseaux affrontés si communément figurés
sur les étoffes fabriquées en Orient pendant le xii⁰ siècle, et des
couronnes opposées. Cette figure est moitié de l'exécution. La bordure de l'amict du même évêque (fig. 6 ¹) est déjà d'un dessin dont le
caractère est vraiment occidental.

Tous les artistes connaissent les beaux orfrois qui ornent les habits
des évêques et des pontifes, dont les statues se dressent sous le
porche méridional de la cathédrale de Chartres (fig. 7 ²). On observera que dans ces compositions dominent les combinaisons géométriques. Ces statues datent de 1230 environ. Les pierreries se mêlent
avec beaucoup d'art aux broderies ; elles n'étaient souvent que des
gouttes de verre coloré posées sur paillon, car dans les sépultures
il n'est pas rare de trouver de ces verroteries au milieu des débris
pourris de l'étoffe.

Un peu plus tard, c'est-à-dire vers 1250, les orfrois des vêtements

¹ Voyez, pour l'ensemble de cette statue, le *Dictionn. d'archit.*, article TOMBEAU
fig. 28.

² Moitié de l'exécution.

ecclésiastiques ne consistent guère plus qu'en des broderies com-

posant des feuillages, des enroulements, des arabesques ; les compartiments géométriques, à *compas*, ainsi qu'on disait alors, sont plus rares.

8

Voici (fig. 8) deux exemples tirés des orfrois d'une statue d'évêque de 1250 environ, placée debout sur un tombeau dans la chapelle méridionale attenante au transsept de l'église Saint-

Nazaire de Carcassonne (ancienne cathédrale). Ces orfrois sont présentés moitié de l'exécution. Ici plus de pierreries, mais des enroulements de feuilles de vigne, des tigettes, des pièces d'armoiries
(au bas de l'aube).

Sur les habits civils, on ne portait guère alors de ces orfrois
qu'autour de l'encolure des bliauts ou des cottes ; encore les monuments figurés n'en fournissent-ils pas de très nombreux exemples.
On préférait à ces galons un peu lourds, larges, des broderies
déliées, faites sur l'étoffe même dont était composé le vêtement,
soit comme bordures, soit comme semis ; ou bien des étoffes
brochées, souples, fabriquées en Italie, en Sicile et en Espagne
(voy. ÉTOFFE).

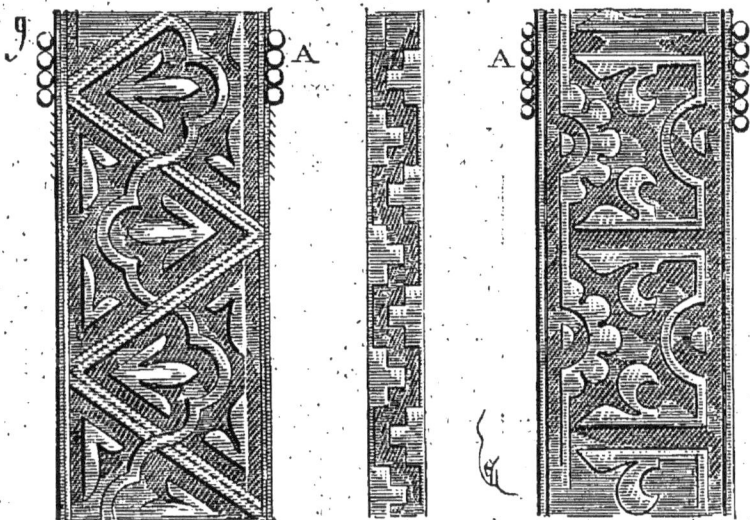

Le goût pour les orfrois appliqués aux habits civils se manifeste
de nouveau vers le commencement du xive siècle. Mais encore, à
cette époque, ces galons sont-ils étroits et paraissent-ils consister en
de fines passementeries d'or semées parfois de perles. Nous avons
cité, au commencement de cet article, un passage des comptes de
Godefroi de Fleuri (1316) qui mentionne des orfrois ainsi composés,
pour garnir une robe. Alors aussi voit-on très fréquemment adopter
des galons d'or en plein, faits évidemment au métier et non plus
brodés sur une bande d'étoffe de couleur ou un drap d'or (fig. 9 [1]).
Des fils de perles accompagnaient ces galons et masquaient la couture
sur l'étoffe (voy. en A).

[1] Peintures figurant des bordures sur des vêtements de statues (commencement du
xive siècle).

Les vêtements ecclésiastiques, vers 1300, reprennent les orfrois à figures géométriques, mais composés avec plus de maigreur que

10

BESCHERER. Sc

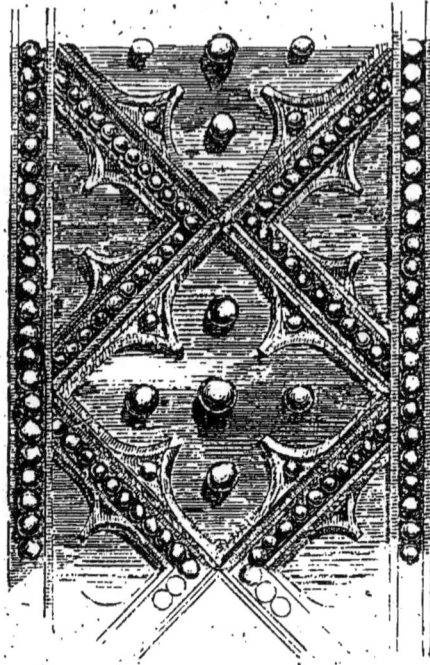

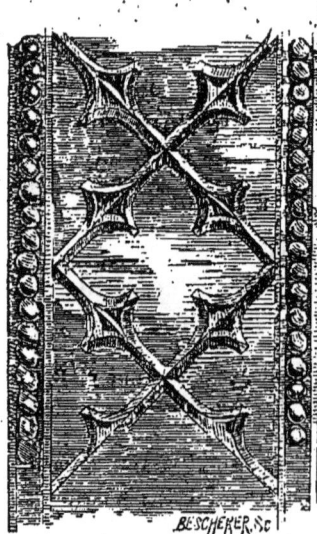

ceux du commencement du xiiie siècle. Les formes rectilignes dominent (fig. 10 [1]). Des fils de perles accompagnent les ornements

---

[1] Statue tombale de l'évêque de Montauban, Despret ; église de Montpezat (Tarn-et-Garonne), 1300 environ.

d'or. Plus tard cette ornementation maigre passe de mode à son tour, et, vers 1350, on en vient, pour les orfrois des vêtements épiscopaux, aux ornements d'enlevure, c'est-à-dire faits à l'étampe ou repoussés, cousus par plaques juxtaposées, d'or ou de vermeil, sur des bandes de drap d'or (fig. 11 [1]). Cela rentrait dans l'orfévrerie.

11

Vers la fin du XIVe siècle, on voit apparaître sur les vêtements ecclésiastiques les orfrois avec figures de broderie, ou même d'or-févrerie, d'une excessive richesse, mais d'un poids énorme. Les bor-dures des chapes, notamment, sont enrichies de figures de saints avec dais et toute une architecture compliquée ; le tout brodé avec une rare perfection en fils d'or et de soie de couleur, perles et pierre-ries, ou composé de pièces d'orfévrerie cousues sur des bandes de soie ou de drap d'or.

Dès le XIIIe siècle, il est question d'orfrois posés sur la tête, et au XIVe siècle, de chapels d'orfrois :

« Bien fu vestuë d'un paille de Biterne
« Et un orfrois a mis dessus sa teste [2]. »

« Et un chapeau d'orfrays eut neuf,
« Le plus beau fut de dix neuf,
« Jamais nul jour où je n'avoye
« Chapeau si bien ouvré de soye [3]. »

[1] Statue tombale de l'archevêque de Canterbury, John Stratford, mort en 1348. Cathédrale de Canterbury.
[2] Roman de Garin le Loherain (commencement du XIIIe siècle).
[3] Roman de la rose (partie du XIVe siècle).

Les bandes d'orfrois posées sur les cheveux des femmes sont assez fréquemment indiquées sur les monuments figurés des XII⁰ et XIII⁰ siècles ; elles remplaçaient les cercles ou couronnes et consistaient en des bandelettes ornées d'orfévrerie (voy. FREISEAU). Quant aux chapels d'orfrois, ils composaient des coiffures également chargées d'ornements, de pierreries et de perles (voy. COIFFURE, JOYAU). La richesse de ces parures ne fit que se développer pendant la première moitié du XVᵉ siècle.

Si les chapes ecclésiastiques étaient, ainsi qu'il vient d'être dit, décorées d'orfrois à figures et d'une grande richesse, celles que portaient les souverains, à l'occasion de certaines solennités, n'étaient pas moins luxueuses. Alors on désignait par *orfrois* toutes les broderies d'or et de soie de couleur qui couvraient un vêtement. Il est fait mention, dans les archives de l'église Saint-Hilaire de Poitiers, actuellement réunies à la préfecture de la Vienne, d'un devis d'une chape royale, à la date de 1469, sur laquelle devaient être appliqués les *orfrois* suivants : « Sur le chaperon (capuchon) de la chape, le miracle du concile général pendant lequel la terre se souleva sous les pieds de saint Hilaire. Sur les épaules, les armes de France portées par des anges ; au-dessous, à droite, la représentation de l'église Saint-Hilaire ; à gauche, le roi de France dans sa tente, dormant, et un rayon partant du clocher de l'église, arrivant sur le visage du prince, etc. « Et, dit le devis : « Seront faiz les « orfraiz, le champ et les lazéres [1] d'or de Chipre bien fin et tous les « tabernacles (dais) d'or, et les ymages de soye et seront de large d'une « feuille de papier lesdits orfraiz [2]. »

Il faut donc entendre « vêtement à orfroiz », à dater de la fin du XIVᵉ siècle, comme vêtement orné de galons d'or, de pierreries et de perles, mais encore comme vêtement brodé en plein d'images et d'ornements, aussi bien d'or et de pierreries que de soies de couleurs.

PAILE, s. m. (*palle*, *palie*). Le mot *paile* est employé, à dater du XIIIᵉ siècle, pour désigner le manteau porté par une personne noble. Le paile était fait d'étoffes précieuses. Le *paile d'outre-mer*, gré-

---

[1] Lisières, bordures.
[2] Publ. par M. Ledet dans les *Annales archéologiques*. « Larges d'une feuille de papier », environ 8 pouces, 0ᵐ,215, la feuille de papier n'ayant alors que cette largeur.

geois, *alexandrin*, si fréquemment mentionné dans les romans des XIIe et XIIIe siècles, est une pièce de ces belles étoffes orientales que les Lombards apportaient en Occident. Dans la *Chanson de Roland*, le mot *paile* est généralement employé comme pièce d'étoffe pour s'asseoir :

> « Sur palies blancs siedent cil cevalers [1]. »

> « Alez sedeir desur cel palie blanc [2]. »

Cependant le *paile* est employé aussi pour désigner l'étoffe qui recouvre une fourrure :

> « Afublez est d'un mantel sabelin
> « Ki fu cuvert d'un palie alexandrin [3]. »

Plus tard, le mot *paile* ne désigne plus guère qu'un manteau :

> « Vestue fu d'un palie d'Aumarie [4]. »

> « Tyres et pailes des meillors d'outre-mer [5]. »

> « Il fu vestus d'un paile gironné,
> « A noiaus d'or ot laciés les costés
> « Et si biaus fu com solaus en esté [6] »

Ces pailes gironnés paraissent avoir été portés avec ceinture ; car le mot *gironné* est souvent employé dans ce sens. Le paile dont parlent les derniers vers semble donc être une sorte de dalmatique lacée sur les côtés avec ceinture (voy. DALMATIQUE). Les pailes de diverses couleurs étaient fort à la mode pendant la première partie du XIIIe siècle :

> « Vestus sunt de .II. pailez à coulors geronnez [7] »

Quand le paile était orné de pierres précieuses, on lui appliquait l'adjectif *escarimant* :

> « Bien fu vestus d'un paile escarimant [8]. »

[1] *Chanson de Roland*, st. VIII.
[2] St. XIX.
[3] St. XXXIV.
[4] *Roman de Gaydon*.
[5] *Le Roman d'Amile et Amis*.
[6] *Huon de Bordeaux*, vers 10175 et suiv. (XIIIe siècle).
[7] *Gui de Nanteuil*, vers 134.
[8] *Li Romans de Raoul de Cambrai*. Du mot latin *scarites*, sorte de pierre précieuse. (Pline.)

Pour la forme donnée au paile, voyez Manteau. Le mot *paile* peut aussi s'appliquer à l'étoffe dont est fait un vêtement, comme on dit aujourd'hui « vêtu de drap ».

PALLETOT, s. m. On trouve ce mot employé vers le milieu du xvᵉ siècle. Il paraît désigner un peliçon court, ou peut-être un de ces hoquetons qu'on passait par-dessus l'armure. En parlant de Jacques d'Avranchies, Olivier de la Marche, dans ses *Mémoires*, dit qu'à un pas d'armes, ce seigneur « étoit armé de toutes armes ; et « dessus son harnois avoit un palletot à manches de soye vermeille, « couvert de larmes [1] ». (Voy. Peliçon.)

PALLIUM, s. m. Le *pallium* était, dans l'antiquité et jusqu'au xiiᵉ siècle, un manteau quadrangulaire qu'on attachait sur l'épaule droite. On le considérait comme un vêtement honorable (voy. Manteau) que portaient dans les occasions solennelles les rois français

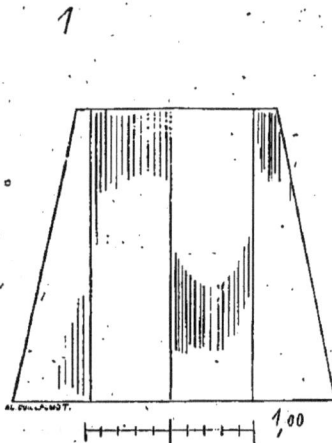

des deux premières races. Il y a tout lieu de croire même, en considérant les monuments, que ce manteau avait la forme d'un trapèze, dont les angles du petit côté étaient attachés ou même simplement noués sur l'épaule droite. En effet, ce manteau taillé suivait un parallélogramme, ou n'aurait pas donné des plis assez amples en bas, ou aurait formé un amas d'étoffe très gênant sur le dos et les épaules. L'examen des monuments figurés doit faire supposer que le pallium était coupé suivant la figure 1. Il descendait jusqu'aux talons et était bordé de franges ou d'orfrois (voy. Orfroi), quelquefois semé de pierreries, de perles ou de fleurettes ou ornements d'or.

[1] Livre Iᵉʳ (1450).

Le *pallium rotatum*, ou *paille roé*, suivant la désignation française, et dont il est souvent mention, est le manteau semi-circulaire (voy. MANTEAU), mais plus communément appelé *mantel*. En effet, il n'est pas question, dans les textes, de *mantel roé*, puisque le mot *mantel* s'entend comme manteau semi-circulaire ou plus que semicirculaire. L'épithète *roé*, appliquée aux mots *paile*, *paille*, désigne une exception à la règle, qui était que le paile ou pallium fût quadrangulaire.

Le pallium fut toujours considéré comme le manteau indiquant la plus haute dignité. En France comme en Angleterre, c'était le pallium qu'on plaçait sur les épaules du roi au moment du sacre.

Le *pallium pluviale*, ou le *pluviale*, est la cape ou chape (voy. CAPE), considérée également comme un vêtement destiné aux solennités et qui est circulaire.

Dans le vêtement épiscopal, le mot *pallium* indique une pièce d'étoffe que les papes envoyaient aux archevêques comme une marque distinctive.

Dès le VIII⁰ siècle, il est question de ce pallium, et Flodoard, dans son *Histoire de l'Église de Reims*, dit que le pallium fût envoyé par le pape Zacharie aux trois métropolitains de Rouen, de Reims et de Sens [1], sous Charlemagne. Si les papes donnaient le pallium, ils le retiraient aussi, lorsqu'ils croyaient avoir à se plaindre d'un prélat auquel il avait été accordé. Le même Flodoard rapporte comme quoi le pape Serge refusa de rendre le pallium à l'archevêque Ebbon.

Les souverains pontifes accordaient le droit aux archevêques de porter le pallium à certaines fêtes solennelles ou à l'ordinaire. C'est ainsi que l'archevêque Hincmar reçut du pape Léon IV un nouveau pallium avec autorisation d'en user ordinairement, comme auparavant le même pontife lui en avait envoyé un dont il ne pouvait user qu'à des jours de fête prescrits et déterminés. Dans la lettre qu'il lui adresse à ce sujet, le pontife affirme qu'il n'a accordé à aucun archevêque avant lui l'usage ordinaire et quotidien du pallium et qu'il ne l'accordera à aucun désormais [2]. Il s'agit de décrire ce qu'est ce pallium épiscopal : c'est une longue bande d'étoffe de laine blanche d'une largeur de trois doigts (0,05 environ), qui était portée sur les deux épaules et dont les deux extrémités tombaient devant la poitrine et derrière le dos. Pour ce faire, le pallium était noué ainsi

---

[1] Lib. II, cap. XVI.
[2] Flodoard, lib. III, cap. X.

que l'indique la figure 2 ; de telle sorte qu'il était double sur l'épaule gauche, simple sur l'épaule droite. On le maintenait au moyen de trois épingles sur la chasuble, — car le pallium devait être posé par-dessus les vêtements, — l'une sur la poitrine, en A, l'autre sur l'épaule gauche, en B, la troisième derrière le dos, en C ; la bande

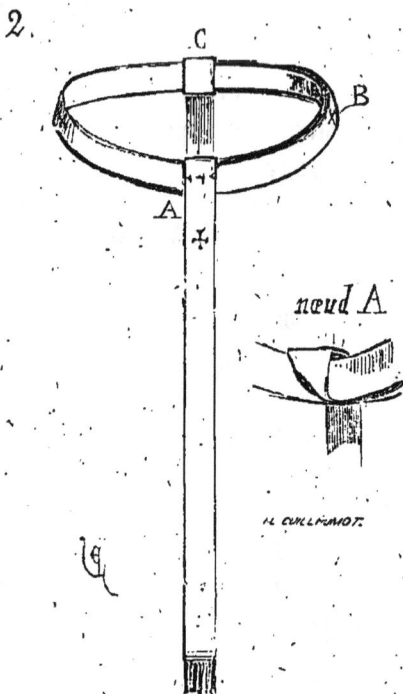

externe devait être décorée de quatre croisettes de pourpre, l'une devant, l'autre derrière et deux sur les épaules. A dater du XIIe siècle, cette bande d'étoffe de laine est figurée sur les chasubles des archevêques et descend devant et derrière jusqu'au bas des vêtements. Elle y est le plus souvent cousue.

On voit le pallium représenté, dès le VIe siècle, sur un dyptique byzantin d'ivoire, recouvrant un manuscrit de la Bibliothèque nationale. Le personnage revêtu du pallium, large de 0m,15 à 0m,20, est le consul Anastasius. Mais alors cette pièce d'étoffe tenait lieu de la *toga picta*, remplaçant l'ancienne toge ou *trabea*[1], et n'était pas désignée comme étant le pallium ; mais il paraît évident qu'elle est l'origine du pallium, dignité épiscopale, et que les pontifes de Rome

[1] Ce beau dyptique est donné dans l'ouvrage de M. Labarte, *Hist. des arts industriels au moyen âge*, t. I, pl. III.

n'ont fait qu'adopter cette marque distinctive des personnages de Byzance pour la conférer aux métropolitains. Cette tradition de la *toga picta* s'était conservée jusqu'au XIIe siècle sur les bords du Rhin, puisque dans l'une des miniatures du manuscrit de Herrade

de Landsberg, faisant partie de la bibliothèque de Strasbourg, brûlée par les Allemands, Pilate était représenté à son tribunal (fig. 3), revêtu encore de cette bande d'étoffe passant sur les deux épaules et dont une extrémité tombait par devant.

La figure 4 nous montre le pape saint Grégoire portant le pallium par-dessus la chasuble [1] et non cousu à celle-ci. Les bouts du pallium étaient garnis de plomb, pour les bien maintenir collés à la chasuble. Vers le milieu du XIIIe siècle, il était d'usage de porter le pallium plus haut sur les épaules et tombant en forme de V ouvert

---

[1] Cathédrale de Chartres, portail sud (XIIIe siècle).

devant la poitrine. C'est alors, pour le maintenir dans cette position;

qu'on eut l'idée de le coudre à la chasuble même, au lieu de se contenter de l'attacher avec trois épingles. Le nombre de quatre croix indiqué par Guillaume Durand [1] est souvent dépassé sur les monuments figurés, mais le pallium est toujours blanc. Ses bouts sont plus courts vers la fin du xive siècle, et ne tombent guère que jusqu'au-dessous du nombril.

Les trois épingles indiquées ne paraissent pas toujours portées, ainsi qu'il est dit ci-dessus, et souvent le pallium est-il fixé par une épingle sur la poitrine, et les deux autres sur chaque épaule.

Quoique le pallium fût un signe de l'archiépiscopat, il arrivait que le pape le refusait à un archevêque qu'il croyait indigne de le recevoir. C'est ainsi qu'il fut refusé à l'archevêque Mauger, oncle de Guillaume le Conquérant, d'après l'avis même de son neveu [2].

PAPILLOTE, s. f. (*papillocte, paillote, paillette*). On désignait par ce mot de petits branlants d'or très légers qu'on fixait aux extrémités des plumes, au bord des voiles transparents. Dès le xiie siècle, on ornait les chapels de plumes de paon. Ces plumes étaient ornées de ces parcelles d'or qui brillaient à chaque mouvement de la tête. Cet usage ne fit que se développer avec le luxe des vêtements. Au xve siècle, on voit sur les miniatures des manuscrits les papillotes ou paillettes d'or très fréquemment attachées à l'extrémité des barbes des plumes posées sur les chapeaux : « Un chappel de plumes de « paon, papillotées de papilloctes d'or [3]. » Les vêtements étaient aussi ornés parfois de ces agréments d'or en façon de bordures ou sur les épaules, principalement à la fin du xive siècle. Ces petites lames d'or battu affectaient la forme de besants (paillettes), de gousses de pois, de triangles, de croissants.

PAREMENT, s. m. C'était par ce mot qu'on désignait un habit armoyé. L'usage d'appliquer les armoiries ou pièces d'armoiries sur les habits ne remonte pas au delà de la seconde moitié du xiie siècle. Était-il rare, à cette époque même, que l'on mît des pièces d'armoiries sur les habits civils. On ne les appliquait guère que sur les cottes d'armes, soit en cousant l'écu en plein sur cette cotte, soit en y brodant des pièces de l'écu, fleurs de lis, lions, léopards, besants, aiglettes, etc. C'est vers le règne du roi Jean que l'on commença de porter des habits armoyés pendant certaines occa-

[1] *Rationale divin. offic.*
[2] Guillaume de Poitiers, *Vie de Guillaume le Conquérant.*
[3] *Invent. des ducs de Bourgogne* (1420).

sions solennelles. Sous Charles V, cette mode prévalut et ne fit que se développer jusque sous le règne de Louis XI. Ces habits d'apparat étaient appelés *parements*. Ils consistaient en surcots, houppelandes, manteaux, chapes, et étaient portés aussi bien par les hommes que par les femmes nobles. Les livrées étaient aussi alors des habits de parement (voy. LIVRÉE). Cette mode bizarre, qui consistait à se vêtir de son blason, entraînait à des dépenses considérables, car il fallait faire tisser exprès, broder ou assembler les pièces de l'écu, pour obtenir l'étoffe nécessaire à l'habit de parement ; et, dans ces étoffes, l'or et l'argent entraient naturellement pour une forte part, puisque ces métaux participent forcément à la composition de tout blason.

Ce fut sous le règne de Charles VIII que cette mode fut abandonnée, et les parements ou habits blasonnés ne furent plus portés que par les rois d'armes jusqu'à la fin du dernier siècle.

PASSANT, s. m. Bielle ou anneau de la boucle opposé à l'ardillon, et servant à l'arrêter en même temps qu'il maintient la ceinture. Quelquefois aussi un *passant* est indépendant de la boucle, et consiste en une petite frette lâche, de métal, d'étoffe ou de cuir.

Les passants de la boucle, ou indépendants, ont été souvent traités d'une façon très riche pendant le moyen âge, ornés de pierreries et finement ciselés. Mais c'est surtout avec le vêtement militaire que l'on portait de ces ceintures avec boucles, passants et mordants d'une grande richesse. (Voyez, dans la partie des ARMES, le mot CEINTURE.)

PATENOTRES, s. f. (*patenostres*). Chapelet composé de grains enfilés et que l'on fait passer entre les doigts en disant les prières qui commencent par le *Pater noster*. Les patenôtres étaient fort en usage pendant le moyen âge. Les hommes aussi bien que les femmes en portaient dans leur escarcelle ou pendues à la ceinture. Les religieux réguliers, à plus forte raison, avaient-ils des patenôtres sur eux en toute circonstance. A dater du XIIIe siècle, ces chapelets étaient souvent d'une grande valeur, faits de grains d'ambre, de cristal de roche et même de pierres fines. Mais c'est pendant le XIVe siècle que le luxe des patenôtres, comme de la plupart des joyaux de corps, prit un grand développement. Dans l'inventaire de Charles V, il est fait mention de patenôtres très précieuses : « Unes patenostres d'or « ou à cinquante-deux frezettes, huit perles descosse et ung saphir. « Et ausdictes patenostres pend une croix mellée de fleurs de lys

« d'or. C'est la croix que Monseigneur saint Loys portoit sur luy [1].

« — Item unes autres patenostres d'or toutes plaines contenant
« cinquante petites patenostres et cinq seignaulx en ung laz
« armé [2]. — Unes patenostres d'or à tournellet et a petiz rondeaulx
« azurés esmaillé de blant, pesant troys onces cinq estellins [3]. —
« Unes autres patenostres de gest noir où sont onze croisettes d'or
« et y pent ung camahieu (camée) et pendent à ung petit fermillet
« d'argent [4]. »

Il est aussi question de patenôtres de coral (corail). Dans le
journal de la dépense du roi Jean, en Angleterre, il est fait mention
d'or pour patenôtres payées à Hannequin, orfèvre.

Ces patenôtres étaient envoyées en présent et portées souvent
par des motifs qui n'étaient point absolument religieux. C'est ainsi
qu'Agnès, la jeune sœur de Charles le Mauvais, roi de Navarre, qui
s'était éprise de Guillaume de Machau, bien qu'elle n'eût que dix-sept
ans et que le poëte en eût cinquante, lui écrivait :

« Mon tres doulz cuer, je vous envoie ce que vous m'avez mandé,
« et vos patenostres et vous promet loyalement que je les ai portées,
« tout en l'estat que je vous les envoie, deux nuis et trois jours sans
« oster d'entour moi, et depuis que li fremailles fu fais. Si vous pri'
« que vous les veuillez porter, et je vous envoie unes autres petites
« et un petit fremailet pour vostre ymage. Et les ai ainsi portées'
« longuement en l'environ de mon bras [5]. »

Les patenôtres étaient donc portées par les dames en guise de
bracelet et devenaient un objet de parure.

PATINS, s. m. Chaussure qu'on mettait par-dessus les chausses,
ou les souliers, pour marcher dans la boue et se préserver de l'hu-
midité. Les patins étaient usités dès une époque très ancienne (voy.
CHAUSSES, fig. 2). Les gens du peuple et de la campagne en ont
porté très probablement pendant la période gallo-romaine et n'ont
cessé de faire usage de cet appendice de la chaussure, surtout à une
époque où les chemins étaient très mauvais. Les gentilshommes
portaient des patins pendant les XIVe et XVe siècles (voy. CHAUSSURE,
fig. 15), avec les souliers à la poulaine. Il était toutefois malséant

[1] Biblioth. nationale, art. 614.
[2] Art. 615.
[3] Art. 2781.
[4] Art. 2782.
[5] OEuvres de Guillaume de Machau. Paris, Techener, 1849.

de faire claquer les patins sur les dalles, et Martial d'Auvergne [1], dans ses *Arrêts d'amour*, interdit à l'amant en *possession et saisine* de faire « claquer son patin en se promenant dans l'église où se trouve sa maîtresse ». Ces patins étaient composés de semelles de bois plus ou moins épaisses, articulées et maintenues par une ou deux brides croisées sur le cou-de-pied.

PEIGNE, s. m. (*pigné, tresseoir, tressoir*). Cet objet de toilette était fait, dès les premiers siècles du moyen âge, d'ivoire, d'os ou de bois dur. Nos collections conservent encore un assez grand nombre de peignes richement travaillés. L'abondance de la chevelure était, comme on sait, un signe de race noble sous les Mérovingiens. Les femmes tenaient à honneur alors de montrer les longues tresses de leur chevelure blonde ; et nous voyons cet usage conservé jusque sous le règne de Philippe-Auguste. Les hommes nobles portaient aussi, pendant les périodes mérovingiennes et carlovingiennes, les cheveux longs (voyez COIFFURE) et soigneusement entretenus. Les peignes étaient donc un accessoire de toilette indispensable, et ceux que nous possédons encore indiquent, par leur force et leur dimension, l'abondance de la chevelure de nos aïeux.

L'un de ces peignes les plus anciens est conservé dans le trésor de la cathédrale de Sens et est attribué à saint Loup, évêque de Troyes pendant le ve siècle. Cet objet d'ivoire a été remonté en argent doré au commencement du XIIIe siècle. La sculpture sur ivoire est barbare, et peut appartenir, en effet, au ve siècle. Ce peigne (fig. 1) se compose de deux séries de dents, dont les unes sont largement espacées et les autres passablement fines. Il a 0^m,22 de long sur 0^m,10 de large. Un demi-cercle qui entame sur le côté fin est décoré de deux lions affrontés, séparés par un arbre surmonté d'une tête de bélier. Sur la garniture demi-circulaire de vermeil est gravée cette inscription : PECTEN S. LUPI. Une traverse médiane est ornée de pierres fines.

Ces peignes oblongs étaient destinés à la tonsure et permettaient de passer, sous les ciseaux, des mèches de cheveux assez étroites pour faciliter une coupe régulière. Les peignes destinés aux usages profanes sont larges au contraire, mais se composent toujours de deux séries de dents, les unes largement espacées, pour démêler, les autres plus fines, pour lisser la chevelure. Ces peignes d'ivoire sculpté sont souvent décorés de peintures et de dorures. Les sujets

---

[1] *Arrêts d'amour*, V^e arrêt.

qu'on y voit figurés sont très fréquemment religieux. Ils repré-

1

sentent des scènes de la Passion, de l'histoire de la Vierge : l'Annonciation, l'Adoration des mages ; tandis que les sujets sculptés sur les

boîtes à miroirs sont habituellement profanés. Cela seul indiquerait, que l'action de se peigner, de soigner la chevelure, n'était pas considérée comme un acte de coquetterie, mais plutôt comme un devoir de bienséance. Ainsi le peigne que donne la figure 2 [1] représente, sur un des plats, l'Annonciation.

2

La collection Sauvageot [2] possède un magnifique peigne d'ivoire du XIIIe siècle, représentant en délicates sculptures, dans des cercles moulurés sur un des côtés : la Nativité, la fuite en Égypte et l'Adoration des mages ; sur l'autre, l'entrée de Jésus à Jérusalem, la trahison de Judas, et le crucifiement.

Dans le *Roman de Lancelot du Lac*, il est question d'un peigne d'or enluminé, appartenant à la reine, femme du roi Artus, et dont les dents « grosses et menues » ont conservé les cheveux de cette

[1] Musée de Cluny, ivoire peint et doré (XIVe siècle).
[2] Musée du Louvre.

princesse [1]. On désignait par *pignère* l'étui à peigne. Avec le peigne il y avait toujours la *gravouère*, long style d'ivoire ou de cristal, à l'aide duquel on faisait les *raies* de cheveux. Ces gravouères sont souvent décorées de sculptures et étaient rangées dans l'étui

à peigne. Le musée de Cluny possède une très jolie gravouère qui date du milieu du XIVe siècle (fig. 3), dont le style, de 0m,15 de longuéur, est couronné par un chapiteau supportant deux personnages: un gentilhomme tenant un faucon, et une dame ayant un petit chien sur son bras gauche. Ces deux figures sont assises et semblent con-

[1] *Conte de la Charette*.

verser. En A, est tracée la section du style. Le détail B est de la grandeur de l'exécution.

PELIÇON, s. m. (*pelichon, pelyson, pelisson, pelicë*). Ce vêtement est fort usité du XIIᵉ siècle jusqu'au XVᵉ. Il appartient aux deux sexes, et consiste en une robe de dessus, qu'on peut confondre parfois avec le surcot (voy. Surcot), habituellement à manches amples. Ce vêtement était originairement, ainsi que son nom l'indique, fait de peaux conservant le poil, et était destiné à garantir du froid. On le portait en campagne, à cheval ; il s'agit d'un homme :

« Un peliçon aveit vestu,
« Ki del grant freit l'out défendu ;
« Iver estoit, Noël veneit [1]. »

Les dames portaient aussi des peliçons parés dès le XIIᵉ siècle. Il s'agit des femmes composant la cour de la reine, épouse du roi Artus :

« Mult i avoit chiers garnimens,
« Chiers ators et chiers vestemens ;
« Rices bliax, rices mantiax,
« Rices nosques, rices aniax,
« Mainte pelice vaire, grise,
« Et garnemens de mainte guise [2]. »

On portait même le peliçon par-dessus la maille ou la broigne [3] :

« L'escu li tranche et le pelisson gris [4]. »

Les damoiselles de qualité mettaient des peliçons courts, doublés d'hermine, dans les appartements :

« En une chambre sunt maintenant assis :
« Il li regarde [5] et le cors et le vis,
« Et nes et bras, le menton et le pis ;
« Les mammelettes il vit amont sallir
« Que li soslievent le peliçon hermin [6]. »

[1] *Roman de Rou*, vers 15319 et suiv. (XIIᵉ siècle).
[2] *Li Romans de Brut*, vers 10687 et suiv. (XIIᵉ siècle).
[3] Voyez la partie des Armes.
[4] *Li Romans de Garin*, c. I, couplet v (XIIIᵉ siècle).
[5] Il regarde Blancheflor.
[6] *Li Romans de Garin*, c. II, couplet xxii.

Les gentilshommes portaient aussi de ces peliçons doublés d'hermine :

« Je te donrai mon pelisson hermin
« Et de mon col le mantel sebelin[1]. »

Le peliçon est porté primitivement sans ceinture : il se compose
d'un corps de robe descendant du cou au-dessous des jarrets ; ouvert.

[1] *Li Romans de Garin*, ibid.

du haut en bas par devant et pourvu de manches plus ou moins
amples, fendues antérieurement pour passer les bras et les laisser
libres à partir du coude, si bon semble. C'est ainsi, du moins, qu'il
est figuré sur les monuments du XIIIe siècle. Antérieurement à cette
époque, la pelice ou le peliçon, mentionné dans les textes, paraîtrait
se rapprocher de la gonelle. Nous ne saurions définir exactement sa

forme, car les monuments figurés du XIIe siècle ne nous montrent,
pour les hommes et les femmes, que la cotte ou robe de dessous, le
bliaut et le manteau, ou la gonelle, et, spécialement pour les femmes,
un voile plus ou moins ample. Faut-il voir un peliçon de dame noble
dans ce vêtement de dessus (fig. 1 [1]), et qui est évidemment passé
par-dessus le bliaut? ou bien dans cette sorte de gonelle (fig. 2)
très souvent figurée comme vêtement de dessus des dames, à dater du
Xe siècle jusqu'à la fin du XIIe?

Il nous est impossible d'avoir à cet égard une opinion basée sur
des documents certains.

Mais, pendant le XIIIe siècle, le peliçon est parfaitement caracté-

[1] Fragments des sculptures de Vézelay, porche (1130 à 1140).

risé, et le personnage dont nous donnons (fig. 3) le *fac-simile* [1],
montre et la forme du peliçon, et la manière de l'endosser, ainsi que

sa fourrure de vair. La figure 4, extraite du même manuscrit, fait
voir le peliçon porté. Il est quelquefois muni d'un capuchon, ou

bien le camail du chaperon est pris sous l'encolure du peliçon, comme
dans l'exemple ci-dessus.

[1] **Ms. Biblioth. nat.,** *Psalm.,* ancien fonds Saint-Germain, latin, n° 37 (1240 envir.).

La pelice des dames, à la même époque, c'est-à-dire au milieu du

La pelice des dames, à la même époque, c'est-à-dire au milieu du

XIIIᵉ siècle, est très ample, ouverte par devant, doublée de fourrures,

à manches très longues, percées à la hauteur de la saignée antérieurement, et, pour chevaucher, garnie du capuchon (fig. 5 [1]).

Le peliçon vulgaire des hommes est de même alors garni d'un

6

capuchon, mais à manches ne tombant qu'au poignet (fig. 6 [2]). Ce
peliçon est, ainsi que le capuchon qui en dépend, mi-parti vert
et rouge, doublé de blanc.

Pendant le XIIIe siècle, le capuchon du peliçon était muni d'un camail
désigné par le mot *gueules du peliçon* :

> « Tenrement plore dus Naynmes li marchis ;
> « Moillent les geules doù pelison hermin,
> « Quant le voit Karles, à poi n'enraye vis [3]. »

> « Mais Garniers li feri du poing, de tel rendon
> « Du sanc qui ist des dens li covri le menton,
> « Et moillierent les gueules de l'ermin peliçon [4]. »

Les vignettes des manuscrits du XIIIe siècle nous montrent souvent,

[1] Manuscr. Biblioth. nation., 3e vol. de *Lancelot du Lac*, français (environ 1250).
[2] Manuscr. Biblioth. nation., *Naissance des choses*, français (environ 1250).
[3] *Gaydon*, vers 1415 et suiv.
[4] *Aye d'Avignon*, vers 173 et suiv.

en effet, des peliçons garnis par le haut d'un large camail, *gola*, qui
servait à garantir du froid les épaules et le cou (fig. 7 [1]).

7

Ce peliçon est sans manches, a la forme d'un manteau doublé de
fourrures et est surmonté d'un large camail ou d'une *gola* également

[1] Manuscr. Biblioth. nation., *Romans de la Table ronde*, français (1250 environ).

de fourrures. La cotte est rouge et le peliçon violet-pourpre. Il est rare
que le peliçon des hommes ne soit pas muni de manches.

Au commencement du x vᵉ siècle, les femmes portent des pelices
de même, garnies de gueules avec manches (fig. 8 ¹). Cette pelice est

8

rose avec gueules de fourrures, manches fendues et très amples;
elle est terminée par devant, du haut en bas, par une série de boutons très menus et serrés. Les manches de la cotte sont justes aux
poignets, avec mitaines couvrant la moitié des mains. C'est à dater de
cette époque que le peliçon des hommes et la pelice des femmes
affectent une grande variété de formes; ils atteignent, vers la fin du
xivᵉ siècle, une ampleur extravagante. Déjà, au commencement de ce

¹ Manuscr. Biblioth. nat., *le Livre du gouvernement des rois*, français (1340 environ).

9

siècle, les dames de haut parage portaient des pelices-manteaux à traîne, avec gueules pouvant servir de capuchon. La pelice que pré-

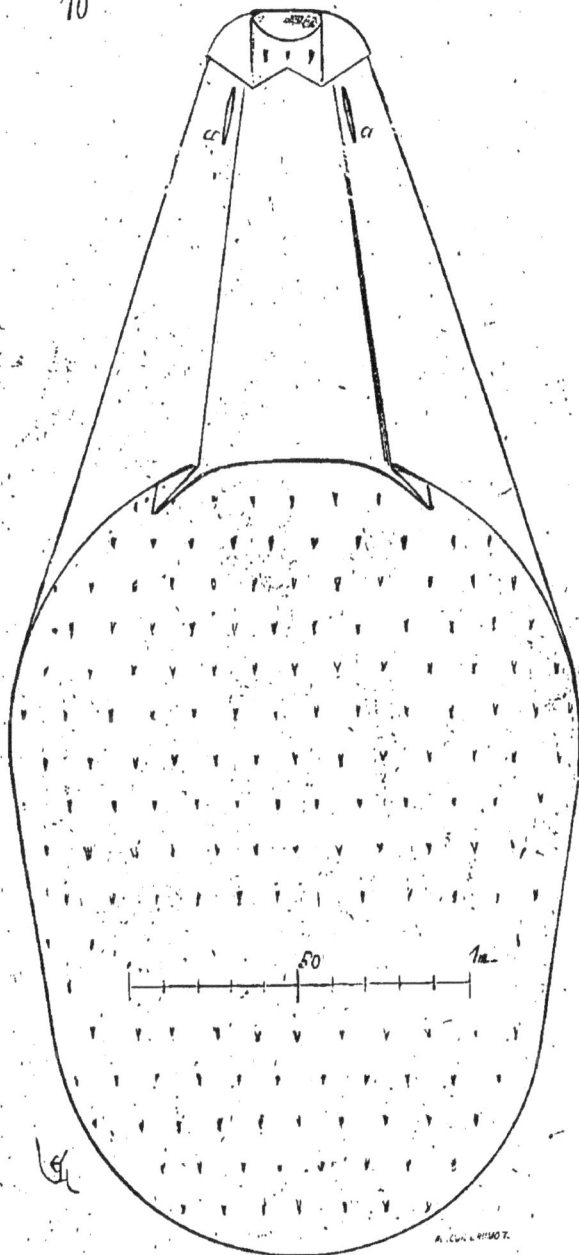

sente la figure 9 ! est un de ces habits d'apparat. La figure 10 en donne
la disposition, en supposant cet habit vu plié et étendu. On le mettait

comme une cloche, car il n'était point fendu par devant. Les bras passaient par les deux ouvertures *a a*, dans deux plis très amples qui formaient comme des manches tenant au corps du haut en bas : ce

11

vêtement drapait ainsi très bien. Ces pelices étant doublées de four-rures, on comprend combien elles devaient être lourdes, et comment il eût été impossible à une femme de se mouvoir, si la longue traîne n'eût pas été portée par une suivante. « Pour le matin du sacre, une

« cote vermeille et une pelice de griz couverte de cendal [1]. » Au commencement du xive siècle, les pelices des femmes ne paraissent pas avoir possédé des manches, tandis que les peliçons des hommes en sont pourvus. Alors, le peliçon est considéré comme un vêtement

12

de fourrures recouvert d'étoffe, car il est dit : « pelice de gris, pelice de noir, couverte de telle étoffe ». Dans les comptes de Geoffroi de Fleuri, on trouve même l'article suivant : « Pour madame Blanche, « fille le Roy. Premièrement, pour 1 peliçon de griz pour fourrer « une cote hardie que elle ot à Quarrières, quant elle fut malade... »

[1] *Comptes de Geoffroi de Fleuri* (1316).

Ce passage indiquerait que le mot *pelice* ou *peliçon* s'entendait, en
certains cas, comme une simple fourrure pouvant servir à la pelice
ou à la cotte hardie, laquelle, d'ailleurs, est un vêtement de dessus
qui, sauf l'ampleur, peut passer pour une pelice. On conservait donc
encore, au xiv⁰ siècle, au mot *pelice*, sa signification primitive.
Joinville rapporte que les Bédouins couchent, eux et leur famille,
sous des tentes de peaux de mouton, et qu'ils ont des pelices de
même qui leur couvrent tout le corps [1].

13

Les fourrures des peliçons étaient faites d'hermine, de vair, de
gris, de martre, d'écureuil et d'agneau ; ces dernières étaient les plus
communes. Il est même fait mention de peliçons doublés d'étoffe.

Au xiiiᵉ siècle, le gros peliçon des bourgeois était une robe plus
ample que n'était le garde-corps, mais de forme à peu près semblable
(fig. 11 [2]). Dès la fin du xiiiᵉ siècle, le capuchon disparaît du peliçon
des hommes. Sa forme reste à peu près la même, si ce n'est que les
manches sont plus amples (fig. 12 [3]).

Pendant la première moitié du xivᵉ siècle, on voit les peliçons des

---

[1] Voyez *Hist. de saint Louis*, publ. par M. Nat. de Wailly, p. 89.
[2] Portail de la cathédrale d'Amiens (1240 environ), zodiaque.
[3] Boîte à miroir, musée du Louvre, collect. Sauvageot.

gentilshommes taillés de différentes façons. Tantôt les manches sont
fendues, longues ou courtes, les jupes traînent à terre ou ne descendent qu'aux genoux ; tantôt celles-ci sont fendues par devant de haut
en bas ou en cloche, avec simple ouverture pour passer les bras. Cette

variété de formes s'accuse davantage à mesure qu'on approche de la
fin du XIVᵉ siècle. Alors, les peliçons affectent, pour les deux sexes,
des formes extrêmement variées, mais de plus en plus amples. Les
uns sont en cloche, comme il vient d'être dit, et sans manches
(fig. 13 ¹). Puis, l'ampleur du vêtement augmentant, on y adapte

¹ Manuscr. Biblioth. nation., *Chron. d'Angleterre*, français (fin du XIVᵉ siècle).

une ceinture pour le retenir le long du corps (fig. 14 [1]). Les épaules

15

de ce dernier peliçon reçoivent une garniture de floches dé soie. Le

[1] *Ibid.*

collet est, suivant la mode du temps, haut et laisse voir la fourrure.
Ces peliçons étaient couverts d'étoffes de soie assez épaisses et même

16

de velours. Le gris était alors *très bien porté*. Il est souvent question
de peliçons gris pendant la seconde moitié du xivᵉ siècle. Dans

l'exemple présenté ici, les manches, excessivement amples, ainsi que

17

le bas de la robe, sont barbelées. Le seigneur porte un chapeau de plumes noires.

Un portrait de Charles VI jeune [1] nous montre ce prince vêtu d'un magnifique peliçon avec ceinture, haut collet fourré et manches démesurément amples et barbelées (fig. 15). Ce peliçon forme des plis réguliers au-dessus de la ceinture, mais n'est point fendu de haut en bas. Il est ouvert par devant au collet, pour le pouvoir passer, et au bas jusqu'à la hauteur des jarrets. A cette époque, vers 1390, les seigneurs portent, comme vêtement de cérémonie, des peliçons

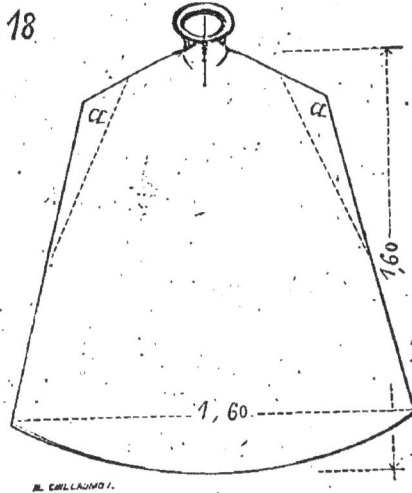

d'une grande richesse. En voici un exemple (fig. 16 [2]). Ce seigneur sert le roi à table ; il est coiffé d'une couronne d'or, vêtu d'un ample peliçon ponceau brodé d'or, doublé de fourrures d'écureuil. Une touaille (serviette) est posée sur son épaule droite ; une ceinture noire brodée d'or, bouclée par derrière, serre le peliçon autour de la taille. Le collet est haut et serré, suivant la mode d'alors. Les manches, démesurément larges, tombent jusqu'à terre. Mais la haute noblesse portait aussi, à cette époque, des peliçons sans ceinture et sans manches, fendus des deux côtés au droit des bras (fig. 17 [3]). Ce seigneur est vêtu d'une robe rose à manches tombant très bas au-dessous du coude, en cul-de-sac. Le peliçon est fait d'une étoffe bleu de roi, en forme de dalmatique, fendu latéralement, la partie supérieure des manches étant largement retroussée sur les épaules et laissant voir la fourrure blanche. Autour du cou est passée

---

[1] En tête du manuscrit de la Biblioth. nation., intitulé : *Le Chemin de longue étude*, attribué à Christine de Pisan.

[2] Manuscr. Biblioth. nation., Hayton, *Histoire de la terre d'Orient* (1390).

[3] Manuscr. Biblioth. nation., *Lancelot du Lac*, français (1390).

une chaîne d'or, et la queue du chaperon, dont l'*enfourmure* tombe derrière le dos comme une aumusse.

La figure 18 donne la coupe de ce vêtement étendu. On retroussait la partie *a* sur les épaules.

Il est entendu que la haute noblesse pouvait seule se permettre le port de vêtements aussi dispendieux et que l'on ne portait que dans les cérémonies. Habituellement les peliçons étaient moins amples, plus commodes à porter, mais très élégants.

La figure 19, tirée du même manuscrit[1], représente Lancelot auprès de la reine Clémence[2]. Le jeune chevalier est vêtu de bas-de-chausses blancs et d'un peliçon vert fourré de menu vair. Ce peliçon est fendu latéralement, du bas au milieu des cuisses, et possède toujours ce collet haut et fourré si fort à la mode alors.

[1] *Lancelot du Lac* (1390).
[2] Titre de la miniature : « Comment Lancelot baisa la reine Clémence la première fois ».

La figure 20 donne un peliçon de même genre, mais dont la jupe est barbelée par le bas et sans ceinture[1]. A ce moment, le peliçon peut se confondre souvent avec la houppelande. Toutefois le premier

20

de ces deux vêtements affecte une variété de formes que la houppelande ne possède pas au même degré ; et, en effet, il est à croire qu'on donnait, à la fin du XIVe siècle, le nom de peliçon à tout par-dessus

---

[1] Manuscr. Biblioth. nation., *le Livre de l'informacion des princes*, de la bibliothèque du duc de Berry, Jean.

ou surcot ample, composé de fourrures, recouvertes extérieurement
d'une étoffe.

A la fin du xiv⁰ siècle, les pelices des femmes ne le cèdent guère,
comme ampleur, aux peliçons des hommes. Les bourgeois et bour-

geoises imitaient, autant que faire se pouvait, la richesse et l'ampleur de ces vêtements, et le dernier exemple que nous venons de donner

22

n'est pas uniquement réservé à la noblesse. Les bourgeois portaient de ces peliçons courts.

Nous venons de montrer un de ces peliçons portés à la ville par les gentilshommes et les bourgeois, le grand et ample peliçon étant un vêtement de cérémonie. Cependant la haute noblesse portait de ces peliçons courts forts riches, armoyés. C'est un peliçon de ce genre

23

que porte le seigneur que donne la figure 21 [1], qui représente le duc

[1] Manuscr. Biblioth. nation., *le Livre des merveilles du monde* (1400 environ).

Philippe de Bourgogne, frère de Charles V, donnant congé aux pèlerins qui partent pour l'expédition si malheureusement terminée par la bataille de Nicopoli. Le prince est vêtu de chausses dont l'une est blanc rosé, l'autre blanc verdâtre, et d'un peliçon court, à collet bas, rouge, brodé sur les manches, le devant et le dos, de léopards d'or. Une chaîne d'or entoure son cou.

24

Quant aux pelices des dames nobles, à la fin du XIVe siècle, elles diffèrent très peu, comme coupe, des larges peliçons des gentilshommes. Cependant les corsages en sont ajustés avec ceinture ; les collets hauts et serrés, comme ceux des hommes, ou bien ouverts par devant et hauts par derrière (fig. 22 [1]). Sur la poitrine et sous

[1] Manuscr. Biblioth. nation., *le Livre des merveilles du monde* (1400 environ).

la ceinture, la pelice des dames nobles forme des plis réguliers. Cette pelice était principalement portée pour chevaucher.

25.

Un peu avant cette époque, c'est-à-dire au commencement du règne de Charles VI, on voit des dames vêtues de peliçons à manches peu amples, garnies d'une série de boutons, ouverts du haut en bas par devant, avec garniture de très petits boutons juxtaposés.

La figure 23, copiée sur un des beaux retables du musée de Dijon, donne un de ces peliçons de 1380 à 1390. Cette femme est une élégante que le diable présente à saint Antoine. Deux petites cornes signalent son origine. On remarquera le joyau passé en bandoulière, pris sous la riche ceinture, tombant jusqu'au bas des jambes et terminé par un médaillon. On observera aussi les manches de la robe de dessous, terminées en entonnoir sur les mains et qui accusent la date du vêtement[1]; les manches de la pelice garnies de rangs de boutons qui ne sont là qu'un ornement.

Jusque vers 1420, les coupes données aux peliçons des hommes et aux pelices des femmes oscillent entre les derniers exemples que nous venons de présenter. Mais, vers cette époque, les manches amples, démesurément longues, disparaissent, et les grands vêtements de dessus, drapés, dè la fin du xive siècle, font place à des habits ajustés au corps. Le peliçon seigneurial à large camail reparaît, mais avec manches justes relativement et corps de jupe moins développé (fig. 24[2]). Ce seigneur à cheval est vêtu d'un peliçon violet, brodé, aux parements des manches et en bas de la jupe, de martre zibeline. Ces manches sont étroites et un grand camail d'hermine couvre les épaules. C'était alors aussi que les gentilshommes commençaient à porter des manches rembourrées aux épaules, étroites et plissées aux avant-bras, et des corps de peliçons avec plis réguliers sur la poitrine et dans le dos (fig. 25[3]). Ce peliçon est bleu de roi, et le bonnet est pourpre.

Les vêtements de dessus des femmes, si amples de 1390 à 1410, se rétrécissent, et arrivent à s'ajuster de plus en plus au corps. La pelice est une robe de dessus et ne garde plus son nom qu'à cause de la fourrure dont elle est garnie, mais non plus doublée et qui n'apparaît que comme bordure au bas de la jupe, au corsage et aux parements des manches. Encore n'est-il pas certain que l'on ait persisté alors à donner le nom de pelice à ce vêtement transformé (fig. 26[4]). Cependant cette robe ne peut être confondue avec le surcot des femmes, dont la coupe alors est parfaitement caractérisée (voy. Surcot), et nous ne lui trouvons pas d'autre nom que celui de pelice. La cotte de dessous de cette noble dame est pourpre clair,

[1] Fin du règne de Charles V.
[2] Manuscr. Biblioth. nation., *Lancelot du Lac*, français (1425 environ).
[3] *Ibid.*
[4] Manuscr. Biblioth. nation., *Boccace*, français : *Des nobles femmes* (1430 environ).

26

la pelice verte avec fourrures de martre, la ceinture rouge et or. Le

hennin, également rouge et or, est recouvert d'un long voile de gaze.

On voit encore à la même époque, exceptionnellement, les longues manches attachées au péliçon des hommes, mais le vêtement

28

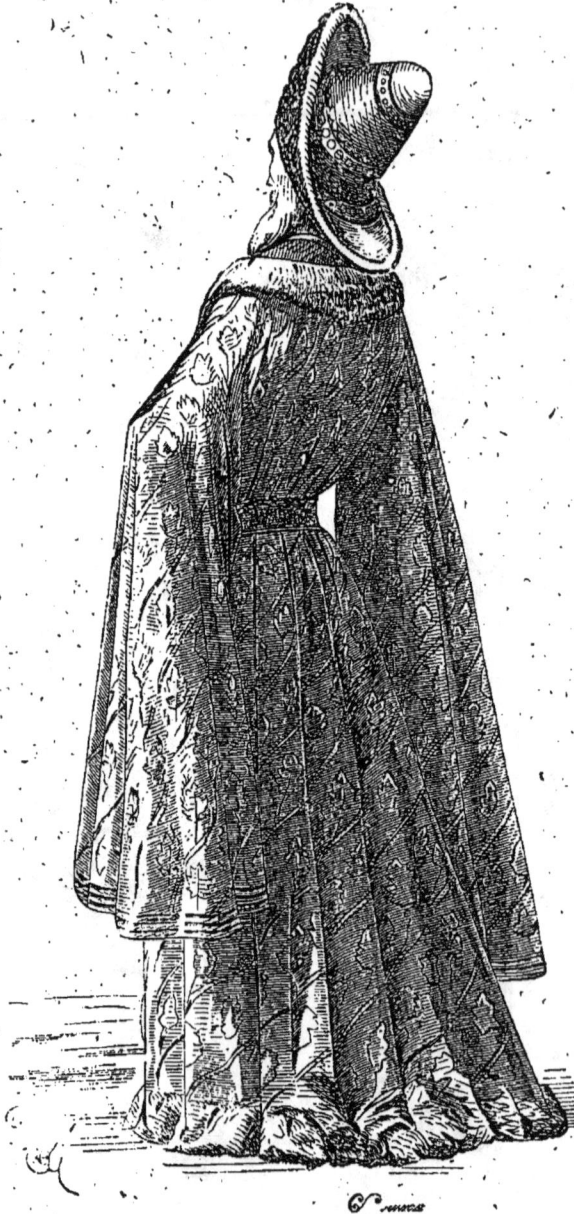

a subi des modifications profondes, d'ailleurs. Au collet haut et serré
s'est substitué un épais collier de fourrures qui couvre les épaules,
entoure la naissance du cou par derrière et descend par devant jus-

qu'au milieu de la poitrine (fig. 27 [1]). Les plis du corps sont réguliers, roides, et le vêtement, ouvert par devant, doublé de fourrures,
est maintenu à la hauteur des hanches par une ceinture ; les manches
sont démesurément amples. La queue du chaperon tombe du côté
droit et passe sur l'épaule gauche. Ce chaperon est bleu de roi avec
enseignes d'or. Le peliçon est pourpre gris rosé avec fourrure de
martre claire. La ceinture est vert et or. La manche de la robe de
dessous, qui paraît seulement au poignet gauche, est bleue. Derrière
ce personnage est un jeune homme vêtu également d'un peliçon
court et à manches rondes, fermées du bout et ouvertes latéralement. Le chaperon de ce jeune homme est gorge de pigeon ; le
peliçon est vert, fourré de martre ; les chausses sont bleues, avec
souliers noirs. Ces deux personnages portent des chaînes d'or au
cou avec enseignes.

A dater de ce moment, les manches amples disparaissent complètement du peliçon, qui s'ajuste de plus en plus à la taille. La fourrure
même ne s'y montre plus ; aussi bien le mot lui-même se perd-il,
pour être remplacé par celui de robe. Des vieillards sont encore
seuls représentés, vers 1450, vêtus de peliçons (fig. 28 [2]) (voyez
ROBE). Le peliçon qui persiste est celui que représente la
figure 24, vêtement d'apparat, et encore est-il dépourvu de manches. C'est une sorte de houppelande avec grand camail, et deux
ouvertures latérales pour passer les bras. Mais c'est là un habit de
cérémonie qui n'est pas porté habituellement et qu'endossent les
grands seigneurs en certaines occasions solennelles, jusqu'à la fin
du xvᵉ siècle. La pelice des femmes disparaît également, la houppelande persiste un peu plus tard, et le surcot jusqu'à l'époque de la
renaissance. A la fin du xvᵉ siècle, le manteau, seul conservé, remplace, chez les dames nobles, la pelice et la houppelande.

Il n'y a pas de vêtements qui aient été d'un usage plus ordinaire
que le peliçon et le surcot, pendant une longue période du moyen
âge, c'est-à-dire du xiiᵉ siècle au xvᵉ.

Le peliçon était un vêtement d'apparat, mais aussi une robe de
chambre ; et, dans les contes et les romans, il est souvent question
de personnages des deux sexes qui, obligés de se vêtir hâtivement,
passent une pelice par-dessus leur chemise. La pelice est aussi un
de ces vêtements dont on faisait présent aux personnes que l'on

---

[1] Manuscr. Biblioth. nation., français, nº 126. Copie datant de 1430 environ, d'un
manuscrit présenté à Louis X.

[2] Manuscr. Biblioth. nation., Missel latin (environ 1450). Le peliçon de ce vieillard est
rouge orange, avec fleurs d'un vert jaune rehaussé d'or.

prétendait honorer : c'était, en effet, un habit cher, à cause des fourrures dont il était doublé et de son ampleur.

PERRUQUE, s. f. Les dames romaines, à la fin de l'empire,
portaient souvent de faux cheveux, des perruques volumineuses,
poudrées, parfumées, teintes en pourpre, couvertes de poussière
d'or. Les premiers Pères de l'Eglise se sont fort élevés contre cette
mode, qui cependant persista longtemps à la cour d'Orient. Il ne
paraît pas que l'usage de porter perruque fut admis en Occident
pendant le moyen âge, et cette habitude ne s'introduisit en France
que vers la fin du xve siècle. C'était une importation italienne.

Quant aux faux cheveux, il est à croire que de tout temps les
femmes en portèrent pour suppléer à ce que la nature leur refusait.
Cependant, nous ne trouvons, à propos de cet usage, que des allu-
sions trop obscures pour affirmer qu'il en fut ainsi.

A la fin du xve siècle, les gens de robe portaient perruque, ainsi
que nous l'apprend Villon, si toutefois les *Repeues franches* sont de
ce poëte :

> « Et mettez tous peine delivre [1],
> « Entre vous, jeunes perrucatz [2],
> « Procureurs, nouveaulx advocatz,
> « Aprenans aux despens d'aultruy. »

PIGACHE, s. f. Ce mot s'appliquait aux poulaines des souliers, et
aussi à certaines manches de femme, manches terminées en pointe
vers la fin du xive siècle [3] : « Manches à pigaches. » — « Car voul-
« droit bien (le confesseur) que les femmes, à qui il parle de leur
« habit, eussent vendu leur seurscos et leurs manches à pigaches, et
« donné l'argent en leur maison [4]. »

PIGNÈRE, s. f. Etui de toilette qui renfermait le peigne, les
ciseaux, les rasoirs, le miroir, et la gravouère, qui était un style
d'ivoire ou de cristal avec lequel on faisait la raie des cheveux. « Une
« gravouère de cristal, garnie d'or [5]. » (Voy. PEIGNE, fig. 3.)

---

[1] « Laissez de côté toute préoccupation. »

[2] « Gens à perruques. » C'est ainsi qu'on désignait, à la fin du xve siècle, les gens de
la basoche.

[3] Voyez CHAUSSURE, MANCHE, POULAINES.

[4] *Aventures arrivées à Reims, en 1396, à une fille nommée Ermine.* Manuscr. de
Saint-Victor (voy. du Cange, *Pigaciæ*).

[5] *Inventaire de Clémence de Hongrie* (1328).

PINCE, s. f. Objet de toilette, de fer ou de bronze, dont on faisait usage dans les Gaules, dès la plus haute antiquité, pour épiler. On trouve des pinces à épiler contemporaines de l'âge de bronze. Le moyen âge en faisait aussi un usage fréquent, soit pour arracher les

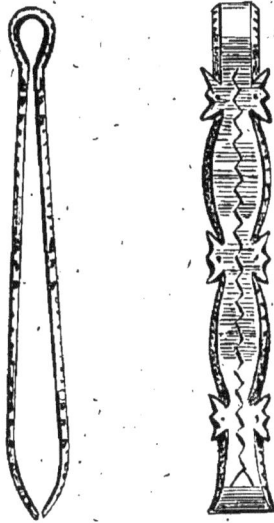

poils de la barbe, soit pour limiter la pousse des cheveux, suivant la mode du moment. Ainsi, à la fin du xive siècle, les dames tenaient fort à montrer un front très découvert. Pour obtenir ce résultat, on relevait les cheveux sous une coiffe très serrée, et l'on arrachait, à l'aide d'une pince, tout le poil qui poussait trop près des sourcils. Ainsi élargissait-on le front latéralement et à sa partie supérieure, jusqu'à la limite indiquée par la mode. La figure 1 donne une de ces pinces à épiler de bronze, d'un travail délicat, grandeur d'exécution [1]. Cet objet paraît dater de la fin du xive siècle.

PLUME, s. f. Il n'est pas de représentation de plumes dans les parures des deux sexes avant le xiiie siècle. C'est seulement alors qu'il est question de *chapels de plumes de paon*, c'est-à-dire ornés de plumes de paon : « Je le vi aucune foiz en estei, que pour delivrer

---

[1] Musée des fouilles de Pierrefonds.

« sa gent[1], il venoit au jardin de Paris, une cote de chamelot vestue,
« un seurcot de tyreteinne sanz manches, un mantel de cendal noir
« entour son col, moult bien pigniez et sanz coife, et un chapel de
« paon blanc sus sa teste[2]. » On portait aussi des *plumails* sur les
heaumes dès le XIIIe siècle (voyez la partie des ARMES). Il semble
toutefois que les plumes étaient plutôt affectées aux coiffures des
hommes qu'à celles des femmes.

On faisait usage des plumes d'autruche dès la fin du XIIIe siècle.
Au XIVe siècle déjà, on ornait ces plumes portées sur les chapels de
paillettes d'or, de perlës (voy. CHAPEL, COIFFURE, JOYAUX).

POULAINE, s. f. On disait *poulaines* et *chaussures à la poulaine*,
pour désigner ces souliers terminés par des pointes d'une longueur
démesurée et dont la mode commença sous Charles V, pour finir
seulement vers 1430. La *Chronique des religieux de Saint-Denis*[3]
raconte ainsi les façons d'être des chrétiens devant Nicopoli qu'ils
assiégeaient, et dont l'armée était composée en grande partie de
Français : « Pendant que la ville était assiégée et était serrée de près,
« les chrétiens s'abandonnaient dans leur camp à une vie licen-
« cieuse. Nos chevaliers, qui l'emportaient sur tous les autres par
« leur puissance et leur noblesse, faisaient bonne chère et s'invi-
« taient tour à tour à de splendides festins dans leurs tentes ornées
« de peintures[4]. Chaque jour ils se visitaient les uns les autres et se
« faisaient un échange mutuel de courtoisie ; ils se paraient sans
« cesse de nouveaux habits brodés, dont les manches étaient d'une
« longueur démesurée. Mais, ce qui étonnait le plus les prisonniers
« turcs, c'étaient leurs chaussures à la poulaine, longues de deux
« pieds et quelquefois davantage[5] : mode extravagante, qui régnait
« alors parmi la noblesse, et particulièrement parmi les seigneurs de
« France. » Et plus loin[6], au moment de la bataille : « Afin de pou-
« voir marcher plus facilement à pied, ils coupèrent les longues et
« énormes pointes de leurs chaussures[7]. » Ce fut ainsi que cessa cette

[1] Pour juger les différends.
[2] Joinville, *Hist. de saint Louis*, édit. de M. Nat. de Wailly, p. 22.
[3] *Chronicorum Karoli Sexti*, lib. XVII, cap. XXIV (*Docum. inédits*, t. II, p. 496).
[4] « In tentoriis depictis summis ediis vacantes, ad convivia splendida mutuo se invi-
« tabant. »
[5] « Et unde plus hostes captivi mirabantur, semper calceamenta rostrata longitudinis
« duorum pedum et quandoque amplius deferebant. »
[6] Cap. XXVI.
[7] « Et ut levius pedestres possent incedere, rostra longa et superflua calceorum
« amputarunt. »

mode ridicule et extravagante qui avait jusqu'alors régné parmi la noblesse.

Elle dura bien encore quelque temps cette mode, quoique en déclinant. La bataille de Nicopoli eut lieu au mois de septembre 1396, et on lit dans le manuscrit de P. Cochon, à la date de 1383, ce passage : « En ce tems commenchoient à caïr les poullains. » Ainsi l'apogée de la mode des poulaines est vers l'année 1380. On les trouve encore sur les miniatures du commencement du xve siècle jusque vers 1440, et même beaucoup plus tard, puisque le manuscrit de *Quinte-Curce*, de la Bibliothèque nationale, dédié à Charles le Téméraire, montre encore dans ses vignettes des seigneurs chaussés de souliers à la poulaine. Mais ce sont là des exceptions : les poulaines ne dépassent guère le milieu du xve siècle. (Voy. Chaussure, Souliers).

POURPOINT, s. m. (*pourpoinct*). Vêtement d'homme, juste, couvrant le haut du corps, du cou à la ceinture.

Bien qu'il soit question du pourpoint dès la fin du xiiie siècle, ce vêtement n'était point alors visible, du moins chez les gens bien vêtus. Il n'y avait que le peuple qui se montrât en pourpoint. Mais, au xve siècle, le pourpoint remplace le corset et la cotte, et était surtout de mode à dater de 1440 :

> « N'aviez-vous pas lors par devise
> « Sur vostre habyt quelque verdure,
> « Ou ung cueur emprès la chemise,
> « Où son nom fust en escripture ?
> « Ceulx qui sont en telle adventure
> « Ilz ont bon tems, Dieu le leur sauve ;
> « Car peuvent porter à toute heure,
> « Pourpoint vert et la botte fauve[1]. »

Le pourpoint du xve siècle était un vêtement élégant, serré à la taille, que portaient les jeunes hommes, et qui souvent était d'une extrême richesse. Il était taillé avec ou sans manches : « Et sault « tout en haste et cherche son pourpoint, et, comme il boutoit son « bras dedens l'une des manches, il s'en saillit unes lettres dont il « fut assez esbahy[2]... »

---

[1] Martial d'Auvergne, *l'Amant rendu cordelier*, st. lxii.
[2] *La Demoiselle cavalière* (*Cent Nouvelles*).

Et dans Villon :

« **Pas** ne debvez estre oubliez,
« Tous gallans à pourpointz sans manches
« Qui ont besoin de repeues franches [1]. »

1

[1] *Les Repeues franches.*

La figure 1 [1] présente un jeune gentilhomme servant, vêtu d'un pourpoint rouge, de hauts-de-chausses bleus et de heuses noires à revers fauve. Une chaîne d'or à plusieurs rangs entoure son cou. Son bonnet est de feutre gris rosé avec revers noir. Les manches

du pourpoint sont amples aux épaules et rembourrées. Les hauts-de-chausses sont attachés au moyen d'aiguillettes passant à travers des œillets pratiqués sous la ceinture du pourpoint, de telle sorte que le bas de celui-ci recouvre les hauts-de-chausses. Mais il n'en était pas toujours ainsi. A la même époque, les jeunes gens, les varlets, portaient des pourpoints à manches sur lesquels venaient

____
[1] Manuscr. Biblioth. nation., les *Chroniques* de Froissart (1440 à 1450).

s'attacher les hauts-de-chausses, puis, on passait par-dessus ce vêtement un corset sans manches (fig. 2 [1]). Ce varlet porte un pourpoint
dont les manches tailladées sont jaunes, tandis que le corset sans
manches est bleu ; les chausses sont vertes. Le collet du pourpoint,

3

qui déborde le corset, est de velours noir. Cette habitude d'attacher
parfois les chausses par-dessus le pourpoint, avant le xvie siècle, fait
dire à Rabelais : « Lors commença le Monde attacher les chausses
« au pourpoinct, et non le pourpoinct aux chausses ; car c'est chose
« contre Nature, comme amplement ha déclaré Olkam sur les *Expo-*
« *nibles* de M. Haulte-chaussade [2]. »

[1] Manuscr. Biblioth. nation , les *Chroniques* de Froissart (1440 à 1450).
[2] *Gargantua*, chap. VIII.

Les pourpoints étaient lacés par devant ou par derrière pendant la seconde moitié du xv⁰ siècle, très rarement boutonnés (voy. Lacet, fig. 4).

La figure 3 ¹ montre un jeune varlet vêtu d'un corset bleu à manches très courtes, rembourrées aux épaules, sur un pourpoint dont les manches vertes sont justes ; c'était sur ce pourpoint qu'étaient fixées les chausses. Il est coiffé d'un bonnet rouge. Sur son épaule gauche est jeté le chaperon noir à forme cylindro-conique ; car il était assez fréquent alors d'avoir deux coiffures : le chaperon, que l'on mettait pour sortir, et le bonnet, que l'on posait sur sa tête dans les appartements. Alors on jetait le chaperon sur l'épaule et l'on entourait le cou avec la pente antérieure.

Quant au pourpoint proprement dit, sans manches, dont parle Villon dans les vers cités plus haut, il n'était porté que par les gens de petit état (fig. 4 ²).

Les manches de la cotte ou de la chemise couvraient les bras. Ces pourpoints lacés ou boutonnés — celui-ci est boutonné — laissaient voir par-dessous, sur la poitrine, ou la chemise, ou un vêtement serré, comme le sont nos gilets de tricot, et auquel s'attachaient les chausses.

Le pourpoint, qui est, ainsi que nous l'avons dit, un dérivé du corset et du surcot des hommes, prend une grande importance dans l'habillement du xvi⁰ siècle, puis est remplacé, après Henri IV, par le *justaucorps*.

¹ Manuscr. Biblioth. nation., les *Chroniques* de Froissart (1440 à 1450).
² Manuscr. Biblioth. nation., *Miroir historial*, français (1440 à 1450).

Q

QUEVRECHIEZ, s. m. — Voy. Couvrechef.

R

RATIONAL, s. m. Bijou mystique qui couvrait la poitrine des

pontifes du peuple juif, et qu'on voit parfois représenté sur la poitrine des évêques. Ce bijou consistait en une plaque d'or carrée, sur laquelle étaient enchâssées douze pierres précieuses qui représentaient les douze tribus d'Israël.

Guillaume de Poitiers, dans la *Vie de Guillaume le Conquérant,* rapporte que l'évêque de Lizieux, Hugues, « portait sur ses habits « le rational ».

La statue de saint Sixte, premier évêque de Reims, posée sur le trumeau de la porte centrale du transsept nord de cette cathédrale (1230 environ), est ornée, sur la chasuble, du rational (fig. 1). Il n'y a donc pas à douter que ce joyau mystique n'ait été admis par le haut clergé catholique pendant le moyen âge.

ROBE, s. f. (*reube, roube*). Ce mot désigne tout un vêtement complet, depuis la chemise jusqu'au surcot, au peliçon et manteau ; mais, en bien des cas, l'une des parties de l'habillement, et alors il ne s'applique qu'aux vêtements longs. On appelait *coupeur de robes,* les tailleurs [1], et ceux-ci fournissaient un vêtement complet composé de plusieurs pièces : chemise, jupe, cotte, bliaut, peliçon, surcot, manteau. Les chemises sont désignées par *robœ lingiœ,* « robes linges [2] » ; les vêtements de deuil, par « robes de corps » : — « Que nul d'iceluy mestier (de tailleur) ne puist ouvrer au samedi « puis chandelles allumées..., excepté la bezongne de noz seigneurs « et de nos dames les royaux ; et robes de corps et de nopces [3]. » Les inventaires fournissent maint exemple de la signification générale qu'on donnait au mot *robe* au XIVᵉ siècle : « Pour une robe de « drap d'or de Turquie, de 3 garnemenz, qu'elle vesti (la reine) le « jour du couronnement, en laquelle il ot une fourreure à seurcot « tenant 240 ventres, valent 14 l. » — « Pour une robe de pers de « 5 garnemenz, qu'elle vesti l'endemain du sacre, en laquelle il ot « 3 fourreures de menuver pour les 2 seurcos et pour le cors de la « chappe, tenans 226 ventres chascune, et pour unes manches de « chappe tenant 200 ventres, et pour le chaperon tenant 104 ventres. « Item, 1 mantel de menuver tenant 350 ventres, et pour les « manches du seurcot clos 48 ventres, et pour pourfiller 12 ventres. « Somme de ceste robe, 1392 ventres, valent 81 l. 4 s. [4]. » — « .... Une robe 3 garnemens pour le roy, cote, seurcot, housse, cha-

---

[1] « Robarum scisor. »
[2] 1239. Voy. du Cange; *Roba.*
[3] Ordonn. des rois de France, statuts, 1387.
[4] *Comptes de Geoffroi de Fleuri* (1316).

« peron [1] .... » Il y a des robes de trois, de quatre, de cinq et de six garnements, c'est-à-dire comprenant trois, quatre, cinq ou six vêtements : « Une robe d'escarlate vermeille de six garnemens, c'est « assavoir : les cinq garnemens fourrez dermynes et la coté sengle [2] ». — « Une robe, c'est assavoir : houce, surcot et chapperon sans cotte, « dung satin tanné sur le brun, tout fourré de menu vair [3]. » — « Une autre robe de troys garnemens comme dessus, de drap de « soye bleu dont les œuvres sont à oiseaulx volans, bien ondoyans. « C'est assavoir : ladite houce, seurcot et chaperon fourrez de menu « vair et la cotte sengle [4]. »

Déjà, au XIIIe siècle, le mot *robe* désignait toutes les parties d'un vêtement :

« De riches robes s'est li bons Dus vestis,
« Robe de soie bien forrée de gris ;
« D'une sanguine esquarlate de pris
« Out li Dus chape et d'ermine petis.
« Saciés por voir, molt est bel le marcis.
« Lambert se vest d'un rice drap feiteis ;
« D'un camelin tretout forré de gris
« Ot chape et cote, et sercot bien assis [5]. »

« .. ... Et elle ot fait faire .iiij. paires de reubes, si com il est « devan dit; si viesti la plus rice : che fu celle de soie, ki fu bendée « de fin or arabiois [6] .... »

Ces paires de robes comprenaient chacune, alors, une cotte et un bliaut.

Aux fêtes solennelles et à certaines occasions, telles que mariages, assemblées, les seigneurs donnaient des robes aux personnes de leur cour. Ces *robes livrées*, *robes de Pâques*, *robes de Pentecôte*, composaient un vêtement complet; aussi disait-on des gens qui les portaient, qu'ils *étaient des robes* de tel seigneur, des *robes du roy*, d'où est restée la qualification d'*homme de robe* pour désigner un membre du parlement, de la chambre des comptes, de la justice du roi, parce que, en effet, ces personnages recevaient autrefois des robes ou *livrées* du roi, comme dépendant de lui.

On disait aussi les *robes monseigneur*, pour désigner tout ce qui

---

[1] *Journal de la dépense du roi Jean en Angleterre* (1359, 1360).
[2] Sans doublure. *Invent. de Charles V* ; art. 3466. Biblioth. nation.
[3] *Ibid.*, art. 3499.
[4] *Ibid.*, art. 3496.
[5] *Roman d'Aubery le bourgoing*, mort d'Aubery (commencement du XIIIe siècle).
[6] *Roman du roi Flore et de la belle Jeanne* (commencement du XIIIe siècle).

composait la garde-robe d'un grand personnage, étoffes, vêtements, meubles même, armes, etc. Le mot *roba* (italien) a conservé la même signification. Les chambellans avaient la garde de ces *robes*, c'était là une de leurs fonctions les plus importantes.

Les robes étaient coupées et façonnées, pour les hommes comme pour les femmes nobles, habituellement par des tailleurs. Pour se vêtir, on avait donc recours aux chaussetiers, qui fournissaient les objets de tricot, bas-de-chausses et hauts-de-chausses ; aux tailleurs, qui coupaient et faisaient coudre des habits *sur mesure*, car il était malséant de porter des habits qui n'étaient point taillés pour soi ; — aux fabricants de chapels, qui façonnaient les coiffures, et aux cordonniers pour les chaussures. On achetait les étoffes et fourrures, et on les livrait aux tailleurs ; cela prenait beaucoup de temps à ceux qui voulaient être bien mis. Aussi, la toilette était-elle une grosse affaire. Les dames nobles avaient aussi dans leurs châteaux des ateliers où l'on façonnait les vêtements, et elles-mêmes, ainsi que les damoiselles de leur suite, employaient leurs loisirs à broder des étoffes, à tisser du lin, du chanvre, de la laine et de la soie, pour leurs vêtements et ceux de leurs seigneurs.

Au sujet des robes faites *sur mesure*, un conte de la fin du XIIIe siècle [1] donne de curieux détails de mœurs. La femme d'un riche vavasseur avait pour amant un chevalier qui demeurait à deux lieues et demie du logis de la dame, ainsi que l'affirme le conteur. Le vavasseur ayant à Senlis certaine affaire, la dame le fait savoir au chevalier, lequel s'empresse de se mettre en chemin :

> « Robe d'escarlate novele
> « A vestu forrée d'hermine.
> « Come bachelier s'achemine,
> « Qui amors mètent en offroi ;
> « Montez est sor son palefroi,
> « Ses esperons dorez chauciez,
> « Mès por le chaut ert deschauciez,
> « Et prist son esprevier mué,
> « Que il méisme ot mué,
> « Et maine deux chienés petiz,
> « Qu'estoient trestoz fetiz
> « Por fere aus chans saillir l'aloc (l'alouette). »

Ainsi équipé, le chevalier arrive au logis de la dame qu'il croit trouver l'attendant ; mais personne pour le recevoir. Il met son

---

[1] *Du chevalier à la robe vermeille*, Barbazan, t. III, p. 272.

cheval à l'écurie, l'épervier au perchoir, les chiens au chenil et entre
dans la maison.

La dame était couchée.......

> « Sus une huche aus piez du lit
> « A cil (le chevalier) toute sa robe mise ;
> « Ses braies oste et sa chemise,
> « Et ses esperons a ostez.
> « . . . . »

Mais le vavasseur, dont le rendez-vous avait été contremandé,
revient chez lui avant le jour. Il voit le palefroi à l'écurie, l'épervier
au perchoir, les chiens au chenil... Le chevalier, surpris, n'a que
le temps de prendre ses chausses, braies et chemise, se cache dans
la ruelle et laisse sa robe sur la huche.

Questions de l'époux au sujet de ce palefroi, de cet épervier, de
ces chiens et de cette robe ; et l'on questionnerait à moins. Mais la
dame ne se déconcerte pas :

> « Li dist (à son mari) : Foi que devez saint Pere,
> « N'avez-vous encontré mon frere,
> « Qui oréndroit de ci s'en part ?
> « Bien vos a lessié vo part
> « De ses joiaus, ce m'est avis ;
> « Por tant seulement que je dis
> « Que tel robe vous serroit bien,
> « Ainc plus ne li dis nule rien ;
> « Ains despoilla tout maintenant
> « Cele bele robe avenant,
> « Et prist la sene à chevaucier [1] ;
> « Son palefroi qu'il ot tant chier,
> « Son esprevier et ses chienés,
> « Ses esperons cointes et nés,
> « Freschement dorez vous envoie.»

Le mari trouve le présent fort convenable, mais il a quelques
scrupules au sujet de la robe : — Au moins, dit-il à sa femme,
deviez-vous lui laisser sa robe. — Non pas, répond la dame, il n'est
tel que d'accepter de bonne grâce ce qui est donné de bon cœur.

Si bien que le vavasseur se contente de la réponse, du bon accueil
de sa femme, et s'endort.

La dame alors se lève, délivre l'amant, lui rend sa robe, ses

---

[1] « Et mettant sa robe à chevaucher », c'est-à-dire qu'il laisse sa robe parée et s'en
rétourne avec celle à chevaucher.

éperons dorés, et celui-ci, reprenant cheval, épervier et chiens, s'en retourne chez lui bon pas.

Vers midi, le mari s'éveille et n'a rien de plus pressé que de demander à son écuyer la belle robe vermeille que son beau-frère lui a laissée. L'écuyer ne sait ce qu'il veut dire. La femme, interrogée, joue l'étonnement :

> « Lors prist la dame à regarder
> « Son seigneur, et se li a dit,
> « Biaus sire, se Diex vous aït (vous aide),
> « Or me dites, se vous volez,
> « Quele robe vous demandez ;
> « Avez-vous donc robe achatée,
> « Ou se vous l'avez empruntée
> « De là où vous avez esté,
> « Quele est-ele, est-ele à esté ? »

— Je veux, répond le mari, cette belle robe que m'a donnée votre frère ; il m'a ainsi montré son amitié, et je tiens à me parer de ses dons. — Quelle idée vous vient à l'esprit? reprend la dame. Voulez-vous donc passer pour un ménestrel et vous avilir ainsi? Il n'appartient pas aux personnes de votre sorte de porter des habits s'ils ne sont neufs ; cela est bon pour les jongleurs qui reçoivent des robes des chevaliers. Devez-vous donc porter robes qui ne soient faites pour vous et à votre mesure? — Le sire n'en cherche pas moins la robe, mais rien ne trouve, non plus que son écuyer. — Cependant, dit le mari à la dame, quand je suis ce matin arrivé, j'ai trouvé céans un palefroi, un épervier et deux chiens laissés, disiez-vous, par votre frère pour moi ?

> « Sire, dit-ele, par saint Père,
> « Il a bien deux mois et demi,
> « Ou plus, que mon frere ne vi ;
> « Et s'il estoit ci orendroit,
> « Ne voudroit-il en nul endroit
> « Qu'en vostre dos fust embatue
> « Robe que il eust vestue ;
> « Ce déust dire uns fols, uns yvres.
> « Ji vaut plus de quatre-vingt livres
> « La grant rente que vous avez,
> « Et la terre que vous tenez ;
> « Querez robe à vostre talant,
> « Et palefroi bel et amblant,
> « Qui soüef vous port l'ambléure :
> « De vous ne sai dire mesure,

> « Quar vous estes tels atornez,
> « Que toz les iex avez troublez ;
> « J'ai paor de mauvés encontre,
> « Qui hui vous venist à l'encontre
> « De fantosme et de mauvés vent :
> « Vous muez color moult souvent,
> « Que je m'en esbahiz trestoute,
> « Ice sachiez-vous bien sans doute ?
> « Criez à Dame-Dieu merci,
> « Et à mon Seigneur saint Orri
> « Que vostre memoire vous gart :
> « Il pert bien à vostre regart
> « Que vous estes enfantosmez,
> « Par la rien que vous plus amez. »

La dame finit par persuader au bonhomme qu'il a manqué un pèlerinage l'an dernier, et que c'est peut-être à cela qu'il doit être ainsi *enfantosmé*, qu'il fera bien de se mettre en route au plus tôt pour requérir saint Éloi, saint Leu, saint Remacle, etc., de lui rendre la mémoire et de lui faire perdre ses lubies. Ainsi le vavasseur fait-il.

Mais à tout conte il faut une morale :

> « Cis fabliaus aus maris promet
> « Que de folie s'entremet,
> « Qui croit ce que de ses iex voie ;
> « Mès cil qui vait la droite voie ;
> « Doit bien croire sans contredit
> « Tout ce que sa fame li dit. »

La femme a le soin, pour montrer l'invraisemblance de l'histoire de la robe donnée à son mari par son beau-frère, d'insister sur l'inconvenance de porter une robe d'occasion qui n'est pas neuve et n'a pas été faite sur mesure. Aussi bien est-il question souvent de robes *sur mesure*, dans les romans et contes, comme étant les seules que pouvaient porter les gens qui se respectaient. Il n'y avait que les trouvères, jongleurs, ménestrels et autres amuseurs de châtelains qui portassent des robes données, car il est souvent aussi question de robes *livrées*, faites sur mesure. En effet, les exemples que nous donnons de cottes, bliauts, de surcots, de peliçons, ganaches, houppelandes, etc., font assez voir que ces vêtements devaient être coupés avec soin pour faire bon effet.

Les vêtements larges doivent, aussi bien que les vêtements justes, être faits pour la taille et l'allure des gens qui les portent, pour produire de beaux plis, coller convenablement sur la poitrine et les épaules, et ne point gêner les mouvements. Pendant tout le cours du moyen âge, la coupe heureuse du vêtement, sa bonne apparence, ont évidemment la même importance que de nos jours, et si le mot *distingué* n'était point connu, le fait existait. Il fallait avoir recours aux bons faiseurs pour ne pas passer pour malséant, et plus les vêtements sont amples, plus ils sont difficiles à porter. La manière de *rebrasser* la robe, comme on disait à l'époque où l'on portait de ces vêtements très larges, à manches démesurées, c'est-à-dire d'en relever les plis avec aisance, indiquait une personne de bonne maison.

Le port des longs vêtements faits d'étoffes souples, à plis serrés, tels qu'on les portait pendant les XIe et XIIe siècles, exigeait une *éducation* complète, une habitude prise dès l'enfance, certains mouvements et gestes qui s'alliaient avec cet habillement. Aussi remarque-t-on, sur les monuments figurés de cette époque, une conformité de gestes donnée aux personnages des deux sexes, qui est bien moins (ainsi qu'on le croit souvent) une *manière* adoptée par les artistes que la conséquence du vêtement en usage. Il en est de même pendant les époques suivantes. A chaque modification importante du vêtement, l'allure des personnages, la manière de marcher, de tenir les bras, changent; et cela en raison de ces modifications mêmes, et non point par suite d'un style de convention adopté par chaque école d'artistes. Il est évident, par exemple, que les vêtements très amples, les longues manches, obligent à tenir les coudes au corps, à marcher d'une certaine manière pour ne pas se prendre les jambes dans les plis; que les vêtements étroits, au contraire, forcent de tenir les bras loin du corps et à marcher les jambes réunies; que la ceinture serrée à la taille impose la cambrure des reins, et, pour les femmes, la saillie du ventre; que les jupes très longues exigeaient un redressement du torse assez prononcé, pour ne pas marcher sur les plis tombant jusqu'à terre. Les peintures, les statues, ne font que reproduire, en les exagérant parfois, les allures commandées par tel ou tel vêtement, et qui sont communes à tous les individus vivant sous l'empire d'une même mode. Il en résulte qu'à la distance de quelques siècles et même de quelques lustres, les personnages d'une époque ont entre eux des points de ressemblance. Sans remonter bien haut, par exemple, les femmes du premier empire ont un air de famille, si l'on s'en rapporte aux meilleurs portraits, tableaux et vignettes. Ainsi des hommes. Il en est de même à chaque période des modes. Un cavalier ou une dame du temps de Louis XIII n'étaient point faits, en apparence, comme l'étaient un cavalier et une dame sous François Ier. Ces différences physiques dépendent des modes, ou, pour parler plus correctement, des types physiques qui s'allient le mieux avec cha- cune des modes, et qui imposent ainsi, jusqu'à un certain point, leur port, leur façon d'être à tous.

S'il est de mode de porter les tailles courtes, les gens qui ont la taille longue font tout pour corriger ce défaut relatif, et y arrivent jusqu'à un certain point. Certes ils n'ont point la grâce dans leurs mouvements, que l'on trouve chez ceux qui, naturellement, sont faits pour la mode régnante ; mais avec de l'étude et l'imitation de ce qui est considéré comme beau et bien, ils atteignent à peu près le résultat cherché.

Aussi, en étudiant les vêtements de chaque époque, ne suffit-il pas de connaître leur coupe, mais aussi le type physique qui corres- pond à chaque mode. C'est ce qu'on pourrait appeler la *physiologie du costume*. Étude moins futile qu'on ne pourrait le supposer, en ce qu'elle est le corollaire de celle des mœurs, des goûts d'une époque. On conviendra facilement qu'un vêtement porté journellement ne peut manquer d'exercer une influence sur le physique ; d'autant que, parmi tous les êtres animés et doués d'une certaine dose d'intel- ligence, l'homme est certainement celui dont la nature physique se modifie le plus facilement sous l'influence des conditions qu'on lui- impose pendant la croissance, et même lorsqu'elle a pris son entier développement. Il n'est pas besoin de démontrer, pensons-nous, que l'habitude des corsets très serrés au-dessus des hanches, prise par les femmes dès l'enfance, modifie la position des fausses côtes et, par suite, des intestins qu'elles protègent, et que des généra- tions peuvent ainsi, par une sorte de sélection, présenter des types ne ressemblant guère aux statues grecques. Cette habitude de serrer la taille des femmes a une conséquence physique plus importante encore peut-être ; elle fait dévaler les épaules en forçant les côtes à s'abaisser latéralement. Aussi voit-on après les modes qui ont commencé à serrer la taille des femmes au-dessus des hanches, les générations suivantes montrer des épaules très basses. Survient-il d'autres modes, consistant à placer les ceintures très haut ou à ne les point serrer, on voit les épaules des femmes reprendre leur position normale. Pour les hommes, l'habitude de porter des vête- ments longs ou courts a sur leur physique une influence mar- quée. Sont-ce des robes que portent les hommes, ils marchent sur les hanches, les jambes ouvertes, les pieds en dehors, car il faut soutenir ces plis d'étoffe tombante ; la poitrine est plate et l'abdomen tend à devenir proéminent ; la démarche est lente et les enjambées longues. Sont-ce des vêtements justes, collants, serrés aux reins, le pas est plus vif, les jambes sont tendues et rapprochées ; la poitrine et les épaules s'effacent, le cou semble s'allonger d'autant.

Il paraît inutile d'insister sur l'influence que le vêtement peut exercer sur le physique, puisque chaque jour nous pouvons en constater la puissance. On reconnaît un militaire en habit civil rien qu'à sa démarche et à ses mouvements ; de même un ecclésiastique ; et il est bien peu d'avocats qui ne portent pas la robe d'une manière quasi ridicule. Ne vivant pas habituellement sous ce vêtement, leurs mouvements, leurs gestes, sont en désaccord complet avec la robe qu'ils endossent pour plaider ; robe dont ils tiraillent et font sauter les plis de façon à faire croire qu'ils cherchent à se sauver de dessous un drap noir. Il n'est pas jusqu'à ce geste classique du relèvement des manches, après un mouvement oratoire, relèvement qui, faisant voir les parements du frac, rappelle ainsi l'auditoire à la réalité, qui ne soit parfois très comique, s'il y avait place au rire dans l'enceinte de la justice.

Combien peu d'acteurs savent mettre leur physique d'accord avec le vêtement imposé par le rôle qu'ils débitent ? Cela importait assez peu lorsqu'on jouait tous les rôles avec un certain costume de convention, et qu'Achille était habillé avec une perruque bouclée, un casque à ample panache de plumes d'autruche, un tonnelet de satin gris avec lambrequin de satin couleur de feu, et guêtres ornées de petites serviettes bleues. Mais si l'acteur prétend être fidèle au costume du personnage qu'il représente, sa tâche est autrement difficile ; car il n'est pas douteux qu'Agamemnon n'avait ni l'allure, ni les gestes, ni les façons d'être de Charles-Quint, et que Pauline se présentait en public autrement que Dona Sol.

Il est bien entendu que nous laissons l'art en dehors de la question, et qu'on peut émouvoir un auditoire sous quelque vêtement que ce soit ; mais, puisque de notre temps on a la prétention de chercher la vérité historique, aussi bien dans le domaine de la peinture que sur le théâtre, il faudrait étudier non seulement la coupe des vêtements anciens, mais aussi la façon de les porter et les types admis par chaque mode. Cela ne fera faire ni de meilleures pièces, ni de meilleurs tableaux ; mais, le parti de la *couleur locale* admis, cela ajoutera quelque chose de réel, de vivant et de saisissant aux œuvres qui déjà par elles-mêmes ont une valeur.

Sous ce rapport, il n'est pas besoin de rappeler avec quelle fidélité, quel sentiment de la réalité, certains de nos peintres ont pu rendre les vêtements des derniers siècles et se pénétrer de la physionomie de ceux qui les portaient ; mais si l'on remonte plus haut, si l'on entre dans la période du moyen âge — qui cependant prêterait tant à la peinture, — alors nous retombons sur un *poncif* aussi faux qu'il est ennuyeux. Ces peintures rappellent le théâtre et sa friperie, l'atelier du costumier et le magasin des accessoires.

Malgré l'imperfection des représentations peintes ou sculptées sur les monuments du moyen âge, surtout des époques primitives, on peut, avec de l'attention, distinguer ce qui, à travers cette imperfection même, indique une habitude, un port, chez les personnages ainsi représentés.

La manière de draper les vêtements longs, de les relever avec les bras, la démarche, sont appréciables, d'autant mieux souvent, que les exemples sont plus grossiers et naïfs.

Ainsi, par exemple, on observe que les personnages qui portent de très longues manches ont toujours un mouvement recourbé de la main pour qu'elle reste libre, en arrêtant le bord du vêtement au poignet ; que les femmes ont habituellement l'un des bras ou une des mains occupés à relever la partie de la robe traînante ou le bord du manteau ; que les longues manches exigent le ploiement habituel du bras ; qu'il y a presque toujours un mouvement du haut du corps en arrière, sur les reins, pour éloigner des pieds les plis tombants de la robe ; que les longues tresses ou les cheveux tombant par derrière invitent à tenir la tête haute et le menton en avant ; que le poids du manteau agrafé sur les épaules force à relever légèrement celles-ci par un geste habituel, pour mieux résister à la fatigue causée par ce poids. On observe, chez les hommes également vêtus de longues robes, la coutume, lorsqu'ils sont assis, de passer une jambe presque horizontalement sur l'autre, afin d'éviter ainsi le frottement désagréable et le poids de l'étoffe tendue sur les genoux ; l'usage de placer la paume de la main gauche sur la cuisse, afin de soulager l'épaule du poids du manteau tombant de ce côté, en le reportant sur le coude et l'arrière-bras.

Cette coïncidence forcée entre le vêtement et les mouvements habituels du corps est un sujet d'études plein d'intérêt pour les artistes qui voient autre chose dans la peinture que la copie de costumes posés sur le premier modèle venu, ne sachant pas souvent même porter l'habit du jour.

On s'imagine volontiers que nos aïeux allaient vaquer à leurs affaires ou à leurs plaisirs avec un ou deux vêtements sur le corps, comme les moines mendiants du xiiie siècle. Sous ce rapport, les choses étaient à peu près ce qu'elles sont encore aujourd'hui, c'est-à-dire que les vêtements des deux sexes se composaient de pièces nombreuses, surtout lorsque la saison était rigoureuse. Car, ainsi que nous le disons ailleurs [1], on n'avait pas habituellement comme aujourd'hui des costumes d'été et d'hiver. En cette dernière saison on mettait un, deux ou trois vêtements supplémentaires [2]. Nous avons vu que le mot robe comprend toute une série de vêtements faits pour être portés, au besoin, ensemble. D'abord la chemise paraît avoir été portée dès les premiers siècles du moyen âge ; par-dessus ce vêtement se mettait la cotte souvent double, puis le bliaut pendant les xiie et xiiie siècles, ou le surcot plus tard ; puis le peliçon, le garde-corps, le hérigaut ou la ganache ; le chaperon, enfin le mantel ou le soq, ou la houppelande. Nous ne parlons ici que de la robe proprement dite, car il faut ajouter à cela les chausses basses et hautes, les braies ou le braieul, les souliers, heuses et estivaux, les patins ; puis, comme vêtements supplémentaires, les gones ou gonelles, les robes à chevaucher, les ceintures écharpes, les au-musses, les gants. Nous laissons de côté certains vêtements acces-soires ou analogues à ceux-ci, dont la description est donnée dans le cours de l'ouvrage.

Il ne s'agit ici que de la noblesse et de la bourgeoisie aisée, car pour le bas peuple et les paysans, attachés à la glèbe, Dieu sait comme ils étaient vêtus... quand ils étaient vêtus. Cependant il ne serait pas exact de faire une règle de proportion et de dire : « Si les gens de la campagne étaient, sous Louis XIV, réduits à cet état misérable que décrit si vivement Vauban, pensez ce que devaient être les paysans sous saint Louis ! » Il n'y avait pas, pendant l'épo-que féodale, cette *unité* dans l'état misérable des classes inférieures, qui indignait si vivement les quelques hommes de cœur du xviie siècle, dont les regards se portaient ailleurs que sur la cour. Les seigneurs féodaux, pour peu qu'ils eussent un grain de bon sens (et il s'en trouvait), avaient tout intérêt à ce que leurs vassaux et les hom-mes de leurs vassaux ne fussent pas trop foulés, à ce qu'ils fussent relativement riches même, puisque alors ces hommes pouvaient leur prêter un appui efficace, le cas échéant. D'ailleurs les seigneurs féodaux, vivant habituellement sur leurs terres, étaient en rapport

---

[1] Voyez MANTEAU.

[2] Il y avait cependant des robes d'été. (Voyez le conte du *Chevalier à la robe ver-meille*, donné ci-dessus.)

constant avec les populations dépendant de leur fief, et ce qui est surtout funeste aux vilains, aux serfs, c'est de se trouver sous la dépendance d'un délégué de leur seigneur, intendant, sénéchal ou fermier. Il a toujours mieux valu avoir affaire à Dieu qu'à ses saints. Beaucoup de seigneurs féodaux prenaient soin du bien-être de leurs hommes. Il suffit, pour s'en convaincre, de lire certains passages de Joinville. Les vilains et serfs du moyen âge avaient donc une chance de rencontrer un seigneur humain et intelligent qui s'inquiétait de leur état et avait avantage à le rendre aussi supportable que possible. Il n'en fut plus ainsi quand toute la noblesse alla passer son temps à Versailles et à Marly, en laissant la gestion de ses biens entre les mains des intendants. Ce fut pour la classe agricole une des plus tristes périodes de sa triste histoire et la ruine du pays.

En lisant les contes, les fabliaux des XIIe, XIIIe et XIVe siècles, on voit que ces vilains n'étaient point aussi généralement misérables qu'on le suppose. Il est question souvent de leur habillement. Nous ne citerons que ce passage :

« Sollers et estivaus,
« Et chauces et housiaus.
« Cotele et sorcotel [1].
« Chaperon et chapel,
« Corroie et couteliere,
« Et borse et aumosnière,
« Et moufles bien cuiriés
« De novel afétiés,
« A espiaes cueillir
« Por son seignor servir,
« Por fere heriçon
« Tout entor sa meson [2]. »

Il faut ajouter à cet inventaire de la robe du vilain, pendant les XIIe, XIIIe et XIVe siècles, la gone, le burel, la mélote pour les mauvais temps, puis, comme sous-vêtement, la chemise. Aussi les vilains sont-ils représentés avec ce vêtement seul et des braies ou chausses pour travailler aux champs. Il arrivait, à l'occasion, qu'on ne leur laissait que la chemise, mais cela prouve-t-il au moins qu'ils possédaient ce vêtement.

Si les modes des gentilshommes et des riches bourgeois des villes

---

[1] Cotte et surcot.
[2] *De l'oustillement au villain* (XIIIe siècle).

changent souvent, celles des vilains se modifient peu, et le paysan
du XIII⁰ siècle est vêtu, à bien peu près, comme celui du xv⁰.
Les mœurs, les habitudes dans cette classe, restent stationnaires jusqu'après le règne de Charles VI. Sous Charles V, la jacquerie, tenta-
tive avortée, provoquée par le désespoir, conséquence de la plus
effroyable misère, ne fit que river plus étroitement la classe agricole
à la glèbe ; mais après les désastres du commencement du xv⁰ siècle,
alors que la plus grande partie de la noblesse française était tuée,
prisonnière ou ruinée, il se manifesta dans les campagnes, aussi bien
que dans le bas peuple des villes, une tendance prononcée vers une
émancipation relative. Ces classes inférieures avaient appris à se
servir des armes, et les armures de fer ne leur inspiraient plus la
terreur qu'éprouvaient à leur vue les vilains de la fin du xiv⁰ siècle,
fussent-ils cent fois plus nombreux. Aussi s'aperçoit-on d'un changement dans la physionomie, dans les allures des vilains vers la
seconde moitié du xv⁰ siècle. Leurs vêtements se modifient ; plus
alertes, plus serrés, sinon plus luxueux, ils indiquent une existence
plus active, plus de hardiesse dans les habitudes. Les pourpoints, les
jacques remplacent les cottes. Par-dessus ces vêtements serrés on voit
apparaître le *tabar*, sorte de gros manteau court avec large collet
que l'on rabattait sur les oreilles. Les lourdes chausses gênantes
sont remplacées par des bottes hautes. Les habitudes militaires
avaient ainsi pénétré les classes inférieures. Sous Louis XI, le
paysan était généralement bien vêtu, chaudement en hiver, et n'était
plus cet être méprisé des siècles antérieurs. Il avait d'ailleurs profité
des désastres de la noblesse, il entrait pour une part sérieuse
dans les milices régulières. Cet état relativement amélioré ne se
soutint pas proportionnellement pendant le xvi⁰ siècle, encore
moins pendant le xvii⁰. L'unité française accomplie sous Louis XIV ne
fut pas avantageuse à cette classe. Il fallut le mouvement philoso-
phique et philanthropique du xviii⁰ siècle ; comme conséquence,
la révolution de 1792, pour donner à la population des campagnes le
rang de citoyens. Était-elle préparée à cette émancipation brusque ?
Nous n'avons pas à discuter ce point ; mais on peut dire, sans trop
s'avancer, que le xvii⁰ siècle a suspendu les progrès intellectuels
et matériels que le xv⁰ siècle avait préparés au sein de cette fraction si
importante du pays.

Si le vêtement a une influence sur les habitudes physiques, on doit
constater que les goûts, les tendances, les mœurs d'une époque
influent singulièrement sur le vêtement. Les phénomènes moraux
et les habits ont une relation étroite, et quand l'élite d'une nation

s'habille d'une façon extravagante, on peut affirmer que la tête du pays n'est point dans la voie sage et sensée. Pendant la période entière du moyen âge, il est facile de reconnaître que l'époque de l'extravagance dans l'habillement en France est comprise entre les années 1395 et 1425. C'est aussi le moment où le pays a été le plus près de sa ruine totale, par suite de l'incapacité des chefs, du défaut de sens moral, des dilapidations de toutes sortes, de la légèreté, de l'amour du bien-être et du luxe des classes élevées et moyennes. Non seulement les monuments figurés font connaître le luxe inouï des vêtements de cette époque, mais aussi les textes, chroniques, inventaires, poésies, satires. De tous ces écrits, le *Quadriloque invectif* d'Alain Chartier est le plus remarquable par l'âpreté du style et de la pensée. L'auteur, qui écrit pendant que la plus grande partie du royaume est la proie des Anglais, voit la France vêtue d'habillements déchirés, faisant appel à ses enfants pour la venir secourir, pendant que, de ses mains ensanglantées elle étaye un palais qui s'écroule de tous côtés. Au lieu de répondre à son appel, le *Peuple* et le *Chevalier* se rejettent l'un sur l'autre la cause des malheurs dont le royaume est accablé. Au Peuple qui lui a reproché violemment son indiscipline, son amour du luxe, sa vanité, le Chevalier reprend : « A tes paroles je reconnais bien la valeur de ton courage, et que quand tu n'as rien à craindre, tu courres sus à meilleur que toi. Tu fais tes plaintes de la vanité, des pompes et dissolution de notre État, et tu nous accuses de la dilapidation des finances publiques que nos bourses alimentent, tandis que tu gardes ton argent... Or, dis-moi : de nous, qui abusons de ce qui nous appartient et de ce que nous donnons, ou de toi qui prends ce qui ne t'appartient pas, où est le coupable? D'ailleurs, ne t'es-tu pas jeté plus que nous encore dans les abus de toutes sortes? *Et tu en vois encore les enseignes, quand ung varlet cousturier et la femme d'un homme de bas état osent porter l'habit dont ung vaillant Chevalier et une noble dame souloient estre en Court de Prince tenuz tres-bien parez. Cette scandaleuse faute est venue de plus hault que de toy et de moy, quand ceulx qui ont eu à départir les guerredons des bienfaits et des honneurs, les ont donnez aux robes et aux apparences du dehors, dont chascun a prins telle instruction, que fort est à cognoistre l'estat des hommes à leurs habits, et choisir ung noble d'avec ung ouvrier mécanique.* »

Mais ne croirait-on pas que la suite de ce discours a été prononcée hier? « Encore, ajoute le chevalier, ne me parles-tu pas de la dilapidation des finances? ce qui ne me regarde point. Je n'en ai pas

profité, donc ce n'est pas à moi à qui s'adresse ce reproche. Qui ne
sait que la cité [1] a été, entre toutes, le foyer des émeutes, le principe de l'esprit d'insubordination et qu'ainsi a-t-elle englouti tout
cet argent dont tu parles ; qu'elle a été le gouffre où se sont abîmés
l'épargne du pays et les fruits du travail des honnêtes gens. L'esprit
de sa vanité et de son orgueil, s'épanchant hors de son enceinte,
a répandu partout le venin de la sédition et l'exemple de la plus
inhumaine tyrannie. Voilà les véritables causes de tes murmures et
de ton impatience. Voilà les dissolutions que tu nous reproches pour
pallier les excès de paroles dont nous avons vu les tristes effets. Tu
t'élèves contre l'excès des dépenses, la légèreté et les folies de quelques jeunes gentilshommes ; mais tu n'as pas une parole amère à
jeter sur l'effusion du sang humain et les déloyautés qui ont souillé
le sanctuaire de la justice et montré la voie à toutes les abomina-
tions. Tu accuses la jeunesse de trop aimer les plaisirs, mais
tu excuses et soutiens les trahisons et les conspirations ourdies
dans tes murs. De ton erreur et des fautes des partis que tu as
soutenus, tu ne peux être excusé, puisque ceux qui, la loi à
la main, essayaient de vaincre ton obstination, étaient mis à mort
par toi, sans avoir été jugés. Je m'en rapporte à cet égard *aux
publieurs du dire.....* » A ces sévères et trop justes récriminations, qui pourraient si bien s'appliquer aux tristes événements
dont nous avons été les témoins, le Chevalier ajoute encore :
« Et si tu veux que je réponde à tes accusations touchant les
places abandonnées sans avoir été défendues, n'y a-t-il point aussi
de ces places qui se sont défendues à outrance sans espoir d'être
secourues ? La guerre est mêlée de belles actions et de fautes, mais
je ne sache pas qu'on ait récompensé les premières et puni les
secondes. Et s'il y a honte, qui plus en doit rougir, ou de ceux qui
faillent à défendre les postes qui leur sont confiés, ou de ceux qui
faillent à les secourir [2] ?..... »

Ce ne sont jamais les remontrances de quelques esprits sages qui
parviennent à corriger les abus, mais une longue série d'épreuves et
de misères. On estimait fort Alain Chartier comme poëte patriote,
mais on suivait peu ses avis, et la cour de Charles VII n'était guère
moins luxueuse, malgré le malheur des temps, que celle de son
prédécesseur. Ce ne fut que sous Louis XI que les vêtements des
hommes et des femmes adoptèrent des formes moins extravagantes,

---

[1] Il s'agit de Paris.
[2] Alain Chartier, *Quadrilogue invectif.*

CORDIER

ROBE DE ROI CARLOVINGIEN

et cela, en grande partie, sous l'influence de la cour de ce prince, qui n'aimait pas le luxe des habits.

Mais laissons là les questions d'un ordre général et entrons dans les détails.

Les vêtements civils des deux sexes, sous les derniers Carlovingiens, étaient longs, du moins chez la noblesse, composés d'étoffes très souples qui formaient des plis nombreux et fins. Les vêtements de dessous se composaient de tuniques sur lesquelles on jetait le manteau ou le paile (*pallium*) carré ou carré long en façon d'écharpe très large, ou le mantel demi-circulaire. Jusqu'à Charlemagne, la forme du vêtement, dans les Gaules, avait suivi la tradition romaine, et les maîtres qui peu à peu se substituaient à l'empire, ne paraissent pas, sous ce rapport, non plus que sous beaucoup d'autres, avoir apporté de sérieuses modifications aux usages de la population civile. Celle-ci restait romaine ou gallo-romaine, aussi bien par la langue, les habitudes et les mœurs, que par les vêtements. Dire que les Francs, Burgondes, Vandales et Wisigoths, qui s'étaient peu à peu établis dans les Gaules, d'abord comme auxiliaires de l'empire et recevant de lui des terres, puis par la force, lorsque la puissance romaine n'existait plus que de nom, n'aient point apporté des traditions de vesture étrangères aux usages gallo-romains, ce serait s'avancer beaucoup; mais il est conforme à la marche des choses d'admettre que ces immigrants se conformaient plutôt aux habitudes des populations au milieu desquelles ils vivaient, qu'ils ne les modifiaient; car ils étaient relativement peu nombreux. D'ailleurs la population gallo-romaine n'était pas considérée par eux comme conquise, et les nouveaux venus sur le sol gaulois se regardaient toujours comme attachés à l'empire romain et tenant leur autorité de Rome. Il ne dut pas se faire une révolution dans les formes de l'habit civil, et en effet les plus anciens monuments figurés que l'on possède ne présentent pas de différence entre les vêtements des barbares et ceux des Gaulois. Il n'en était pas absolument de même de l'habillement militaire, par la raison que les Romains n'imposaient pas à leurs auxiliaires l'armement latin et laissaient à chaque corps allié ses habitudes de combat et ses armes.

Mais, au viiie siècle, l'empire était définitivement repoussé en Orient et avait abandonné le vêtement latin. Charlemagne, en substituant de fait son pouvoir à celui des empereurs d'Occident, n'en fut pas moins des premiers à demander à Byzance tout ce qui tenait à la parure, au luxe, aux arts: A dater du règne de ce prince, le vieux vêtement latin tend à disparaître, si ce n'est chez le peuple, pour

faire place aux modes plus ou moins inspirées de celles adoptées en
Orient. C'est d'Orient que sont apportées les étoffes qui servent
à l'habillement des grands ; c'est aussi à l'Orient qu'on emprunte
ces robes longues, ces écharpes, ces manteaux, qui persistent jusque-
vers la fin du xiie siècle, en France, chez la noblesse. Quant au peuple,
il conserve son vêtement gaulois : les braies, la tunique courte à
manches, la gonelle, le paile carré plissé sur un côté autour du cou,
et que nous voyons encore porté dans les campagnes du centre, sous
le nom de *limousine*.

C'est pendant le règne des faibles successeurs de Charlemagne
qu'on voit les nobles adopter ces longues robes à plis fins, ces étoffes
crêpelées ou brochées d'un goût tout oriental. Ce n'est que peu à peu
que cette mode s'introduisit, puisque Charles le Chauve est représenté encore, de son temps, vêtu d'une robe qui n'atteint pas les
chevilles [1]. Toutefois, à la fin du règne de Charlemagne, les vêtements de cérémonie portés par les grands étaient déjà longs [2].

Eginhard [3] a laissé de curieux détails sur le vêtement que portait
habituellement ce prince : « Son habit, dit-il, était celui de sa nation,
« c'est-à-dire le costume des Francs. Il portait sur la peau une che-
« mise de lin et des caleçons ; puis, par-dessus, une tunique bordée
« de soie ; aux jambes, des chausses ; ses pieds étaient chaussés de
« brodequins serrés. L'hiver, un vêtement juste de peau de loutre
« ou de martre lui couvrait les épaules et la poitrine. Sur tout cela,
« il endossait le sayon des Vénètes, et il était toujours ceint de son
« épée..... Il n'aimait pas les costumes des autres peuples, quelque
« beaux qu'ils fussent, et jamais il n'en voulut porter, si ce n'est
« à Rome, lorsqu'à la demande du pape Adrien d'abord, puis à la
« prière du pape Léon, son successeur, il se laissa revêtir de la
« tunique longue, de la chlamyde et de la chaussure des Romains.
« Dans les grandes fêtes [4], ses habits étaient brochés d'or et ses
« brodequins ornés de pierres précieuses ; une agrafe d'or retenait
« son sayon, et il marchait ceint d'un diadème étincelant d'or et de
« pierreries ; mais les autres jours, ses habits étaient simples et ne
« différaient pas de ceux des gens du peuple. » La simplicité qu'affectait le grand empereur ne fut pas imitée de ses successeurs ; et
pendant les xe et xie siècles, les personnages considérables en France

[1] Manuscr. de saint Calixte à Rome, *Bible*.

[2] Voyez le jeu d'échecs dit de Charlemagne, Biblioth. nation., collect. des médailles.

[3] *Vita Karoli imperatoris*, cap. XXIII.

[4] À l'époque des assemblées des Francs.

cherchaient à copier, autant qu'ils le pouvaient, le luxe de la cour d'Orient. Les miniatures des manuscrits de cette époque en font foi.

2

La figure 1 [1] présente un de ces habits de cérémonie. Ce person-

---

[1] Manuscr. de la Biblioth. nation., ancien fonds Saint-Germain (commencement du xie siècle).

nage est vêtu de deux tuniques. Celle de dessous, d'une étoffe unie, plus longue que celle de dessus, est composée d'une étoffe très riche avec bordures. Le manteau demi-circulaire est retenu sur l'épaule droite par une agrafe et est orné d'une broderie semée de pierreries

sur les bords. La tunique de dessus est également brodée aux épaules et aux manches, qui sont justes. Mais parfois aussi, à la même époque, les manches de la tunique de dessus ne descendent qu'au-dessus du coude et se terminent par une riche passementerie. Ce vêtement de cérémonie, affecté aux princes, ne se modifie pas sensi-blement pendant le cours du xie siècle.

Les habits des femmes nobles présentent plus de variété. Dès

le xe siècle, celles-ci sont vêtues souvent, par-dessus la robe
longue, retenue lâchement aux hanches par une écharpe enrou-
lée, d'une sorte de camail composé d'un simple morceau d'étoffe
carré long (fig. 2¹). Ce morceau d'étoffe était posé sur l'épaule

4

gauche, de manière que son bord atteignit le coude (la ceinture
retenait l'angle), passait derrière le dos, était ramené sous l'aisselle droite, s'attachait avec une agrafe à l'autre extrémité sur la
poitrine, et était pris de même dans la ceinture en avant. C'était
là une tradition de la chlamyde courte des dames grecques. On
observera la coiffure singulière de cette femme, sorte de chaperon
terminé par une longue queue s'enroulant autour du cou et remplaçant le voile si fréquemment porté par les femmes dès le ixe siècle.

___

¹ Manuscr. de la Biblioth. nation., *Biblia sacra*, 6/2 (xe siècle). Vignettes représentant la reine de Saba.

En effet, des miniatures de la Bible de Charles le Chauve nous montrent plusieurs femmes vêtues de la double tunique longue, celle du dessus n'étant pourvue que de manches courtes et presque justes,

ornée de riches passementeries au cou, verticalement sur la poitrine jusqu'à la ceinture qui est lâche, et aux bords de ces manches courtes.

Tout ce vêtement est recouvert d'un grand voile carré posé sur la tête et tombant des deux côtés jusqu'à terre (fig. 3). Ces voiles paraissent faits d'étoffes très souples et sont souvent brodés d'or.

6

A la fin du xiᵉ siècle, ce long voile est fréquemment remplacé par le manteau ou par une cape ovale tombant latéralement et par devant au-dessous des mains (fig. 4 [1]). Ce vêtement étant souvent répété sur les monuments, il est facile d'en indiquer exactement la physionomie (fig. 5). La robe est double : celle du dessous faite d'une étoffe légère et sans ornements ; celle du dessus, relevée du côté droit, forme des plis en cascade et est bordée de broderies. Les plis sont serrés et fins. Cette seconde robe est pourvue de manches courtes ne descendant habituellement qu'au milieu des arrière-bras. La manche juste qui est visible dans la vignette (fig. 5) appartient à la robe de dessous. La cape ovale, ou petite planète, est percée d'un trou circulaire pour passer la tête. Ces capes étaient parfois doublées de fourrures. Le voile, composé d'un morceau d'étoffe carré-long pris sous la couronne, laisse pendre une de ses extrémités du côté gauche, enveloppe la chevelure, et est assez long pour que l'autre extrémité entoure le cou et soit rejetée sur l'épaule gauche, ainsi que l'indique la figure.

Cette mode ne paraît pas avoir dépassé les premières années du XIIe siècle.

Vers la même époque, nous voyons des vêtements d'hommes également composés de deux robes longues, mais laissant cependant les pieds libres. Celle du dessus est relevée par devant et forme des plis en cascade ; elle est pourvue de manches longues ou courtes, et, étant fendue du cou au milieu de la poitrine, est rarement attachée à la naissance du cou. Un paile ou écharpe barlongue (fig. 6 [2]) enveloppe la partie supérieure du corps. Une de ses extrémités est maintenue sous l'aisselle gauche ; l'écharpe passe sur la hanche droite, enveloppe le bas des reins, revient sous l'aisselle gauche, et est rejetée sur l'épaule et le bras droit. Les étoffes de ces vêtements étaient évidemment souples et déliées.

Les gens du peuple, au commencement du XIe siècle, portaient deux robes sur les braies (fig. 7), c'est-à-dire une chemise à manches justes et une tunique ou cotte, dont les manches, assez larges, ne descendaient qu'au milieu de l'avant-bras. Ce personnage [3] est vêtu de braies pourpre clair, serrées aux chevilles ; par-dessus, des souliers bruns dont le quartier est très haut, mais qui sont découverts sur le cou-de-pied. La tunique est jaune et est serrée au-dessus des hanches par une courroie que recouvre le haut du vêtement. Cette tunique ne descend qu'au-dessus des genoux. On voit aussi de ces

[1] Manuscr. de la Biblioth. nation., *Cartul. virsionense*, latin (fin du XIe siècle).

[2] Bas-reliefs du portail principal de l'église de Vézelay (dernières années du XIe siècle).

[3] Manuscr. Biblioth. nation., *Evang. festiv.*, latin (commencement du XIe siècle).

tuniques serrées à la taille, sans ceinture, portées à la même époque par des personnages d'un ordre plus élevé [1]. Vers le même temps aussi, ces tuniques de dessus, plus longues que celle donnée par la figure 7, collantes à la poitrine et au ventre, sur lesquels elles for-

7

ment des plis transversaux, sont relevées à la hauteur des hanches par deux agrafes, tombent latéralement jusqu'au milieu des mollets, et par-devant jusqu'aux pieds. Une large broderie entoure le cou et couvre les épaules (fig. 8 [2]). Ces sortes de robes appartiennent à la noblesse. Les manches en sont justes et recouvrent complète-ment celles de la chemise. C'est sur cette tunique que le bliaut est

[1] Voyez COTTE, fig. 3.
[2] Manuscr. biblioth. de Tours, *Gregorii pap. moral. in Job* (commencement du XIIe siècle).

posé. Mais le bliaut est aussi un vêtement noble, dont il a été rendu

compte [1], et sur lequel il n'est pas nécessaire de revenir. Avec le

[1] Voyez BLIAUT.

manteau, il complète la robe des gentilshommes et des dames pendant le XIIe siècle et une partie du XIIIe.

On vient de voir que ces robes, pendant la période carlovingienne et jusqu'à la fin du XIIe siècle, étaient souvent faites de tissus très riches ou décorées de broderies d'une grande valeur. La haute noblesse suivait en cela les usages de la cour d'Orient. Guibert de Nogent rapporte [1] qu'après la mort de Godefroi, les habitants de Jérusalem envoyèrent des députés à Baudouin, duc d'Édesse, son frère, pour le prier de venir prendre possession de la succession du roi. Le duc d'Édesse, ajoute Guibert, « vivait dans son duché avec le « plus grand éclat, tellement que, toutes les fois qu'il se mettait en « route, il faisait porter devant lui un bouclier d'or, sur lequel était « représenté un aigle, et qui avait la forme d'un écu grec. *Adoptant* « *les usages des Gentils*, il marchait *vêtu d'une robe longue*; il avait « laissé croître sa barbe, se laissait fléchir par ceux qui l'adoraient, « mangeait par terre sur des tapis étendus ; et, s'il entrait dans une « ville qui lui appartînt, deux chevaliers, en avant de son char, « sonnaient de la trompette. »

Cependant, nous ne trouvons guère, dans les vêtements de la cour de Byzance, de ces bliauts de femmes avec des manches d'une longueur exagérée si fort à la mode à dater de 1130 jusqu'au règne de Philippe-Auguste, et dont les trouvères du commencement du XIIIe siècle conservent encore le souvenir, puisque Graindor de Douai, dans son poëme de la *Conquête de Jérusalem*, raconte ainsi comment les dames de l'armée des croisés apportent des pierres aux assiégeants dans les manches de leurs robes :

> « Moult fu grans li assaus et ruiste l'envaïe,
> « Et defors et dedens muerent à grant haschie.
> « Les dames i estoient, cascune rebrachie ;
> « Ainc n'i ot une seule n'ait sa robe escorchie ;
> « Cascune portoit eue ; che fu moult grans voisdie ;
> « Et tote i ot de pieres avant sa mance enplie [2]. »

Le trouvère se reporte aux vêtements de femmes, anciens pour lui, c'est-à-dire qui dataient de son enfance, car, à la fin du XIe siècle, les manches des robes de femmes n'avaient pas encore l'ampleur qu'elles acquirent trente ans plus tard.

La figure 9 donne une de ces robes à manches démesurément longues à partir de l'avant-bras et terminées en rond, non en pointe [3].

---

[1] *Hist. des croisades*, liv. VII.
[2] Chant V, st. VI.
[3] Manuscr. de Herrade de Landsberg, biblioth. de Strasbourg brûlée par les Allemands.

Ces sortes de robes sont justes à la taille, sans ceinture, montantes, amples à la jupe et très longues par derrière. Les manches, serrées des épaules au-dessus du coude, se terminent par un évasement démesuré taillé en rond. On comprend comment il était facile de se servir de ces manches comme de sacs. La robe est lacée par derrière, et il était de mode alors, surtout dans les provinces de l'Est voisines du Rhin, de tenir la taille très longue. Les plis de la jupe ne commençaient qu'aux hanches. Ces sortes de bliauts ne forment pas les plis transversaux que l'on observe sur les robes des dames du centre de la France à la même époque.

Cette influence byzantine, qui prit une si grande importance en Occident, sur les arts, sur les vêtements, s'arrêta à la fin du XIIe siècle. Plusieurs causes vinrent amener cette révolution dans les modes et le goût de la noblesse. Nous avons expliqué ailleurs [1] comment, à cette époque, l'architecture et la sculpture abandonnèrent complètement les errements de l'école byzantine, sous le règne de Philippe-Auguste, c'est-à-dire au moment où la monarchie française acquit une prédominance marquée. C'est l'époque du réveil de l'esprit d'examen, où l'ordre laïque, protégé par l'épiscopat, s'affranchit des traditions monacales. C'est l'époque d'un travail d'organisation intérieure, d'une concentration des forces nationales. La fièvre des croisades est passée. L'énergie expansive qui avait si puissamment agi sur l'Orient se développe dorénavant à l'intérieur, et, si l'on retrouve encore la trace de ces vêtements byzantins en France, ce n'est que sur les habits de cérémonie des princes. Quant aux modes adoptées vulgairement, elles prennent une physionomie occidentale, et, si les étoffes dont sont faits les habits viennent encore de Byzance, de Palestine, de Sicile et de Venise, la coupe de ces habits s'éloigne de plus en plus des modes orientales. Les vêtements des deux sexes sont plus variés et changent de forme beaucoup plus rapidement que pendant les siècles précédents. On laisse bientôt de côté ces étoffes crêpelées, légères, formant des plis nombreux, si fort en vogue pendant le XIIe siècle, pour adopter des étoffes plus épaisses, solides, propres à être doublées de fourrures. Les robes des hommes ne descendent pas sur les pieds, mais s'arrêtent à la hauteur de la cheville. Ces habits sont commodes à porter, laissent les mouvements libres; les manches n'ont plus l'ampleur démesurée qu'elles avaient atteinte pendant les deux siècles précédents. Les bordures brodées sont plus rares. Vers 1230, les semis

[1] *Dictionnaire de l'architecture française.*

d'or ou de couleur sur les étoffes sont souvent remplacés par des bandes transversales. Toutefois, le nombre des vêtements portés par les deux sexes et composant une *robe* est toujours à peu près le même. Ils consistent, depuis Philippe-Auguste jusqu'à 1260 environ, en une chemise, deux robes, ou une robe et un bliaut, un mantel ou peliçon :

> « A chascun baille .I. hermin pelison,
> « Robe de paile, dont l'or sont li bouton,
> « De frez hermines forré jusqu'au talon,
> « Et bons mantaus forrez de syglaton[1]. »

De même aussi les usages admis par la féodalité pendant les XIᵉ et XIIᵉ siècles sont-ils conservés. Lorsqu'on veut présenter une requête à un seigneur, on saisit l'extrémité de son bliaut ou de son mantel :

> « Desrompt la presse, venus est à Karlon,
> « Et le saisi au pan dou syglaton ;
> « Moult belement li a dit sa raison[2]. »

— Si un baron porte un défi devant son souverain, il se dépouille de son manteau et le jette à terre :

> « Tiebaus despoille .I. riche mantel gris ;
> « Devant le roi tantost se poroffri[3].
> « D'ou mantel gris est Tiebaus deffunblez ;
> « De cendal d'Andre la couverture en ert ;
> « Devant Fransois l'a à terre gieté,
> « Et remest saingles en bliaut gironné[4].
> « Grant ot le cors, parcréu et menbré,
> « Larges espaules et le pis[5] encharné,
> « La jambe droite et le pié bien torné ;
> « Bien li avint à estre esperonné.
> « Les bras ot lons et les poins bien quarrez,
> « La face blanche et le vis coulouré,
> « Et les iex vairs comme faucons muez,
> « Et le poil blont, menu rencercelé[6] ;
> « N'a el mont or tant cuit ne esmeré
> « Contre le poil ne perde sa clarté[7]. »

---

[1] *Gaydon*, vers 10152 et suiv. (commencement du XIIᵉ siècle).
[2] *Ibid.*, vers 10094 et suiv.
[3] « S'offre pour combattre Gaydon. »
[4] « Et reste simplement vêtu de son bliaut serré à la taille. »
[5] « La poitrine. »
[6] « Frisé »
[7] *Gaydon*, vers 595 et suiv.

Nous avons donné ce portrait en entier parce qu'il présente une image vive d'un de ces barons du commencement du xiiiᵉ siècle, tel que devait être, entre autres, le terrible Enguerrand III, sire de Coucy. Jeter son manteau à terre indiquait qu'on était prêt au combat. Cet usage s'est encore conservé dans quelques-unes de nos provinces : les paysans se dépouillent de leur veste et la jettent à terre en signe de défi.

Il est question sans cesse, dans les romans, de cet usage de quitter le manteau et de rester seulement couvert du bliaut, aussi bien chez les femmes que chez les hommes :

> « Gui de Nantueuil deffuble le mantel sebelin,
> « Et remest u bliaut painturez à or fin [1]. »

> « La dame voit l'estor et ot chacun qui crie,
> « Et elle ne fu pas fole ne esbahie,
> « Ains descendi à terre du mulet de Sulie,
> « Et lesse aval coler son bon mantel d'ermine,
> « Et remest ou bliaut de porpre d'Aumarie [2]. »

Ces bliauts du commencement du xiiiᵉ siècle sont généralement faits d'étoffes très riches :

> « Tout maintenant l'a Ferraus revesti
> « De dras de soie, à grans bendes d'or fin [3]. »

> « En son dos ot vestu (Églantine) .I. bliaut à orfrois [4]. »

> « La dame osta ses dras, s'a plus riche endossez,
> « .I. bliaut d'Abilant à oysiaus colorez ;
> « De pieres précieuses fu tot entor orlés [5]. »

Il n'est guère besoin de dire que ces vêtements demandaient, pour être posés sur le corps, un temps assez long. Il fallait passer les chausses, la chemise, les braies, la cotte, le bliaut, puis le peliçon, le mantel ou la cape. La cotte et le bliaut, attachés par derrière souvent, exigeaient la présence d'un serviteur. Aussi, lorsque Guillaume le Bâtard est averti par son fou, au milieu de la nuit, que les sei-

---

[1] *Gui de Nantueil*, vers 212 (commencement du xiiiᵉ siècle).
[2] *Aye d'Avignon*, vers 911 et suiv. (commencement du xiiiᵉ siècle).
[3] *Gaydon*, vers 7715 (commencement du xiiiᵉ siècle).
[4] *Gui de Nantueil*, vers 752.
[5] *Aye d'Avignon*, vers 3701 et suiv. (commencement du xiiiᵉ siècle).

gneurs normands se sont ligués pour le surprendre à Valognes et le tuer, il ne prend pas le temps de se vêtir :

> « En braies ert et en chemise,
> « Une chape a à sun col mise,
> « A sun cheval mult tost se prist,
> « Et à la veie tost se mist [1]. »

Joinville rapporte aussi que le roi saint Louis étant en mer devant Chypre, un coup de vent faillit faire sombrer son vaisseau : « Li roys « sailli de son lit tout deschaus (car nuit était), une cote, sanz plus, « vestue [2].... »

On donnait, au XIIIᵉ siècle, à la partie des robes qui entourait la taille, le nom de *kievetaille* :

> « Plus de .V. onces d'or, sans faille,
> « Avoit entor la kieuctaille [3]. »

Comme il a été dit ailleurs, la richesse excessive des robes, portées pendant le XIIᵉ siècle et au commencement du XIIIᵉ, fit place à une grande simplicité relative pendant tout le règne de saint Louis, et à ce sujet Joinville rapporte que le saint roi disait : « que l'on devoit son « cors vestir et armer en tel manière, que li preudome de cest siecle « ne deissent que il en feist trop, ne que li joene home ne deissent « que il feist pou. » Il ajoute : « Et ceste chose ramentije le pere [4] « le roy qui orendroit (aujourd'hui) est, pour les cotes brodées à « armer que on fait hui et le jour ; et li disoie que onques en la voie « d'outremer là où je fu, je n'i vi cottes brodées, ne les roy ne les « autrui. Et il me dist (Philippe le Hardi) qu'il avoit tiex atours « brodez de ses armes, que li avoient coustei hui cenz livres de pa- « risis [5]. » On voit donc ainsi que cette simplicité ne fut guère de mode que de 1220 à 1270. Si les robes brodées n'étaient plus de mise pendant la plus grande partie du XIIIᵉ siècle, les étoffes *barrées*, à raies transversales de couleurs différentes de celle du fond, étaient fréquemment adoptées pour les cottes, bliauts et manteaux de 1240 à 1270. Les peintures, les monuments en font foi.

---

[1] *Le Roman de Rou*, vers 8826 et suiv. (XIIᵉ siècle).

[2] *Hist. de saint Louis*, par le sire de Joinville, publiée par M. Nat. de Wailly, p. 14.

[3] *Li Biaus desconneus*, vers 3269 (XIIIᵉ siècle).

[4] Philippe le Hardi, père de Philippe le Bel.

[5] Environ 20,000 francs de notre monnaie. (Page 8.)

puis encore ce passage de Joinville : « Endementres que je séoie
« illec là où nus ne se prenoit garde de moy, là me vint uns vallez
« en une cote vermeille à dous roies jaunes [1]... »

Les religieux clunisiens portaient, dès le xii⁰ siècle, des robes
richement fourrées, malgré les règles de l'ordre ; et l'abus des vêtements luxueux fut un des motifs qui porta saint Bernard à faire
adopter par les religieux de l'ordre de Citeaux, fondé par lui, des
habits monastiques d'une extrême simplicité et uniformes. Les
ordres prêcheurs et mendiants institués au xiii⁰ siècle réagirent également contre le luxe des Bénédictins en ne portant que des robes
de laine et d'une grande simplicité.

C'est en 1217 que s'établirent à Paris les Jacobins ou Dominicains
fondés par saint Dominique et qui suivaient la règle de Saint-Au-
gustin. Ces *Frères prêcheurs* portèrent d'abord une soutane noire
et un rochet par-dessus, ensuite une robe blanche avec un scapulaire et un camail à chaperon :

> « Jacobin sont venu au monde
> « Vestu de robe blanche et noire [2]. »

Rutebeuf décrit les divers habits des moines de son temps, lesquels il n'aimait guère :

> « Par maint semblant, par mainte guise [3]
> « Font cil qui n'ont ouvraingue aprise
> « Por qu'il puissent avoir chevance ;
> « Li un vestent coutelle grise [4]
> « Et li outre vont sans chemise [5] ;
> « Si font savoir lor penitance.
> « Li autre par fauce samblance
> « Sont signeur de Paris en France ;
> « . . . .
> « Li Barré [6] sont près des Béguines [7].
> « . . . . »

[1] *Hist. de saint Louis*, par le sire de Joinville, publ. par M. N. de Wailly, p. 145.

[2] Rutebeuf, *la Descorde de l'Université et des Jacobins* (xiii⁰ siècle).

[3] Rutebeuf, *les Ordres de Paris*.

[4] Les Cordeliers, qui portaient une robe de gros drap gris, avec un capuchon et un
manteau de même nuance.

[5] Les Jacobins ne portaient pas de chemise.

[6] Les Carmes, dont les habits étaient primitivement divisés par bandes transversales
noires, jaunes et blanches ; établis par saint Louis en 1254, à son retour de Palestine.

[7] Les Béguines, établies de même par saint Louis, à Paris, en 1258. Elles étaient
habillées de robes très amples, grises.

Rutebeuf revient souvent sur l'ordre des Jacobins, qui excitait particulièrement sa mauvaise humeur, et, à plusieurs reprises, leur reproche-t-il de ne pas porter de chemises. Jean de Meung, dans le *Roman de la Rose*, n'est guère plus indulgent pour les moines et met en opposition leurs vêtements sales avec ceux des gentils-hommes. Il ne s'agit pas d'imiter et d'honorer la chevalerie, dit *Faux-Semblant* :

> « Mès Béguins à grans chaperons,
> « As chieres pasles et alises,
> « Qui ont ces larges robes grises
> « Toutes fretelées de crotes,
> « Hosiaus froncis et larges botes
> « Qui resemblent borce à caillier [1]. »

Et plus loin, décrivant le costume d'*Astenance-Contrainte*, Jean de Meung s'exprime ainsi :

> « Vest une robè cameline,
> « Et s'atorne comme béguine,
> « Et ot d'ung large cuevre-chief,
> « Et d'un blanc drap covert le chief [2]. »

Dès les premières années du xiiie siècle, les robes des femmes, sous le bliaut, sont attachées à la taille avec des ceintures, et ces corsages collants aux flancs, présentés dans la figure 9, ne sont plus de mise. La robe des hommes, sous le bliaut, est aussi, vers la même époque, ample et serrée à la taille par une ceinture étroite.

La robe de dessus des femmes, pendant le xiie siècle, était fendue par devant jusqu'à 10 à 15 centimètres du cou. Vers 1220, ces robes ne sont plus fendues que de 4 ou 5 centimètres, et un bouton ou une petite agrafe réunit les deux angles ; ce n'est que par exception que ces robes sont fendues très bas jusqu'à l'estomac et retenues lâchement par en haut. Cette mode ne convenait guère qu'aux femmes *légères* et ne paraît pas avoir été adoptée par les dames. Les robes des femmes, pendant les xie et xiie siècles, n'étaient point décolletées. Les épaules étaient toujours cachées, et l'on n'entrevoyait, entre les bords antérieurs de la robe et du bliaut, que la racine du cou ; à peine le milieu de la gorge par la fente que laissaient entre elles les riches passementeries bordant l'encolure. La coutume de décolleter les robes des femmes ne paraît pas avoir été

---

[1] *Roman de la rose*, vers 12141 et suiv. (commencement du xive siècle).
[2] Vers 12248 et suiv.

admise avant la fin du XIIIe siècle. De fait, les vêtements des femmes de cette époque sont d'une chasteté irréprochable. Il n'en fut plus ainsi à dater du règne de Philippe le Hardi. D'ailleurs, on aurait tort de considérer ces modes chastes comme l'expression des habitudes de l'époque. En lisant les romans du commencement du XIIIe siècle, on n'est rien moins qu'édifié sur la régularité des mœurs de ce temps ; et les vêtements, alors comme pendant d'autres périodes de notre histoire, ne sont pas l'expression exacte du relâchement ou de la sévérité dans les rapports sociaux. Les prédicateurs, pendant le XIIIe siècle, ne s'élevaient point contre l'habitude chez les femmes de se décolleter, puisque les robes sont montantes et que les bras ne sont jamais nus ; mais contre la démarche, la manière de porter le manteau, de poser la ceinture, contre le luxe des étoffes, qui, encore au commencement du XIIIe siècle, étaient brochées d'or et de couleur, ou brodées de la façon la plus riche.

« Illueques se fait atorner
« De chières roubes d'outre-mer,
« Qui tant estoit bele et rice
« Qu'en tot le mont n'ot cele bisse.
« Caucatri, lupart, ne lion,
« Ne serpent volant, ne dragon,
« N'alerion, ne escramor,
« Ne papejai, ne papemor,
« Ne nesune beste sauvage.
« Qui soit en mer, ne en bocage,
« Qui ne fust à fin or portraite.
« Moult estoit la roube bien faite.
« El mantel ot penne de sable,
« Qui mult fu bone et avenable.
« Li orles estoit de pantine :
« Ço est une beste marine
« Plus souef flaire que cancle
« Ainc Dius ne fist beste si bele.
« Dalès le mer paist la racine ;
« Et porte si grant medecine,
« Que sor lui l'a ne crient venin.
« Tant le boive soir, ne matin,
« Miuss vaut que conter ne porroie :
« Et d'une cainture de soie
« A or broudée tot entor ;
« Si s'en estoit cainte, à un tort,
« Moult cointement la damoiselle[1]. »

---

[1] *Li Biaus desconneus*, vers 5051 et suiv.

ROBE DE DAME NOBLE (fin du XIIe siècle)

Tout en faisant la part de l'exagération permise aux poëtes et sans admettre que cette ménagerie pût être brodée sur une robe, il n'en demeure pas moins évident, surtout lorsque l'on consulte les monuments figurés, qu'à cette époque (commencement du xiii⁰ siècle),

10

les femmes portaient encore des étoffes d'Orient à brochages d'or extrêmement riches. Le poëte, d'ailleurs, se connaît en toilette. Sur cette robe brodée d'or, il pose un manteau de drap de soie noire, ce qui devait produire un très bon effet. Quant à la bordure de *pantine* dont l'odeur est si agréable, nous ne savons ce que ce peut être.

A voir les corsages des femmes de 1220 à 1260, il est évident que celles-ci portaient, sous la robe de dessus, un corset qui serrait les côtes, relevait la gorge et maintenait la taille fine et ronde. C'est surtout dans les provinces du Nord que cette habitude paraît avoir été adoptée. C'est aussi dans ces provinces que les robes sont souvent très ouvertes par devant, en forme de cœur laissant voir sur la peau une chemisette à plis très fins (voy. JOYAU, fig. 8). Les

robes des femmes tombent, pendant cette époque, sur les pieds, mais n'ont pas de traîne, comme on en voit souvent aux robes du XIIe siècle (voyez fig. 9). Voici (fig. 10 [1]) une dame vêtue de la robe ouverte par devant, avec ceinture basse, et dont la jupe ne fait que toucher terre. Ces robes formaient, de 1220 à 1230, des plis de moins en moins nombreux sur la poitrine et n'étaient point ajustées;

----

[1] Manuscr. Biblioth. nation., *Digeste vieil*, français (1235 environ).

mais, à dater de 1240, on voit ces plis s'éteindre de plus en plus, et de 1250 à 1260 ils ont complètement disparu. Les corsages sont collants sur les épaules et jusqu'à la hauteur des seins. Les manches, assez amples jusqu'au coude, sont extrêmement justes sur les avant-bras et boutonnées par conséquent. La figure 11, copiée sur un des bas-reliefs de la porte méridionale de Notre-Dame de Paris, présente une élégante de cette époque.

Ces robes, fermées à l'encolure, étaient parfois ouvertes de l'ais-selle à la taille, lorsque les femmes allaitaient : elles donnaient le sein au poupon par cette ouverture[1]. Quant aux robes des hommes, rare-ment, à dater de 1220, descendent-elles sur les pieds. Elles ne dépas-sent pas les chevilles chez les nobles, les docteurs et gens de *robe* ; pour les bourgeois, elles tombent jusqu'au milieu des mollets, et pour les gens du peuple, jusqu'aux genoux. Voici (fig. 12) un prévôt ren-

[1] Voyez le bas-relief de la prédication de saint Étienne, portail méridional de Notre-Dame de Paris.

dant la justice.[1]. Il est vêtu d'une robe brun rouge et d'un manteau
bleu de roi. Son bonnet est gris. Cette robe est sans ceinture, ce qui
était d'usage chez les personnes appartenant à l'ordre judiciaire.
Devant ce magistrat est amené un enfant fol, par un sergent. Tous

deux (fig. 13 [2]) sont vêtus de cottes courtes; l'enfant, d'une simple
tunique, avec une coiffe; le sergent, d'une cotte avec surcotte courtes
et un chaperon serré, dont la gorge passe sous l'encolure de la surcotte. Les manches de la cotte du sergent sont très justes, pourpre
clair, ainsi que le chaperon et les chausses; le surcot est bleu. La
tunique de l'enfant est gris-ardoise. Il porte au cou un petit coffret
(filatière) contenant des reliques; ses chausses sont rouges. Mais les
hommes du peuple portaient aussi, à la même époque (1230 à 1250),
des cottes de dessous fendues de la ceinture au bas de la jupe par
devant, ne tombant qu'au-dessous du genou; cotte à manches
justes avec surcotte très courte, sans manches, largement ouverte
aux aisselles, le tout maintenu autour de la taille par une courroie

[1] Biblioth. nation., *Digeste vieil*, français (1235 environ).
[2] Même manuscrit.

(fig. 14 [1]); ou encore, par-dessus la cotte un capuchon avec camail,

14

qui était une gonelle (fig. 15 [2]). Quant aux docteurs, ils portaient

[1] Biblioth. nation., *Apocalypse*, français (1240 environ).
[2] Même manuscrit.

alors, par-dessus la cotte, la ganache longue[1] ou la cape ronde à capuchon tombant jusqu'à terre (fig. 16 [2]), et cachant entièrement les bras ; ou une sorte de bliaut à capuchon, sans manches, fendu latéralement des deux côtés pour passer le bras, retombant à terre

(fig. 17 [3]). Cette même cape était portée par les écoliers, mais plus courte, avec capuchon moins ample, et ouverture du cou à l'estomac, fermée par une rangée de boutons (fig. 18 [4]). Pour les robes des gentilshommes de cette époque, ce serait nous répéter que de donner de nouveaux exemples ; le *Dictionnaire* présentant, dans les articles BLIAUT, CAPE, COTTE, DALMATIQUE, GARDE-CORPS, GANACHE, SURCOT, etc., la variété des vêtements composant une robe.

Les robes de dessus traînantes reviennent à la mode à la fin du XIIIe siècle pour les femmes. Ces robes de dessus ont des manches assez amples, mais ne couvrant que la moitié de l'avant-bras. Elles sont également longues par devant et par derrière, en façon de cloche, ajustées du cou jusqu'au-dessus des hanches, mais excessivement

---

[1] Voyez GANACHE.
[2] Bas-relief de la porte méridionale de Notre-Dame de Paris (voy. CAPE).
[3] Biblioth. nation., *Roumans d'Alixandre*, français (1245 environ).
[4] Même manuscrit.

amples de jupe (fig. 19 [1]). Un petit voile ou un chaperon complétait ce costume. Cette robe de dessus est un véritable surcot bleu,
doublé de fourrures. La cotte de dessous est rouge. C'est là le vête-

18

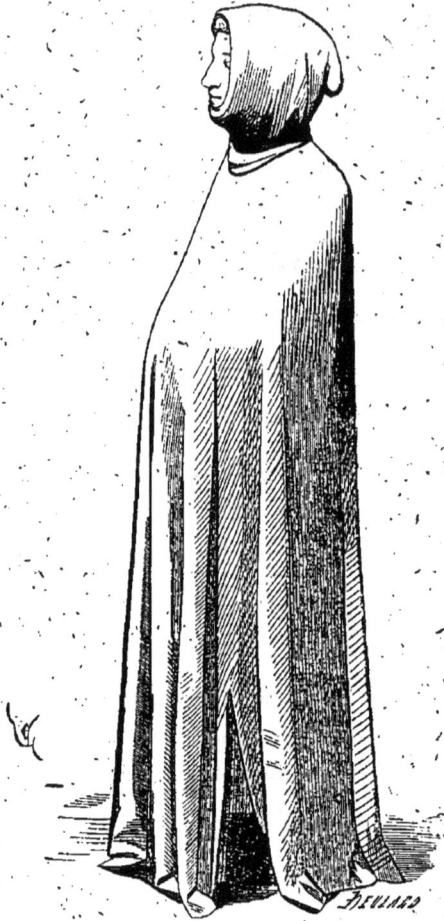

ment d'une dame noble. A la même époque, les servantes sont
habillées d'une simple cotte juste aux manches, sur la poitrine et les
hanches, longue de jupe (fig. 20 [2]). Cette cotte est rose, et un petit
tablier blanc est attaché autour des hanches. La tête de cette femme
est couverte d'un voile blanc.

[1] Biblioth. nation., *Hist. de la vie et des miracles de saint Louis*, français (dernières
années du XIII° siècle).

[2] Biblioth. nation., *Traité du péché originel*, en vers patois de Béziers (fin du
XIII° siècle). Servante apostrophant saint Pierre.

Ce n'est guère qu'à la fin du XIIIe siècle que les cours royales (parlements) possèdent des costumes uniformes, régulièrement établis par ordonnances. Jusqu'alors il ne semble pas que les membres de

ces assemblées possédassent des habits invariables comme forme et couleur. Les règnes de Philippe le Hardi et de Philippe le Bel abondent en ordonnances et règlements sur toute chose, et notamment en édits somptuaires.

En 1302 ou 1303, les États généraux du Languedoc, assemblés à Toulouse, supplièrent le roi de vouloir établir un *parlement* résidant à Toulouse [1] ; ce qui fut accordé. Ce parlement fut composé de deux

---

[1] Piganiol de la force, *Nouvelle Descript. de la France*, t. VI, p. 166 et suiv.

présidents laïques, de six conseillers clercs, d'un procureur du roi
et d'un greffier. Ce fut le 10 janvier que le roi Philippe le Bel ouvrit
cette assemblée. Il était revêtu d'une robe de douze aunes d'un drap
d'or frisé sur un fond rouge broché de soie violette, parsemé de

18

fleurs de lis d'or et fourré d'hermine. Après la lecture des lettres
patentes, le roi fit remettre aux nouveaux membres nommés du parlement, par le héraut, les habits qui leur étaient destinés. Les présidents reçurent des manteaux d'écarlate fourrés d'hermine, des bon-
nets de drap de soie bordés d'un galon d'or, des robes de pourpre
violette et des chaperons d'écarlate fourrés d'hermine. Les conseillers
laïques eurent des robes rouges avec parements violets, et une soutane
de soie violette pour mettre sous la robe, avec des chaperons d'écarlate parés d'hermine. Les conseillers clercs furent revêtus de manteaux de pourpre violette, étroits par le haut, sortes de capes rondes
ouvertes seulement pour passer la tête et les bras. Leur soutane était
d'écarlate, ainsi que les chaperons. Le procureur du roi était vêtu
comme les conseillers laïques, et le greffier portait une robe divisée
par bandes d'écarlate et d'hermine.

Ce fut à dater du règne de Philippe le Hardi que le luxe des vêtements, éloigné de la cour à la fin du règne de saint Louis, s'empara
de nouveau de la noblesse et de la bourgeoisie, et ne fit que se déve-

lopper sous Philippe le Bel et ses successeurs. Les vêtements des hommes en 1300 sont encore amples ; leur coupe est simple, mais ils sont taillés dans des étoffes très riches et doublées de fourrures précieuses. La robe se compose alors d'une robe-linge, d'une cotte fine,

19

courte de jupe, à manches très serrées aux avant-bras, et d'une robe de dessus à manches courtes et assez amples. Cette robe de dessus est sans ceinture (fig. 21 [1]) ; elle est ouverte par devant et par derrière jusqu'au-dessus des genoux, et fendue latéralement des deux côtés, sous les aisselles, pour permettre de serrer ou de desserrer la ceinture

[1] Manuscr. Biblioth. nation., *Guerre de Troie*, français (1300).

de la cotte et de fouiller dans l'escarcelle pendue à cette ceinture. Un capuchon tient à cette robe. Par-dessus ce vêtement on endossait la cape ou le manteau.

Les robes des femmes, à la même époque, se composent, outre la

20

robe-linge (chemise), d'une cotte très ample tombant sur les pieds, à manches justes, passablement décolletée, et d'une robe de dessus (bliaut) sans manches, recouvrant entièrement la jupe, décolletée, comme la cotte, avec chaperon indépendant (fig. 22 [1]). Il fallait,

---

[1] Manuscr. Biblioth. nation., *Miroir historial*, français (1310 à 1320).

avec l'une des mains ou avec les deux, relever la jupe de ce bliaut,
fait d'étoffe épaisse et lourde, pour pouvoir marcher. La cotte était
habituellement serrée à la taille par une ceinture ; mais le bliaut
était ajusté à la taille sans ceinture. Vers 1330, des manches justes

21

atteignant le coude sont ajoutées à la robe de dessus, et de longues
pentes minces terminent ces manches en tombant jusqu'à terre
(fig. 23 [1]). Le chaperon se porte le plus souvent en guise d'écharpe
sur le cou et sa pointe est démesurément longue et étroite. Deux ouvertures sont pratiquées devant la robe de dessus, à la hauteur du
ventre, pour pouvoir la relever facilement et cacher les mains. Cette

[1] Manuscr. Biblioth. nation., *Lancelot du Lac*, français (1330 à 1340).

robe de dessus est sans ceinture. Il arrive aussi que cette robe de dessus ne tombe pas par devant sur la cotte, mais est relevée sur la hanche droite au moyen d'une agrafe (fig. 24 [1]). C'est alors que les dames portent des cottes de dessous amples, avec manches

22

justes, robes de dessus ou bliauts sans manches, décolletés, ajustés au corsage, mais sans ceinture, jupes larges et longues. Alors aussi les robes des hommes, taillées plus courtes, laissent voir le bas des jambes. Les manches sont très serrées et boutonnées du coude au poignet par de petits boutons très rapprochés. Les jupes de ces robes tombent en tuyaux assez réguliers : un large chaperon dont la goule

[1] Manuscr. Biblioth. nation., *Lancelot du Lac*, français, t. II (1340 environ).

est tailladée, revêt les épaulès et couvre la poitrine et les arrière-bras
(fig. 25.[1]). Ces robes de dessus ne serrent point la taille, mais collent

23

sur la poitrine. Par-dessus ce vêtement, en campagne, on passait une
cape ou *robe à chevaucher*, qui ne change guère de forme de la fin du
XIIIe siècle à la première moitié du XIVe.

[1] Même manuscrit.

Ces robes à chevaucher (fig. 26 ¹) étaient munies d'un capuchon
qui emboîtait exactement la tête; elles étaient plissées aux épaules,
sur la poitrine et le dos, garnies de manches fendues sous les ais-

24

selles, que l'on pouvait passer ou laisser tomber par derrière. Très
longues, très amples de jupe, elles couvraient entièrement les jambes
du cavalier. Sous sa robe à chevaucher, ce personnage porte la robe
de dessus de 1300 avec manches larges, ne descendant qu'au-dessus
du coude.

Sous le roi Jean, les hommes reprennent la ceinture lâche et très

¹ Manuscr. *Apocalypse*, anc. coll. de M. B. Delessert (1300 environ).

basse sur la robe longue de dessus. Ce vêtement (fig. 27 [1]) convenait

25

particulièrement aux personnages chargés de fonctions judiciaires.
Celui-ci est vêtu d'une robe longue pourpre, à manches assez amples

[1] Manuscr. Biblioth. nation., *Tite-Live*, trad. franç. (1350 environ).

né tombant qu'aux poignets. Il a endossé un manteau-cape violet doublé d'hermine à queues, avec laitices de même sur les bords. Il est coiffé d'un bonnet de fourrure grise.

26

Il ne faut pas omettre ces robes d'hommes très longues, fermées jusqu'au cou, à manches en façon de pèlerine, comme étaient les *ganaches* (voyez cet article); robes qui étaient portées aussi par les docteurs et les personnages revêtus d'un caractère judiciaire. Celui que nous présentons (fig. 28 [1]) porte un vêtement du milieu du règne de Charles V, bien reconnaissable à ces manches de robe de

[1] Manuscr. Biblioth. nation., *Des propriétés des choses*, français (1370 environ).

dessous en forme de pavillon de trompette. Ces manches sont rouges,

27

tandis que la *robe ganache* est bleue, doublée d'hermine avec passe-
poils de même.

La figure 29 [1] montre un autre de ces personnages graves, vêtu d'une cotte à manches justes, d'une robe à manches à entonnoir, mais ne descendant pas plus bas que le coude, et d'un manteau-cape très ample, à capuchon.

Sous Charles V, les robes à chevaucher pour homme ont une coupe autre que celle donnée ci-dessus, et qui date de 1300 environ. Fendues devant et derrière, faites d'étoffe épaisse, doublées de fourrures, elles montent jusqu'au cou, qu'elles enveloppent étroitement, et sont pourvues de manches très amples, barbelées, recouvrant au besoin les mains.

Le luxe des robes avait, sous le règne de ce prince, atteint un degré de richesse que l'on ne connaissait plus depuis le XIIe siècle. Ces robes se couvraient de nouveau de broderies, d'orfrois, de joyaux : « Une cotte de satin vermeil doublé de cendal renforcé vermeil ; « bordée au colet et tout au long en bas et entor des manches d'une

---

[1] Manuscr. Biblioth. nation., *Guillaume de Machau*, français (1370).

« bizette [1] d'argent doré trait où il a quarante et petites couronnes
« et lys entre deux ; garnye de petiz annelez d'or en la poutrine et
« es manches avecques les esguillettes pour fermer, garnyes
« d'or [2]. » C'est là, il est vrai, un vêtement royal ; mais Charles V,
quoiqu'il aimât le luxe, ne cherchait point à se distinguer des personnes de sa cour par la somptuosité exagérée des vêtements. Au
contraire essayait-il de modérer les excès en ce genre qui se produi-
saient déjà de son temps. Aussi, dès qu'il fut mort, les abus ne con-
nurent plus de bornes, et rien n'égale le faste des habits de la cour
de Charles VI, avant les derniers désastres de son règne.

Déjà, sous le règne prédédent cependant, le luxe des vêtements à la
cour et à la ville était l'objet des remontrances du clergé et des satires des poètes. Ce luxe gagnait la bourgeoisie, qui s'efforçait d'imiter
la noblesse. Il n'y avait pas de petite bourgeoise qui ne prétendît
avoir une garde-robe montée de tout point, non seulement du nécessaire, mais de toutes les superfluités à la mode alors. C'était une lutte
de vanité :

[1] Bisette, sorte de guipure.
[2] *Invent. du trésor de Charles V*, art. n° 3442.

« Et elle verra ses voisines,
« Ses parentes et ses cousines,
« Qui nouvelles robes aront ;
« Adonc plains et plours te saudront,
« Et complaintès de par ta fame,
« Qui te dira : Par Nostre Dame,
« Celle est en publique honourée,
« Bien vestue et bien acesmée,
« Et entre toutes suy despite
« Et poure maleureuse dicte [1]. »

Non seulement, à cette époque, le luxe des vêtements était grand, mais les personnes qui se respectaient devaient changer de robes plusieurs fois le jour, en raison des occupations et plaisirs. Les femmes de riches barons faisaient au moins trois toilettes par jour : une le matin, pour vaquer aux occupations ou pour aller à l'église, une pour dîner, et une pour le soir. La reine Jeanne de Bourbon tenait grand état, suivant le désir du roi, et c'est ainsi que Christine de Pisan décrit l'ordonnance des atours de cette princesse aux jours fériés et jours ordinaires : « Dieux ! quel triomphe, quelle paix, en « quel ordre, en quelle coagulence régulée en toutes choses, estoit « gouvernée la court de tres-noble dame, la Royne Jehanne de Bour- « bon, s'espouse, tout en estat magnificent, comme en honestes « manieres réglées de vivres, si comme en ordonnances de mengs et « assietes, en compaignie, en serviteurs, en abis, atoàrs, et en tous « paremens, par notable et bel ordre menez cotidiennement et aux « solemnitéz des festes années, ou à la venue des notables princes « que le Roy vouloit honorer ! En quelle digneté estoit ceste Royne, « couronnée ou atournée de grans richeces de joyauls, vestue es abis « royauls, larges, longs et flotans, en sambues pontificales que ilz « appellent chappes ou manteaulz royaulz des plus précieux draps « d'or, ou de soyes, aornez et resplandissans de riches pierres et « perles précieuses, en ceintures, boutonneures et actaches, par « diverses heures du jour abis rechangez pluseurs foiz, selons les « coustumes royales et pontificaulz ; si que merveilles est à veoyr « ycelle noble Royne à telles dictes solemnités, accompagniée de « deux ou troys Roynes, pour lors encore vivans, ses devancieres ou « parentes, à qui portoit grant révérance, comme raison et droict « le debvoit [2]. »

[1] Eust. Deschamps, *le Miroir de mariage : Comment mariage n'est que tourment, quelque femme ne de quelque estat que l'en praingne ; et que en tele charge cheust mieulx advis qu'en achat de beste mue.*
[2] Christine de Pisan, *Le sage roy Charles*, chap. XX.

Les frères du roi, le duc de Berry et le duc de Bourgogne, avaient la passion des habits magnifiques. Le premier surtout contribua fort à développer le luxe de la cour du roi Charles VI, son neveu, jusqu'aux plus incroyables excès. Les hommes alors ne portaient plus guère de robes longues que pendant les occasions solennelles ; mais ces robes avaient une valeur énorme, tant à cause de la quantité d'étoffe précieuse qu'on y employait que par les fourrures rares dont on les doublait, les joyaux et broderies qui les ornaient.

La figure 30[1] donne l'une de ces robes de cérémonie adoptées par les gentilshommes pendant les dernières années du xvie siècle. La robe de dessous possédait des manches passablement justes aux bras, mais très ouvertes, drapées et découpées à l'extrémité, pouvant au besoin envelopper complètement les mains. La robe de dessus, très ample, montante autour du cou, avec passe-poil d'hermine, bombée sur la poitrine, à plis réguliers à la taille, serrée par une ceinture, était garnie de manches larges et traînant jusqu'à terre. On donnait à ces robes de dessus le nom de houppelandes[2]. Les femmes portaient aussi de ces robes très amples[3] comme vêtement de dessus, mais encore des robes serrées à la taille, non décolletées, montantes au contraire, avec riche collier d'orfévrerie sur les épaules et longues manches ouvertes. La jupe de ces robes était fendue par devant jusqu'au-dessous des genoux (fig. 31[4]). On ôtait ces robes de dessus pour passer la pelice ou la houppelande, qui étaient des vêtements plus parés.

Les femmes ne se décolletaient que lorsqu'elles portaient le surcot de cérémonie (voy. Surcot). Tous les autres vêtements féminins étaient alors très montants.

Les damoiselles s'habillaient plus simplement (fig. 32[5]) et ne portaient point ces manches amples.

Quant aux riches bourgeoises mariées, sauf le grand surcot noble, qu'elles ne pouvaient porter, elles suivaient, autant qu'elles le pouvaient, les modes de la cour ; mais il leur était difficile d'atteindre l'ampleur des robes des nobles dames, qui coûtaient des sommes folles, d'autant qu'elles étaient généralement doublées de fourrures et ornées de joyaux.

---

[1] Manuscr. Biblioth. nation., *Tite-Live*, français (1395 environ).

[2] Voyez Houppelande.

[3] Voyez Houppelande, Pelice.

[4] Manuscr. Biblioth. nation., *Tite-Live*, français (1395 environ).

[5] Manuscr. Biblioth. nation., *le Miroir historial*, français (1395 environ).

Sous le règne de Charles V, la bourgeoisie avait acquis dans le

30

pays une influence qu'elle ne pouvait posséder avant cette époque.

Éclairée, riche, singulièrement favorisée par ce prince, qui savait choisir, parmi ses membres, les plus capables et les plus honnêtes

31

pour leur confier des postes importants dans la magistrature et les finances, qui lui conférait des titres de noblesse et l'élevait au rang des chevaliers, la bourgeoisie de la fin du XIVᵉ siècle exerça une

influence salutaire sur cette période brillante de notre histoire.
Elle aimait le luxe, mais possédait un esprit d'ordre, un sens pratique dont la noblesse était malheureusement trop dépourvue. Pour
se faire une idée exacte de ce qu'était l'élite de la bourgeoisie à la
fin du XIVᵉ siècle, il faut lire le *Ménagier de Paris*, dont l'auteur
inconnu doit cependant être un des personnages importants de
l'époque, puisqu'il paraît avoir eu des rapports intimes avec de
grands personnages, et notamment avec le duc de Berry. Les con-

32

seils que cet auteur donne à sa jeune femme pour la guider dans le
monde, pour lui enseigner l'art de gouverner un assez grand état
de maison, font voir que l'amour du luxe, du bien-être, dans la
haute bourgeoisie, s'alliait à un ordre parfait, à des connaissances
très développées sur tout ce qui touche à la direction des choses
de la vie, à un sens moral très juste et élevé, à des délicatesses de
sentiment qui sentent la meilleure compagnie. En méditant les deux
volumes du *Ménagier*, on a lieu de s'étonner qu'un de nos éminents

critiques se soit appuyé sur cet ouvrage pour démontrer comme quoi la classe moyenne, à la fin du xive siécle, inclinait vers le matérialisme absolu ; et, comme l'auteur du *Ménagier* donne bon nombre de recettes de cuisine, il est aisé de déduire de ces chapitres que cette haute bourgeoisie du règne de Charles V songeait, avant tout, à bien vivre. Le *Ménagier*, cependant, contient d'autres choses, et, si l'auteur ne fait pas de la poésie, raconte-t-il bon nombre d'anecdotes à sa jeune femme, à titre d'exemples, qui montrent les sentiments les plus délicats. Il est vrai que notre critique avait sa thèse à soutenir et que son siège était fait... Nous ne voulons de ces anecdotes que rappeler une seule, intitulée : *Jeanne la Quentine*.

La reine de Navarre, dans ses *Nouvelles*, n'a pas dédaigné de reproduire ce morceau, ce dont on la loue ; mais elle le gâte un peu, à notre sens. Jeanne la Quentine est femme de Thomas Quentin. Elle apprend que son mari, en secret, fréquentait une pauvre fille « fileresse de laine au rouet ». Jeanne prend patience, puis s'enquiert de la demeure de sa rivale. Elle va chez elle et la trouve dans le dénûment, n'étant pourvue « ne de busche, ne de lart, ne de chandelle, ne « de huille, ne de charbon, ne de rien, fors un lit et une couverture, « son touret et bien pou d'autre mesnage. — Ma mie, lui dit Jeanne, « je suis tenue de garder mon mary de blasme, et, pour ce que je « scay qu'il prend plaisir en vous et vous aime et qu'il repaire céans, « je vous prie que de luy vous parliéz en compagnie le moins que « vous pourrez, pour eschever son blasme, le mien et de nos « enfans, et que vous le celiez de vostre part, et je vous jure que « vous et luy serez bien celés de la moye part, car, puisqu'ainsi est « qu'il vous aime, mon intention est de vous amer, secourir et aidier « de tout ce dont vous aurez à faire, et vous l'apparcevrez bien ; « mais je vous prie de cuer que son péchié ne soit révélé ne publié. « Et pour ce que je scay qu'il est de bonnes gens (de bonne maison), « qu'il a esté tendrement nouri, bien peu (repu), bien chauffé, bien « couchié et bien couvert à mon povoir, et que je voy que de luy « bien aisier vous avez pou de quoy, j'ai plus chier que vous et moy « le gardions en santé que je seule le gardasse malade. Si vous prie « que vous l'amez et gardez et servez tellement, que par vous il soit « refraint et contregardé de viloter ailleurs en divers périls ; et, sans « ce qu'il en sache riens, je vous envoieray une grant paelle pour luy « souvent laver les piés, garnison de busche pour le chauffer, un « bon lit de duvet, draps et couverture selon son estat, cuevrechiefs, « orilliers, chausses et robelinges nettes ; et, quant je vous envoie- « ray des nettes, si m'envoiez les sales, et que de tout ce qui sera

« entre vous et moy qu'il n'en sache rien, qu'il ne se hontoie ; pour
« Dieu faictes avec luy si sagement et secretement qu'il n'aperçoive
« de notre secret. Ainsi fu promis et juré. Jeanne la Quentine s'en
« parti et sagement envoya ce qu'elle avoit promis. »

Thomas, venant voir le soir sa maîtresse, n'est pas peu surpris de
la chère qu'on lui fait : bon lit, bon feu, chemises fraîches, chausses
et pantoufles à l'avenant. Pensif, il s'en va le matin à la messe, sui-

33

vant son habitude, puis retourne au logis de la demoiselle et lui
fait une scène, l'accablant de reproches sur ce que, en deux jours, de
pauvre qu'il l'avait laissée, elle ne pouvait s'être enrichie sans
honte. La pauvre fille ainsi accusée, comprenant que toutes les
raisons qu'elle inventerait ne pourraient convaincre son amant, lui
avoue toute la vérité.

« Lors vint le dit Thomas tout honteux en son hostel et plus pensif
« que devant, mais un seul mot ne dist à la dicte Jehanne sa femme,

« ne elle à luy, mais le servi tres joyeusement, et tres doulcement
« dormirent luy et la femme la nuit ensemble sans en dire l'un
« à l'autre un seul mot. » Thomas s'en va le lendemain confesser
ses péchés, donne à la fille ce que sa femme lui avait envoyé, et n'y
retourne plus. « Et ainsi le retrahi sa femme par subtilité et moult
« humblement, et cordieusement l'aima depuis. Et ainsi sagement,
« non pas par maistrise ne par haultesse, doivent les bonnes dames
« conseiller et retraire leurs maris par humilité ; ce que les mau-
« vaises ne scevent, ne leur cuer ne le peut endurer, dont leurs
« besongnes vont souvent pis que devant. »

Le clergé n'était pas, à cette époque, le dernier à s'adonner au
luxe des habits. Les clercs portaient alors des robes relativement
élégantes, et souvent aussi doublées de fourrures (fig. 33 [1]). Ce
maître clerc — car c'est ainsi qu'il est désigné dans le manuscrit
auquel nous avons recours — est vêtu d'une très ample robe bleue,
à larges manches, avec pattes d'hermine et capuchon doublé de
même. Il est coiffé d'un bonnet gris pourpre avec agréments d'or.
La figure 34 [2] montre un autre clerc plus modestement vêtu d'une

[1] Manuscr. Biblioth. nation., *Lancelot du Lac*, français (1390 environ).
[2] Manuscr. Biblioth. nation., *le Miroir historial*, français (1395 environ).

robe fendue par devant, juste à la taille et aux manches, avec camail et capuchon.

A ces robes de clerc il faut joindre l'aumusse, portée par les chanoines réguliers et séculiers, et même par certains corps privilégiés et personnages considérables. « Pour 24 dos de gris à fourrer « aumuces pour le Roy, 36 sols[1]. » — « 99 grosses perles rondes baillées « à Guillaume de Vaudeschar pour mettre en l'aumuce, qui soutint « la couronne du Roy à la feste de l'Estoile. » Les dames elles-mêmes portaient des aumusses à certaines occasions : « Pour fourrer « une braceroles, et une aumuce pour la dite madame Ysabel[2]. » Ces aumusses de dames étaient de véritables gonelles (voyez ce mot);

elles n'affectaient pas la mode des aumusses ecclésiastiques, qui, à cette époque (fin du XIVe siécle), se composaient, dans quelques diocèses, d'un bonnet rigide, cylindrique évasé, terminé par une capeline plus ou moins longue (fig. 35[3]). Les chanoines portaient de ces aumusses sur le surplis blanc.

Mais il est nécessaire de dire quelques mots des robes des personnages appartenant à l'Eglise, au commencement du XVe siècle. Voici d'abord (fig. 36[4]) un costume d'évêque en dehors de l'église. Ce prélat est vêtu d'une longue robe blanche terminée au bas par une large bande d'étoffe de soie pourpre. Les manches de cette robe

[1] Comptes de l'argenterie des rois de France (1351).
[2] Comptes d'Étienne de la Fontaine (1351).
[3] Manuscr. Biblioth. nation., le Miroir historial, français (1395 environ).
[4] Manuscr. Biblioth. nation., Lancelot du Lac (1425 environ).

sont aisées, sans être trop larges. Sur ses épaules est posé un camail noir, également de soie. Le bonnet est pourpre comme la bande du

36

bas de la robe. Ce camail laisse voir le haut de la robe blanche autour du cou, laquelle est fermée par un liséré noir.

La figure 37 [1] représente un prélat vêtu d'une ample robe noire
avec camail et capuchon. Les manches sont larges et peuvent couvrir les mains. Le chapeau est rouge, ainsi que les cordons. Il tient
à la main un sac pourpre qui paraît contenir dans un étui, soit un
ciboire, soit un calice.

C'est un cardinal en grand costume que donne la figure 38 [2].
L'aube, dont on n'aperçoit que les poignets, est blanche. La robe et
le chapeau sont rouge pourpre. Le capuchon, très ample et formant
camail, lorsqu'il n'est point posé sur le chef, est doublé d'hermine
à queues.

La figure 39 [3] donne le costume d'un membre d'un tribunal
épiscopal (officialité). Il est vêtu d'une robe verte à manches aisées,
retenue à la taille par une ceinture, par dessus laquelle est posée
une large robe vermeille, très ouverte latéralement pour passer les
bras. Cette seconde robe ressemble à la cuculle très longue. Elle est

[1] Manuscr. Biblioth. nation., *Miroir historial*, français (1440 environ).
[2] Manuscr. Biblioth. nation., copie du xv° siècle d'un manuscrit présenté à Louis X,
français, n° 126 (1430 environ).
[3] Manuscr. Biblioth. nation., *Miroir historial*, français (1440 environ).

garnie d'un capuchon ample doublé d'hermine sans, queues. La
coiffure consiste en un bonnet pointu blanc, en façon de tiare.

38

La figure 40 [1] présente le vêtement d'un abbé de Bénédictins. Sa

robe est noire, possède un large capuchon et des manches très
larges, dont les deux extrémités antérieures, taillées en deux demi-

39

cercles, peuvent s'attacher sur le poignet au moyen d'un bouton,
afin de ne point gêner les mouvements de la main (voy. en A). Au
bâton de la crosse est attaché le *sudarium*.

Nous terminons cette série de vêtements religieux par ceux de docteurs en théologie (fig. 41 [1]). Ces personnages sont vêtus d'une

longue robe gris brun, à camail et capuchon, serrée à la taille par une ceinture à laquelle une aumônière est suspendue. Ces robes

[1] Manuscr. Biblioth. nation., *Miroir historial*, français (1440 envi on).

41

sont de laine, et par les fentes inférieures latérales on aperçoit la robe de dessous, qui est bleue avec bordure brodée. Le bonnet est de soie noire, et est fait pour se plier en quatre parties.

42

Au commencement du xvᵉ siècle, on voit disparaître les robes de femme montantes. Cette mode ne dura guère que six ans au plus. Les corsages sont décolletés, même pour les toilettes de ville, et l'on ne voit pas que les dames fissent, comme précédemment, usage du chaperon pour couvrir leurs épaules. La figure 42 [1] nous montre

43

deux dames : l'une vêtue d'une robe sans ceinture, à manches

[1] Manuscr. Biblioth. nation., *Des nobles femmes*, Boccace, traduction française (1405 à 1410).

étroites, ajustée seulement sur la poitrine et tombant à larges plis de la taille aux pieds ; cette robe est rose, avec parements aux manches et bordure bleue à la gorge. La coiffure se compose d'un turban d'hermine, laissant voir les cheveux au sommet de la tête et passer une longue natte terminée par un nœud de perles. La toilette de la seconde consiste en une robe bleu foncé, avec très large ceinture et revers de menu vair au corsage et au bas des manches. La coiffure est un escoffion en façon de turban, dont le détail est donné dans l'article JOYAU (fig. 15). Plus tard, vers 1425, les robes sont encore plus décolletées au corsage, mais ne forment plus de ces plis très amples à la jupe, parce qu'elles sont coupées dans des étoffes roides et très chargées d'ornements brochés. Il arrive souvent (fig. 43 [1]) que les jupes sont terminées pas une très large bandé de fourrure au bas ou par une sorte de volant d'étoffe unie plus légère que le corps de robe, ainsi que le montre la figure 43. Cette dame noble porte un escoffion blanc et or sur la tête, avec voile très transparent et empesé sur les tempes. Une fine gorgière de gaze est posée sur la peau, dessous le revers de fourrure du corsage. Le corps de robe est pris dans une étoffe brocart à très grands dessins. Les bourgeoises adoptaient à peu près la même coupe de robe, mais les étoffes étaient plus simples et les corsages moins décolletés. Ces robes étaient bordées de même au bas de la jupe. Sur ces robes décolletées, les femmes en voyage posaient des guimpes et voiles retenus parfois par un petit escoffion ou une calotte (fig. 44 [2]). Alors aussi, en chevauchant, les femmes ne portaient pas cette ceinture large et très serrée, fort gênante, si la course se prolongeait. Il est évident que cette écuyère, assise sur la sambue (voyez HARNAIS, SAMBUE), a les pieds posés sur deux étriers, l'un court, pour la jambe droite, l'autre long, pour la jambe gauche. Cependant la jambe droite n'est pas posée par-dessus l'arçon de devant. Mais il est difficile de supposer que jamais les écuyères du XVe siècle ne prenaient cette posture.

La robe de cette amazone est très longue, rouge ; la guimpe et le voile sont blancs, la calotte bleu et or. Le harnais de la haquenée est de même bleu et or.

Les gentilshommes aussi bien que les bourgeois ne portent pas, de la fin du règne de Charles V à 1440, à proprement parler, des robes, mais des houppelandes et peliçons par-dessus les cottes, surcots

---

[1] Manuscr. Biblioth. nation., *Lancelot du Lac* (14`5 environ).
[2] *Ibid.*

et pourpoints, comme vêtements de cérémonie ou pour se garantir du froid. Ce n'est vers 1440 que les hommes reprennent des

44

robes longues comme vêtements habituels. Toutefois ces vêtements ne sont pas adoptés par les jeunes gens, et ne conviennent qu'aux personnes graves, aux gentilshommes d'un âge mûr et aux notables bourgeois.

La figure 45[1] donne l'habillement d'un de ces notables à cette époque. Il est vêtu d'une ample robe pourpre gris, serrée autour des reins par une ceinture étroite, noire, garnie de clous dorés. Au-dessus de l'encolure étroite de la robe, on voit passer le mince collet noir de la cotte de dessous. Cette robe est boutonnée par derrière par trois ou quatre boutons, afin de pouvoir passer la tête. Il était facile de bou-

tonner cette ouverture soi-même. Sur son épaule gauche est jeté le chaperon noir, dont la queue tombe devant. Les plis de cette robe sont fixés régulièrement au niveau de la ceinture, devant et derrière, et n'existent pas sous les bras.

Les figures 46 et 47[2] montrent une petite bourgeoise et une servante de la même époque. La première est vêtue d'une robe

[1] Manuscr. Biblioth. nation., *Miroir historial*, français (1450 environ).
[2] *Ibid.*

rouge avec large ceinture noire. Cette robe est bordée, au corsage
et aux parements des manches, de gris. Une huve noire, dont la
queue tombe par derrière jusqu'à terre, couvre sa tête. La seconde
est habillée d'une jupe bleue avec tablier blanc. Les manches assez
amples de cette robe sont terminées par des parements rouges. Sur
la robe est passé un corset à manches courtes et ne descendant

46

qu'aux hanches. Cette femme n'a pas de guimpe, mais un voile de
linge blanc. Ces vêtements appartiennent à la petite bourgeoisie, car,
pour les bourgeoises riches, elles n'entendaient point alors s'habiller
avec autant de simplicité ; tous leurs soins tendaient à imiter les toilettes des dames nobles.

Il suffit, pour le constater, de parcourir le petit livre intitulé
les Quinze Joyes de mariage, attribué à Antoine de la Salle, l'auteur
du *Petit Jehan de Saintré*[1], mais qui nous paraît plutôt avoir été écrit
au commencement du xve siècle.

Il faut donner tout le curieux dialogue entre une bourgeoise
notable et son mari : « Vous savez que je fuz l'autre jour à telle
« feste, où vous m'envoiastes, qui ne me plaisoit gueres ; mais quand
« je fus là, je croy qu'il n'y avoit femme (tant fust-elle de petit estat)
« qui fust si mal abillée comme je estoye ; combien je ne dy pas

[1] 1450 environ.

« pour moy louer, mais Dieu mercy, je suis d'aussi bon lieu comme
« dame, damoiselle, ou bourgeoise qui y fust; je m'en rapporte
« à ceulx qui scevent les lignes [1]. Je ne le dy pas pour mon estat,
« car il ne m'en chaut comme je soye; mais je en ay honte pour

47

« l'amour de vous et de mes amis. — Avoy! dist-il (le mari),
« m'amie, quel estat avoient-elles à ceste feste? — Par ma foy, fait-
« elle, il n'y avoit si petite de l'estat dont je suis, qui n'eust robe
« d'escarlate, ou de Malignes, ou de fin vert, fourée de bon gris,
« ou de menu ver, à grands manches, et chaperon à l'avenant,

---

[1] Les *lignes*, les généalogies.

« à grant cruche, avecques un tessu de soye rouge ou vert, traynent
« jusques à terre, et tout à fait à la nouvelle guise. Et avoie encor
« la robe de mes nopces, laquelle est bien usée et bien courte,
« pour ce que je suis creue depuis qu'elle fut faite [1]. »

A l'époque où écrivait Antoine de la Salle, les femmes ne portaient
de manches larges et tombant à terre qu'autant que ces manches
tenaient à la houppelande. Quant aux grandes manches tenant au
corps de robe de dessus, cette mode disparaît vers 1420, au plus tard,
pour ne plus être reprise que sous Charles VIII et Louis XII.

Le style de l'auteur des *Quinze Joyes de mariage* ne se rapporte
pas entièrement, d'ailleurs, à celui de l'auteur du *Petit Jehan de
Saintré* et se rapproche davantage du style d'Eustache Deschamps.
Les dialogues, si fréquents dans le roman d'Antoine de la Salle,
n'ont point l'allure de ceux que l'on trouve non moins fréquemment dans les *Quinze Joyes*. Mais, sans entamer une discussion
approfondie sur ce sujet, ce dernier petit livre ouvre, sur les habitudes de luxe de toilette des femmes au commencement du
xve siècle, les plus curieux aperçus. Il s'agit toujours d'obtenir du
mari des robes à la nouvelle mode. « Savez-vous », dit une femme
à son époux, « que je vous vueil demander? Je vous pri que ne me
« reffusez pas. — Non feray-je, m'amie, par ma foy, si je le puis
« faire. — Mon amy, fait-el, savez-vous? la femme de tel a mainte-
« nant une robe fourrée de gris ou de menu ver; je vous pri que
« j'en aye une; par mon ame, je ne le dy pas pour envie que je aye
« d'estre jolye, mès pource qu'il m'est avis que vous estes bien à la
« vallue (en état) de me tenir aussi honnestement et plus que n'est
« son mary. Et quant à moy, elle n'est point à comparager à ma
« personne; je ne le dy pas pour moy louer; mais, par Dieu, je le
« faiz plus pour ce qu'elle s'en tient ourgueilleuse que pour aultre
« chouse. — Lors le proudomme, qui à l'aventure est avaricieux,
« on luy semble que el a assés robes, pense ung poy, et puis lui dit:
« M'amie, n'avez-vous pas assés robes? — Par dieu, fait-el, mon
« amy, ouyl; et quant à moy, si je estoie vestue de bureau, je n'en
« faiz compte: mais c'est honte. — Ne vous chault, m'amie, laissés
« les parler: nous n'emprinterons rien d'eulx. — Par dieu, mon
« amy, voire mès; mès je ne semble que à une chamberiere emprès
« d'elle; non fais-je emprès de ma sœur, et si sui-je aisnée d'elle,
« qui est laide chouse [2]. »

[1] *Les Quinze Joyes de mariage*, la première joie.
[2] La quinte joie.

L'auteur nous apprend que si le mari accorde la toilette deman-
dée, la dame n'en est que plus disposée à se faire voir et à courir
les bals ; que, s'il la lui refuse, la dame finit par trouver quelque
galant qui est trop heureux de lui faire un pareil cadeau.

« Ainsi se font les besongnes du bonhomme son mary, qui est
« bien à point. Or a la dame la robbe que son mary ne li avoit voulu
« donner, qui luy a cousté et coustera bien chier. Or fait tant que sa
« mere lui donne le drap devant son mary, pour ouster toutes
« doubtes qu'il en pourroit avoir ; et aussi la dame a fait acroire
« à sa mere qu'elle l'a achaptée de ses petites besongnes que el a
« vendues, sans ce que son mary en sache rien ; et à l'aventure la
« mere scet bien la besongne qui avient souvent. Après ycelle robe
« en fault une aultre, et deux ou trois saintures d'argent, et aultres
« chouses. »

Les désastres du commencement du XVe siècle ne paraissent pas
avoir eu grande influence sur les habits des deux sexes. Le luxe
persiste en dépit des malheurs publics chez les classes élevées, ou
du moins ne tarde pas à rentrer dans ses habitudes, dès que les
provinces commencent à respirer.

Alain Chartier, comme moraliste, s'élève contre ce luxe dans ses
vers, souvent dictés par un souffle poétique très puissant ; mais il
n'est pas besoin de dire qu'en cette affaire les moralistes perdent
leur temps : les calamités publiques ne modifient les mœurs d'une
époque qu'à la longue. Les Anglais, maîtres de la plus grande
partie de la France, de 1418 à 1430, étaient, d'ailleurs, à cette
époque, autant adonnés au luxe que les Français eux-mêmes, et leur
domination n'était pas de nature à influer, à cet égard, sur les habitudes des notables et riches bourgeois des grandes villes.

La *Chronique de Charles VII*, de Jean Chartier, donne les détails
des vêtements prodigieusement riches que portaient les gentilshommes et les notables personnages formant le cortège du roi à son
entrée à Rouen en novembre 1449. « C'est chose certaine, dit le
« chroniqueur, qu'il n'est pas en mémoire d'hommes qu'oncques
« le roy eust été veu avoir pour une fois ensemble si belle cheva-
« lerie, et si richement habillée, ne plus grant nombre de gens
« d'armes et de guerre comme il avoit lors pour le recouvrement de
« la dite ville de Rouen. » Pendant ces solennités, les hommes portaient, même par-dessus l'armure, souvent des robes très riches et
de grandes écharpes par-dessus, faisant le tour du cou et tombant
jusqu'à terre.

A cette entrée du roi Charles VII à Rouen, ce prince, ainsi que ses principaux officiers, étaient armés à *blanc*, c'est-à-dire revêtus d'armures complètes, polies, les chevaux richement houssés de velours; mais Juvénal des Ursins, en sa qualité de chancelier de France, « estoit vestu en habit royal : c'est assavoir, ayant le manteau, la « robe et le chapeau d'escarlate vermeil, fourré de menu vair, et « portant sur chacune de ses épaules trois rubans d'or, et trois « pour-fils de laitices [1]. »

Les dames nobles portaient alors, indépendamment du grand surcot de cérémonie (voyez SURCOT), des robes parées de diverses formes, les unes avec ceinture, les autres sans ceinture. Ces robes avec ceinture (fig. 48 [2]) étaient très décolletées devant et derrière, avec manches passablement justes à l'arrière-bras et s'élargissant un peu aux poignets, terminées par de larges parements de fourrure. Sur les épaules apparaissaient également des revers de fourrure. La ceinture était très large et la taille assez haute. La jupe, démesurément large, se terminait par une ample traîne. Il fallait une grande habitude de porter ces robes pour pouvoir faire quelques pas sans tomber, car alors les dames n'isolaient pas les jupes par des paniers, cages ou jupons empesés. Au contraire, ces robes étoffées devaient suivre les formes du corps. Elles paraissent faites de soie, velours, satin ou cendale, équivalant à notre gros de Naples. Celle-ci est rose. Les dames à la mode cherchaient alors à montrer une poitrine *greslette*, les épaules basses, le cou long et la taille haute et très fine; les arrière-bras délicats et bien détachés; le ventre saillant, le front haut et parfaitement uni. Coûte que coûte, il fallait se rapprocher de ce type, et malheur à celles dont la poitrine développée, les épaules larges et le cou court, ne pouvaient s'accommoder de cette toilette qui ne convenait qu'à de très jeunes femmes. La figure 49 [3] montre la même robe de dos, mais avec une autre coiffure (l'escoffion à cornes). Le corsage, déjà passablement décolleté, mais qui laissait paraître, à la hauteur des seins, les bords d'un corset d'étoffe, habituellement de couleur sombre, était échancré suivant une courbure, par derrière, presque jusqu'à la ceinture. Celle-ci était retenue par une boucle postérieure. La jupe, froncée sous la ceinture, à la hauteur des reins, tombait en larges plis se terminant en longue traîne.

Cette dernière robe est bleue avec dessins d'or. La ceinture est

---

[1] Bandes étroites d'hermine. — Jean Chartier, *Chron. de Charles VII*, chap. 209.
[2] Collect. de M. le comte de Nieuwerkerke.
[3] Biblioth. nation., *Missel*, latin (1430).

42

noir et or. L'escoffion est vert pâle. Quant aux robes sans ceinture,

qui paraissent plus spécialement réservées aux damoiselles, filles et femmes de chevaliers, leur coupe différait de la précédente en ce que le corsage était moins décolleté et la taille plus longue (fig. 50 [1]). Cette jeune fille n'a, comme coiffure, que ses cheveux tombant librement derrière ses épaules. La jupe est parfois fendue

50

latéralement du bas à la hauteur des hanches; mais cette fente est rattachée à la hauteur des cuisses, soit par l'étoffe (fig. 51 [2]), soit par une agrafe d'orfévrerie. La robe (fig. 51) est rouge avec broderies et semis d'or sur la jupe. Une laitice d'hermine borde le bas de celle-ci.

Les bourgeoises s'habillaient plus simplement, bien qu'elles por-

[1] Biblioth. nation., *Missel*, latin (1450).
[2] Même manuscrit.

tassent aussi des jupes traînantes, qu'elles relevaient pour marcher
par la ville. Cette femme (fig. 52[1]) est vêtue d'une robe mordorée,
avec mince ceinture et huve noires. La huve se termine par une
longue pente descendant jusqu'aux talons (voyez en A). Des manchettes blanches couvrent les poignets.

51

De 1440 à 1450, les gentilshommes adoptent une coupe de robe
assez étrange (fig. 53[2]). Ce vêtement, collant, sur la poitrine, le
dos et latéralement, des aisselles à la ceinture, possède devant et
derrière un double faisceau de trois plis chacun, qui, partant des
épaules, se réunissent à la hauteur de la taille, très basse, pour
descendre en six tuyaux assemblés, jusqu'aux pieds. Ajustées à la

[1] Manuscr. Biblioth. nation., *Miroir historial*, français (1450 environ).
[2] Manuscr. Biblioth. nation., *Miroir historial*, français (1440 environ), dédié à
Charles Ier, duc de Bourbon, mort en 1456.

taille, ces robes peuvent se passer de ceinture, et celle-ci n'est généralement qu'une ganse de soie laissée lâche, et à laquelle pendent
par devant une dague et latéralement une aumônière. Les manches,

52   A

passablement larges, sont rembourrées aux épaules, afin d'élargir,
autant que possible, le haut du torse. Il était alors de mode d'avoir
les épaules très larges et carrées, le haut du torse développé, les
hanches menues et le cou dégagé. Les tailleurs se chargeaient naturellement de suppléer à ce que la nature refusait à leurs clients. Ces
robes s'agrafaient sous l'un des faisceaux de plis de la poitrine, et
l'ouverture venait joindre obliquement l'entaille du collet coupé
très bas, afin de laisser voir le col du pourpoint. La robe de ce per-

sonnage noble est bleue ; le collet du pourpoint, noir. Un chapel
de feutre noir tombe par derrière et est suspendu à l'épaule gauche

53

A

par la queue qui s'y trouve attachée. En A, on voit comme les plis
de droite sont formés sur la poitrine. La jonction agrafée est

en *a*, sous le premier pli interne. Cette agrafure descend jusqu'à la
hauteur de la ceinture.

54

La figure 54[1] montre le même vêtement de dos. Ce gentilhomme

[1] Même manuscrit.

55

porte une robe lie de vin laissant passer au col le collet, très haut
cette fois, du pourpoint, lequel est rouge avec ornements d'or. Un

56

B   A

chapeau de feutre noir, poilu, est suspendu derrière son épaule

droite par la queue d'étoffe verte. Ce chapeau est orné d'une chaîne, d'un bouton et d'une bouffette d'or. Une fine ganse noire est ici serrée autour de la taille.

Ces robes étaient faites souvent d'étoffes très riches, de brocarts et doublées des fourrures les plus précieuses. On ne tarda pas à exagérer cette mode déjà passablement bizarre. Les manches sont démesurément rembourrées et exhaussées aux épaules. Par contre, les jupes sont moins amples, et il est évidemment de bon air de les faire tomber droit des hanches aux pieds, en façon de fourreau (fig. 55 [1]). Cette robe est or, avec bande de fourrure grise au bas, au col et aux manches. Le chaperon est noir.

Ces robes, d'une venue, n'étaient point fendues sur le devant ni latéralement, et s'attachaient sur la poitrine, sous le faisceau des plis de droite. Il s'agissait de paraître très large d'épaules, très mince des hanches aux pieds. Ce vêtement n'était ni gracieux, ni commode, mais évidemment alors *très bien porté*, puisque sa coupe est d'autant plus exagérée qu'il s'agit de plus hauts personnages.

Toutefois cette mode bizarre ne dura guère. Bientôt les robes des hommes sont fendues par devant, à plis irréguliers, bombées sur la poitrine, avec manches assez longues pour couvrir les mains, et accompagnées par derrière d'un large faisceau de plis tombant jusqu'à terre, indépendant de la ceinture, comme le serait un manteau étroit ne couvrant que le dos (fig. 56 [2]). Les manches sont parfois ouvertes et lacées. La robe du personnage A est mordorée, doublée de vert. La doublure forme retroussis à l'encolure, qui laisse passer le collet bleu foncé du pourpoint, et large bordure au bas de la robe. Le chapeau de feutre est noir, avec plume blanche posée par derrière. La robe du personnage B est rouge, doublée de vert. Les bas-de-chausses sont bleus, et les manches, non fendues, sont assez longues pour couvrir entièrement les mains. Le chapeau est jaune. Le collier de la Toison d'or est posé sur les épaules du premier de ces deux gentilshommes à la jonction du retroussis avec la robe.

Voici (fig. 57 [3]) la toilette d'une dame de la même époque. La robe, très longue par derrière, ne tombe par devant que jusqu'aux pieds. La ceinture, large, est plus basse que dans les exemples précédents, et un revers d'hermine, d'une largeur égale, termine le

[1] Manuscr. Biblioth. nation., *Gérard de Nevers*, français (1440 à 1450).
[2] Manuscr. Biblioth. nation., *Quinte-Curce*, trad. franc., dédié à Charles le Téméraire.
[3] Même manuscrit.

58

corsage en mordant sur la ceinture. Cette robe est vert d'eau ; la ceinture, rouge et or. La corne, ou hennin, est revêtue d'une large bande de velours noir brodé d'or au-dessus du front.

De 1440 à 1450, les gentilshommes, pour chevaucher, portaient de très longues et amples robes garnies de manches fendues (fig. 58[1]). Ce personnage représente un duc de Bourbon. Sa robe à chevaucher est noire, doublée de bleu. Le collet du pourpoint, qui

59

dépasse l'encolure de la robe, est rouge. Une chaîne d'or est posée sous ce collet ; les manches du pourpoint, rouges aussi, laissent passer la chemise, du coude au poignet, par quatre crevés. Une couronne d'or est posée sur le chapeau de feutre noir. La robe, très ample au-dessous des hanches, n'est point fendue, et couvre entièrement les jambes du cavalier, ainsi qu'une partie de la croupe du cheval. Cette robe à chevaucher persiste assez tard, et l'on en voit encore sur les épaules des gentilshommes à cheval, jusque sous la

[1] Manuscr. Biblioth. nation!, *Froissart*, t. IV (144?).

fin du règne de Louis XI. On avait alors complètement abandonné ces manches démesurément rembourrées aux épaules.

Les docteurs, les gens de plume, portaient la robe pendant la seconde moitié du xvᵉ siècle. Ces robes étaient amples, et souvent

avec camail et capuchon. Le *Boccace* de la fin du xvᵉ siècle, de la Bibliothèque nationale, nous montre le traducteur offrant son livre à un seigneur (fig. 59 [1]). Ce traducteur est vêtu d'une robe pourpre, avec ceinture noire. Le camail est noir, et la doublure du chaperon blanche, ainsi que l'aumônière.

Sous le règne de Louis XI, les toilettes des femmes prennent des

_____
[1] Manuscr. français, nᵒ 127, *Boccace translaté du latin en français*, dédicace (1480).

allures plus modestes. Ces robes, démesurément amples, ces hennins, cornes et escoffions, disparaissent pour faire place à des coif-

fures moins extravagantes (fig. 60 [1]). Sur une jupe de dessous bleue,
bordée d'une large bande plissée violette, cette dame porte une robe

[1] Même manuscrit.

rouge et or, avec bordure et collet d'hermine à queues. La ceinture est vert et or, et la coiffure noire. Un riche collier d'or est posé sur la gorge. On observera que la coupe du corsage, contrairement à ce qui était de bon ton quelques années auparavant, tend à élargir les épaules. La mode des épaules basses et des corsages relevés et grêles était alors passée. Vers cette époque, on voit des robes de paysannes composées d'une jupe, avec corsage sans manches, d'une coupe assez gracieuse (fig. 61 [1]). La jupe et le corsage sont gris; les manches de dessous bleues, avec longues manchettes d'avant-bras blanches. Le tablier est blanc. La coiffure, rouge, est posée sur un serre-tête blanc qui cache les cheveux. Comme il a été dit plus haut, pendant la seconde moitié du xve siècle, l'état des classes inférieures s'améliore; elles atteignent à une aisance relative, et les vêtements ne montrent plus ces amas de haillons sordides dont les paysans étaient couverts habituellement pendant les siècles précédents, et particulièrement à la fin du xive et au commencement du xve siècle. D'autre part, la bourgeoisie alors est moins portée à imiter le luxe fou de la noblesse, celle-ci étant plus réservée dans ses habits. Si les mœurs, sous Louis XI, ne sont rien moins qu'exemplaires, on peut constater dans les habits plus de modestie et de simplicité. Les anciennes modes du règne de Charles VII ne se modifient pas d'une manière très sensible dans les formes, mais elles s'atténuent, pour ainsi dire, tendent à se simplifier; mais aussi, au point de vue de l'art, les vêtements étriqués, bizarres de coupe, sans conserver l'ampleur qui, du moins, leur donnait précédemment une grande tournure, sont laids, disgracieux, mesquins. La cour de Bourgogne donnait alors le ton; elle était la plus riche et la plus élégante des cours de l'Europe. Mais, entachée du goût lourd et maniéré des Flandres, son influence ne pouvait apporter des éléments d'art assez élevés et délicats pour ramener les modes à des formes convenables et gracieuses.

C'est en Italie, si brillante à la fin du xve siècle, que la noblesse française trouva ces éléments. Après l'expédition de Charles VIII, en effet, le vêtement français se modifie profondément. De guindé, incommode, étriqué, bizarre, il devient élégant, facile à porter, simple de coupe, aisé. C'est peut-être sous le règne de Louis XII que l'on trouverait le costume le plus gracieux et le plus correct, en raison de l'usage, qui ait jamais été porté en France. Le xvie siècle n'a fait que le gâter, lui enlever peu à peu toutes ses qualités, pour

[1] Manuscr. Biblioth. nation., *Missel*, latin (1460 environ).

tomber de nouveau dans les exagérations burlesques du règne de Henri III.

A la fin du xve siècle, les hommes ne portent plus de robes, mais des vêtements amples et courts (voyez SURCOT) qu'ils remplacent, soit pendant les solennités, soit pour se préserver du froid, par de larges pelisses (fig. 62 ¹). Ces pelisses sont ouvertes entièrement par devant, ajustées à la taille en plis réguliers par derrière et des deux côtés de la poitrine. Une fine ganse noire ou or retient ce vêtement sur les reins, indépendamment d'une ceinture ou surceinte assez large et très riche, qui tombe lâche sur la hanche, et à laquelle est suspendue une dague ou une aumônière, quelquefois l'une et l'autre. Les manches sont fendues, et l'étoffe dans laquelle sont taillées ces pelisses est habituellement très riche.

Quant aux dames, si leurs robes sont, comme étoffe et garniture, d'une grande richesse, leur coupe est simple et gracieuse, et abandonne ces allures étriquées si fort en vogue depuis le règne de Charles VII.

La figure 63 ²-donne une de ces parures. Le corsage est juste à la taille sans la déformer ou la serrer plus qu'il ne convient. Les manches, larges, ne tombent pas assez pour être gênantes. La jupe est ample et dessine bien les hanches sans les brider.

La coiffure est certainement une des plus gracieuses parmi toutes celles que le moyen âge a inventées. Les étoffes dont sont faites ces robes de dessus sont habituellement chamarrées, à grands dessins et assez épaisses, ornées, en outre, de passementeries et de joyaux, et particulièrement de perles.

Ces modes persistent, avec des modifications peu importantes, jusqu'aux premières années du xvie siècle. Mais bientôt, à ces corsages souples et qui déforment peu la taille, on substitue les *corps*, sortes de cuirasses qui persistent jusqu'à la fin du xvie siècle.

Pour les hommes, les robes sont réservées aux magistrats, aux docteurs, aux gens de *robe*, en un mot ; et, chez la noblesse, la robe n'est plus qu'un vêtement que l'on porte en déshabillé chez soi : c'est la robe de chambre qui nous est restée.

ROCHET, s. m. (*roque, rocquet*). C'est un vêtement d'homme, court, ressemblant fort à notre blouse, et qui est porté généralement

---

¹ Tour du chœur de la cathédrale d'Amiens. Tapisseries de Nancy, dites de Charles le Téméraire, mais qui sont évidemment d'une époque un peu postérieure et datent du règne de Louis XII.

² Même provenance.

ROBE-PELISSE DE GENTILHOMME (fin du xve siècle)

ROBE DE DAME NOBLE (fin du xvᵉ siècle)

par les gens du peuple. Il est déjà question du rochet dès les premières années du XIII⁰ siècle, et alors ce vêtement paraît avoir appartenu aux classes élevées aussi bien qu'aux vilains :

« Et Giglain par le roquet prist [1]. »

C'était une tunique courte de jupe, à manches, dont la forme remonte à une haute antiquité dans les Gaules. Ce vêtement paraît avoir cessé d'être porté par les hautes classes à dater du XIV⁰ siècle, et au XV⁰ il était certainement réservé aux paysans, vilains et bourgeois. Quand

les Anglais veulent s'emparer de Courville par surprise, en 1441 (décembre), leur chef place ses gens en embuscade près de la forteresse, « et y en ot trois ou quatre qui avoient chascun ung rocquet
« vestu et portoient en sacs pommes, navetz et autres choses, comme
« s'ils venissent au marché. Et par ainssi entrerent dedens la place
« né trouverent aucun empeschement, car la garnison estoit dehors
« en partie, et les autres dormoient en leurs litz. Et, de fait, mon-
« terent les dits vestus de rocquestz en la chambre du seigneur, et le
« prindrent en dormant. Et adonc saillirent l'embusche et vindrent

Le Biaus desconneus, vers 5932.

« hastivement audit Courville, et prindrent, pillerent et emportèrent
« tout ce que bon leur sembla.[1] »

On a donné le nom de *rocket* ou *rochet* à un vêtement ecclésiastique qui se compose d'une fine tunique blanche ne descendant
qu'aux genoux : « Et puis li viesti on le rocket qui est blans, qui
« senefie caastet[2]. »

Le rocquet est, au XIIIᵉ siècle, garni parfois d'un petit capuchon ;
ses manches sont justes (fig. 1[3]). Ce personnage est un bourgeois ;
son rocquet est bleu clair et sa coiffe est blanche, suivant l'usage.

Le rochet ecclésiastique peut, comme forme, être confondu avec
le surplis (voyez ce mot), et se porte toujours sans ceinture.

[1] Jean Chartier, *Chron. de Charles VII*, chap. 155.
[2] *Chron. de Rains*, p. 104.
[3] Manuscr. Biblioth. nation., *Hist. de la vie et des miracles de saint Louis*, français
(1290 environ).

Parfois aussi le chaperon est posé sur le rocquet (fig. 2 ¹). Ce

paysan est vêtu d'un rochet bleu, de chausses et d'un chaperon pourpre.

¹ Manuscr. Biblioth. nation., *Missel*, latin (1260 environ).

La figure 3 [1] donne la forme du rochet adopté par les classes moyennes au commencement du xv⁰ siècle. Ce personnage est vêtu d'un rochet blanc à petit collet de fourrure grise. Ses bas-de-chausses sont noirs. Outre le chapeau rouge sans bords qui est sur son chef, il porte sur l'épaule un chaperon noir dont la queue tombe jusqu'à terre.

La figure 4 [2] nous montre un paysan du milieu du xv⁰ siècle, vêtu d'un rocquet très court par-dessus la chemise. Ses genoux sont nus, et il porte sur les tibias des jambières de laine ou de toile blanche, qui laissent les mollets également à nu. Les manches du rocquet ne descendent pas beaucoup au-dessous du coude. Ses souliers sont attachés par des cordelettes autour des chevilles.

A cette époque, les bourgeois portent aussi des rochets avec chaperon par-dessus et manches fendues (fig. 5 [3]). Ce vêtement est gris de lin, et le chaperon bleu clair; par la fente de la manche, on aper-

[1] Manuscr. Biblioth. nation., *Boccace*, français (1420).
[2] Manuscr. Biblioth. nation., *Miroir historial* (1450 environ).
[3] Manuscr. Biblioth. nation., *Froissart*, français (1440 à 1450), bourgeois de Gand.

çoit l'étoffe verte d'une cotte de dessous. Le bas du rochet est

5

bordé de martre ; le chapeau est de feutre noir et les bas-de-chausses verts. Enfin, voici (fig. 6 [1]) l'accoutrement d'un paysan vêtu d'un rochet bleu. Une besace lui sert de ceinture ; une bouteille d'étain

[1] Manuscr. Biblioth. nation., *Missel*, latin (1460 environ).

est pendue derrière son dos ; son chapeau est de paille, et ses bas-de-chausses pourpre.

6

PEGARD & FILS

Ces exemples montrent assez que la blouse n'est que l'ancien rochet, qui peu à peu n'a plus été porté que par les paysans et artisans (voyez les articles COTTE et SURCOT). Il serait difficile de dire pourquoi ce vêtement, si commode, a été abandonné totalement par la noblesse d'abord, puis la bourgeoisie. Mais il y a bien d'autres étrangetés dans le mouvement des modes, que nous n'avons par la prétention d'expliquer.

SABOT, s. m. (*cherbole*). — Voyez CHAUSSURE.

SACHET, s. m. Petit sac dans lequel on enfermait des odeurs ou des reliques et que l'on portait sur soi.

L'usage de porter des reliques avec soi était fréquent au moyen âge, aussi bien avec les vêtements civils qu'avec les habits de guerre. Ces sachets se plaçaient habituellement sur la peau, pendus à un fil de soie autour du cou. Il en est parfois question dans les romans.

SAMBUE, s. f. Selle de femme pour chevaucher.

> « Et Aye chevaucha le jor .I. fauve mul :
> « La sambue est à or tole d'un chier bofu,
> « Et elle ot .I. bliaut d'orienne vestu ;
> « Ainz fame crestienne mais si gente ne fu [1]. »

> « Et vit en milieu d'aus le puchele en sambue [2]. »

> « Une moult riche mule li ont appareillie,
> « La sele fu d'ivoire, s'est à or entaillie ;
> « U frein ot une pierre de moult grant segnorie
> « Dont l'en voit clerement par nuit oscurie :
> « Ja qui l'ara sus li n'i ara maladie.
> « Sus la sambue monte, qui feite iert par mestrie ;
> « .XXX. sonneites ot par derier la cuirie :
> « Quant la mule galope l'ambléure serie,
> « Adonc font les sonneitez si tres grant melodie
> « Que harpe ne viele n'i vausist une alie,
> « Qu'il n'est nul si enferme, tant ait grant maladie,
> « Qui ne soit esjoï quant ot la melodie ;
> « Ainsi estoient feites par itele mestrie.
> « Sus la riche sambue est maintenant puïe [3]. »

Jusqu'au XIVe siècle, les femmes montent habituellement à cheval comme les hommes. Cependant on trouve quelques exemples de chevauchées où les femmes sont assises sur le côté gauche de la monture, et des représentations de selles de femmes disposées à peu près comme celles de nos jours (voy. HARNAIS, fig. 10). Ce sont là

---

[1] *Aye d'Avignon*, vers 55 et suiv. (fin du XIIe siècle).
[2] *C'est du roi de Sezle*, poëme (milieu du XIIIe siècle).
[3] *Gaufrey*, vers 2021 et suiv. (*Anc. poëtes*, publ. sous la direct. de M. F. Guessard).

évidemment les sambues. On prétend que Catherine de Médicis fut
la première dame qui eut l'idée de passer la jambe droite par-
dessus l'arçon antérieur de la selle pour avoir la tête du cheval
devant elle. Il en est de cette légende comme de beaucoup d'autres,
elle n'est pas confirmée par l'observation des monuments. Si dans
les représentations de chevauchées de femmes de la fin du XIIIe au
XIVe siècle, on voit bon nombre d'écuyères simplement assises les
jambes pendantes du côté gauche de la monture, il en est (notamment celles qui figurent des scènes de chasse au vol ou à courre)
où les dames ont la jambe droite passée par-dessus l'arçon, ou tout
au moins pliée sur le devant de la selle. La figure 10 de l'article
HARNAIS ne peut laisser de doutes à cet égard. La fourche existe
en avant de la selle ; il eût été fort étrange que nulle femme n'ait eu
la pensée de l'utiliser avant la venue de Catherine de Médicis, d'autant que souvent les dames sont représentées, pendant les XIVe et
XVe siècles, presque posées à califourchon sur la sambue. (Voyez
RORE, fig. 44.)

SCAPULAIRE, s. m. Vêtement monacal qui se confond souvent

avec la cagoule ou cucule, dans les premiers siècles du moyen âge.[1]

---

[1] Voyez CAGOULE et CUCULE.

Le scapulaire des religieux ne prend une forme spéciale et bien déterminée que vers le commencement du xvᵉ siècle, du moins ne l'avons-nous pas vu figurer d'une façon bien distincte de la cucule ou cagoule avant cette époque. Le personnage que montre la fig. 1 [1] est saint Macaire, habillé en frère mineur du xvᵉ siècle. Son habit est de la même nuance dans toutes ses parties, gris brun. Il porte le scapulaire bien caractérisé, qui n'est autre chose que la chasuble avec capuchon singulièrement réduite et ne couvrant que les épaules, la poitrine et le dos. Nous avons dit ailleurs que les moines qui travaillaient aux champs ou à des métiers endossaient le scapulaire comme étant le vêtement qui se prêtait le mieux à ces exercices. Mais alors le scapulaire avait la forme de la cagoule (voyez ce mot). Ici il n'est plus guère qu'une tradition.

SCEAU, s. m. (saüel, signet). Lorsque dans l'antiquité on écrivait certains actes ou des lettres qu'on adressait à ses amis, à l'aide d'un style, sur des tablettes enduites d'une mince couche de cire, il était tout simple de donner à ces écrits une authenticité incontestable en apposant un scel sur cette matière molle. C'était la signature. Mais, en abandonnant ce procédé assez incommode et fugitif de correspondance, on conserva le moyen qui avait paru le plus propre à prévenir les faux en écriture, et l'on scella le papyrus ou le parchemin sur lequel l'écrit avait été tracé à l'encre, au moyen d'un morceau de cire recevant l'empreinte d'un cachet. Chacun possédait ainsi une petite matrice connue de tous, gravée sur pierre dure ou métal, à l'aide de laquelle on faisait une empreinte fort difficile à imiter. Les intailles sur pierres dures que l'antiquité assyrienne, égyptienne, grecque et romaine nous a laissées ne sont autre chose que des sceaux. Et si beaucoup rappellent les mêmes sujets, il n'en est pas deux qui soient absolument identiques. Cet usage se perpétua d'autant mieux pendant le moyen âge, que beaucoup de seigneurs féodaux qui devaient, en maintes circonstances, fournir des écrits émanés de leur chancellerie, ne prenaient pas la peine de tracer leur nom, ou ne pensaient pas qu'une simple signature pût avoir une authenticité incontestée. Pour les hauts barons, pour les suzerains, la garde du sceau était donc une affaire d'importance, et ne la confiait-on qu'à un serviteur dont le dévouement, la prudence et la vigilance ne pouvaient être suspectés. Ces grands personnages avaient leur petit scel,

[1] Manuscr. Biblioth. nation., *Miroir historial*, français (1440 environ).

qu'ils portaient habituellement avec eux et qui tenait à un anneau, et leur grand scel, prudemment enfermé dans une cassette, sous la garde d'un fidèle. Avec le premier, on scellait les lettres de peu d'importance, la correspondance privée, les ordres de chaque jour ; avec le second, les actes d'une importance majeure, donations, chartes, testaments, traités, etc. Les sceaux privés, parfois nombreux, étaient alors enfermés dans une cassette dont le seigneur conservait la clef sur lui. L'inventaire du trésor de Charles V mentionne une grande quantité de ces sceaux. En tête de cet inventaire des sceaux privés du sage roi, on lit : « Signets estant ou dit coffre de cypraes dont le Roy porte la « clef. » Et premièrement :

« Ung petit signet d'or ou a une pierre corneline ou dedens est taillé « une teste dôme qui a une corne sur loreille [1] » (c'était évidemment une intaille antique).

« Item ung autre petit signet dor en façon d'escu ou dedens est « l'escu de Savoye [2]. »

« Item ung autre signet dor ou est une teste entaillée en une « pierre [3]. »

« Item le scel dor ou est le pas Salladin fermant à clef [4]. »

« Item un tres petit scel dor beslong ou est une onisse, ou est « entaillé une teste domme, pendant à une chayne d'argent [5]. »

« Item deux signetz en deux anneaulx d'or d'une façon esquelz « sont taillez deux camahieux à deux perdrix [6]. »

« Item un signet dor en ung annel ou dedens est entaillé ung « Roy [7]. »

« Item ung signet dor à une verge toute pleine ou a ung ruby taillé « à une teste d'un Roy et est le signet dont le roy Charles signoit « les livres de généraulx et est en ung petit coffret de cuir ferré de « leton [7]. »

« Item ung autre signet dor pendant à une chesnette dor et a ou « mylieu dudit signet ung saphyr taillé à troys fleurs de lyz [9]. »

« Item deux signets pendanz à une chesne dor dont il y a en l'un

---

[1] Biblioth. nation., n° 570 de l'inventaire.
[2] Ibid., n° 571.
[3] Ibid., n° 573.
[4] Ibid., n° 574.
[5] Ibid., n° 575.
[6] Ibid., n° 576.
[7] Ibid., n° 577.
[8] Ibid., n° 578.
[9] Ibid., n° 579.

« ung saphir entaillé à ung L R ? environné de fleurs de lys, — et
« l'autre a ung saphir ouquel a entaillé ung Roy à cheval armoyé de
« France [1]. » Etc.

Le scel était afférent à toute possession féodale; les abbayes, les
chapitres des cathédrales avaient leurs sceaux. Puis bientôt, c'est-
à-dire vers la fin du xiiie siècle, les corporations eurent aussi le leur,
bien qu'elles n'eussent aucun droit féodal. A plus forte raison, les
communes, en obtenant des chartes d'affranchissement, eurent-elles
aussi leur scel. Mais déjà, au xiiie siècle, il n'était guère de bourgeois
et de clerc qui n'eût son scel privé.

Dans le *Dict du miracle de Théophile*, du poëte Rutebeuf,
le moine.

« De l'anel de son doit séela ceste lettre. »

Il reste un grand nombre de sceaux du moyen âge, ou au moins
leurs empreintes sur cire. Il en est qui sont très remarquables comme
gravure et composition.

Nous citerons les grands sceaux de saint Louis, de Philippe le Hardi,
de sa femme Marie de Brabant; ceux de Louis X, de Philippe V, de
Philippe VI, de Jeanne sa femme, de Jean le Bon, de Charles V et de
Charles VI. Ces princes sont représentés assis sur des trônes, richement ornés de têtes de lion, d'aigle, de levrier.

Si, à dater de Philippe-Auguste, les grands sceaux des rois de
France représentent invariablement ces princes assis, tenant la fleur
de lis ou le sceptre de la main droite, les sceaux des reines montrent
celles-ci debout, et ceux des enfants de France ou des princes du
sang, à cheval et armés de toutes pièces. Parmi ces derniers, il en
est de fort remarquables, comme dessin et gravure, et qui donnent
les plus précieux renseignements sur le vêtement militaire du moyen
âge. On trouve des moulages de la plupart de ces sceaux dans le
commerce [2].

Charlemagne avait pour scel une pierre gravée antique, représentant une tête de Jupiter Sérapis, et un autre cachet montrant une
tête de profil, barbue et laurée, qui paraît avoir été gravée de son
temps. Le sceau de Henri Ier est le premier qui représente le roi assis,
tenant une fleur dans la main droite et une haste dans la gauche
(voy. SCEPTRE).

---

[1] N° 580.
[2] Voyez le *Trésor de numismatique et de glyptique*.

On donnait aux lettres scellées, au XIIIe siècle, le nom de *escrou, scroua, escrohes*.

Chaque grand scel avait son revers ou son contre-scel. Louis VII est le premier qui se soit servi constamment d'un sceau suspendu à des ganses de soie, et par suite d'un revers : ce revers représente le roi à cheval, armé. Les ganses de soie qui enclosaient le parchemin étaient prises entre deux plaques de cire, qu'on serrait dans le scel et le revers comme dans un gaufrier. Pour ouvrir la lettre, il fallait couper une des ganses. Le scel devait rester appendu à l'autre bout de soie pour prouver l'authenticité de la pièce ; le revers était, par conséquent, de la même dimension que le scel. Quant au contre-scel, on l'apposait comme le sceau sur le parchemin même, et il était de dimensions plus petites. Le contre-scel est ordinairement aux armes du seigneur figuré sur la face.

SCEPTRE, s. m. (*baston, ceptre, baston à seigner*). Les plus anciens monuments figurés représentant des rois français placent dans la main droite de ces personnages un long bâton terminé par un ornement en forme de fleur d'*arum*, et parfois, dans la main gauche, une verge terminée au sommet par une main bénissant suivant la mode latine.

Cet usage paraît avoir été introduit par la cour de Byzance, car les plus anciennes représentations des empereurs d'Orient nous montrent ces princes tenant à la main droite un bâton terminé, soit par une petite croix, soit par une fleur d'arum, soit par une main [1].

La tapisserie de Bayeux montre le roi Harold au moment de son couronnement, tenant dans sa main droite un bâton fleuri terminé par une petite croix, et dans la main gauche une sphère surmontée également d'une croix.

Parfois ces bâtons sont terminés par un aigle, à l'instar, probablement, des empereurs victorieux, pendant la période de l'empire romain [2].

Dans le roman de *Gui de Nanteuil*, Charlemagne tient à la main un bâton d'olivier vert :

« Le roy tint une verge florie d'olivier [3]. »

[1] Voyez le coffret d'ivoire appartenant au trésor de la cathédrale de Troyes, et les plaques d'un reliquaire byzantin provenant du trésor de Saint-Denis, déposé au musée du Louvre, salle des émaux (XIe siècle).

[2] L'empereur Antonin est représenté sur la base de la colonne Antonine à Rome, portant un sceptre terminé au sommet par un aigle.

[3] Vers 790 (fin du XIIe siècle).

Ailleurs, l'empereur tient un bâton d'érable :

> « L'emperere de France s'estut droit seur la table,
> « Et fu bien afublé d'un gros mantel de sable,
> « Et tenoit en sa main une verge d'arrable[1]. »

Dans le roman de *Doon de Maience*, le poëte met entre les mains de Charles un bâton de pommier :

> « Quant chil oï Doon issi lait menachier,
> « Tant repondi le roi qu'il le fist courouchier,
> « Et que il le feri d'un baston de pommier
> « Si que par devant li le fist agenoullier[2]. »

Enfin, dans le roman de *Gui de Bourgogne*, l'auteur décrit ainsi le sceptre du roi :

> « Desus le faudesteuf se sist li rois prisiés ;
> « .I. eschamel[3] d'argent ot le rois à ses piés.
> « Et tenoit .I. baston qui fu à or vergiés,
> « .XLV. aniaus i pendoient mult chier,
> « A or et à baricles ert li baston liez.
> « Quant le fiert sur la table, oiant ses chevaliers,
> « Trestout fait le palais fremier et gresloier[4]. »

Ces citations et les monuments figurés, par la variété infinie d'exemplaires qu'ils fournissent, indiquent que jusqu'au commencement du XIIIᵉ siècle au moins, le sceptre n'avait pas une forme consacrée, hiératique, et que chaque souverain en portait un suivant son goût du moment. Ce dernier sceptre, garni de quarante-cinq anneaux qui bruissent au moindre mouvement, est, il est vrai, une bizarrerie qui ne paraît pas fréquente ; mais nous voyons, par les monuments figurés, des sceptres assez étranges et divers, pour supposer que la fantaisie seule, et non l'étiquette, donnait la forme de ces bâtons, signe de la puissance souveraine.

Quant à la verge terminée par une main, que l'on a qualifiée de *main de justice*, signe du pouvoir judiciaire suprême, il faut voir là une tradition chrétienne, comme l'a fait très bien observer M. le comte de Laborde dans son *Glossaire et Répertoire*. Cette main

---

[1] Vers 297 et suiv.
[2] Vers 6073 et suiv. (seconde moitié du XIIIᵉ siècle).
[3] Escabeau.
[4] Vers 1842 et suiv. (commencement du XIIIᵉ siècle).

bénissante, posée d'abord au-dessus de la tête des empereurs d'Orient et même de Charlemagne, est devenue un attribut palpable et visible de la souveraineté; et la qualification de *baston à seigner*, c'est-à-dire à bénir, serait la seule qui conviendrait à ce genre de sceptre.

Cependant cette verge terminée par une main bénissante était déjà considérée comme le symbole du pouvoir judiciaire du souverain dès le xve siècle.

« Pour une autre couronne garnie de pierreries, un sceptre et une « main de justice servant pour la statue à l'entrée de Paris, pesant « vi marcs iij onces iij gr., xxx liv. xviij sols[1]. »

L'inventaire de Charles V[2] décrit ainsi le plus beau des sceptres du trésor de ce prince : « Item, un ceptre dor pour tenir en la main « du Roy, pesant environ neuf marcs, dont le baston est taillé à « compas de neuz et de fleurs de lys, et est la pomme dudit baston « taillée de haulte taille distoire de Charlemaigne, garny de troys

---

[1] *Comptes des obsèques de Charles VII.*
[2] Biblioth. nation., n° 3149 de l'*Inventaire*.

« ballaiz, troys saphyrs, troys troches, dont en l'une a quatre grosses
« perles et ung dyamant au milieu et au dessus, et dessoubs de la
« dite pomme a seize perles, et sur la dite pomme a ung lys esmaillé
« d'esmail blanc, sur lequel lys est assis en une chayere dor saint
« Charles, qui fut empereur de Romme, et sur le devant de sa cou-
« ronne a ung petit ruby d'Orient et le fruitelet de la dite couronne
« est d'une grosse perle et est le dit ceptre en ung estuy brodé de
« veluiau azuré, semé de fleurs de lys et garny d'argent doré. »

2

Un sceptre analogue à celui-ci existe encore,[1], et faisait partie du
trésor de l'abbaye de Saint-Denis. Le bâton de vermeil a 1m90 de
longueur et est terminé par une petite statuette d'or de Charlemagne.
L'empereur est assis dans une chaire reposant sur un fleuron. Le travail
de ce joyau paraît dater du commencement du xiiie siècle.

La figure 1 présente le scel de Philippe-Auguste. Comme ses pré-

[1] Cabinet des médailles, Biblioth. nation. — Musée des souverains au Louvre (?).

décesseurs, ce prince tient une fleur d'*arum* ou de lis d'eau de la main droite. La verge tenue dans la main gauche est terminée par un losange au milieu duquel est une fleur. Le sceau de la reine Isabelle ou Elisabeth de Hainaut, sa femme, trouvé dans sa tombe, au milieu du sanctuaire de Notre-Dame de Paris, en 1859, présente les mêmes accessoires. La fleur de lis est accompagnée de deux étamines (fig. 2 [1]).

3

Cette haste terminée par un losange ajouré contenant une fleur ne se trouve plus dans la main des rois français après Louis VIII. Saint Louis, dont la figure 3 donne le sceau, tient dans sa main droite une fleur d'arum, comme ses prédécesseurs, et, dans sa gauche, un bâton terminé aussi par une fleur de lis d'eau. Louis X

---

[1] Ce sceau d'argent, de la dimension de la figure 2, fut déposé dans le trésor de Notre-Dame et volé peu apr. s. Nous en avions fait faire plusieurs empreintes heureusement, et M. C. Lecavelier (de Caen) l'avait reproduit en fac-simile, sur un excellent moulage. (Cabinet de l'auteur.)

est le premier qui porte le bâton à signer ou la main de justice dans
sa main gauche, et un sceptre fleuronné dans la droite (fig. 4). La
haste du sceptre est ici très longue, tandis que le bâton à signer est
relativement court. Cette même disposition se trouve reproduite sur

les sceaux des rois de France jusqu'à Louis XI. Ce ne sont pas des
fleurs de lis ou d'arum qui terminent les sceptres de ces princes
depuis Louis X, mais des fleurons composés de feuilles pliées, terminées par un bourgeon (fig. 5) et superposées, quelquefois avec une
bague au-dessous du fleuron.

La reine Clémence, seconde femme de Louis X, représentée debout
sur son sceau, porte dans la main droite un sceptre court, terminé par
une fleur de lis. Il en est de même de la reine Jeanne, troisième
femme de Charles le Bel. Mais après cette princesse, les reines portent
des sceptres fleuronnés, analogues à celui qui est représenté figure 5,
si ce n'est qu'ils sont plus délicats.

Nous donnons ici plusieurs fleurons de sceptres, choisis parmi les plus remarquables.

La figure 6 est tirée d'un manuscrit de la Bibliothèque nationale [1]. Ce fleuron représente assez exactement la fleur de l'iris (arum) et est figuré en or.

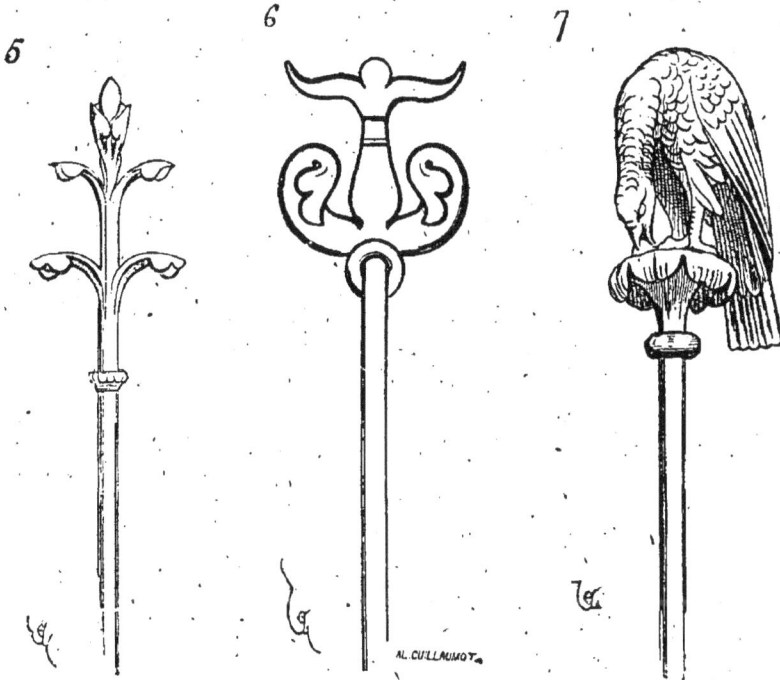

La figure 7 donne le grand sceptre tenu par une statue sculptée sur un des piliers de l'hôtel de ville de Saint-Antonin (Tarn-et-Garonne), et représentant, pensons-nous, Charlemagne. Le personnage, debout, tient un livre ouvert de la main droite, et de la gauche; ce sceptre terminé par un oiseau becquetant le fleuron sur lequel il repose. Cette sculpture appartient au milieu du XIIe siècle [2].

La figure 8 reproduit le fleuron du sceptre court que porte la statue de roi provenant du portail de l'église Notre-Dame de Corbeil et déposée aujourd'hui dans l'église abbatiale de Saint-Denis (milieu du XIIe siècle), et la figure 9 celui du petit sceptre que porte la statue (bas-relief) de Childebert Ier, provenant de l'abbaye Saint-Germain des Prés, et de même déposée à Saint-Denis [3]. Tous les sceptres des

---

[1] XIIe siècle : *Biblia sacra*, fonds latin, n° 10, figure de roi debout.

[2] Voyez, pour la place de cette statue, le *Dictionnaire d'architecture*, à l'article HOTEL DE VILLE (fig. 2 et 3).

[3] Cette statue date de la fin du XIIe siècle.

statues des rois prédécesseurs de saint Louis, et refaites par ordre de ce prince, dans l'église abbatiale de Saint-Denis, sont courts : les bâtons n'ont que de 60 à 70 centimètres de longueur. Les sceptres longs reparaissent dès le commencement du xive siècle, ainsi que le font voir les sceaux reproduits ci-dessus.

8

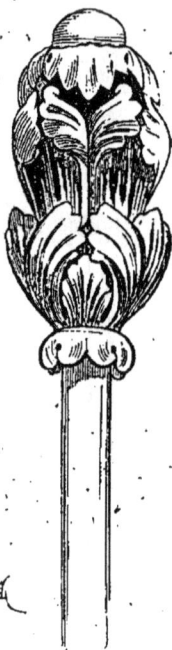

9

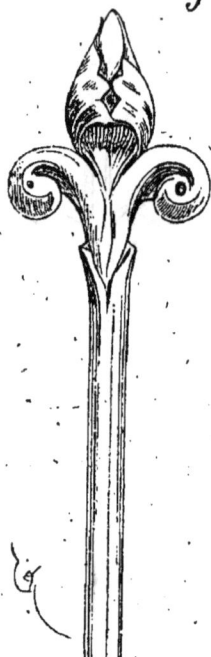

10

La pierre votive des sergents d'armes de la bataille de Bovines, refaite sous Charles V, et déposée aujourd'hui dans l'église abbatiale de Saint-Denis [1], montre le roi saint Louis, en costume de cérémonie, debout et tenant un grand sceptre de la main droite, terminé par un fleuron épanoui (fig. 10). Ces longs sceptres persistent jusqu'à la fin du xve siècle.

SIGLATON, s. m. (*sigleton, singleton, singladoire*). Sorte de manteau taillé dans une étoffe précieuse, commun aux deux sexes. Le siglaton est plus ou moins long, c'est le manteau rond (voy. MANTEAU [2]). Cependant le siglaton se portait parfois en cérémonie, par-

[1] Provenant de l'église Sainte-Catherine du Val-des-Écoliers.
[2] Voyez du Cange, *Gloss.*, CYCLAS.

dessus le manteau, et était plus court que celui-ci. On le mettait aussi sur la chape [1] et sur l'armure.

> « Voit son frere venir, qui Hanry ot à nom,
> « Qui devant sa bataille venoit sur un Gascon,
> « Armez de haubregon, couvert d'un singlaton.
> « C'estoit Hanris armés à loy de champion [2]. »

> « Après l'ont revestue d'un riche siglaton,
> « Et puis ont baptisié le bon vassal Lion [3]. »

> « Vés com bel chevalier vestu de siglaton [4] ! »

> « Et fu moult bien vestu d'un siglaton de soie,
> « Et fu chaint par dessus d'une large couroie ;
> « Des pierrez qui reluisent le palez reflamboie [5]. »

> « Couvers de riches pailes et de vers siglatons,
> « Et portent en lor lances enseignez et penons [6]. »

Il s'agit d'une damoiselle :

> « Vestu ot un vert peliçon
> « Qui fu covers d'un siglaton [7]. »

> « Vestue fu d'un paile galacien saffré ;
> « La fée qui l'ot fait l'ot menu estelé
> « D'estoile de fin or qui jetent grant clarté.
> « Caint ot .I. singladoire menuement ouvré :
> « La boucle fu moult rice, de fin or esmeré [8]. »

> « L'enfes Bernier a la chiere menbrée,
> « D'un siglaton a la teste bendée [9]. »

« Pour une piece de chigaton de Luques achetée [10] .... »

[1] « Juditha Comitissa, filia Vratislai Boiemici Regi, coronata, et auro textis induviis « regaliter adornata, processit, et coronam auro gemmisque insignitam, et cycladem auro « textam, instar Dalmaticæ, et pretiosissimi operis, quam sub mantello ferebat, etiam « auro texto induta. » (Monach. Pegaviensis, ann. 1096.) — « Sericis vestimentis « ornati, cycladibus auro textis circumdati. » (Math. Paris, ann. 1236.)

[2] Chron. de Bertrand du Guesclin (XIVe siècle).

[3] Gaufray, vers 9165 et suiv. (XIIIe siècle).

[4] Guy de Nanteuil, vers 461 (XIIIe siècle).

[5] Ibid., vers 269 et suiv.

[6] Ibid., vers 2365 et suiv.

[7] Li Biaus desconneus, vers 4141 et suiv. (XIIIe siècle).

[8] Fierabras, vers 2016 et suiv. (XIIIe siècle).

[9] Raoul de Cambrai, édit. Edward Le Glay, p. 71.

[10] Comptes d'Etienne de la Fontaine, 1352.

Ces citations montrent assez que le siglaton était un vêtement de dessus, riche, retenu parfois par une ceinture, et qu'on donnait aussi ce nom à une étoffe, ce qui arrivait fréquemment. On disait : vêtu d'un samit, d'un drap, d'un cendal, c'est-à-dire d'un vêtement fait de samit, de drap, de cendal.

La forme donnée au siglaton des femmes paraît être celle du manteau rond (voy. MANTEAU, fig. 18). Quant au siglaton des hommes, retenu par une ceinture et que l'on posait parfois sur l'armure, il était taillé comme une dalmatique (fig. 1 [1]). C'était une sorte de garde-corps (voy. GARDE-CORPS, fig. 2).

SOQ, s. m. (*soc*). Ce vêtement est une chape sans capuchon, dont l'ouverture laissait le bras droit libre. Du Cange considère le soq

[1] Manuscr. Biblioth. nation., *Chronique d'Angleterre*, français (1350 environ).

comme un vêtement affecté particulièrement aux femmes [1]. Cependant, il est question du soq, vêtement d'homme, dans plusieurs documents

des XIIIe et XIVe siècles, et entre autres dans l'inventaire du trésor de Charles V : « Item, ung autre habit appelé soq, de satin azuré, le « champ à fleurs de lys comme dessus, orfroisiez tout autour de

[1] *Glossaire*, SOCCA.

« orfrois de damas très larges, de la devise et semeure de perles
« comme sont les deux garnemens dessus escrips et doublé de satin
« vermeil comme dessus. » — « Item, une fleur de liz d'or pour
« fermer sur lespaulle le soq dessus dit [1]. » Le soq est, d'ailleurs, un
vêtement de cérémonie, comme la chape, et est porté par le roi dans
les solennités : « Item, les chauces de soie de couleur de violete,
« broudées ou tissues partout de fleur de lys dor et la cote de cele
« coleur et de cele euvre meismes, fete en maniere de tunique, dont
« les soudiacres sont vestuz à la messe, et avecques ce le soc, qui doit
« être du tout entout de cele meismes couleur et de cele meismes
« euvre ; et si est fait à bien près en maniere d'une chape de soie
« sanz chaperon [2]. » L'article précédent, mentionnant l'agrafe destinée à retenir le soq, montre bien clairement que les bords de
ce vêtement laissaient un bras libre, et les miniatures des manuscrits, aussi bien que les sceaux royaux, mentionnent fréquemment la
chape ou le manteau royal ainsi agrafé. (Voy. Manteau, fig. 24, et
Sceptre.)

La figure 1 [3] donne un soc doublé d'hermine, avec garniture de
cou de même, porté par un haut personnage. Ce soq est bleu, la robe
est verte et le bonnet mordoré. La coupe de ce vêtement est celle de
la cape (voy. Cape, fig. 7), sauf le capuchon.

SOULIER, s, m. (*sollers, soliers, eschapin*). L'article Chaussure
présente les transformations des souliers ou du *calceus* antique ;
nous croyons utile, toutefois, de traiter plus en détail ici cette
partie importante de l'habillement des deux sexes pendant le moyen
âge.

Il est question de souliers de cuir pour les gens du peuple au
xiiie siècle :

« Ses sollers ne sont mie à lus,
« Ainz sont de vache dur et fort [4]. »

Quant aux souliers des gentilshommes, ils étaient généralement
faits d'étoffe et souvent ornés de broderies, et même de perles

---

[1] Manuscr. Biblioth. nation., nos 3445 et 3448 de l'*Inventaire*.
[2] *Registres de la chambre des comptes.*
[3] Manuscr. Biblioth. nation., *Mirouer du monde*, français (1460 environ).
[4] *Le conte de Boivin de Provins*, par Courtois d'Arras (Barbazan, *Fabliaux et Contes*,
t. III, p. 557).

et pierreries. Dans le roman des *Quatre Fils Aymon*, il est question de souliers *boronés* :

> « Et chauces de brun paile et solers boronés [1]. »

Nous n'avons pu trouver la signification de ce mot ; mais, comme il n'est fait mention dans ce passage que de vêtements magnifiques, il est à croire que les souliers boronés étaient d'une qualité supérieure.

C'est pendant l'époque carlovingienne et jusqu'au XIIe siècle que les souliers sont particulièrement riches en broderie. Pendant le XIIIe siècle, les seigneurs ne portent guère de ces souliers de prix ; mais, au XIVe siècle, le luxe s'empare de nouveau de cette partie du vêtement des deux sexes. Dans l'*Inventaire* de Charles V, il est question de souliers très riches : « Unes cendalles de satin azuré à fleurs « de lys, comme dessus, et doublés de satin vermeil à laz dor et de « soye azurée et en chacune cendalle six boutons de perles [2]. » — « Ung solier de satin azuré brodez de fleurs de lys et doublez comme « dessus et en chacun des dits soliers ung orfrois tout autour et « sur la greve (l'empeigne) semez de menues perles à K K et cou- « ronnes, et le champ diceulx orfroyés de grossettes perles [3]. »

On voit, dans l'article CHAUSSURE, les transformations du soulier. Souvent terminé en pointe passablement aiguë pendant les XIe et XIIe siècles, il prend exactement la forme du pied pendant le XIIIe ; exagère la saillie de l'orteil à la fin de ce siècle, et tend à s'appointir à son extrémité antérieure. Cette acuité de la chaussure ne fait qu'augmenter successivement pendant le XIVe siècle, pour arriver à la *poulaine*, qui, bien que très gênante, persiste pendant presque toute la durée du XVe siècle. Ce n'est que sous Charles VIII que cette mode est absolument abandonnée pour tomber dans un excès contraire. C'est alors qu'on voit apparaître les *souliers camus*, larges du bout et gonflés ; si bien que Henri Baude, dans une de ses ballades, écrit ce vers :

> « Souliers camuz, boufiz comme ung crapault [4]... »

en parlant des modes nouvelles.

---

[1] *Collect. des poëtes de Champagne.*
[2] N° 3446 de l'*Inventaire.*
[3] N° 3447.
[4] 1485.

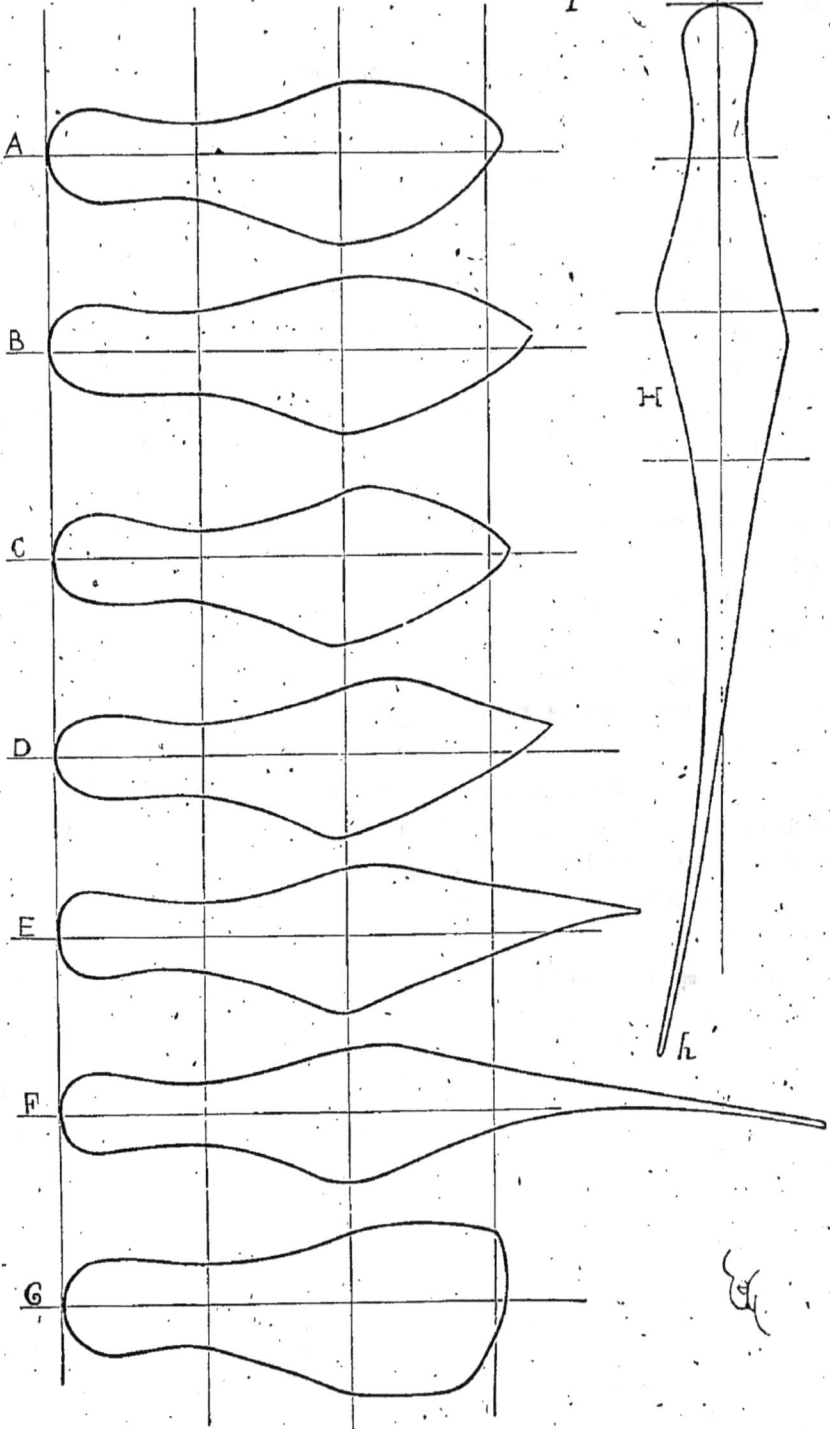

La figure 1 montre les diverses transformations de la semelle du soulier, du commencement du XIIe siècle à la fin du XVe.

En A, est tracée la semelle des souliers de la fin du XIe siècle et du commencement du XIIe [1]. Le bout du soulier est arrondi légèrement pointu. D'ailleurs, la forme de la semelle est calquée sur le pied. Vers le milieu du XIIe siècle, le soulier s'appointit sensiblement en forme de spatule (voyez en B). De 1180 à 1220, cette pointe diminue, mais la cambrure de la semelle est plus accusée que précédemment (voyez en C). Vers 1260, cette cambrure s'exagère et la pointe s'accuse fortement (voyez en D). Il ne se produit pas de modification sensible jusque vers 1340 : alors les pointes se développent, et la semelle est taillée à son extrémité antérieure suivant deux lignes à peu près droites, légèrement concaves (voyez en E). C'est le commencement des *poulaines*. L'apogée de cette mode bizarre est la fin du XIVe siècle (1370 à 1390) : les semelles sont étroites et se terminent en pointe démesurément longue (voyez en F et en H). La poulaine est légèrement inclinée en dehors, et, lorsqu'elle atteint son plus grand développement, comme en H, sa pointe *h* est attachée par une chaînette à la jambe ou à l'empeigne, assez haute, du soulier.

La mode des souliers à la poulaine décroît pendant le cours du XVe siècle. Quelques élégants tentent parfois de revenir à ces exagérations, mais ces essais ne peuvent faire revivre la vogue des poulaines. Sous Charles VIII, le goût de la noblesse tomba dans une exagération opposée, et les semelles des souliers sont coupées suivant la figure G. Aux dernières années du XVe siècle, la semelle est démesurément large à son extrémité antérieure. Mais il faut examiner avec quelque détail la façon de ces diverses chaussures. Disons d'abord que la chaussure (*soliers*) est, pendant tout le cours du moyen âge, une des parties de la toilette à laquelle on attache le plus d'importance. Être bien chaussé a été de tout temps la marque du savoir-vivre et de l'élégance. Ces souliers étaient faits de cuir plus ou moins souple pour sortir, et d'étoffe pour être portés dans les appartements ou lorsqu'il faisait sec : tabis, velours cendal, et souvent alors avec broderies d'or et de perles ou de pierreries, comme on a pu le voir plus haut.

A la fin du XIe siècle, les souliers sont ou à pattes, ou lacés, ou simplement ouverts, ainsi que le montre la figure 2 [2]. Souvent ces

---

[1] Ces semelles appartiennent au pied droit.

[2] Chapiteaux de la nef de Vézelay (fin du XIe siècle). Tous les souliers que nous donnons appartiennent au pied droit.

souliers paraissent être finement piqués, de manière à bien joindre
la doublure intérieure au cuir. L'empeigne possède une couture sur
le milieu, qu'on appelait la *grève* du soulier. Cette couture est soigneusement piquée, avec nerf saillant ; quelquefois même cette cou-

ture est cachée sous un revêtement de petites plaques de métal.
Mais cette mode ne paraît point s'être prononcée avant le milieu du
XIIᵉ siècle (fig. 3 [1]). Il arrive alors que le cou-de-pied est beaucoup
plus échancré du côté interne que du côté externe, et que le quartier
est très haut, de manière à pouvoir être saisi entre le pouce et l'index
de la main pour mettre le soulier. On voit dans cet exemple l'ornement de bronze ou d'argent doré qui couvre la couture de la grève.
En A, est figuré, grandeur d'exécution, cet ornement de métal,
avec les œils qui servent à le fixer sur l'empeigne. Bien entendu,
ces ornements de métal sont cousus par parties, afin de permettre
le mouvement du cou-de-pied.

Au commencement du XIIIᵉ siècle, les souliers portés par les
gentilshommes ne sont plus garnis de ces grèves de métal. Celles-ci
sont remplacées par une bande de broderie qui souvent même dis-

---

[1] Divers monuments : portail occid. de Notre-Dame de Chartres, chapiteau de l'hist.
de Job, musée d'Avignon, etc.

paraît entièrement. Les souliers des xII^e et xIII^e siècles sont, pour [la noblesse, généralement faits d'étoffe, et par conséquent sont légers et souples, avec semelle très mince, et toujours dépourvus de talons.

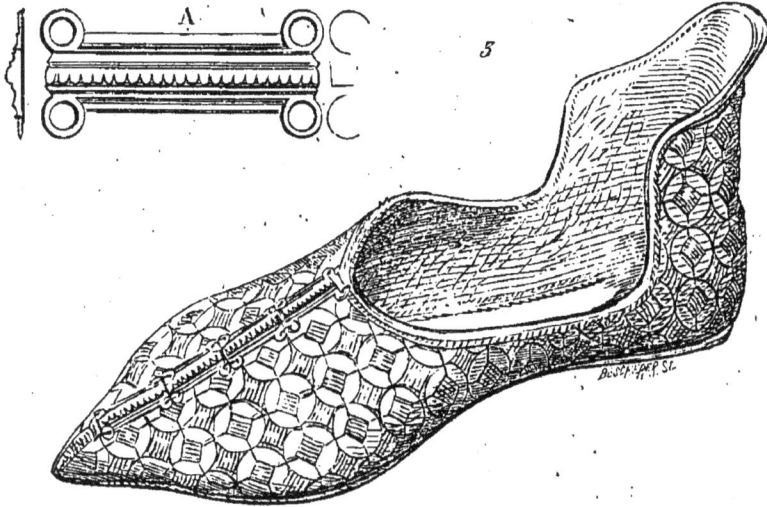

Vers le milieu du xIII^e siècle, ils sont attachés sur le cou-de-pied par une bande munie d'une boucle ou d'un bouton (fig. 4 [1]). Ils se terminent en pointe arrondie (voyez la figure 1).

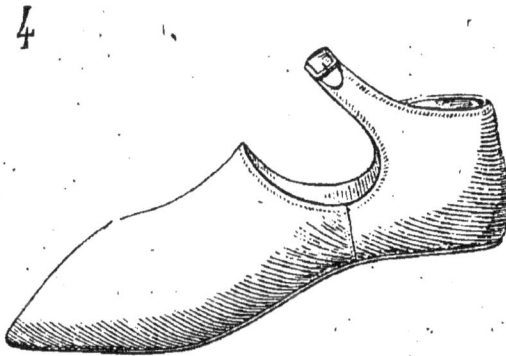

La figure 5 montre le soulier droit de la statue de Philippe, frère de saint Louis, et qui était placée sur sa tombe à l'abbaye de Royaumont [2]. Ce soulier est bridé sur le cou-de-pied au moyen d'une bande qui passe sur le haut de l'empeigne. Il est fait d'une étoffe

[1] Statues des rois à Saint-Denis refaites sous saint Louis (1245 environ).
[2] Aujourd'hui dans l'église de Saint-Denis.

bleu brodée de rosettes d'or. Les hommes continuent de porter alors des souliers échancrés du côté interne presque jusqu'à l'orteil ou externe, jusqu'au petit doigt, tandis que les femmes sont toujours chaussées de souliers régulièrement couverts au milieu du cou-de-

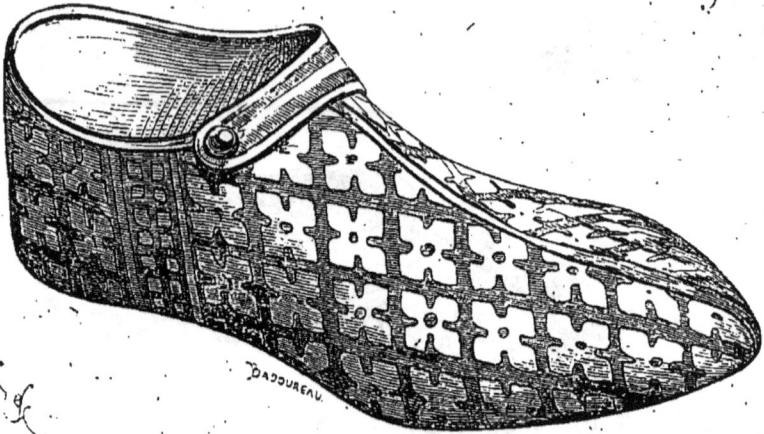

5

pied, avec quartiers peu élevés. Ces modes se modifient peu pendant le cours du XIIIe siècle et jusque vers 1340. Cependant la pointe tend à s'allonger. Sous le roi Jean, on commence à exagérer ces pointes ;

6

les quartiers se terminent en spatule assez haute, et l'échancrure interne ou externe persiste généralement (fig. 6). Ces souliers sont couverts de velours sombre ou de fine peau noire. Derrière le quartier est une bande cousue à chacune de ses extrémités verticalement,

et sous laquelle passe une ganse de soie qu'on noue en haut du cou-
de-pied (voyez en A). Cette ganse serre l'extrémité allongée de l'empeigne. Il est très rare alors de voir les hommes et les femmes porter
des souliers de couleur claire; habituellement ils sont noirs. On tenait
à faire paraître un pied fin et long; les nuances sombres amincissaient
la chaussure. C'est à dater de cette époque que la pointe du soulier
ne cesse de s'allonger jusque vers 1380 (voy. CHAUSSURE).

Il est certain que les gens qui suivaient la mode alors attachaient
une grande importance aux chaussures. Si l'on consulte les inventaires, on voit que la haute noblesse avait dans sa garde-robe un
nombre considérable de paires de souliers et de gants. Les commandes
sont faites par douzaines, ce qui fait supposer qu'on ne portait pas
longtemps la même chaussure. Les souliers à la poulaine devaient être
très promptement déformés, car il fallait que la pointe se tînt
droite, touchant au sol dans toute sa longueur; à moins, comme il
arrivait, lorsque cette pointe atteignit une longueur démesurée, qu'on
ne l'attachât par une chaînette à une jarretière ou au-dessus de la
cheville.

Il est difficile d'expliquer pourquoi une mode aussi gênante persista si longtemps. Les poulaines commencent avec le règne de
Charles V, croissent jusque sous le règne de Charles VI; décroissent
alors, mais non d'une manière uniforme, car beaucoup de gens bien
nés portaient encore de longues poulaines sous Charles VII, et même
plus tard, puisque nous les voyons encore adoptées par quelques
gentilshommes sous Louis XI [1]. Mais alors ces souliers à la poulaine
n'étaient plus que des sortes de patins que l'on mettait par-dessus
les chausses, dont le pied était terminé en pointes longues. Les
patins possédaient aussi leur pointe roide pour soutenir celle des
chausses.

La figure 7 donne un de ces souliers-patins [2], exécuté avec une rare
perfection. La semelle est faite de cuirs très épais, mais passable-
blement souples. Sur cette semelle est fixée une peau mince, blanche,
couvrant partie des côtés, s'arrêtant à l'extrémité antérieure, où un
nerf de peau gaufrée l'attache solidement. L'épaisseur totale du
patin est de 0ᵐ,027 au talon, et de 0ᵐ,016 à la pointe. L'excessive
étroitesse de la semelle, qui n'a que 0ᵐ,065 de largeur entre
l'orteil et le petit doigt, prouve que ce patin était une chaussure de

---

[1] Voyez le manuscr. de la Biblioth. nation., trad. de *Quinte-Curce*, dédié à Charles le
Téméraire.

[2] Collect. de M. le comte de Nieuwerkerke.

femme. Deux brides, avec une ganse nouée sur le cou-de-pied, attachaient le patin. En A, ce patin est représenté latéralement; en B,
par dessus. En C, est donné le détail de l'ornement de cuir gaufré

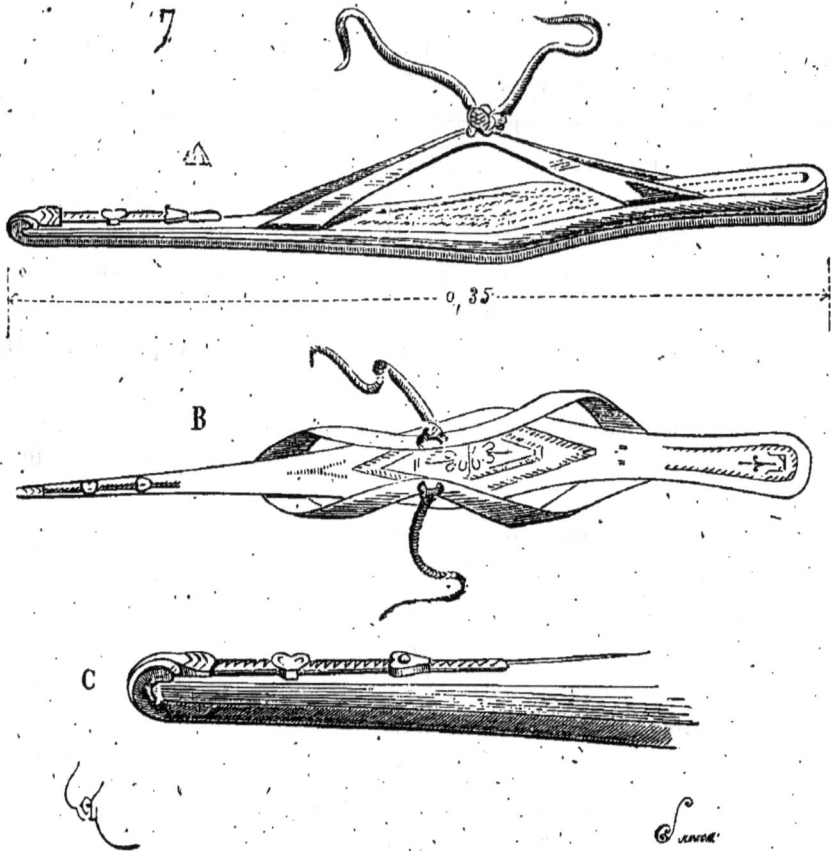

qui nerve la pointe. Le pied des bas-de-chausses venait jusqu'à cet
ornement, ainsi qu'on le voit en B. Des gaufrures décorent intérieure-
ment la semelle.

Ces brides étaient quelquefois assez larges et très délicatement
brodées ou soutachées de fils d'or sur peau noire ou drap de soie.

A dater de 1480, les poulaines disparaissent définitivement. Les
souliers sont au contraire camards du bout, puis ils s'élargissent
démesurément en forme de battoir, vers 1500. Mais avant d'en venir
à cette exagération d'un autre genre, les souliers relativement
camards et bouffis de la fin du xvᵉ siècle adoptent les formes que
donne la figure 8. Quelques-uns (voyez l'exemple A) sont ouverts
sur les doigts et laissent paraître l'extrémité du bas-de-chausses.

C'est l'origine des *crevés* pratiqués à l'extrémité des souliers larges du bout, du commencement de la renaissance.

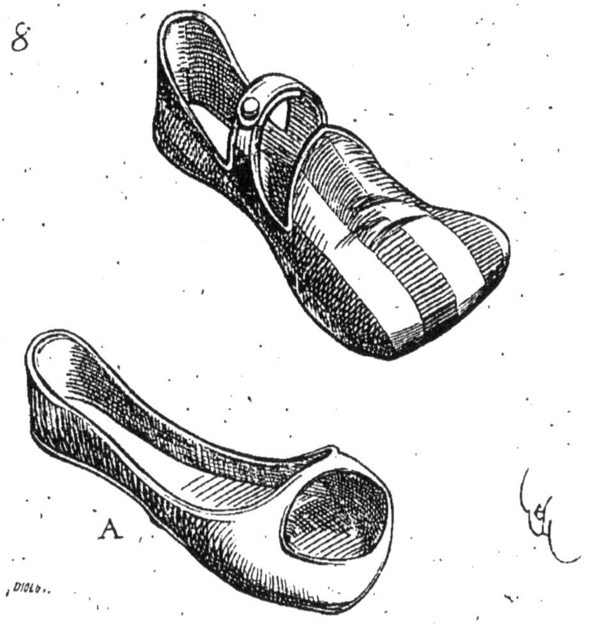

Par-dessus les souliers A, faits d'étoffe le plus souvent, on mettait des galoches ou des patins pour sortir, dont la semelle était faite de cuir très épais ou même de pièces de bois articulées.

SOUTANE, s. f. On désignait ainsi toute longue tunique[1] portée par les deux sexes. Ce n'est que depuis le xve siècle que le mot *soutane* a été appliqué spécialement à la robe que portent habituellement les prêtres et qu'ils ne doivent pas quitter.

On sait qu'à Rome, jusqu'aux derniers des Antonins, le vêtement long porté par les hommes était considéré comme la marque d'une vie molle et dissolue. Les premiers Pères de l'Eglise chrétienne s'élevèrent avec force contre l'usage de porter des robes longues, et ne voulaient pas que les personnes revêtues d'un caractère sacré fussent habillées autrement que le commun des fidèles. Tertullien recommande l'habit court et serré, et considère la robe longue comme incommode et ridicule. Saint Clément d'Alexandrie[2] dit expressément que le moyen de se rapprocher de Dieu n'est pas de

---

[1] *Sotanum, subtaneum.*

[2] Premier chapitre du IIIe livre de son *Pédagogue.*

porter des bijoux et des robes qui traînent à terre, mais de faire le bien. A plusieurs reprises, les conciles se sont élevés contre le port des robes longues chez le clergé. Mais si les Pères, les docteurs de l'Eglise et les conciles n'ont cessé de s'élever contre cette habitude, c'est qu'elle persistait malgré les protestations, remontrances et défenses; et en effet les monuments figurés ne permettent pas de douter que les ecclésiastiques n'ont guère cessé de porter des robes longues tombant jusqu'à terre et balayant même souvent la poussière. Si l'on en croit le docteur Jacques Boileau[1], ce serait saint Charles Borromée qui, le premier, aurait obligé son clergé à porter l'habit long. Peut-être l'illustre prélat a-t-il trouvé plus naturel d'établir comme une règle ecclésiastique une habitude que les autorités de l'Eglise n'avaient jamais pu vaincre.

Quoi qu'il en soit, pendant tout le cours du moyen âge, les gens d'Eglise ont porté des robes longues et souvent même à queue, et si, dans quelques fabliaux, il est question de prêtres vêtus d'habits courts, ce fait est présenté comme une exception admise en voyage ou dans des circonstances particulières.

SUAIRE. s. m. (*souaire*). Pièce d'étoffe dont on enveloppe un cadavre pour l'ensevelir. Le suaire est ordinairement fait de toile, mais on enveloppait aussi les corps des grands personnages dans de très riches étoffes. Beaucoup de précieux fragments d'étoffes déposés dans les trésors de nos églises et dans nos musées proviennent de tombeaux et enveloppaient les morts qui y avaient été placés.

SUDARIUM. On appliquait encore ce mot latin, pendant le moyen âge, à une pièce de toile ou de lin (*mappula*) que les prêtres de la primitive Eglise mettaient sur leur tête, et que l'on peut confondre avec l'amict, mais qui, dans l'Eglise d'Occident, est distincte de ce dernier vêtement (voy. Aмicт). Le sudarium, au moins à dater du XIe siècle, est attaché au bâton épiscopal ou abbatial dans certains diocèses (voy. Mouchoir). Nous avons trouvé maint exemple, dans nos monuments, de cet usage. Ordinairement le sudarium est retenu au bâton de la crosse par un nœud ou par des cordelettes formant une sorte de réseau; mais, sur l'un des beaux retables du musée de

---

[1] *Historica disquisitio de re vestiaria hominis sani vitam communem more civili traducentis.* Voyez l'analyse de ce curieux livre donnée par M. Ch. Barthélemy dans les notes de sa traduction du *Rationale divin. offic.* de Guillaume Durand, t. I, p. 441.

1

Dijon, retable qui date de la fin du xive siècle, on voit un saint

Antoine glorifié qui tient à la main une crosse avec un sudarium
attaché à un joyau de métal (fig. 1). Le linge est terminé par deux
glands. Nous n'avons pu découvrir si cette façon de porter le sudarium est particulière au diocèse de Dijon. Dans les monastères, lorsqu'un religieux était mort, on devait soigneusement laver son corps, le
vêtir du cilice et de la cucule, et poser sur celle-ci le sudarium, c'est-
à-dire un linge blanc.

SURCEINTE. s. f. Ceinture ornée pour les robes des deux sexes.
Martial d'Auvergne, dans ses *Arrêts d'amour* [1], dit qu'une femme
en *possession de saisine*, c'est-à-dire ayant un amant, ne doit pas
permettre qu'un galant prenne sa jarretière pour s'en faire des
surceintes, en lieu de ceinture; et dans l'*Amant rendu cordelier*, le
même auteur écrit cette strophe [2] :

> « Item, jurez semblablement,
> « Que ne prendrez dons, ne baguettes
> « Nouveaulx à esjouyssemens,
> « Sursainte perse, violette,
> « Lassées à fleurs de violettes,
> « Bourses de perles enlassées,
> « Cordons à boutons d'amourettes,
> « Ou soupirs de menues pensées. »

La surceinte, ceinture de vêtement de dessus, bliaut, peliçon,
surcot, était plus ornée que n'était la ceinture de la cotte. Quelquefois même, sur les robes de dessus, les hommes portaient une
ceinture serrant la taille, qui consistait en une ganse de soie très
mince, et une seconde ceinture lâche, à laquelle on suspendait l'aumônière et la dague : c'était la surceinte, ornée de plaques d'orfévrerie ou tout au moins de clous dorés (voy. ROBE). C'est pendant
les xive et xve siècles qu'on voit les seigneurs se parer de ces
ceintures. Souvent elles étaient brodées de devises, de chiffres ou de
pièces d'armoirie.

SURCOT, s. m. (*seurcot, sorcos, surcotel, sorquanie, sobrecot*).
Vêtement de dessus commun aux deux sexes, qui, au xiiie siècle,
peut se confondre parfois avec le bliaut (voy. BLIAUT), en ce qu'il
est long et souvent dépourvu de manches. Au xive siècle, il prend

---

[1] xiie arrêt (xve siècle).
[2] CLXXXVe.

une coupe bien distincte : il est taillé court habituellement pour les hommes, long pour les femmes; très caractérisé à la fin du xive siècle, jusque vers 1430, et se confond souvent, à dater de 1440, avec les corsets, pelisses, robes à chevaucher et capes.

Il est déjà question du surcot dans le *Roman de la Rose* [1] :

> « Vestue ot une sorquanie,
> « Qui ne fu mie de borras ;
> «   .   .   .   .
> « Car nule robe n'est si bele
> « Que sorquanie à damoisele.
> « Fame est plus cointe et plus mignote
> « En sorquanie que en cote. »

Et dans le *Lai du trot* [2] :

> « Il me resambloit mie sot,
> « Car il ot vestu .j. sorcot
> « De chiere escarlate sanguine,
> « Forée d'une penne ermine. »

Et dans l'*Histoire de saint Louis* du sire de Joinville [3] :

« Li roys descendi après mangier ou prael, desouz la Chapelle, et « parloit à l'uys de la porte au conte de Bretaigne..... Là me vint « querre maistres Robert de Sorbon, et me prist par le cor de mon « mantel et me mena au roy, et tuit li autre chevalier vindrent après « nous. Lors demandai-je à maistre Robert : Maistres Roberz, que « me voulez-vous? Et me dist : Je vous veil demander se li roys « se seoit en cest prael, et vous vous aliez seoir sur son banc plus « haut que li, se on vous en deveroit bien blasmer. Et je li diz que « oil. Et il me dist : Dont faites vous bien à blasmer, quant vous « estes plus noblement vestus que li roys; car vous vous vestez de « vair et de vert, ce que li roys ne fait pas. Et je li diz : Maistres « Roberz, sauve vostre grâce, je ne fais mie à blasmer, se je me vest « de vert et de vair; car cest abit me lessa mes peres et ma mere; « mais vous faites à blasmer, car vous estes fiz de vilain et de « vilainne, et avez lessié l'abit vostre pere et vostre mere, et estes « vestu de plus riche camelin que li roys n'est. Et lors je pris le pan « de son seurcot et dou seurcot le roy, et li diz : Or esgardez se je di « voir. »

---

[1] Partie de Guill. de Lorris, vers 1215 et suiv.

[2] Fin de xiiie siècle, vers 32 et suiv.

[3] Publiée par M. Nat. de Vailly, chapitre vi.

Plus loin, Joinville raconte comment l'impératrice de Constantinople étant arrivée à Baphe en Chypre pour demander des secours
au roi saint Louis, son vaisseau ayant chassé sur ses ancres et ayant
été jeté à Acre, elle était restée à terre n'ayant qu'une chape et « un
seurcot à mangier » pour tout vêtement. Ces surcots à manger étaient
des robes de dessus qu'on mettait, en effet, pour assister aux repas;
nous voyons qu'il en est question ailleurs. Ainsi, dans *li Roumans
dou Chastelain de Coucy* [1], on lit ces vers :

> « Li soupers estoit aprestés.
> « Li sires est amont montés
> « En la salle qui pavée ert,
> « La dame son surcot ouvert
> « Avoit vestu dès le diner,
> « Chascun fait le sien aporter,
> « Puis se vestent communaument,
> « Li s'asséent moult liement. »

Et plus tard, à la fin du XIVᵉ siècle, Guillaume de Machau, dans la
pièce de vers intitulée : *Le Remède de fortune*, en décrivant l'emploi
d'une journée dans un château, dit :

> « Quant, on ot chanté tout attrait,
> « Chascuns ala à son retrait
> « Qui dut son corset devestir
> « Pour le sercost ouvert vestir.
> « Après vint chascuns en la sale
> « Où chascuns fu, ce m'est avis,
> « A point honnourez et servis
> « Aussi de vin e de viande,
> « Com corps et appetit demande [2]. »

Ainsi, l'usage s'était conservé, pendant les XIIIᵉ et XIVᵉ siècles, de
vêtir le surcot *ouvert* pour se présenter convenablement dans une
noble assemblée. Mais il y avait aussi les surcots ordinaires et même
pour chevaucher; c'est pourquoi, dans les inventaires du XIVᵉ siècle,
il est question pour une robe, c'est-à-dire pour un vêtement complet, de deux surcots, l'un clos, l'autre ouvert, et à dater du règne
de Charles V, pour les hommes, de surcots courts :

« Ung surcot court de drap dor vermeil fourré de cendal
« azuré [3]. »

[1] XIIIᵉ siècle, vers 723 et suiv.
[2] *OEuvres* de Guillaume de Machau.
[3] *Invent. du trésor de Charles V*, art. 3526, manuscr. Biblioth. nation.

Au xive siècle, le surcot long et clos est aussi ample que la ganache, et est garni de manches : « Le dit Robert, pour fourrer « un seurcot blanc, pour les samedis pour le Roy, une fourrure de « menu vair tenant 386 ventres; pour manches et poignez, 60. « Somme 446 ventres[1]... » Et pour fourrer une ganache il est payé au même fournisseur 386 ventres de menu vair. Mais celle-ci n'a pas de manches.

Les surcots parés sont alors d'une grande valeur : « Pour un seurcot « d'un veluyau ynde, ouvré de brodeure bien et richement, com- « mandé à faire pour le corps monseigneur le dauphin, en la présence « des trésoriers; et parfait en ce terme : c'est assavoir, brodé à arbre- « ciaux fleuris dont les fleurs sont de perles menues et la grainne « des grosses perles de compte, et à bestes appellées panthères, de « plusieurs guises, toutes de perles grosses et menues, qui farclent « un chardon de brodeure mis autour d'un chascun arbrecel. Pour « le veluyau, perles, or de Chippre, paine et façon, pour le tout, « les parties ci après escriptes en la fin de ce chapitre, 660 l. 7 s. « 2 d. p.[2] » Dans le même inventaire, il est fait mention aussi de sur- cots à chevaucher : « Ledit Jehan, pour 3 aunes d'escarlatte paon- « nasse de Broixelles, 68 s. p. l'aune. Et pour 3 aunes d'un marbré « de Broixelles en graine, 48 s. p. l'aune; baillées audit Martin de « Coussi, par sa lettre, pour faire 2 seurcots à chevaucher, fourrés « de cendal, pour le corps monseigneur le dauphin; valeur tout, « 17 l. 8 s. p. »

La figure 1 de l'article PELICE donne la coupe des surcots ouverts et parés des femmes pendant le cours du xiie siècle et le commence- ment du xiiie; seulement, à cette dernière époque, ils sont moins échancrés sur la poitrine et n'ont pas de ces longues manches dont on nouait l'extrémité pour qu'elles ne traînassent pas à terre (fig. 1[3]). Ces surcots sont habituellement doublés de fourrures et taillés dans des étoffes de soie très riches. Ils sont boutonnés au- dessous de la gorge jusqu'à la ceinture, ouverts entièrement par devant et tombant en plis ondés. Les manches, qui ne descendent qu'au-dessous du coude, sont fourrées et forment des plis transver- saux. Ces surcots sont ajustés à la taille jusqu'au-dessus des hanches, mais non serrés. Cette dame est vêtue d'une cotte simple, à manches justes, sous le surcot.

---

[1] *Comptes d'Etienne de la Fontaine*, 1352.
[2] *Ibid.*, 1352.
[3] Bas-reliefs du xiie siècle.

Au XIIIᵉ siècle, les surcots sont portés aussi bien par la noblesse
que par les bourgeois, et même les vilains. Il y avait les surcots

1

à manches et les surcots sans manches ; les uns et les autres ressemblaient beaucoup au bliaut. Seulement, le bliaut n'était porté que par
la noblesse. Le sire de Joinville[1] rapporte que « le roi saint Louis

Histoire de saint Louis, édit. de M. N. t. de Wailly, p. 22.

« venoit au jardin de Paris, une cote de chamelot vestue, un seurcot

« de tyreteinne sans manches, un mantel de cendal noir entour son
« col... », et que là, comme à Vincennes, il rendait la justice à tous

BESNARD

les gens qui se présentaient devant lui pour plaider. Or, en ces cir-

constances, le roi tenait à se vêtir de la façon la plus simple. Le
surcot, à cause de son ampleur, pouvait, avec ou sans manches, être
promptement endossé. Ailleurs, le sire de Joinville étant devant
Chypre, le navire qu'il montait vint à toucher un banc de sable.
« En ce point, dit-il, me fist uns miens chevaliers, qui avoit nom
« monsignour Jehan de Monson, pères l'abbei Guillaume de Saint-
« Michel, une grant debonnairetei, qui fu tex ; car il m'aporta sans
« dire, un mien seurcot forrei et le me geta ou dos, pour ce que
« je n'avoie que ma cote vestue. Et je li escriai et li diz : Que ai-je
« à faire de vostre seurcot, que vous m'aportez quant nous noyons ?
« Et il me dist : Par m'ame ! sire, je averoie plus chier que nous
« fussiens tuit naié, que ce que une maladie vous preist de froit, dont
« vous eussiez la mort[1]. »

La figure 2 donne un des surcots de cette époque (1250 à 1290)[2].
Il est garni d'un capuchon, de larges manches, et est fendu par
devant du bas jusqu'au nombril. Il est doublé de fourrure. Le surcot
sans manches des hommes non nobles se rapproche plus de la
ganache (voy. GANACHE) que du bliaut, en ce qu'une sorte de pèlerine couvrait les arrière-bras (fig. 3[3]).
    Ce personnage est un médecin. Il est vêtu d'une cotte de couleur

1. *Hist. de saint Louis*, publ. par M. Nat. de Wailly, p. 221.
2. Manuscr. de la biblioth. de Bruxelles.
3. Manuscr. Biblioth. nation., *Histoire de la vie et des miracles de saint Louis* (dernières années du XIII⁰ siècle).

sombre et d'un surcot pourpre clair doublé de menu vair, avec capuchon. Ce surcot n'est point fendu par devant ; on le passe comme une *cloche*.

Les gentilshommes portaient aussi alors des surcots à manches ne tombant qu'au coude, qui ressemblaient beaucoup au hoqueton, si ce n'est que la jupe était plus longue (fig. 4 [1]).

Ce jeune gentilhomme est vêtu d'une cotte rouge à manches très justes et d'un surcot rose à capuchon doublé de blanc. Il tient, derrière le roi saint Louis qui communie, une touaille (serviette)

[1] Même manuscrit.

et un chaperon d'étoffe brune. La jupe du surcot couvre entièrement celle de la cotte. On observera que ces surcots sont dépourvus
de ceinture.

6

A la même époque, les femmes portaient des surcots ouverts, qui
étaient un vêtement paré, et des surcots fermés, que l'on mettait

pour chevaucher ou pour sortir. Les surcots ouverts n'avaient pas
de manches ; ils dégageaient la poitrine, étaient serrés autour de la
taille par une agrafe et une surceinte lâche, ouverts par devant, et
étaient très amples de jupe (fig. 5[1]). Cette dame noble est vêtue
d'une cotte rose à manches justes et d'un surcot bleu brodé d'or.
Cette mode était surtout admise dans le nord-est de la France
et jusque dans les Flandres. De riches broderies d'or garnissaient
l'ouverture antérieure du surcot.

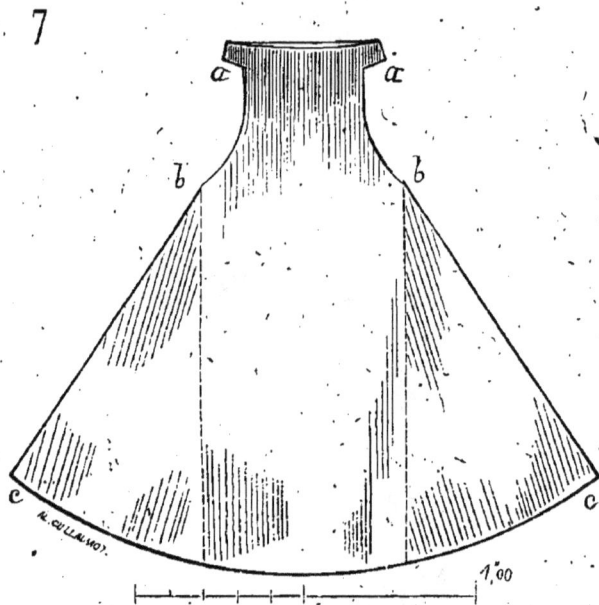

Un surcot de bourgeois, fourré d'écureuil, valait, vers la fin du
XIIIe siècle, trente sols parisis (environ 100 francs de notre monnaie),
ainsi que nous l'apprend le conte d'*Auberée de Compiègne*[2]. Ces
surcots doublés d'écureuil étaient portés par la bourgeoisie par-dessus
une cotte de drap fin :

> « Il avoit robe d'estanfort[3],
> « Taint en graine, de vert partie,
> « Si a fait chacune partie
> « A longues queues coertil ;
> « Li surcoz fu toz à porfil
> « Forrez de menus escureax[4]. »

[1] Manuscr., anc. collect. Solar (1260 environ).
[2] Voyez le *Nouveau Recueil de contes, dicts, fabliaux, des XIIIe, XIVe et XVe siècles*,
publ. par A. Jubinal, 1 vol., 1839, p. 199.
[3] Drap d'une qualité supérieure et fort cher.
[4] *D'Auberée la vieille m.....*

8

Ainsi que nous l'avons dit au commencement de cet article, c'est

9

à dater du XIVᵉ siècle que les surcots des hommes et des femmes

adoptent une coupe de plus en plus caractérisée qui remplace celle
du bliaut; ou plutôt, c'est alors que le surcot est substitué au
bliaut. Le surcot des femmes nobles, sous le règne de Philippe le
Bel, est décolleté, bridé sur les épaules; est dépourvu de manches,
mais est fendu latéralement des aisselles aux hanches. Il colle sur
la poitrine et sa jupe est très ample (fig. 6[1]). La coupe de ce vêtement mérite une attention particulière, en ce qu'elle est l'origine
d'un des vêtements parés le plus en usage parmi la noblesse, jusqu'au milieu du xve siècle. Cette coupe est tracée dans la figure 7.
En *a* sont les brides qui retiennent le surcot sur les épaules. De *a* en *b*,
le surcot est ouvert : de *b* en *c*, la jupe forme cloche et est fermée.
Nous verrons tout à l'heure quelles furent les transformations de ce
vêtement.

Vers la même époque, les surcots des gentilshommes possèdent
l'ampleur qu'ils avaient gardée pendant le cours du xiiie siècle et
sont ajustés au corps; ou plutôt il y a le surcot juste et le surcot
large. Le surcot juste est collant du cou jusqu'aux hanches, boutonné
par devant. Des hanches, il tombe au-dessous des genoux en façon
de jupe à plis (fig. 8). Ses manches ne couvrent que les arrière-bras
et se terminent en pointe jusqu'au bas de la jupe. Une ceinture
mince, d'orfèvrerie, lâche, était posée à la hauteur des hanches.
Par-dessus le surcot on enfournait le chaperon[2]. Le surcot de ce
gentilhomme est bleu doublé de fourrure blanche. Les manches de
dessous sont de la même couleur. Le chaperon est brun.

Quant aux surcots amples, ils ont beaucoup de rapports avec la
ganache, si ce n'est que le vêtement est fendu latéralement des avant-
bras jusqu'au bas. Il couvre ces avant-bras jusqu'à la saignée et est
muni d'un capuchon ample (fig. 9[3]). La coupe de ce vêtement est
très simple : c'est une sorte de dalmatique (fig. 10) dont la partie
antérieure est échancrée pour faciliter le mouvement des bras. Des
bandelettes sont cousues sur les épaules (voyez en *a*) jusqu'à l'échancrure, pour consolider cette partie du vêtement qui fatigue le plus.
Le capuchon est terminé comme celui que présente la figure 6 de
l'article GANACHE. Ces sortes de surcots larges étaient généralement
doublés de fourrure. On observera que sous les manches de la robe
de ce seigneur apparaissent les poignets justes, et évasés sur les
mains, d'une cotte sous-jacente. Cette sorte de surcot prend aussi le

[1] Manuscr. Biblioth. nation., *Miroir historial*, français (1310 à 1320).
[2] Manuscr. Biblioth. nation., *Lancelot du Lac*, franç. (commencement du xive siècle).
[3] Musée d'Avignon, figure de marbre petite nature (inconnu).

nom de garde-corps (voyez Garde-corps, fig. 4, 5 et 6). En B, est tracé le dos du surcot avec le capuchon.

Il nous faut revenir au surcot paré des dames nobles.

Nous avons vu (fig. 6 et 7) comment ce vêtement, au commencement du xive siècle, était largement fendu des épaules aux hanches

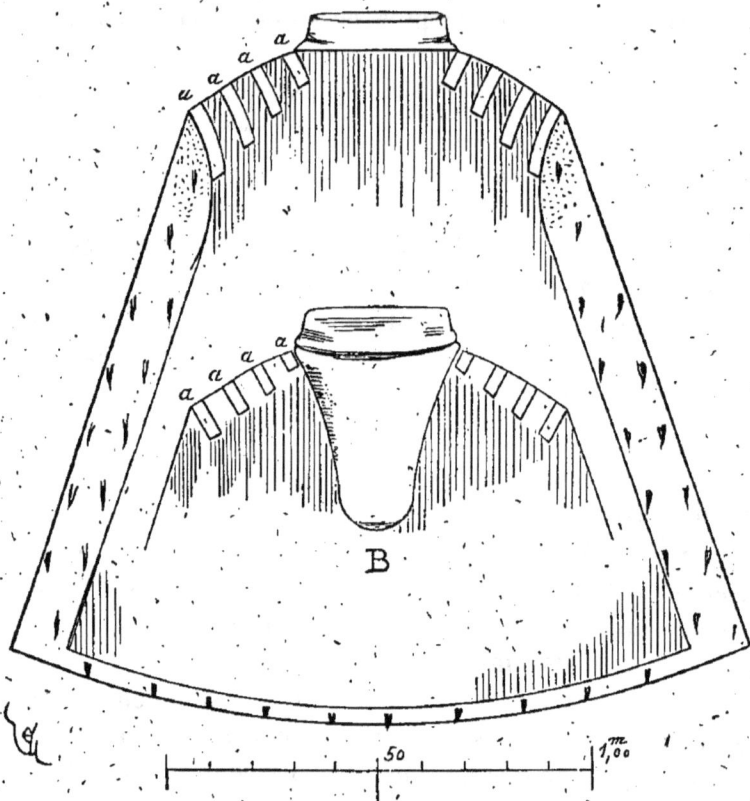

latéralement. Cette forme de surcot ne fit que se développer. De nombreux monuments du milieu du xive siècle nous montrent des surcots ainsi taillés [1] (fig. 11). Par-dessus, les dames portent un petit garde-corps de fourrure (d'hermine généralement), qui n'a sur le dos que la largeur de trois doigts au plus, et qui par devant couvre la poitrine et descend en deux pentes parallèles jusqu'en haut des cuisses. Ces deux pentes sont réunies par des agrafes-

[1] Voyez, dans l'église abbatiale de Saint-Denis, les tombeaux de Marguerite, comtesse de Flandres, fille de Philippe V, de Blanche de France, de Marie d'Espagne, femme du comte d'Alençon.

11

joyaux. Il est évident que ce garde-corps de fourrure était fixé au

12

surcot. Vers 1370 cette mode fut quelque peu modifiée. La coupe du surcot resta la même, mais les deux larges ouvertures latérales furent garnies de bandes assez larges d'hermine (fig. 12), et le vêtement fut échancré sur la poitrine, laissant voir ainsi le haut du corsage de la cotte. Par derrière, ce surcot était taillé ainsi que le montre la figure 13. Une laitice (bande étroite, passe-poil) de four-

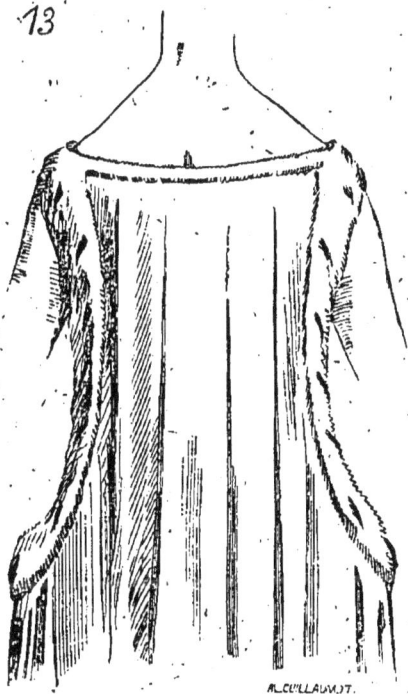

rure garnissait le haut du surcot entre les deux bandes des ouvertures. Trois larges plis tombaient du dos jusqu'à terre. Ces surcots étaient un peu plus longs par derrière que par devant, et formaient une petite traîne de 30 à 50 centimètres au plus; ils étaient généralement portés avec le manteau. A la même époque, les dames nobles endossent des surcots dont la coupe est indiquée dans la figure 14. Les deux bandes en fourrure encadrant les ouvertures se réunissent en droite ligne sur la gorge et ne laissent plus voir le haut du corsage de la cotte. Une série d'agrafes-joyaux ornent les bandes d'hermine réunies jusqu'au bas du ventre. Ces bandes devaient être fixées au corsage ajusté pour en suivre les sinuosités et ne point s'en séparer lorsqu'on portait le corps en avant, ce qui eût été gênant et disgracieux. Alors la robe de dessous, ou cotte, est parfaitement collante sur les bras, la poitrine et les flancs. Une ceinture d'orfèvrerie était

14

posée à la chute des hanches. Pour porter un pareil vêtement, il fallait qu'une femme fût bien faite et eût la taille ronde et bien prise. Il est entendu que ces vêtements, cotte et surcot, étaient coupés dans des étoffes de soie. Quelquefois, la cotte et le surcot sont de même

15

PCGARDEFILS

couleur, mais plus habituellement de couleurs différentes, rouge et bleu. Il est fort rare que la fourrure de ce surcot paré des dames ne soit pas de l'hermine. A la fin du XIVᵉ siècle, ces surcots de dames nobles sont armoyés.

Laissons un instant ce vêtement féminin pour parler des surcots des hommes pendant la seconde moitié de ce siècle. Il y en a de courts et de longs, et leurs formes sont très variées, se rapprochant tantôt du corset, tantôt de la pelice.

La figure 15[1] montre un surcot demi-long d'un gentilhomme de

16

1370 environ. Très serré à la taille, ce vêtement est fortement rem-

[1] Manuscr. Biblioth. nation., *Tristan et Yseult*, t. II.

17

bourré sur la poitrine jusqu'à la ceinture. Les manches, doublées de fourrure (martre), sont amples et pendantes. La jupe est fendue par devant jusqu'au haut des cuisses, et le corsage s'agrafe sur la poitrine. Une ceinture de velours noir, avec clous et boucle ronde d'or, serre la taille. La fourrure forme collet haut derrière la nuque. Un collier, composé d'une feuille d'or barbelée, entoure le collet et porte un joyau (enseigne). Habituellement, ces surcots sont blancs ou de couleurs très claires.

Les gens du second ordre, les vavasseurs, les bourgeois riches, portaient aussi, de 1370 à 1380, des surcots courts, qui peuvent passer pour des corsets et que l'on mettait par-dessus un pourpoint. Ces surcots sont faits d'étoffes souples, serrés à la taille par une ceinture, amples sur la poitrine, avec petite jupe fendue par devant, ne descendant qu'au-dessous des hanches. Les manches sont serrées aux avant-bras (fig. 16[1]). Ce personnage porte des chausses, dont l'une est gris de lin et l'autre blanche. Le surcot est vert clair avec ganse blanche autour du cou. Le chaperon est gris de lin.

Les gentilshommes portaient aussi, vers 1390, des surcots courts, ajustés, ne descendant qu'à la hauteur des hanches, avec manches démesurément amples, suivant la mode de cette époque (fig. 17[2]). Le bas du surcot est garni de branlants d'or. Ce gentilhomme est coiffé d'un chaperon qui lui enveloppe la tête en manière d'aumusse. Ces manches amples sont habituellement doublées de fourrure, petit-gris ou martre. Le chaperon est pris sous l'encolure du surcot. Il était alors aussi des surcots de femmes qui n'avaient pas la coupe du surcot paré et qu'on désignait par le mot *sourquenie*.

Voici comment Guillaume de Machaut décrit la toilette d'Agnès de Navarre :

« Habit unques ne vi si cointe,
« Ne dame en son habit si jointe :
« Pour ce un petit en parlerai ;
« Ne ja le voir n'en celerai.
« D'azur fin ot un chaperon
« Qui fu semés tout environ
« De vers et jolis papegaus
« Eslevés et tous parigaus ;
« Mais chacuns à son col fermée
« Avoit uns escharpe azurée,
« Et toute droite la blanche ele ;
« Et leur contenance estoit tele.

[1] Manuscr. Biblioth. nation., *le Livre des histoires du commencement du monde*, français (1370 à 1380).
[2] Manuscr. Biblioth. nation., *le Chemin de longue étude*, français, Christine de Pisan.

« Qui li uns devant li regarde,

« L'autre derrier qui fait la garde ;

« Ainsi comme dame doit estre

« Surgardée à destre et à senestre,

« Là doit-elle bien regarder ,

« S'elle vuelt bien s'onneur garder.

« Vestu ot une sourquenie

« Toute pareille et bien taillie,

« Fourrée d'une blanche hermine

« Bonne assez pour une royne.

« Mais la douce, courtoise et franche

« Vestu ot une cote blanche

« D'une escarlate riche et belle,

« Qui fu ce croi faite à Bruselle.

« Et si tenoit une herminette

« Trop gracieuse et trop doucette

« A une chainette d'or fin, .

« Et un anel d'or en la fin,

« A lettres d'esmail qui luisoient,

« Et qui gardez-moi bien disoient.

« Tu qui sces jugier des coulours

« Et des amoureuses doulours

« Dois savoir la signifiance

« Et de son habit l'ordonnance [1]. »

Ces sourquenies étaient sans manches, comme certains bliauts du XIIIᵉ siècle, ajustées à la taille, quelque peu décolletées, avec jupe très ample. Elles laissaient voir entièrement les manches longues de la cotte de dessus et les manches justes de la cotte de dessous (fig. 48[2]). Il fallait lacer ou agrafer par derrière ces sortes de surcots pour qu'ils prissent exactement la poitrine et la taille. Cette dame porte une sourquenie rose vif, doublée d'hermine. Les longues manches de la cotte de dessus sont faites d'hermine sans queues ; celles justes, de la cotte de dessous, sont taillées dans une étoffe blanche. Elles serrent exactement les avant-bras au moyen d'une série de petits boutons d'or très rapprochés, du coude au poignet. Il fallait évidemment beaucoup de temps pour s'habiller ainsi. L'escoffion à cornes est enjolivé de papegaus (perruches), conformément à la description de Guillaume de Machau.

Il y avait aussi les surcots de dames ressemblant aux houppelandes, et que l'on mettait pour sortir en char ou à cheval (voyez HOUPPELANDE).

---

[1] *Le Livre dou voir dit.*

[2] Manuscr. Biblioth. nation., *la Cité des dames,* français, Christine de Pisan.

Nous avons vu le surcot demi-long des gentilshommes avec grandes manches ; le surcot ample sur la poitrine, à courte jupe à plis, avec

18

manches mi-ajustées, serré à la taille par une ceinture, vêtement des gens de moyenne condition ; le surcot ajusté au corps, sans ceinture, avec manches démesurées, adopté par les gentilshommes vers la fin du règne de Charles V. Voici encore un surcot ajusté au corps, sans ceinture à la taille, mais avec ceinture noble au-dessous des hanches, manches serrées, et chaperon dont la queue tombe jusqu'à terre (fig. 19[1]). Ainsi qu'il a été dit, ces sortes de surcots sont généralement blancs ou de couleur très claire, et paraissent être faits de drap.

A ces modes déjà variées, il faut ajouter le surcot semblable au précédent, mais avec jupe à plis, manches terminées carrément (fig. 20[2]), et la ceinture noble. Puis le surcot avec ceinture à la taille, collet haut, boutonné par devant du haut en bas, et manches prodigieusement développées en manière de sacs aux coudes et ajustées aux poignets (fig. 21[3]). On voit que l'on commençait alors (voy. fig. 16) à porter l'épée avec l'habit civil. C'est à dater de 1360 environ que cette mode apparaît. Jusqu'alors, il n'arrivait pas que les gentilshommes, chevaliers et écuyers, portassent l'épée longue autrement qu'armés. Avec la ceinture noble, on mettait souvent la

[1] Manuscr. Biblioth. nation., *le Miroir historial*, français (1395 environ).
[2] Même manuscrit.
[3] Manuscr. Biblioth. nation., *le Livre des hist. du commencement du monde* (1370 environ).

dague, mais non l'épée [1]. Sous Charles V, on voit des gentilshommes, des écuyers et des sergents d'armes porter l'épée au côté gauche, quelque peu en verrouil, attachée soit à un baudrier, soit à la cein-

20

ture, qui serrait la taille, comme dans l'exemple figure 21. Ces surcots peuvent être confondus avec le corset (voyez cet article), et en effet leur donnait-on aussi ce nom.

On ne doit pas omettre le surcot juste à la taille, sans manches, que portaient parfois les jeunes nobles (fig. 22 [2]) vers la fin du XIVe siècle. Ce gentilhomme est vêtu d'une cotte blanche dont les manches demi-amples paraissent. Le surcot, sans collet, est rouge damassé, lacé par devant, avec jupe taillée de singulière façon et à laquelle pendent des branlants d'or. Une ceinture noble très basse entoure la jupe, qui est roide, sans plis. Ses chausses sont pourpres.

[1] Il faut faire une exception. Les chevaliers du *nœud* portaient l'épée en costume civil dès 1352, mais pendue verticalement par devant.

[2] Manuscr. Biblioth. nation., *Tite-Live*, français (1395 environ).

21

BEVARD. Sc.

Mais ces surcots justes, et qui paraissent appartenir à la jeune noblesse, n'étaient point les seuls. Quelques personnages graves portaient des surcots plus amples, sans toutefois que leur coupe pût

22

être confondue avec celle de la houppelande ou de la pelice. Le très remarquable manuscrit de la Bibliothèque nationale, intitulé : *Le livre des propriétés des choses, translaté de latin en françois*

23

par le commandement du roy Charles le Quint [1], *et en tête duquel*

24

est un charmant portrait de ce prince, nous montre, parmi les miniatures, un gentilhomme vêtu d'un surcot assez ample, avec manchés fendues, doublées de fourrures, et jupe agrémentée en manière d'écailles (fig. 23). Ce personnage est coiffé d'un chapeau noir à larges bords et à forme basse cylindrique évasée. Les manches de dessous sont bleu clair avec avant-bras noir. Le surcot est rouge, et le chaperon, formant pèlerine, bleu brodé d'or; les chausses sont bleu foncé. Une fine ceinture noire, avec clous d'or

25

très rapprochés, serre la taille. Le surcot forme des plis réguliers dans le dos.

Terminons cette revue des surcots d'hommes de la fin du XIVᵉ siècle par le vêtement court que les riches bourgeois portaient par-dessus une cotte descendant au-dessous des genoux (fig. 24[1]). Cet homme porte des chausses grises, une cotte verte à manches étroites, et par-dessus un surcot pourpre, avec ceinture seriée au bas-

[1] Manuscr. Biblioth. nation., *Tite-Live*, français (1395 environ).

ventre, ajusté au corps, avec jupe très courte et manches longues
ouvertes, terminées en spatule. Il est coiffé d'un chaperon vert, avec
une ganse verte passée par-dessus et qui maintient la goule. Un long
couteau à poignée d'or est pendu à la ceinture par devant. La doublure
des manches est d'hermine sans queues.

Ce vêtement de dessus conserve encore, malgré la ceinture très
basse, une coupe ajustée à la poitrine et sur le ventre, suivant la

26

AL. GUILLAUMOT.

mode adoptée pendant le règne de Charles V et les premières années
du règne de Charles VI. Mais, vers 1400, ces surcots rembourrés sur
la poitrine et le ventre passent de mode; on donne des plis aux
surcots, qu'ils soient longs ou courts. Il est rare, pendant la seconde
moitié du XIVe siècle, de trouver des surcots taillés conformément
à la figure 23, c'est-à-dire formant des plis. Ces vêtements collent
presque toujours au corps; ils deviennent au contraire flottants
pendant les premières années du XVe siècle. La figure 25 [1] donne un
surcot de voyageurs négociants [2]. Ce surcot est blanc, ainsi que le

_____

[1] Manuscr. Biblioth. nation., contenant le voyage de *Marco Polo*, de *frère Odric*, de
frère Jehan Hayton, etc. (1404 à 1417).

[2] *Comment messire Nicolas et mess. Maffe demandent congié au seigneur* (*Voyage de
Marco Polo*).

27

chaperon. Les chausses sont lilas, et la ceinture avec son aumônière rouges. On voit que les manches de ce surcot n'ont plus l'ampleur que présente la figure 24. Le vêtement ne colle plus sur le torse et les hanches, mais il est encore retenu par la ceinture, très basse.

Le surcot court de la noblesse est de même sensiblement modifié, et forme des plis réguliers sur la poitrine et le dos (fig. 26[1]). Ce seigneur porte des chausses noires, un surcot bleu de roi avec longues pentes aux manches, qui ne couvrent que les épaules. Pardessus, est enfourmé un chaperon pourpre avec goule d'hermine à queues. Le bas de la jupe du surcot est également bordé d'une large bande d'hermine. Le bonnet est pourpre avec couronne d'orfèvrerie. Cette mode ne dura guère. La jupe du surcot court ne couvrit bientôt plus que les hanches, et les manches, fendues, très amples sur les épaules, n'eurent que la longueur des bras. Les seigneurs élégants de 1430 environ commençaient alors à adopter ces habits étriqués qui faisaient contraste avec les vêtements démesurément amples des dernières années du xive siècle. Il fallait avoir la taille excessivement fine, les hanches à peine visibles, la poitrine et les épaules démesurément larges. La figure 27[2] représente un des jeunes et élégants gentilshommes de cette époque. Son surcot peut passer pour un corset (voyez cet article). Ce seigneur porte des chausses bleues, avec une jarretière d'or à la jambe gauche. La manche du pourpoint qui apparaît au bras droit est verte (satin). Le surcot, court, est pourpre, avec broderies de flammes d'or sur les manches fendues, dont l'une (celle de gauche) est passée. Quatre boutons d'or ferment l'ouverture antérieure du surcot, qui se mettait comme on met une veste. Deux plis saillants, partant des épaules et se réunissant à la ceinture, dessinent la poitrine. Entre eux, le vêtement forme des plis réguliers, mais peu profonds, au-dessus de la taille. La jupe se réduit à une couverture des hanches, avec plis réguliers par devant et par derrière. La ceinture, étroite, suspend une dague. Le chapeau est de feutre poilu gris. On voit sur l'encolure du surcot passer le collet roide du pourpoint. Le collier de la Toison d'or entoure cette encolure[3]. Un des souliers est rose et l'autre noir. Ce vêtement, d'une extrême élégance, persista jusqu'au milieu du xve siècle, avec quelques modifications. Les manches

---

[1] Manuscr. Biblioth. de Troyes, *Tite-Live* (premières années du xve siècle).

[2] Manuscr. Biblioth. nation., *Boccace*, français, *Du déchiet des nobles hommes* (1430 environ).

[3] L'ordre de la Toison d'or a été institué par Philippe le Bon, duc de Bourgogne, à Bruges, le 10 janvier 1430. Les étincelles d'or brodées sur les manches du surcot sont, comme on sait, un des attributs de cet ordre.

furent tenues encore plus larges et rembourrées aux épaules. Au

29

BADOUREAU.

lieu d'être du côté interne, les fentes de ces manches furent prati-

quées du côté externe, parfois avec lacets, et ces manches furent
tenues plus larges aux poignets. La jupette fut coupée un peu plus
longue et bordée de fourrures (fig. 28 [1]). Le gentilhomme sur le
premier plan porte des chausses vertes, un pourpoint de satin rouge
dont on aperçoit la manche par la fente et le collet. Une fine chemisette entoure son cou et monte plissée jusque sous le menton. Le
surcot ou corset est bleu clair, garni d'une bande de fourrure de
martre au bas. Le chapeau, qui pend sur l'épaule par la queue, est
de velours bleu; celle-ci est noire. Les souliers sont de même, noirs.
Par-dessus ces chausses, pour sortir et chevaucher, on passait de
hautes bottes (heuses) de peau noire à revers fauves (voyez, à l'article Corset, la figure 5). L'autre gentilhomme est vêtu, par-dessus
le pourpoint, d'une journade (voyez Journade) de brocart d'or
fourrée de menu vair. Son bonnet est de satin mordoré avec revers
rouge. Les chausses sont noires. Il porte à la jambe droite une
botte fauve, ce qui était de la dernière élégance. Mais vers 1440 les
gentilshommes revenaient volontiers à la forme du surcot dont la
figure 26 donne un modèle. Ce surcot, toutefois, avait des manches
très larges des épaules aux poignets, lesquels étaient serrés et garnis
d'un large passe-poil de fourrure (fig. 29 [2]).

Les chausses de ce personnage sont pourpres, sans souliers. Le
surcot est vert clair, avec brodeure d'annelets d'or. Un large collet
de fourrure entoure le cou. Le chaperon est bleu.

Nous placerons ici un surcot de riche seigneur, admirablement
rendu dans une miniature de 1430 environ, et qui est porté par
Louis II, duc de Bourbon, comte de Clermont et de Foresté (sic),
mort en 1410 [3]. Ce surcot, paré, est rouge et or (fig. 30). Les
manches, tombantes, paraissent être de taffetas paille avec bouts cra-
moisis brodés de perles. Le bonnet est fait d'une peluche ou d'une
fourrure blanche teinte en vert; il est orné de grosses perles. Un
collet, également de peluche verte, s'arrête au droit des clavicules,
et en haut des manches sont posées deux sortes d'épaulettes de
la même peluche, laquelle borde le bas de la jupe. Les manches de la
cotte de dessous, ou du pourpoint, sont de damas cramoisi. Les
chausses sont pourpres, et les brodequins noirs, avec une grosse

---

[1] Manuscr. Biblioth. nation., *Girart de Nevers* (1440 environ).

[2] Manuscr. Biblioth. nation., Alain Chartier, *Prologue du quatrilogue invectif* (1440 environ).

[3] Manuscr. Biblioth. nation., copie faite après la mort de Louis II, pour la princesse dauphine Marguerite d'Écosse.

LOUIS II, DUC DE BOURGOGNE (1400)

perle qui attache les patins. Un collier de grosses perles tombe sur la poitrine, et une perle plus grosse encore termine le sceptre. La ceinture est noire avec clous d'or. On observera la forme étrange du bonnet. Chacun sait que le duc Louis II de Bourbon, oncle de Charles VI, était un des seigneurs les plus magnifiques de son temps.

Ce corset, bombé sur la poitrine, avec quelques plis réguliers, est extrêmement serré à la taille, ce qui est conforme à la mode d'alors, c'est-à-dire du temps où a été copié le manuscrit (1430 environ).

31

B

Les surcots portés par les vilains de 1430 à 1440 n'avaient point, bien entendu, une coupe aussi élégante, et ressemblaient passablement à la blouse (fig. 31[1]). Cet homme du peuple porte des chausses grises avec galoches noires, et un surcot bleu par-dessus une cotte noire dont on aperçoit les manches justes et le collet. Un tortil jaune retient ses cheveux. Quant aux gros bourgeois, ils portaient alors des surcots plus étoffés, assez longs de jupe, avec grand collet aussi long que la jupe, qui couvrait les épaules et le dos, et d'où sortaient les bras (fig. 32[2]).

[1] Manuscr. Biblioth. nation., *le Miroir historial*, français (1440 environ).
[2] Même manuscrit.

Ce bourgeois est vêtu de chausses sang de bœuf et d'un surcot dont la jupe et le corps sont bleus, tandis que le grand collet est mordoré. Une ceinture noire et or entoure la taille sans la serrer.

32

Le chaperon est bleu, avec une *enseigne* sur l'épaule gauche[1]. Le chapeau est de velours rouge avec un joyau d'or.

Veut-on savoir comment les paysans étaient alors vêtus et quels étaient leurs surcots, quand ils en mettaient ?

Voici (fig. 33[2]) un berger. Ses chausses, de toile blanche, sont

---

[1] Peut-être médaille de corporation.
[2] Manuscr. Biblioth. nation., *Missel*, latin (1450 environ).

très incomplétement tirées, et il paraîtrait que c'était là une habitude fréquente chez les campagnards, car ils sont souvent représentés dans cette tenue. —Sous le surcot, qui est pourpre et passa-

blement avarié, paraît la chemise, dont les manches sont en lambeaux.
Une besace est suspendue à la ceinture du côté droit. La meilleure
pièce du costume est un chaperon noir, qui est intact. On remarquera que les chausses sont sans pieds et sont attachées à la hauteur
des chevilles. Les chaussures sont des sandales (espadrilles).

Complétons la revue des surcots d'hommes pendant la première
moitié du xv⁰ siècle par ceux du varlet, du page et du messager.

Le surcot du varlet se confond avec le pourpoint (voyez Pourpoint, fig. 2). Celui du messager est une sorte de veste bien doublée,

34

croisée sur le ventre, avec manches rembourrées assez justes (fig. 34[1]).
Les chausses de cet homme sont pourpres. Ses heuses sont noires

[1] Manuscr. Biblioth. nation., *Miroir historial*, français (1450 environ).

avec revers fauves. Le surcot, porté sur une cotte de mailles, est blanc, attaché diagonalement sur la poitrine avec des aiguillettes. A une mince courroie qui serre la taille est suspendue une épée large. Une salade protège sa tête, car ces messagers étaient habituellement armés, dans la prévision des fâcheuses rencontres. On avait grand besoin du dévouement de ces hommes, et l'on tenait à ce qu'ils fussent bien pourvus de tout : bons surcots, manteaux, heuses. Encore recevaient-ils souvent des présents s'ils étaient porteurs d'heureuses nouvelles, et ces présents consistaient le plus souvent en habits. Ils étaient chargés de missions très délicates. Ainsi, dans le *Roman de Fouques de Candie*[1], la belle Ganite, qui aime le Povre-Veu fraîchement converti, veut quitter les Sarrasins et aller trouver son ami pour se convertir aussi et l'épouser. A cet effet, elle appelle Estourmy, messager fidèle et adroit, et lui dit : « qu'il ait à aller trouver Guéclin et Guichart, Fouques le comte, Bertrant le fils de Bernart, le duc Guyon et le bon Converti pour qui elle brûle d'amour. Pour Dieu, ajoute-t-elle, dites-lui qu'il me prenne avec lui, je me convertirai aussi! »

Ganite et ses femmes affublent elles-mêmes Estourmy d'une guimpe et le font sortir en secret. Estourmy arrive au camp du roi Louis, se dirige vers la tente du comte Guillaume, qui est à table avec ses amis. « Que Dieu protège Guillaume d'Orange, dit le messager, son lignage et toute la compagnie, et par-dessus tout le nouveau converti, pour lequel à mes risques je viens ici, envoyé par la belle Ganite au clair visage, alliée à quinze rois. » Guillaume se lève à ce propos, salue le messager et le fait asseoir près de lui. — « Ami, dit-il, que fait la belle Ganite? » Le messager annonce à l'assemblée que Ganite entend venir au camp français se faire baptiser. Sept barons s'arment et montent à cheval; le Converti, qui a été blessé la veille dans un combat, ne peut être de la partie. Ils partent, conduits par Estourmy, emmenant trois mules avec eux, et se cachent près de la poterne du château. Le messager entre dans l'appartement de Ganite, couchée, ainsi que ses deux damoiselles. Il leur annonce qu'il amène du monde pour les enlever. « Ils sont là, dehors, prêts à faire ce que vous ordonnerez, hâtez-vous. » — Eh! dit Ayglente, l'une des damoiselles :

« . . . . — Ganite, allons nous en.
« As gentes homes fesons de nous présent.
« Dieu servirons, le roy omnipotent. »

[1]. D'Herbert Le Duc, de Dammartin (XIIIᵉ siècle).

Ainsi s'en vont-elles secrètement, et Estourmy les fait descendre par une corde attachée à un créneau.

Les chevaliers sont en bas qui attendent. Guillaume voit Ganite :

> « . . . . . . entre ses bras l'aprent.
> « — Quex est Ganite, où le cuer me tant ?
> « Ele l'acole : Si li dist en riant :
> « — Ge suis ci, sire, à vo commandement.
> « Et vous qui estes ? — Guillaume vraiment,
> « Qui moult me poine de vostre essaucement. »

Allons, dit Estourmy.

> « . . . . — L'aube esclarcit, seignour !
> « Oiez la guette et li tahouréour.
> « Sé il nous voient, n'en irons sans estour. »

Ainsi s'en vont-ils, enlevant Ganite et ses damoiselles. Estourmy, qui connaît tous les détours des chemins, les conduit[1].

Les fonctions d'un bon messager étaient donc, comme on le voit, fort étendues et délicates, et les occasions de recevoir des présents, d'être bien vêtu, ne lui manquaient pas, s'il était adroit, beau diseur, mais discret.

Souvent ces messagers sont vêtus du hoqueton ou de la cape (voyez ces articles).

Ils ne devaient point s'en aller sans armes :

> « Tierri a fet ses armes à sa sele trousser,
> « Que mesagier ne doit pas sans armes aler,
> « Puis a chainte l'espée, u cheval va monter[2]. »

Nous avons laissé les surcots parés (dits surcots ouverts) des dames nobles à la fin du XIVe siècle. Nous allons reprendre cette parure étrange, et montrer ses transformations pendant le cours du XVe siècle. Vers 1430, la bande d'hermine qui tombe devant la poitrine est indépendante du vêtement, c'est une sorte de collier de fourrure assez étroit. L'intervalle entre les deux ouvertures du surcot a de même une très faible largeur. Ces ouvertures latérales se présentent beaucoup moins obliques, et laissent le vêtement tomber par derrière en plis très amples, comme un manteau (fig. 35[3]). Cette dame porte une cotte bleue à manches très serrées.

---

[1] *Fouques de Candie,* chanson Ve.
[2] *Gaufray,* vers 3751 et suiv. (XIIIe siècle).
[3] Manuscr. Biblioth. nation., *Boccace,* trad. franç. (1430 environ).

35

Le surcot paré est rose. Entre l'échancrure que forme le collier de fourrure sur la poitrine apparaît l'extrémité du corsage de la cotte bleue; mais cela n'est pas habituel, et le collier de fourrure garnit cet intervalle, étant taillé suivant l'encolure du corsage. Le hennin est fait d'une fine toile blanche et ne se compose que d'un seul morceau d'étoffe replié sur lui-même. La figure 36[1] montre en A le collier d'hermine séparé du surcot et se terminant en pointe par derrière.

36

A

La figure 37 donne en B la coupe de ce surcot plié par devant, et en C par derrière; en A, le collier d'hermine également du côté du dos. On voit que les ouvertures latérales se présentent presque de face, laissant par derrière une largeur d'étoffe qui couvre entièrement le dos et qui se divise naturellement en grands plis, par suite de la coupe même du vêtement. Ces surcots étaient à traîne, et par devant couvraient entièrement les plis.

La figure 38[2] montre le surcot porté, par derrière. De la fin du XIVe siècle à 1430 environ, la bande médiane du surcot avait ainsi été successivement amincie, afin de mieux laisser voir la taille; mais il ne semble pas que ces surcots fussent aussi parés que l'était l'ancien surcot de la fin du règne de Charles V. Comme vêtement de

[1] Manuscr. Biblioth. nation., *Boccace*, trad. franç. (1430 environ).
[2] Même manuscrit.

cérémonie, les dames nobles s'en tenaient encore à la mode de ces
surcots, avec large devant de fourrure, ou peut-être y revint-on
vers 1445. Les surcots de dames nobles, dont les ouvertures latérales se présentaient de face et laissaient une grande largeur d'étoffe

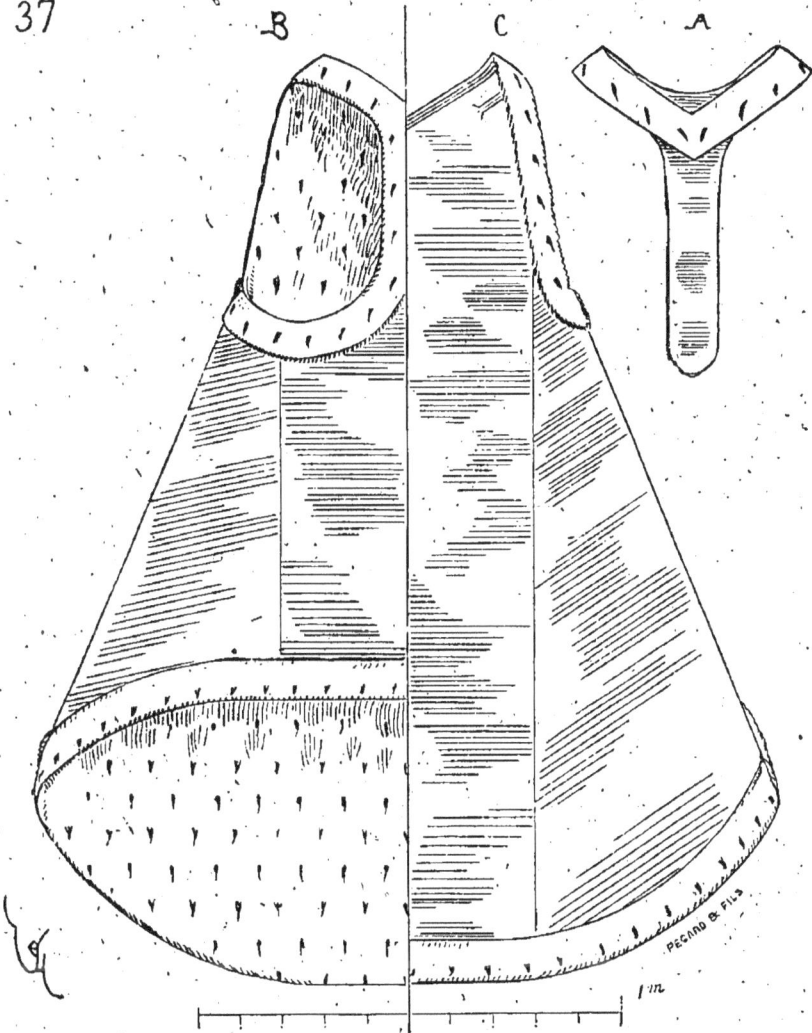

tombant par derrière, étaient portés sans manteau : c'est ce qui
indiquerait qu'ils étaient moins parés, car, à la même époque, on
voit des dames encore revêtues du surcot avec larges bandes d'hermine par devant et ouvertures pratiquées latéralement, mais portant
alors le manteau (fig. 39 [1]) (voyez aussi l'article MANTEAU, fig. 28).

---

[1] Manuscr. Biblioth. nation., *Historial*, français, ayant appartenu à Charles Ier, duc de
Bourbon, mort en 1456.

La belle statue de Jeanne de Saveuse, femme de Charles d'Artois,

38

morte en 1448, déposée aujourd'hui dans la crypte de l'église d'Eu,

mais qui autrefois était placée entre les colonnes du chœur de la
même église, auprès de son époux, nous fournit un exemple remarquable de ce genre de vêtement de cérémonie au milieu du xvᵉ siècle
(fig. 40).

Les deux ouvertures du surcot se présentent latéralement et sont
bordées d'une bande d'hermine de huit centimètres de largeur

environ. Par-dessus est posé le petit garde-corps, ou collier d'hermine, laissant voir le bord externe de la bordure. Un riche joyau
sert d'agrafe continue à ce garde-corps et en joint les deux bords
droits. Un collier de joyaux est, en outre, posé à la jonction de ce
garde-corps avec la gorge. Les manches de la cotte de dessous, qui
est rouge, sont justes, avec petits boutons, du poignet au milieu de
l'avant-bras. La jupe du surcot est très ample, armoyée mi-partie
d'Artois et de Saveuse. La statue de Jeanne de Saveuse ne porte
point de manteau, mais cette omission est assez fréquente dans nos
monuments français sculptés, tandis que les peintures joignent
toujours le manteau à ces sortes de surcots. Cet appendice du vête-

40

ment de cérémonie pouvait naturellement être enlevé facilement,

et les sculpteurs auront souvent trouvé plus gracieux de le supprimer
(voyez les statues de Jeanne de Bourbon et de Béatrix de Bourbon
déposées dans l'église de Saint-Denis) ; tandis que les sculpteurs

anglais, par exemple, n'ont jamais omis de mettre, avec le surcot paré
dont sont revêtues les statues de la fin du xive et du xve siècles, le
manteau de cérémonie [1].

Le surcot paré des dames nobles persista jusqu'à la fin du règne de
Louis XI. On ne le voit plus adopté passé 1480.

[1] Voyez Stothard, *the Monumental Effigies of Great Britain*.

Les femmes légères, vers 1450, portaient un surcot ouvert dont on voit quelques exemples dans les miniatures de cette époque, et

42

qui consistait en une robe fendue des épaules jusqu'au-dessous du nombril, lacé très lâche et laissant voir une robe de dessous excessivement décolletée (fig. 41 [1]). Cette femme, qui, sur la vignette,

[1] Manuscr. Biblioth. nation., *Miroir historial*, français (1450 environ).

représente un diable cherchant à tenter le roi Josaphat, est vêtue d'une cotte de dessous blanche et d'un surcot vert avec large bordure de même étoffe au bas. L'ouverture du surcot est bordée d'une passementerie d'or.

À la fin du xve siècle, les gentilshommes, aussi bien que les bourgeois, portent des surcots amples et d'une forme aussi commode que simple. Ce vêtement est pourvu de larges manches, garni d'un ample collet rabattu de fourrure, et retenu à la taille par une ceinture (fig. 42 [1]). Ce personnage est vêtu de chausses vertes et chaussé de bottes molles montant aux genoux. Son surcot est fait d'une étoffe mordorée avec collet rabattu d'hermine. La barrette est bleue avec galons d'or.

Si, à dater de la fin du xve siècle, le mot *surcot* n'est plus employé pour désigner un vêtement de dessus, l'objet n'en persiste pas moins dans la toilette des femmes aussi bien que dans celle des hommes. C'est la robe parée, la pelice, la houppelande, le large pourpoint, puis plus tard l'*habit*.

SURPLIS, s. m. Vêtement ecclésiastique blanc, fait de lin, que l'on mettait par-dessus le rochet, et qui par conséquent était plus ample. Ce vêtement fut attribué, dès le xiiie siècle, aux chanoines réguliers, qui le portaient au chœur, dessous l'aumusse ; quelques chapitres portaient même le surplis dans le cloître, en dehors de l'église, entre autres celui du Mont-Saint-Eloi, près d'Arras. Les manches du surplis étaient assez larges pour que ce vêtement pût être passé facilement par-dessus la tunique, la soutane ou le rochet. Quelquefois elles furent même fendues et permettaient aux bras de rester libres, en laissant tomber les pans par derrière : c'est ce qui a été l'origine de ces ailes bizarres qui aujourd'hui sont attachées aux épaules du surplis.

La forme donnée au surplis pendant le xiiie siècle est celle d'une chemise à larges manches (fig. 1 [2]).

Ce chanoine est vêtu d'une tunique longue d'une étoffe blanc jaunâtre, et par-dessus du surplis blanc. Il est coiffé de l'aumusse noire. Le surplis ne descend qu'au-dessous des genoux. Cette forme ne change guère pendant le cours du xive siècle. Au xve siècle, il est un peu plus long de jupe, avec plis répétés par devant et par derrière.

---

[1] Manuscr. Biblioth. nation., *Tite-Live*, français (1490 environ).
[2] Manuscr. Biblioth. nation., *Pèlerinage de la vie humaine* (fin du xiiie siècle).

Voici (fig. 2) un chanoine de cette époque [1]. Il est vêtu d'une tunique longue rouge, dont on aperçoit le collet et le bas, et d'un large surplis blanc. Sur son bras droit il porte l'aumusse de fourrure

blanche et grise; son bonnet est violet. C'est à dater de la fin du xve siècle que les manches du surplis sont souvent fendues des épaules à la saignée, afin de les pouvoir laisser flotter par derrière. Le nom latin *superpellicium* indique que, dans l'origine, cette longue tunique de lin, blanche, était posée par-dessus la pelice ou

---

[1] Manuscr. Biblioth. nation., *Miroir historial* (1440 environ).

le vêtement fait de peaux. C'est, du reste, ce qu'indique Guillaume
Durand [1] :

« Et d'abord, dit-il, le surplis, à cause de sa blancheur, marque
« la netteté ou la pureté de la chasteté.... Secondement, il est appelé

« surplis (*superpellicium*), de ce que, très anciennement, on le
« revêtait par-dessus les tuniques ou pelices faites de peaux de bêtes
« mortes ; ce qui s'observe dans certaines églises... Troisièmement,
« il dénote l'innocence, et voilà pourquoi on le revêt souvent avant
« tous les autres habits sacrés (par exemple, sous la chasuble ou

[1] *Rationale divin. offic.*, lib. III.

« planète, sous la chape, sous l'aumusse)... Quatrièmement, à cause
« de son ampleur, il désigne la charité, d'où vient qu'on le met par-
« dessus les profanes et communs vêtements (la soutane, les tuniques
« ou cottes)... Cinquièmement, à cause de sa forme; comme il est fait
« en façon de croix, il figure la passion du Seigneur... »

TABAR, s. m. (*tabert*). Manteau que l'on mettait pour sortir et se
préserver du froid et des intempéries. Les gentilshommes ne se
servaient guère du tabar que par-dessus l'armure. Pour les vilains,
c'était un vêtement commun assez court, en forme de manteau
à capuchon. (Voyez, dans la partie des ARMES, l'article TABAR.)

TABLIER, s. m. (*touaille*). Pièce de toile que les servantes attachaient devant leur jupe pour vaquer aux occupations domestiques.
(Voy. ROBE, fig. 20 et 47.)

TIARE, s. f. Le mot *tiare* est employé souvent, pendant le moyen
âge, comme *mitre*, *aumusse*[1], *couronne royale*, mais aussi pour
désigner la coiffure pontificale du pape. Les représentations les plus
anciennes nous montrent les papes coiffés, soit d'un bonnet hémisphé-
rique aplati (voy. MITRE), soit d'un bonnet de forme conique,
ceint à sa base d'une bandelette dont les deux bouts tombent par
derrière. Ce serait sortir de notre cadre que d'entamer une discussion sur la forme primitive de la tiare pontificale, et sur la question
de savoir à quelle époque précise ce bonnet sphérique ou conique fut
accompagné d'une couronne royale; s'il est vrai qu'en 514 le pape
Hormisdas ait le premier ajouté cet ornement à sa coiffure. Ce qui
n'est pas douteux, c'est qu'au XIIIe siècle, en France, la tiare papale
était représentée sans couronne royale, c'est-à-dire fleuronnée. La
statue de Grégoire le Grand que l'on voit au portail méridional de
Notre-Dame de Chartres représente le souverain pontife coiffé d'une
tiare qui semble faite d'osier, conique, à côtes, à la base de laquelle
est un cercle d'orfèvrerie. Un fleuron sphérique aplati termine la

[1] Voy. du Cange, *Gloss.*, TIARA.

pointe du cône (fig. 1¹). La statue du pape saint Léon, posée sous le même porche, est coiffée d'une tiare à peu près semblable. Que signifiaient ces tiares faites en façon d'ouvrage de vannerie, mais qui

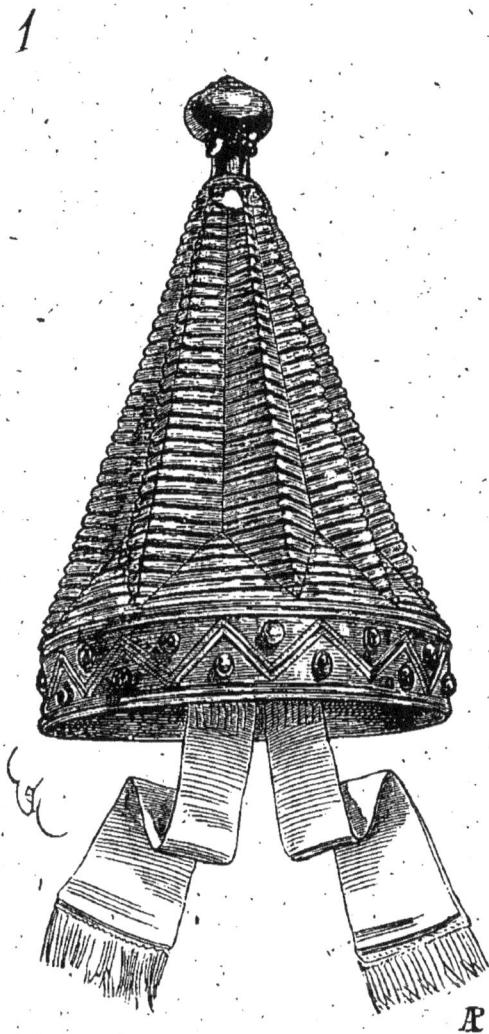

1

Æ

étaient dorées et enrichies d'un cercle de joyaux? Nous n'avons pu trouver l'explication de ce fait.

Des représentations d'une époque postérieure ne montrent pas davantage la couronne royale ceignant la tiare apostolique. Et pour preuve, on peut consulter la curieuse peinture qui existe encore

¹ 1240 environ.

dans la tour de la ville de Pernes (comtat Venaissin), et qui représente le pape Clément IV donnant par une bulle la couronne des Deux-
Siciles à Charles Ier, comte d'Anjou et de Provence, le 26 février 1265
(fig. 2 [1]). Quelle que soit la barbarie de cette œuvre due à quelque

2

artiste grossier, elle ne donne pas moins des renseignements précieux, car les peintures de cette époque représentant des sujets
historiques et contemporains sont très rares. Le pontife est vêtu
d'une robe de dessous rouge, dont on aperçoit le bas de la jupe et

---

[1] Cette curieuse peinture, que nous avons copiée sur place il y a vingt ans, vient d'être
calquée par M. Révoil, architecte, pour être déposée dans les archives des monuments
historiques.

les poignets des manches; par-dessus est posée une aube d'un blanc
jaunâtre, puis une chasuble rouge couverte de pallium blanc. Au bras
gauche est attaché un manipule sous forme d'une petite serviette
blanche. La tiare est jaune, avec bordure et fanons rouges. Les
souliers sont rouges avec croix blanches.

A quelle époque donc les papes posèrent-ils trois couronnes sur
la tiare? Les documents historiques, à cet égard, sont loin d'être
clairs. Il est une opinion généralement répandue qui admet que
Boniface VIII fut le premier pontife qui mit une *seconde* couronne
sur la tiare, à propos de ses démêlés avec Philippe le Bel. Mais les
pontifes romains en avaient-ils déjà placé une *première*? C'est ce
que les monuments figurés ou écrits contemporains n'établissent
pas clairement. Quoi qu'il en soit, à la fin du xive siècle, les papes
d'Avignon portaient les trois couronnes. On prétend même que
Jean XXII fut le premier qui, en 1328, adopta ce triple attribut.

Nos recherches, à cet égard, ne fournissent pas un résultat positif. La statue de Jean XXII qui existe sur le tombeau de ce pape, placé dans une chapelle dépendant de Notre-Dame des Doms d'Avignon, est moderne, l'ancienne ayant été brisée en 1792; mais il peut en être resté des morceaux. Or, au musée de cette ville, on voit une

tête de pape qu'on attribue, nous ne savons sur quelle donnée, à Clément VII; or, cette tête est bien plutôt celle de la statue mutilée du tombeau de Jean XXII. La dimension, le caractère de la sculpture l'indiquent assez. Malheureusement l'extrémité de la tiaré a été brisée, et il est impossible de savoir s'il existait une troisième couronne. Voici (fig. 3) la copie de ce fragment, qui, malgré son état de mutilation, n'en est pas moins un document précieux. La tête tient au coussin qui la supportait et dont la broderie est bien de l'époque de la mort de ce pontife (décembre 1334). Sous la tiare, le pape porte la double calotte.

Dans le même musée est la statue tombale, bien authentique, d'Urbain V, élu pape en 1362 et mort le 10 décembre 1370. La tiare de l'*apostole* porte bien les trois couronnes (fig. 4[1]). Depuis lors les souverains pontifes n'ont cessé de porter la tiare avec les trois couronnes.

TOILETTE, s. f. (*atournement, vesteure*). Nous ne prenons pas ici le mot *toilette* dans le sens de morceau de toile fine, mais comme ensemble des ajustements qui composent une parure. Le mot *toilette*, qui, primitivement, s'employait pour désigner une pièce de toile ou touaille, fut appliqué, au XVIe siècle, à la nappe que l'on posait sur la table devant laquelle on procédait aux préparatifs de la parure, de même aussi aux objets qui garnissaient cette table (voyez, dans la partie des USTENSILES, l'article DAMOISELLE A ATOURNER); puis enfin à la parure elle-même, à ce qu'on appelait, pendant les XIIIe, XIVe et XVe siècles, l'atournement.

Autrefois, comme aujourd'hui, le vêtement est peu de chose, s'il n'est porté comme il convient, suivant l'usage du moment. Nous avons essayé, dans la partie du *Dictionnaire* qui traite des vêtements, d'indiquer, indépendamment de la forme de ceux-ci, la manière de les porter, la contenance appropriée à chacun d'eux. Il est nécessaire toutefois de consacrer spécialement à ce sujet quelques pages.

On se fait généralement, sur les soins de propreté admis par nos aïeux, des idées passablement fausses. De ce que, pendant le XVIIe siècle, ces soins étaient assez restreints, on en conclut qu'avant cette époque, et en remontant le cours des siècles, la négligence, à cet égard, devait être de plus en plus grande. Cette appréciation n'est pas justifiée par l'étude des documents.

Personne n'ignore que, sous l'empire romain, les soins de propreté étaient passés dans les habitudes de toutes les classes. La Gaule avait, à cet égard, suivi l'exemple de ses maîtres, et s'était

[1] Voici l'inscription gravée sur la dalle jointe à cette statue : « Urbanus V, hujus « monasterii collegii benefactor abbatiæ Cluniacensis decanus ab Innocentio VI S. Germani « Autissiod. ac postmodum S. Victoris Massil. abbas creatus. Apostolicus apud Mediolan. « legatus. Avenione summus pontifex eligitur ætatis suæ anno LIII Christi MCCCLXII post « exceptam Romæ Joan. Palleol. imperator. Constant. fidei professionem et in hac « civitate Joannis Galliarum regis obedientiam pontificatus sui anno VIII mense IV mona- « chaliquem nunquam dimiserat indutus habitu mortuus in metrop. Avenion. Sepultus XVII « post mense massilian. translatus multis diu claruit miraculis. »

romanisée. D'ailleurs les Gaulois, comme les Germains, avaient très fréquemment recours aux bains. Il n'y avait pas de si petite bourgade et même de si petit établissement qui n'eût ses bains, ses étuves, dans lesquels on passait le temps que l'on consacre aujourd'hui aux cafés, aux cercles. C'était dans ces bains qu'on se rencontrait, qu'on allait se reposer, converser, et, au total, vaquer aux soins de propreté. Ces usages ne cessèrent pas par suite de l'introduction du christianisme ; ils se modifièrent toutefois, c'est-à-dire que les bains, tout en perdant de leur importance, comme lieu de réunion, continuèrent à être fréquentés comme établissements d'hygiène. Les membres du clergé combattaient, il est vrai, ces traditions, au moins dans ce qu'elles pouvaient avoir d'abusif ; mais leurs continuelles récriminations à l'endroit des soins du corps, de la chevelure, indiquent assez que ces usages persistaient. Tout en recommandant la propreté, ils s'élevaient contre un excès de soins qui prenaient beaucoup de temps et tendaient à éloigner, les esprits des œuvres, à leurs yeux, plus utiles et méritoires. Mais puisqu'ils ne cessaient de se plaindre, c'est qu'on ne cessait de fournir un objet à ces plaintes. D'ailleurs, dans les établissements monastiques même, des bains étaient installés, ainsi que le prouve le plan de l'abbaye de Saint-Gall, datant de l'année 820. Sur ce plan, des bains sont disposés, non seulement pour les moines, mais pour les étrangers reçus dans le monastère, pour les novices, etc. [1].

Dans les romans et les contes des XIIe et XIIIe siècles, il est fait mention très fréquemment de bains, qu'on prenait chez soi ou qu'on allait trouver dans les étuves, c'est-à-dire dans des établissements disposés à cet effet. Bien mieux, un certain meuble qu'on admet comme ayant été inventé vers le milieu du dernier siècle, se trouve mentionné dans les comptes royaux de 1349 : « A Huc d'Yverny pour « ij chaieres de fust, à laver dames. »

Dans le conte de *la Borgoise d'Orliens*, la femme prépare un bain aromatisé pour son mari battu :

> « De bones herbes li fist baing,
> « Tout le gari de son mehaing. »

Il est question de bains dans le conte du *Cuvier*, dans celui des *Deux Changeors*. Bains à deux, dans le conte de *Constant Duhamel* :

[1] Voyez le *Dictionn. d'architecture*, t Ier, p. 243 et suiv.

« Va moi appareillier un baing.
« Cele se haste, ne puet plus,
« Si a mis la paiele sus ;
« Puist mist l'eve chaude en la cuve,
« Et dras desus por fere estuve. »

Sitôt qu'un voyageur arrive quelque part, on lui donne à laver les pieds, et avant de se mettre à table, comme après, on criait l'eau, c'est-à-dire qu'on préparait des bassins dans lesquels chacun passait les mains :

« Gérars et Hues sont main à main alés ;
« Isnelement l'aigue lor ont livré
« A grans bacins d'argent moult bien dorés.
« Hues lava et ses freres de lés,
« Li viex Geriaumes et li provost Guirré,
« Et li baron Huon lou bacheler ;
« A une table sont assis au souper [1]. »

L'horreur qu'inspire la saleté du corps est continuellement exprimée dans les contes et romans, ce qui démontre suffisamment que les habitudes de propreté étaient répandues.

Le *Roman de Gérart de Nevers* ou *de la Violette* [2] montre la belle Euriant ne laissant pas passer une semaine sans prendre un bain ; et dans le *Dict de la contenance des fames* [3] on lit ces vers :

« Or est lavée, or est peignée,
« Or est coiffée, or est treciée,
« Et mult le tendroit à desdain
« S'elle n'avoit sovant le bain. »

Nous pourrions multiplier ces citations, si nous ne craignions de fatiguer le lecteur. L'habitude de se farder, d'user d'eaux parfumées, était également très répandue pendant le moyen âge :

« Et enluminent lor visage,
« Et nous font tendre le musage,
« Por esgarder [4] ... ».

---

[1] *Huon de Bordeaux*, vers 9036 et suiv.

[2] Commencement du XIIIe siècle.

[3] *Contes, dicts, fabliaux des XIIIe, XIVe et XVe siècles*, publ. par A. Jubinal, 1842, t. II, p. 170.

[4] Le *Dict des cornetes* (*Jongleurs et trouvères des XIIIe et XIVe siècles*).

aussi bien que l'usage des faux cheveux :

« Que fame est trop fole musarde
« Qui forre son chief et se farde
« Por plere au monde.
« Fame n'est pas de pechié monde,
« Qui a sa crine noire ou blonde
   « Selon nature,
« Qui i met s'enténte et sa cure
« A ajouster .i. forreure
« Au lonc des treces [1] »

Si les toilettes que portaient les femmes changeaient aussi souvent
que de nos jours, leur façon d'être ne différait point de ce que nous
voyons.

Les trouvères ne ménagent pas beaucoup le beau sexe, et leurs
traits satiriques s'adressent souvent aux dames. Le *Dict de la contenance des fames* est une des pièces les plus curieuses sur ce sujet
inépuisable :

« Mult a fame le cuer muable,

dit le trouvère, et il énumère tous les caprices et bizarreries des
dames de son temps. « Tantôt, dit-il, la femme rit, tantôt elle se
décourage ou fait semblant d'être fâchée. Elle est pensive ou gaie,
forte ou faible, suivant le temps, malade ou bien portante. Elle
s'assied, puis ne veut s'asseoir ; n'entend voir personne ou prétend
recevoir, puis ne le veut plus. Tantôt elle s'émeut et est active,
tantôt cachée comme oiseau en mue. Or douce, or acariâtre, or
sauvage, or affable ; ne dit mot, ou bavarde. Puis elle s'en prend
à la chambrière dont elle est jalouse, ou porte envie à sa voisine qui
a plus beaux joyaux qu'elle ; au mieux avec sa commère, elle la
hait le lendemain. On la verra au bal, aux veilles, au sermon, en
pèlerinage...

« Ses joiax prent, si les remire,
« Or les desploie, or les ratire,
« Or s'estant, or sospire, or plaint,
« Or s'esvertue et or se faint ;
« Or cort à destre et à senestre,
« Or s'en reva à la fenestre,
« Or chante, or pense, or rit, or plore.
« Mult mue son cuer en petit d'ore.

---

[1] Le *Dict des cornetes* (fin du XIVe siècle).

« Or est un po descolorée,
« Por tens sera bien colorée;
« Or se coife, or se lie,
« Or se descoife, or se deslie.
« Or a musel, or a baniere,
« Or est orguelle, or est fiere,
« Or a chapel, or a corone,
« Orendroit sa face abandonne
« A resgarder, et puis la cuevre ;
« C'est merveille que de lor evre [1]. »

Nous verrons bientôt que ces boutades de poètes (et celui-ci était un moine) n'enlèvent point à la femme le rôle important qu'elle a su tenir dans la société du moyen âge. Son influence sur les modes ne saurait être contestée dès l'époque carlovingienne. Les miniatures des manuscrits, les monuments, montrent avec évidence que les femmes, à cette époque reculée, avaient adopté plus complètement que n'avaient fait les hommes la coupe des vêtements byzantins. Elles contribuèrent ainsi à introduire en Occident, non seulement les étoffes fabriquées en Orient, mais aussi la forme des habits orientaux. Il est fort difficile de savoir exactement comment était vêtue Frédégonde ou Brunehaut ; il l'est beaucoup moins de donner une idée de la parure d'une dame du VIIIe siècle. Or cette parure est à bien peu près identique avec celles admises à la cour de Byzance ; tandis que les vêtements des hommes, à la même époque, tenaient à la fois du vêtement gallo-romain, de l'habillement germain et des influences byzantines. Cette dernière influence ne cessa de dominer de plus en plus dans l'habillement masculin jusqu'à la fin de l'époque carlovingienne, en effaçant ainsi peu à peu les traditions gallo-romaines et germaniques. On peut se rendre compte de ce fait en parcourant les divers articles du *Dictionnaire* relatifs aux vêtements des deux sexes.

La classe élevée cherchait donc à se rapprocher le plus possible des modes adoptées à Byzance, et les premières croisades ne purent naturellement que développer ce goût, puisque ces expéditions eurent le caractère de véritables émigrations qui comprenaient non seulement des hommes en état de porter les armes, mais des femmes, des artisans, des ouvriers.

La Bible écrite pour Charles le Chauve [2] montre encore, dans

---

[1] *La Contenance des fames* (Contes, dicts, fabliaux des XIIIe, XIVe et XVe siècles, édit. par A. Jubinal, t. II, p. 174).

[2] Musée des souverains ? (IXe siècle).

ses miniatures, des personnages (hommes nobles) dont le vêtement

1

n'a que de faibles analogies avec ceux portés à Byzance à cette époque (fig. 1). Ce personnage est vêtu des braies gauloises, larges, serrées au-dessous des genoux par des jarretières. Ces braies sont bleues. Les jambes sont couvertes de bas-de-chausses rouges serrés par des lanières et laissant à nu le bout des pieds, qui ne posent que sur une semelle. Une large tunique rose, à manches à peu près justes et

2

BAUUREAU.

dont la jupe est fendue latéralement, est serrée au-dessous de la taille. Deux bandes lilas verticales descendent des épaules au bas de la jupe. Par-dessus est posé le pallium quadrangulaire franc, attaché sur l'épaule par une agrafe d'or et deux bouts de passementerie. Les cheveux, courts, sont entourés d'une bandelette d'or. Le même manuscrit donne des vêtements de femmes presque identiques, au contraire, avec ceux des dames de l'empire grec (fig. 2).

Mais, si nous passons au commencement du XIIe siècle, nous voyons

que les vêtements des nobles français ont une analogie frappante
avec ceux portés à Byzance pendant les xe et xie siècles. Il y avait
donc eu recrudescence des modes grecques en Occident après les
premières croisades, et cela dura jusqu'au règne de Philippe-
Auguste.

Ce vêtement grec était très clos, comme l'ont été de tout temps
les vêtements des Orientaux d'Asie Mineure. Les nôtres, à cette
époque, le sont également. Les seules parties du corps laissées
visibles sont : le visage, à peine le haut du cou et les mains, ce qui
n'était nullement conforme aux traditions gallo-romaines. Les statues du portail royal de Notre-Dame de Chartres, de Notre-Dame de
Châlons-sur-Marne, de Notre-Dame de Corbeil[1], qui datent de 1140
environ, nous font voir, aussi bien pour les hommes que pour les
femmes, ces vêtements montants, longs, justes au corps pour ceux
de dessous et très amples pour ceux de dessus, faits d'étoffes déliées
et souples comme on en fabriquait et comme on en fabrique encore
en Orient.

A dater du ixe siècle, Byzance elle-même s'était *déromanisée*
quant aux vêtements. Jusqu'à cette époque, les admirables miniatures des manuscrits grecs montrent des vêtements de coupe et
d'allure romano-grecques; il n'est donc point surprenant que l'Occident, en demandant les étoffes et les modes à Byzance, ait conservé
quelques restes des traditions romaines, et c'est au xe siècle, quand
Byzance renonce complètement aux formes de l'habillement antique
romano-grec, pour pencher vers les costumes des Perses, que chez
nous bientôt on voit aussi abandonner les dernières traces des traditions gallo-romaines. Il y a donc une liaison intime entre ces
modes de Byzance et celles de l'Occident jusqu'à la fin du xiie siècle,
au moins pour ce qui est du vêtement de la haute classe; car, dans
le peuple, les traditions gallo-romaines persistaient.

Pourquoi, vers la seconde moitié du xiie siècle, l'Occident cesse-
t-il de recourir à l'Orient pour ce qui touche à la coupe des vêtements? Parce qu'il constitue une société nouvelle et qui cherche
dans son propre sein les éléments propres à cette constitution.
C'est alors que l'étude de la philosophie se dégage de la scolas-
tique des siècles précédents; c'est alors aussi que surgit en France
un art nouveau qui s'appuie sur des principes négligés jusqu'à
ce moment; c'est alors que se forme une architecture nationale
qui devait jeter bientôt un si vif éclat et rayonner sur toute l'Eu-

[1] Déposées à Saint-Denis.

rope occidentale. Or, il y a entre le vêtement de 1200 et celui de
1450 un écart plus grand qu'entre la basilique romane de 1100 et
l'église française de la fin du xiie siècle. Le corps n'est plus
emmailloté dans ces robes serrées de dessous, à plis multipliés,
couvertes de passementeries et de joyaux. Les membres ne sont
plus embarrassés par ces longs manteaux et ces manches traînant
à terre. Le vêtement prend une allure plus vive, facile. Il est commode, laisse aux mouvements leur liberté. Sa coupe est simple, et,
entre l'habit du seigneur et celui du bourgeois ou du vilain, il n'y
a plus la différence qu'on observait quelques années auparavant.
Dans les habitudes et les mœurs, les mêmes changements se produisent, et l'on voit poindre, au sein de la société française, ce
rapprochement des classes jusqu'alors et depuis les Mérovingiens si
profondément séparées.

Les vêtements adoptés par la noblesse pendant la première
moitié du xiie siècle devaient exiger, pour être convenablement
posés sur le corps, beaucoup de temps. Une noble dame et un seigneur habillés à la façon des statues de Notre-Dame de Chartres
devaient employer des heures à leur toilette, tant pour arranger
convenablement la coiffure que pour vêtir ces nombreux habits et
leurs accessoires. Au commencement du xiiie siècle, au contraire,
il devait suffire de quelques minutes pour endosser les deux ou trois
robes amples, mais non trop longues, qui composaient le vêtement.
Cela seul indique, dans les habitudes de la vie, des différences très
importantes. Or, il est à observer que généralement la propreté du
corps est en raison directe de la simplicité des habits. Il est certain
que, quand il faut consacrer des heures à se vêtir, on ne peut
changer d'habillement avec autant de facilité que quand la toilette
ne demande que quelques minutes; et que dans le premier cas on
ne peut, aussi fréquemment que dans le second, vaquer aux soins
de propreté. Nos grand'mères, qui étaient obligées parfois de se
faire coiffer la veille d'un bal et qui devaient passer une nuit dans
leur lit sur leur séant, pour ne pas déranger l'échafaudage dressé
par le coiffeur, ne pouvaient guère songer à se laver le visage; et il
est à croire que les nobles dames qui, au xiie siècle, portaient ces
vêtements si difficiles à bien poser et ces coiffures si longues à
tresser, devaient, une fois la toilette terminée, ne rien faire qui pût
la compromettre. Par contre, une dame de 1210 à 1280 pouvait,
avec la plus grande facilité, ôter et mettre son vêtement dix fois par
jour si cela lui convenait, sans perdre à cette opération beaucoup
de temps.

Cependant, il faut admettre que les dames du XIIᵉ siècle employaient dans leurs vêtements certaines étoffes fines et gaufrées au fer, ainsi que cela se pratique encore en Orient. Ces pièces de vêtements étant très promptement fripées, il fallait en changer souvent, sous peine de paraître porter des lambeaux. D'ailleurs, il est fait mention des soins que prenaient les dames vêtues de ces habillements délicats et compliqués.

Dans le conte des *Chanoinesses et les Bernardines*, de Jean de Condé[1], ces deux sortes de dames viennent plaider devant Vénus; les premières se plaignant que les secondes attirent les amants par leur simplicité et leurs façons douces, les déclarant indignes cependant de captiver les gentilshommes. La plaignante chanoinesse se présente en robe plissée avec grâce, recouverte d'un surcot de fin lin blanc comme neige. Elle prétend que toutes saines traditions sont mises à néant par les cisterciennes, qui, sous leurs robes grises, n'ont que de faibles attraits, et pour toute qualité n'offrent qu'une conversation niaise. Sans leurs agaceries et leurs avances, quel est le chevalier qui songerait à elles? — Vénus veut entendre la défense des bernardines. L'une d'elles admet que leurs cottes grises de Cîteaux ne valent pas les manteaux doublés de vair et les robes traînantes des chanoinesses, mais que, si les gentilshommes viennent à elles, c'est qu'elles n'affichent pas la fierté de leurs rivales, et que ceux-ci préfèrent la simplicité du cœur et une affection vraie à tous ces soins de propreté recherchés, fort dispendieux, au total.

Si ce conte ne donne pas une idée fort édifiante des mœurs des religieuses au XIIIᵉ siècle, il témoigne des soins de toilette que prenaient les dames de la classe élevée, puisque les chanoinesses appartenaient à l'aristocratie.

Le moyen âge n'a cessé de faire emploi du fard, des onguents destinés à conserver la douceur et la fraîcheur apparente de la peau; mais c'est à la fin du XIVᵉ siècle que ces accessoires de la toilette ont été surtout employés, jusque sous le règne de Charles VII. Il y a évidemment, pendant le XIIIᵉ siècle, un retour vers la simplicité, et c'est aux charmes naturels que les poètes rendent hommage. Voici la description d'une toilette de jeune femme de ce temps, parmi tant d'autres que l'on pourrait citer :

[1] Commencement du XIIIᵉ siècle. Voyez l'analyse complète de ce conte dans le tome Iᵉʳ, p. 251, des *Contes et fabliaux* de Legrand d'Aussy.

« Atant est la dame venue :
« Si bele riens ne fu veüe.
« Ceste ne trove sa parelle,
« Tant estoit bele à grant mervelle.
« Sa biauté tel clarté jeta,
« Quant ele ens el palais entra,
« Com la lune qu'ist de la nue.
« Tele mervelle en a eüe.
« Li Desconnéus, quant le vit,
« Qu'il chaï jus, à bien petit.
« Si l'avoit bien nature ouvrée,
« Et tel biauté li ot donnée,
« Que plus bel vis, ne plus bel front,
« N'avoit feme qui fust el mont.
« Plus estoit blance d'une flor
« Et d'une vermelle color
« Estoit sa face enluminée :
« Moult estoit bele et colorée.
« Les oels ot vair, boce riant,
« Le cors bien fait et avenant ;
« Les levres avoit vermelletes,
«   . . . .
« Boce bien faite por baisier
« Et bras bien fais por embracer.
« Mains ot blances come flors de lis,
« Et la gorges, desous le vis.
« Cors ot bien fait et le cief blont ;
« Onques si bel n'ot el m'ont.
« Ele estoit d'un samit vestue
«   . . . .
« La pene en fu moult bien ouvrée
« D'ermine tote eschekerée [1] ;
« Moult sont bien fait li eschekier.
« Li orles fu mout à prisier [2] ;
« Et derière ot ses crins jetés ;
« D'un fil d'or les ot galonés.
« De roses avoit .I. capel
« Moult avenant et gent et bel,
« D'un afremail son col frema
«   . . . .
« La dame entre el palais riant,
« Al Desconnéu vint devant [3]

« Lors a vestu (la fille de Geri) l-peliçon d'ermine,

[1] C'est-à-dire à queues.
[2] Les bordures.
[3] *Li Biaus Desconnéus,* vers 2196 et suiv. (XIIIᵉ siècle).

« Et por deseur l ver bliaut de siic[1].
« Vairs[2] ot les ex ; ce samble toz jors ric.
« Par ces espaules ot jetée sa crinie
« Que èle avoit bele et blonde et trécie[3]. »

Si bien enveloppé que fût le corps sous ces robes gaufrées et
à plis fins des dames nobles du xiie siècle, les formes naturelles
n'étaient point gênées, et les légères étoffes dont étaient composées
alors les robes de dessous suivaient exactement ces formes, des
épaules aux hanches. (Voyez Bliaut, fig. 2, et Coiffure, fig. 4 et 5.)

Il est à observer, d'ailleurs, que les vêtements de femmes, qui sont
très enveloppants, sont aisés et tendent à laisser aux formes du
corps leur apparence naturelle, tandis que, si la mode des vêtements
décolletés se prononce, elle modifie en même temps les formes du
corps. C'est là un principe général, depuis les premiers temps
du moyen âge jusqu'à nos jours. Lorsqu'au commencement du
xive siècle, les femmes portent des robes qui laissent les épaules
nues, la taille est serrée de la gorge aux hanches, de manière à dimi-
nuer sensiblement la largeur du torse et à détacher les bras.

Lorsqu'au xve siècle, les robes des dames sont excessivement
décolletées, surtout par derrière, la ceinture large serre la taille
au-dessus des fausses côtes et compose des corsages extrêmement
courts, de manière à donner aux jupes une longueur démesurée.
Autre observation : c'est que jamais, pendant le moyen âge, les bras
des femmes n'ont été laissés nus. Toujours ils sont couverts par des
manches plus ou moins larges ou serrées, et il semble que si les
modes ont parfois permis de montrer les épaules et la gorge, elles
n'ont admis dans aucun cas que les bras fussent découverts.
Était-ce la conséquence d'une observation d'hygiène? Nous n'en
savons rien[4], mais le fait est notoire. Pendant le dernier siècle
même, où, certes, les dames ne se privaient point de décolleter
les corsages, les arrière-bras étaient couverts, et ce n'est que sous
le Directoire que les élégantes ont commencé à laisser nus les bras
jusqu'aux épaules[5].

Il nous faut entrer, autant que le permettent les documents, dans
le menu détail de la toilette des deux sexes; c'est-à-dire dans la

[1] De soie.
[2] Bleus.
[3] *Li Romans de Raoul de Cambrai*, chap. ccxlv.
[4] La nudité des arrière-bras est une des causes principales des fluxions de poitrine
et des rhumes.
[5] C'est aussi la belle époque des fluxions de poitrine.

manière de poser sur le corps les vêtements dont les articles du *Dictionnaire* donnent la forme ou la coupe. Ce n'est guère qu'à dater du commencement du XIIe siècle qu'il est possible, à cet égard, de réunir des renseignements précis. Avant cette époque, l'imperfection des monuments peints ou sculptés rend la tâche plus difficile, et beaucoup de points restent obscurs, en dehors de certaines données générales. Ainsi, il est bien certain que la chemise, la tunique de dessous, remonte aux premiers temps du moyen âge et que ce vêtement était commun aux deux sexes (voy. CHEMISE). On peut en dire autant du manteau, des chausses. Toutefois, celles-ci, toujours séparées en deux bas-de-chausses chez les femmes, sont souvent réunies en façon de caleçon chez les hommes. Dès lors, la chemise était prise sous la ceinture de ce caleçon [1], tandis qu'elle tombait droit sur les bas-de-chausses des femmes. Les bas-de-chausses des femmes devaient nécessairement être retenus par des jarretières à la hauteur des genoux pour ne pas tomber sur les talons, et les chemises descendaient aux chevilles [2]. Sur ces braies et cette chemise, les hommes, pendant l'époque carlovingienne, passent habituellement deux cottes ou tuniques, dont l'une est à manches justes et la seconde à manches assez amples et ne dépassant guère le coude. Ces tuniques sont plus ou moins longues de jupe; descendent jusque sur les talons parmi la haute noblesse française, mais plus habituellement jusqu'aux genoux dans les circonstances ordinaires. Les Normands, toutefois, paraissent avoir porté pendant les Xe et XIe siècles, des tuniques très courtes de jupe.

Les chausses des hommes ne forment pas toujours des braies ou caleçons; ce sont de simples chausses, c'est-à-dire de longs bas, montant jusqu'aux hanches et retenus sur les jambes par des lanières croisées (fig. 3 [3]). Cette façon de maintenir les chausses était même usitée chez les femmes. Le personnage que représente la figure 3 possède les deux cottes ou tuniques. Celle de dessous est blanche et descend à la hauteur des genoux; celle de dessus est brune, fendue latéralement des deux côtés, et est pourvue de manches justes qui ne permettent pas de voir celles de la cotte de dessous; il porte sur ses épaules le manteau rond laissant le bras droit libre. Généralement, dans ces peintures, les manches de la cotte de dessus sont justes; mais cette mode ne paraît pas avoir été suivie dans l'Ile-de-France et

[1] Ceinture du *braïeul* (voy. BRAIES).
[2] Voyez l'histoire d'Arlette, *Chron. des ducs de Normandie.*
[3] Voyez les peintures de Saint-Savin, près de Poitiers (fin du XIe siècle).

la Bourgogne, où les hommes portent de même deux tuniques, celle du dessus possédant des manches assez larges, courtes ou très longues, c'est-à-dire pouvant couvrir les mains. La ceinture des tuniques se trouvait toujours cachée sous l'ampleur de la partie supé-

3

rieure, qui retombait par-dessus ; ou, ce qui est plus fréquent encore, cette cotte de dessus était juste aux hanches, large du haut et se boutonnait par derrière. C'est une tunique de ce genre qu'a revêtue ce personnage ; et cet habit paraît avoir été *mieux porté* que n'était la cotte à ceinture réservée au peuple[1] ; ceinture qui servait à relever les pans de la jupe.

[1] Voyez COTTE, fig. 3.

4

Ces tuniques, faites d'étoffes souples, devaient bien coller sur les épaules, dégager le cou et donner des plis répétés à la jupe. Les plus parées étaient blanches, avec une bande verticale brodée sur la poitrine, du cou à la hauteur de la ceinture (fig. 4'). Le manteau complétait cet habillement, et, à la fin du xie siècle, toujours attaché sur l'épaule droite, il ne descendait guère qu'aux jarrets (voy. MANTEAU).

Alors aussi les bas-de-chausses sont faits de riches tricots, et les souliers ornés de broderies et même de perles ou de pierreries.

Les hommes nobles paraissent avoir adopté les robes longues dès le commencement du xiie siècle; et cette mode persista, au moins pour les vêtements de cérémonie, jusqu'à la fin de ce siècle. Comme nous l'avons dit plus haut, cette mode était due à une influence byzantine, à la suite des premières croisades; et, fait à noter, c'est après la prise de Constantinople par les croisés, en 1204, que le vêtement occidental abandonne ces modes byzantines pour adopter un costume franchement local. Byzance, étant entre les mains des Latins de 1204 à 1261, il était assez naturel que les influences de la cour byzantine, au point de vue du vêtement, aient été nulles pendant cette période.

Cependant l'apogée de l'influence des modes byzantines dans les vêtements des deux sexes de la classe élevée ne se montre que de 1130 à 1150. Jusqu'alors, et au commencement du xiie siècle, si la coupe des vêtements s'éloigne peu à peu des traditions antérieures occidentales pour adopter les modes d'Orient, on peut constater encore, dans l'allure de ces vêtements et surtout dans la manière de les porter, une certaine liberté qui contraste avec la rectitude des vêtements byzantins. Le personnage que donne la figure 5² est un exemple de la physionomie moitié orientale, moitié occidentale, que prenait l'habit des hommes dans les premières années du xiie siècle. Ce vêtement se compose de deux tuniques longues, la première possédant des manches justes et la seconde des manches larges. Celle-ci est fendue par devant jusqu'à la ceinture et tombe latéralement par plis en cascade; elle est garnie d'une très large bordure de couleur sombre autour du cou. Un manteau blanc carré (pallium) est posé sur l'épaule gauche, entoure la taille et est retenu sous le bras droit et l'aisselle gauche. Mais de 1130 à 1170, les vêtements nobles des deux sexes sont coupés et portés avec plus de correction. On constate alors la persistance des plis fins, répétés, et

' Peintures de Saint-Savin.
² Manuscr. biblioth. de Tours, n° 317 (commencement du xiie siècle).

5

qui indiquent l'emploi d'étoffes souples, telles que celles conservées dans le manuscrit de Théodulfe[1], telles aussi qu'étaient l'étamine

6

et les *bureaux* fins: Les robes de dessus portées par les hommes

[1] Musée du Puy en Velay. Ces morceaux d'étoffes servent de gardes aux vignettes de ce précieux manuscrit.

nobles vers le milieu du xiie siècle, bien que très amples, laissaient voir les formes du corps à cause de la finesse des étoffes employées, et qui composaient des plis innombrables non seulement à la jupe, mais sur la poitrine (fig. 6 ¹). Il était convenable que ces plis fussent assez réguliers et tombassent droit. La jupe de la tunique de dessus est légèrement relevée devant la jambe gauche, pour faciliter la marche, et n'est point fendue. Elle est retenue à la hauteur des lombes par une ceinture d'étoffe dont les bouts tombent par devant, en formant des plis. Sous cette tunique, il en est une autre dont les manches, serrées aux poignets, indiquent une étoffe extrê-

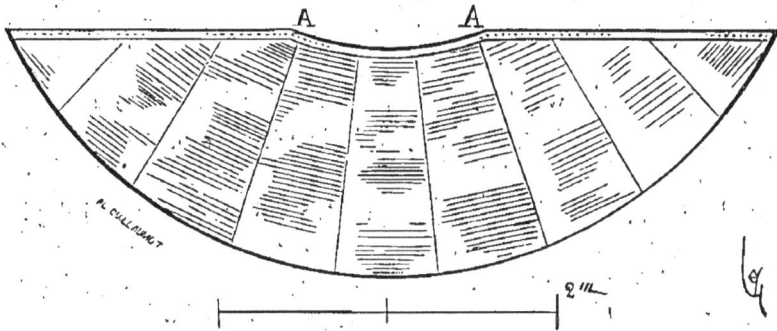

6.bis

mement fine. Les chausses sont de même faites d'une étoffe déliée, formant des plis gaufrés transversaux. Le manteau est taillé suivant la figure 6 *bis*, les deux bords AA étant attachés sur l'épaule droite par une fibule. Les corsages des femmes étant ajustés, les plis de ces corsages étaient horizontaux, ou bien gaufrés au moyen d'une préparation au fer qu'on faisait subir à l'étoffe, laquelle était de lin ou de toile très fine. La figure 7 présente une de ces toilettes de dames nobles au milieu du xiie siècle. Une robe de dessous, par-dessus la chemise, était pourvue de manches justes et gaufrées ou à très petits plis transversaux, avec une délicate passementerie aux poignets. La robe de dessus, ou bliaut, montait jusqu'au cou et formait, jusqu'à la hauteur des hanches, des plis réguliers transversaux ou une gaufrure. Les manches de ce bliaut, justes aux arrière-bras, étaient très ouvertes aux poignets, et garnies alors de riches passementeries, ou se terminaient en ruches amples (voyez COIFFURE, fig. 5). La ceinture, basse d'étoffe, faite d'une torsade de soie

¹ Statues du portail royal de Notre-Dame de Chartres (1140).

(voy. CEINTURE), était nouée par devant et cachait la jonction du corsage avec la jupe tombant à plis verticaux, souvent crêpelés. Bien que ces corsages fussent ajustés, ils n'étaient point serrés à la taille par une ceinture. Il fallait donc que les femmes portassent dessous un corset ou un vêtement analogue qui retint la gorge et permît à ces bliauts, faits d'étoffe fine, de dessiner exactement la taille, laquelle cependant conservait la souplesse et la forme naturelles.

Le manteau des dames était, ou de même coupe que celui donné figure 6 *bis*, ou taillé suivant la forme tracée fig. 11 (MANTEAU). Ces manteaux n'étaient point attachés sur l'épaule droite comme ceux des hommes, mais portaient également sur les deux épaules et étaient retenus souvent au moyen d'une ganse double. Ils laissaient voir ainsi le corsage. Ces toilettes délicates devaient exiger beaucoup de temps pour être bien ajustées ; elles imposaient une démarche lente, une grande sobriété de gestes. Les statues hiératiques de cette époque sont évidemment très rapprochées de la vérité[1]. On ne peut nier que la forme du vêtement n'ait sur les gestes une certaine influence. Un habit court et juste au corps permet des mouvements qui deviennent impossibles ou très disgracieux avec un vêtement très ample et long. On pensait, au XIIe siècle, que la dignité consistait à éviter les gestes brusques et accentués, qui eussent été parfaitement ridicules avec les vêtements admis à cette époque par la haute classe. La figure 7 donne exactement la toilette d'une noble dame vers 1140, mais n'en indique pas le port habituel, normal, dirons-nous, qui exigeait évidemment une grande simplicité d'attitude. Alors la toilette devait présenter un ensemble de lignes symétriques, composant une silhouette empreinte d'une certaine grandeur. Le voile qui couvrait les cheveux sous le cercle ou la couronne tombait sur les épaules. Les longues nattes ou torsades, ramenées naturellement par devant, formaient des deux côtés de la tête deux lignes espacées régulièrement, et le manteau, très ample par le bas, donnait à l'ensemble une forme conique allongée, dont la tête était le sommet (fig. 8). Cette toilette est celle que porte la statue provenant du portail de Notre-Dame de Corbeil, déposée aujourd'hui à Saint-Denis, attribuée à sainte Clotilde, et qui date de 1140 environ. Il y a dans ce vêtement une influence gréco-byzantine qu'on ne saurait méconnaître. Ce corsage haut, couvrant le cou, ces longues manches ruchées à l'ouverture,

---

[1] Portail royal de Notre-Dame de Chartres.

7

CORDIER

ce manteau relevé par les deux coins et formant des plis en cascade par devant, et enfin l'étoffe gaufrée dont est composée la robe, tout cela appartient bien à l'Orient.

8

C'est une singulière époque que celle comprise entre les années 1100 et 1170. Par les productions d'art, les objets usuels, l'archi-tecture et les habitudes, ce siècle ne ressemble ni à celui qui le pré-

cède, ni à celui qui le suit. Et il n'est guère d'explication à ce phé-

9

nomène que l'influence prononcée de l'Orient sur l'Occident pendant

la période brillante des croisades. L'invasion de l'Occident en Orient
— invasion qui atteint les proportions d'une vaste émigration —
était la grosse affaire de cette singulière époque. Philippe-Auguste,
après son expédition de Terre sainte si brusquement terminée, se
consacra tout entier aux affaires d'Occident, et l'on sait avec quelle
persistance et quel succès. C'est à dater de son règne, c'est-à-dire
à dater du moment où l'unité française commence à se constituer,
que les influences orientales n'ont plus aucune prise sur nos habillements. Déjà ce particularisme, comme on dirait aujourd'hui, se
fait sentir dans les vêtements des Plantagenets, à la fin du xiie siècle.
L'habillement de la statue de Richard Cœur-de-Lion, de l'abbaye
de Fontevrault (fig. 9), s'affranchit déjà sensiblement de l'influence
orientale. Les monuments de la même époque que nous possédons encore dénotent la même tendance [1]. Le vêtement de Richard
Cœur-de-Lion se compose d'une longue robe de dessous blanche,
tombant aux chevilles, sur laquelle sont posés une seconde robe verte,
fendue latéralement, et un bliaut rouge, également fendu des hanches
au bas. Une assez large ceinture est posée sur ce bliaut, au-dessus des
hanches. Ce bliaut possède des manches assez larges, richement
bordées, sous lesquelles apparaissent les manches justes de la seconde robe. Le bliaut monte à la racine du cou et est fermé par une
afiche. Un manteau bleu, attaché devant la poitrine, termine cette
toilette. Les mains sont couvertes de gants blancs avec ornement
d'or sur le dos. Les souliers sont rouges avec broderie d'or et éperons attachés par une courroie noire. Les plis serrés et fins des
vêtements du milieu du xiie siècle ont disparu. Il en est de même
de la statue d'Éléanor de Guyenne, femme de Henri II Plantagenet,
(fig. 10). Le vêtement de cette princesse est, relativement à ceux
du milieu du xiie siècle, simple. Le corsage n'est plus bridé au
corps, il donne des plis souples et irréguliers. Ce n'est pas un bliaut
que porte la reine Éléanor, mais une robe à manches justes, blanche, brodée d'un treillis d'or, retenue autour de la taille par une ceinture. Sous l'encolure, enrichie d'une broderie d'or, de cette robe,
on voit passer la première tunique ou chemise blanche, attachée
par une petite afiche. Un manteau bleu, semé de croissants d'or et
doublé de rose, est suspendu par une ganse d'or et tombe derrière
les épaules. La tête est couverte d'une barbette blanche et d'un petit
voile sous la couronne, coiffure qui ne rappelle point celles des statues
du milieu du xiie siècle.

---

[1]. Voyez, entre autres, la statue de Clovis Ier, de l'abbaye Saint-Germain des Prés (BLIAUT,
fig. 4).

Les robes de cérémonie portées par les gentilshommes sont alors

10

moins longues et ne couvrent plus les pieds. Elles paraissent faites d'étoffes moins fines, et ne donnent plus ces plis innombrables qui sont figurés sur les monuments peints et sculptés du milieu du xiie siècle.

Il est évident que déjà, à la fin de ce siècle, la mode substituait, aux habillements qui devaient gêner les mouvements du corps, des vêtements plus simples, plus commodes et faciles à porter, et qu'on se distinguait plutôt alors par la manière de porter ces habits que par leur excessive richesse. Certainement, les sculpteurs, qui nous ont laissé un si grand nombre de statues du milieu du xiie siècle, obéissaient aux préceptes d'un art hiératique dont l'Orient était le père, lorsqu'ils taillaient ces figures roides et longues qui semblent être emmaillotées, mais le vêtement adopté alors prêtait beaucoup à ce style de sculpture; et les corps, si bien enveloppés dans ces longues robes à plis répétés, devaient conserver une certaine roideur dans le maintien et la démarche, imposée par la forme même de l'habit. On peut reconnaître aisément, en consultant les monuments figurés du xiiie siècle, que la souplesse dans les gestes, la grâce, même affectée, dans la démarche, remplacent la roideur majestueuse admise dans le siècle précédent comme le type du *bon ton*. Cela est d'accord avec les modifications introduites dans les mœurs et les habitudes, et l'on pourrait dire, sans trop d'exagération, que le xiiie siècle clôt la période héroïque du moyen âge. La littérature de cette époque est empreinte déjà d'un souffle de liberté, d'une verve satirique, souvent même d'un scepticisme, qui contrastent avec le caractère archaïque des écrits précédents. Dans les romans du cycle de Charlemagne qui datent du xiiie siècle, ce prince est habituellement présenté sous un jour peu favorable, quelquefois même ridicule. Il est la dupe de flatteurs et d'intrigants, et est souvent obligé de céder, quoi qu'il en ait, à ses barons.

L'esprit gaulois, dans la littérature, reprend le dessus et efface les dernières traces de l'influence franke ou germanique.

En 1200, deux cents ans s'étaient écoulés depuis que les Capétiens avaient remplacé les Carlovingiens sur le trône français, grâce, en grande partie, à la répulsion que la nation gauloise avait pour l'influence germanique à laquelle étaient demeurés fidèles les successeurs de Charlemagne. Pendant ces deux siècles, la nation fit des efforts constants pour retrouver son autonomie.

Les ordres religieux et le clergé séculier contribuèrent pour beaucoup à l'établissement d'un nouvel ordre de choses; d'autre part, le mouvement communal qui se développa pendant les xie et xiie siècles, et qui n'était qu'une renaissance du régime des municipes, hâta le développement de l'esprit de solidarité entre les membres gaulois, disloqués par les gouvernements successifs des Franks. L'influence considérable des croisades jeta quelque trouble dans ce travail de la nation ; mais Philippe-Auguste, ayant su profiter bien mieux qu'aucun de ses prédécesseurs des éléments d'unité qu'il avait sous la main, laissa en mourant, à la place d'un corps morcelé, un pays constitué sous une véritable monarchie. Aussi, est-ce à dater de ce règne que la France possède une littérature, des arts à elle, et aussi des *vêtements* qui lui appartiennent en propre et dont les modifications ne subissent que bien faiblement les influences étrangères.

A ces habits somptueux, chargés de broderies, d'orfèvrerie et de joyaux ; à ces robes serrées, gênantes ; à ces détails du costume inspirés des usages orientaux qui conviennent si peu à l'allure française, on voit succéder rapidement, au XIIIe siècle, un vêtement simple, commode, à peu de chose près commun à toutes les classes, et qui tire toute sa valeur de la façon de le porter. On peut dire qu'avec la naissance du XIIIe siècle, la Gaule française se retrouve, recompose une nation ayant ses arts, son industrie, sa littérature, son génie, son caractère et ses modes, car tous ces attributs de la civilisation vont de pair. L'archaïsme byzantin et la tradition monastique font place à l'élément civil qui se manifeste dans les vêtements comme dans les arts, dès le commencement de ce siècle, et se développe rapidement. On cherche la forme la mieux appropriée aux habitudes journalières, comme dans l'architecture — qui est aussi un vêtement — on cherche les procédés de structure les plus rationnels ; car alors on ne séparait pas l'art de l'industrie, on n'en faisait pas un objet de luxe pour quelques privilégiés, pour une caste isolée du reste de la nation, ayant ou prétendant avoir ses mystères interdits aux profanes. Et par cela même que ce vêtement était approprié au corps, aux habitudes ou aux besoins, il était une des expressions de l'art.

Puisque, sous notre climat, il est nécessaire de couvrir le corps, le vêtement doit exactement satisfaire à ce besoin. Pour y satisfaire, il faut qu'il donne un abri sûr, sans gêner les mouvements. S'il remplit exactement ces deux conditions principales, il est un objet d'art. Or, il est peu d'époques qui aient satisfait d'une manière plus complète à ces conditions que le XIIIe siècle, s'il est admis, toutefois, que l'on ne saurait se promener à peu près nus dans les rues. Personne ne se refuse à reconnaître que le nu — quand le sujet est bien bâti — ne soit la plus complète expression du beau, pour nous autres humains ; mais, puisqu'il est utile, urgent, de couvrir ce nu, et que nous sommes, nous, Européens, dans la nécessité de le couvrir, tout en ayant la prétention de ne pas être étrangers aux exigences de l'art, il faut bien que nous mettions de l'art sur cette enveloppe indispensable. L'art, en effet, s'y montre, quand elle ne dissimule pas les formes du corps et ne gêne point ses mouvements.

Dans le vêtement français du XIIIᵉ siècle, on ne voit employer aucun des subterfuges destinés à faire saillir ou à dissimuler certaines formes du corps, et la grande élégance alors consistait à posséder un physique agréable et à ne faire que des mouvements et des gestes convenables. Il n'était guère possible, sous l'habit des deux sexes, de dissimuler une imperfection de la taille ou la gaucherie naturelle : c'est le meilleur éloge qu'on puisse adresser à un vêtement. Suffisamment ample pour ne gêner aucune partie du corps, mais non trop pour embarrasser les mouvements, il se modèle sur le personnage qui le porte ; c'est tant pis pour lui si la nature l'a disgracié. Et, sous ce rapport, les vêtements sacerdotaux ne le cèdent en rien aux habits civils.

Il est assez étrange qu'une époque comme la nôtre, qui a la prétention — parfois — de considérer comme barbares, au point de vue de l'art, les Français du XIIIᵉ siècle, accepte sans sourciller les énormités de costumes qui nous crèvent les yeux : ces fracs civils des hommes, si ridicules et incommodes ; ces pantalons ni justes ni amples, qui détruisent la forme des jambes ; et (puisque nous avons désigné les vêtements d'église) ces mitres d'évêques, et ces chasubles roides, et ces chapes plus roides encore, et ces surplis avec leurs ailes, et tous ces accessoires qui semblent prendre à tâche de parodier d'une façon burlesque toutes les parties de l'ancien habit sacerdotal.

Nous n'irons pas jusqu'à dire qu'on peut apprécier l'état politique d'un peuple et son degré de civilisation libérale, à l'examen de ses vêtements, mais il y a certainement des rapports intimes entre le costume et l'aptitude ou le goût d'un peuple pour les arts. On veut bien nous accorder ce point, s'il s'agit de l'antiquité. Pourquoi ce qui serait vérité à Athènes, il y a deux mille cinq cents ans, serait-il erreur pour l'an 1200 ? Et pourquoi, si l'on s'extasie sur la beauté du vêtement grec antique, en ayant soin de faire remarquer que cette beauté était une conséquence naturelle de l'aptitude particulière de ce peuple pour les arts, admettons que nous, dont le vêtement est disgracieux et généralement incommode, nous sommes moins barbares — toujours au point de vue de l'art — que ne l'était cette France du XIIIᵉ siècle, dont le vêtement est si bien approprié à l'usage, simple et gracieux ? On ne répondra pas plus à cette question qu'on ne répond à beaucoup d'autres de la même nature que nous posons depuis longtemps; et des messieurs qui sont habillés de vêtements aussi ridicules qu'incommodes continueront à déclarer solennellement, en toutes circonstances, que la France n'a possédé le goût des arts et n'a su les pratiquer que du jour où elle a porté la grande perruque du xvɪɪᵉ siècle. Il est vrai de dire que beaucoup d'entre nous ont fait depuis longtemps et font encore le plus singulier amalgame des vêtements portés pendant le moyen âge, et qu'on habille volontiers, sur le théâtre ou ailleurs, une dame du temps de saint Louis d'un surcot du xvᵉ siècle, et Philippe-Auguste d'un corset et d'un chaperon du temps de Charles V; de même qu'on arme un baron des premières croisades avec les plates portées à la bataille d'Azincourt. De ce que, vers la fin du moyen âge on a souffert des modes ridicules — pas plus que ne le sont les nôtres cependant, car entre le hennin des dames du xvᵉ siècle et le chapeau de nos femmes à la mode, le grotesque et l'absurde se partagent également [1] — on en conclut que cette longue période de notre histoire est, au point de vue du costume, une sorte de carnaval étrange. Il y a eu cependant de longues années de raison et de bon sens, au milieu de ces excès des modes, et l'histoire veut que ces années sensées soient celles où la civilisation, les arts, la richesse, les progrès en tous genres, se sont particulièrement développés. En veut-on la preuve ? il est facile de la donner, sans remonter au delà du xɪɪᵉ siècle. À dater du règne de Philippe-Auguste, jusqu'à la bataille de Crécy, la France ne subit pas de désastres intérieurs. Dès les premières années du xɪɪɪᵉ siècle le vêtement adopte des formes nouvelles, simples, faciles et s'appropriant exactement aux besoins des différentes classes qui les portent. Pendant tout le temps du règne de saint Louis, ce vêtement se conserve, au moins quant à ses dispositions générales. La cour du sage roi tend plutôt à restreindre le luxe qu'à le développer. La France, pendant cette longue période, est riche, prospère, acquiert une prédominance inconnue jusqu'alors. Saint Louis mort, ses successeurs ne donnent pas l'exemple de la modestie dans les habits, lesquels deviennent de plus en plus riches ; les modes se pres-

---

[1] Avec le hennin, ou les cornes, les femmes ne laissaient pas voir la moindre partie de leur chevelure ; la suprême élégance consistait même à paraître n'en point avoir. Aujourd'hui, par contre, nos dames portent les cheveux de deux ou trois femmes, sans compter les leurs, ce qui leur fait des têtes énormes. On n'oserait dire laquelle des deux modes est la plus ridicule ; du moins, si les dames du xvᵉ siècle cachaient ce qu'elles possédaient, elles n'empruntaient pas à des cadavres ou à de pauvres filles ce que la nature a eu le goût de leur refuser en telle abondance.

sent et se succèdent rapidément; déjà elles atteignent à l'abus sous Philippe de Valois. Surviennent les désastres de Crécy et de Poitiers. Le politique Charles V rétablit rapidement les affaires du pays sur un bon pied ; tout prospère de nouveau. Le luxe des vêtements ne fait pas retour en arrière, mais le costume du règne de Charles V est commode, bien approprié, élégant et se modifie peu. Surviennent les extravagances des modes sous Charles VI, ces habillements qui coûtent des sommes fabuleuses, ces pelisses d'une ampleur démesurée avec leurs manches traînant à terre. Azincourt voit finir cette période de luxe inouï. Sous Louis XI, la cour est serrée, ne sacrifie guère à la vanité. Le vêtement, sans reprendre ses belles et simples formes du xiiie siècle, est du moins contenu dans des bornes raisonnables. A l'instar du roi, on affecte une certaine sévérité étriquée dans le port des habits. Sous Louis XII, il se fait, à la suite des expéditions en Italie, une révolution dans le costume, mais sensée; les formes adoptées sont gracieuses et commodes. On sait à quelles catastrophes terribles ont abouti les abus du luxe dans les habits, vers la fin du xvie siècle, et ce qu'était alors devenu ce charmant costume de l'aurore de la renaissance. Sous Henri IV et Louis XIII, l'habit reprend des formes raisonnées et raisonnables. La France renaît; elle arrive à un haut degré de splendeur, splendeur dont le reflet permet au triste successeur de Louis XIV de mourir sans être le témoin d'un cataclysme. Les extravagances de la mode ne pouvaient plus être dépassées quand éclata la révolution du dernier siècle. N'allons pas plus loin. Est-ce à dire que l'extravagance des modes prépare les malheurs d'un pays? On ne saurait le prétendre ; nous constatons simplement, par ce rapide exposé, que l'état de prospérité du pays, en France comme ailleurs, certainement — nous ne faisons pas une exception — coïncide avec la sagesse et le bon goût dans les vêtements, et que, quand cette sagesse et ce bon goût font place à l'excès dans l'absurde, on touche à des époques calamiteuses. Et cependant ce n'est pas pendant ni aussitôt après les grandes catastrophes publiques que les réformes dans les habits se font sentir ; c'est quand, après ces malheurs, survient une ère de sagesse et de droiture dans les esprits. Le luxe des habits est scandaleux pendant la première période déplorable du règne de Charles VII, comme il l'était avant le désastre d'Azincourt, pendant la Ligue autant que sous les dernières années du règne de Henri III, sous le Directoire comme avant 1789. Il faut, pour que le vêtement reprenne des formes sensées, et de bon goût par conséquent, le calme, la sécurité, le travail et un état intellectuel rassis. Cet état n'exista jamais chez nous avec une plénitude plus complète que pendant ce XIIIe siècle, qui vit, au milieu d'un calme intérieur profond, à dater du moins de 1230 jusqu'en 1314, l'ordre gouvernemental s'établir, les arts, les lettres, les sciences, l'industrie et la richesse publique progresser rapidement, constituer la nationalité française, laquelle acquit au dehors une prépondérance marquée. Pendant cette période, la mode ne se livre à aucun de ces écarts si fréquents depuis. La bourgeoisie s'élève, la féodalité fait taire ses prétentions, et le haut clergé lui-même, malgré les sentiments pieux du monarque, est tenu dans des bornes relativement étroites. Comme il vient d'être dit tout à l'heure, le vêtement des diverses classes affecte une sorte d'égalité qui n'existait pas antérieurement, et qui ne se maintint pas pendant les XIVe et XVe siècles, bien que la haute bourgeoisie essayât d'atteindre aux habitudes de luxe outré de la noblesse sous les règnes de Jean, de Charles V et de Charles VI.

Les articles du *Dictionnaire* font connaître en détail cet habillement sous les règnes de saint Louis, de Philippe le Hardi et de Philippe le Bel ; ils en font voir les transformations peu importantes et la simplicité de coupe en même temps que la commodité : reste à dire quelques mots touchant la manière de porter ces vêtements, qui en faisait le principal ornement.

Les hommes ne laissent plus croître la barbe pendant cette période, mais sont soigneusement rasés. Les cheveux, ni trop courts, ni trop longs, sont entretenus avec grand soin. Le vêtement, composé, outre la robe-linge (chemise), de deux ou trois robes, est long sans tomber sur les pieds. Les bras ne sont point embarrassés dans ces manches longues ou démesurément larges. Le cou est découvert et les jambes sont passées dans des chausses qui, en les préservant exactement des intempéries, n'en dissimulent ni les formes ni par conséquent n'en gênent les mouvements. Pour les femmes, la coiffure est très simple. Les cheveux sont tordus en nattes, ou rejetés derrière le chaperon, ou retenus dans une résille, laissant le front découvert. Souvent, un voile, ou une guimpe, ou une barbette enveloppe le tour du visage en retombant sur le cou. Les corsages montants, avec manches justes, dessinent exactement la poitrine sans la serrer. Un corset paraît être posé sous la robe pour maintenir la gorge. Les jupes sont amples, collant aux hanches et tombant sur les pieds. Sur cette robe (doublée souvent) est posé le manteau, le garde-corps ou la pelisse. Tous ces détails de l'habillement sont suffisamment expliqués pour qu'il ne soit pas utile d'y revenir ; mais l'allure, la démarché, la façon d'être de ceux qui savaient porter ces vêtements méritent une description attentive.

Le port habituel des chausses justes invite à une certaine tension

_II_

du jarret, à un certain jet en avant de la jambe, qui donnent à la démarche quelque chose de fin et de _distingué_ que les braies larges ou _pantalons_ sont loin de provoquer. Aussi, les monuments figurés

montrent-ils les personnages de cette époque bien campés, les jarrets tendus, et, comme conséquence, la taille relevée et les hanches
accusées. Ces monuments ne nous font jamais voir ces épaules
germaniques, hautes et carrées, si disgracieuses sous l'habit, et qui
ont pour conséquence une gaucherie perpétuelle dans le mouvement
des bras, lesquels alors semblent attachés au torse comme avec des
chevilles, et ne donnent que des gestes saccadés et sans grâce. Le
cou est long généralement et s'attache aux épaules, un peu basses,
par une ligne inclinée, mais fortement assouchée; la poitrine est
large, et les bras gros de l'épaule au coude, minces aux poignets; les
mains fortes à la racine des doigts, qui sont fins; les jambes délicates
aux chevilles, les pieds cambrés et les talons marqués (fig. 11) :

« Li pié furent votic et pendant li talon
. « S'ot large forceure et le cors par raison :
« Larges pis et espaules : s'ot large formison ;
« Les bras gros et quarrés, les puins gros à fuison :
« Le col lonc et poli et formé le menton :
« Biele bouce riant et les dents environ
« Ot plus blanc que yvores, ne que os de poisçou.
« Nes séant et bien fait, sans nule mesprison :
« Les ious ot vairs é l'cief, à guise de faucon,
« Et les ot rians plus que la fille Othon
« Qui par biauté fu dame de l'lignage Esclavon [1]. ».

Les traits du visage présentent alors, chez les hommes, un caractère général qui, évidemment, était considéré comme le type de la
beauté. Le front est large et saillant, assez haut; les yeux longs,
quelque peu bridés en dessous; la paupière inférieure étant sur une
ligne horizontale, tandis que la paupière supérieure est vivement
arquée; les prunelles sont bleues; les yeux *vairs* sont sans cesse
mentionnés; l'arcade sourcilière est peu prononcée, et le globe de
l'œil fait à peine saillie sur un plan qui, des sourcils, se réunit aux
pommettes. Les joues sont longues et plates; le nez assez large aux
ailes, formant avec le front un angle accusé. La bouche est mince,
un peu grande, et le menton, petit, bien formé, est grassement réuni
au bas du visage, habituellement large (fig. 12). Les élégants ne
portaient guère sur la chevelure, lorsqu'ils paraissaient dans des
assemblées, que des cercles d'orfévrerie ou des chapels (couronnes)
de fleurs.

Si nous arrivons aux femmes, nous voyons que celles-ci ont le cou

---

[1] *Li Romans d'Alixandre : Combat de Perdicas et d'Akin.*

long, les épaules effacées, la tête petite, les bras grêles, surtout aux poignets ; les jambes relativement longues, les hanches effacées,

12

mais développées ; la taille fine, ronde, un peu longue ; la gorge menue :

> « Boucettes ont bien faites, jamais teus ne veres
> « A baisier n'a sentir, en teus pais n'ires,
> « Et ont les dens plus blans que yvores planés
> « Ne que la flor de lis c'amaine li estés.
> « Bien sunt faites de cors, graisles ont les costé·,
> « Mameles ont petites et les flans bien mollés.
> « Les unes sont vestues de ciers pales roés,
> « Les plusiors d'osterins, et les mains de cendés [1]　»

Si la robe collé sur la gorge et les épaules, elle est ample à la taille et serrée par une ceinture basse et étroite. La jupe forme des

---

[1] *Li Romans d'Alixandre : Fontaine de Jouvance.*

plis nombreux ou larges et tombe sur les pieds; le torse est assis

13

SABOUREAU

sur les reins, porté un peu en arrière, effaçant les épaules et laissant saillir le ventre et le haut des cuisses (fig. 13[1] et 13 *bis*[2]). Le voile

---

[1] De l'église de Saint-Denis, statue de Constance d'Arles, œuvre du XIIIe siècle (1240).

[2] Statue du portail occidental de Notre-Dame de Reims (milieu du XIIIe siècle).

qui couvre les cheveux, dans la figure 13, est ramené de l'épaule

13 bis

droite sur la gauche, et le manteau, attaché devant la poitrine par une ganse, est retenu par le bras droit en drapant de la hanche droite au pied gauche. Dans la figure 13 *bis*, la coiffure ne se compose que du chapéron cylindrique du XIII siècle ; les cheveux ondés,

tombant derrière les épaules. Trois gros boutons joyaux attachent le haut du corsage sur la gorge. Les traits des femmes sont empreints d'un calme parfait et souvent éclairés par un léger sourire, indiqué par le relèvement des coins de l'œil et la ligne horizontale de la paupière inférieure. La coiffure est nette, dégage bien le front et le cou (fig. 14).

Ce qui frappe dans la physionomie de ces têtes, c'est l'expression réfléchie ; dans le port, une dignité un peu maniérée à la fin du XIII siècle, mais qui n'a jamais cette allure évaporée qu'on prête volontiers aujourd'hui aux gens à la mode, et qui déjà, dans le dernier siècle, était si fort admise. On ne pensait pas qu'il fût nécessaire, pour être *comme il faut*, jadis, de paraître avoir le cerveau absolument vide ; et il est à observer que, même à une époque où,

15

certes, la cour ne saurait être présentée comme un modèle de sagesse, à la fin du xvɪᵉ siècle, sous le règne de Henri III par exemple, la

PRUNAIRE

physionomie de ces personnages aux belles manières, dont nous avons de si merveilleux portraits, laisse voir une pensée derrière l'impertinence ou la grâce efféminée des traits.

Pendant les premières années du xıvᵉ siècle, des modifications sont apportées à ces toilettes. Les vêtements des hommes sont moins simples de coupe. Les robes de dessus possèdent des manches

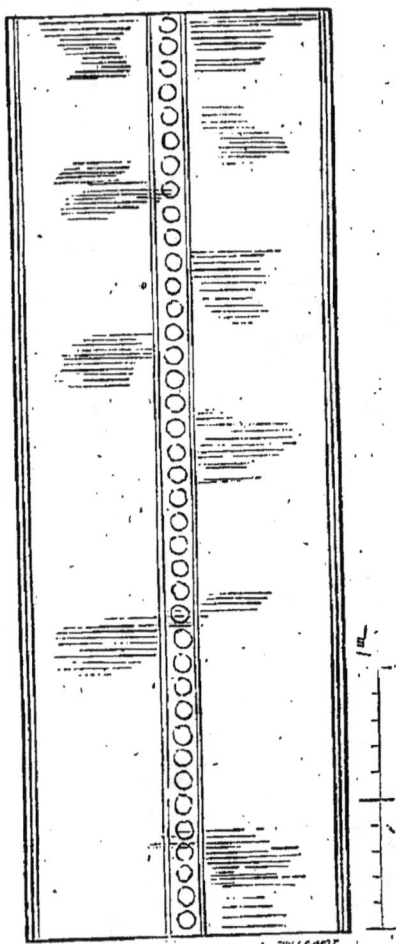

terminées en pointe allongée, à partir du coude. De larges chaperons couvrent les épaules, tombent jusque sur les avant-bras et sont barbelés à la goule (voy. Robe, fig. 25). Les femmes commencent à décolleter les corsages, ce qu'elles ne faisaient pas pendant les xııᵉ et xıııᵉ siècles. Ces corsages sont ajustés jusqu'aux flancs. Les robes de dessous possèdent des manches très serrées jusqu'aux poignets, et celles de dessus des manches également justes, mais qui, à partir du coude, se terminent par une bande d'étoffe ou de four-rure. Les jupes des robes de dessus, très amples, sont relevées par une attache (troussoire) ou sous le bras. Les étoffes de ces robes de dessus, assez épaisses, forment de larges plis.

Les dames ne portent plus le petit chaperon cylindrique, mais se coiffent en cheveux ; relevant ceux-ci des deux côtés du front, laissant tomber deux mèches droites le long des joues, derrière lesquelles deux grosses nattes descendent au-dessous des oreilles et vont s'attacher au-dessus de la nuque dans un chignon frisé. Le chaperon est le plus souvent posé en guise d'écharpe sur les épaules nues (fig. 15 [1]). La robe de dessus, ou surcotte, est relevée sous le bras, ou à l'aide d'une agrafe sur l'une des hanches ; les manches de la cotte de dessous sont très serrées et boutonnées du coude au poignet.

Vers 1320 aussi, les dames posent sur les épaules un long *pallium*, ou écharpe, très artistement drapé et sur lequel passe le voile long qui entoure la tête, cache les oreilles et forme guimpe.

La figure 16 présente une de ces toilettes [2]. Ce voile est fait d'un lé de toile fine de lin de 3^m,50 de longueur sur 30 centimètres de largeur. Quant à l'écharpe, elle est composée d'un tissu fin, blanc, avec broderies ou ornements dans la trame, de 3^m,50 de longueur sur 1^m,30 de largeur (fig. 16 *bis*). Cette écharpe est posée d'un bout sur l'épaule gauche, passe sur le dos, revient sur le bras droit, et est attachée de l'autre bout sur la même épaule, de telle sorte qu'en relevant les bras, ceux-ci peuvent être entièrement masqués, ainsi que les mains, par l'étoffe.

A l'aide d'un mouvement du poignet, les mains peuvent se dégager et demeurer libres. Ces toilettes accusaient déjà une recherche que celles du xiiie siècle ne comportaient pas. Il est évident qu'alors on attachait une grande importance à la manière de faire draper le vêtement d'une façon élégante.

Pour les hommes, il était de mode alors d'avoir le visage très découvert, soigneusement rasé, le masque large ; les arcades sourcilières fines, mais peu saillantes ; le nez accentué au bout, largement attaché aux ailes ; la bouche fine, un peu souriante, avec les lèvres minces ; le menton petit, relevé et grassement enveloppé ; les cheveux abondants, frisés sur le front découvert et sur les tempes (fig. 17 [3]).

---

[1] Manuscr. Biblioth. nation., *Lancelot du Lac*, français (1320 environ).

[2] Manuscr. Biblioth. nation., *Vie de Monseign. saint Denis*, français.

[3] Statue de saint Denis (commencement du xive siècle).

La beauté, chez les femmes, consistait à avoir les yeux longs, bridés, les paupières inférieures formant sur le globe de l'œil une ligne légèrement convexe (caractère propre à certaines races du Nord); le front très découvert, les tempes larges; le nez un peu court et légèrement relevé à son extrémité, fin à la racine ; la bouche mince,

17

souriante, un peu grande ; le menton très fin et relevé ; les os maxillaires largement ouverts (fig. 18 [1]). Quelle que soit l'influence de la mode, on ne peut changer la forme des os ; mais il est certain que certaines habitudes, des types admis comme l'expression de la beauté, à un moment donné, influent sur les physionomies et même sur la forme apparente des traits, si bien que toutes les têtes, pendant un certain temps, prennent un caractère général auquel les individualités arrivent à se conformer.

Pour celui qui sait voir, il est facile de trouver dans la statuaire du XIIe siècle et dans celle des XIIIe et XIVe une identité parfaite au

---

[1] Nombreuses figures du commencement du XIVe siècle.

point de vue ethnologique ; et cependant, pendant cette période, les
traits du visage prennent des expressions très diverses et en raison
des exigences de la mode.

Nous ne trouvons que dans la sculpture française de ces temps ce
caractère tranquille, un peu caustique, et ce regard à fleur de tête,

18

audacieux jusqu'à l'impertinence parfois, mais limpide et facilement
souriant ; ces masques ronds, enveloppés, au milieu desquels le nez se
prononce saillant, la bouche étant fendue près du nez, relevée aux
coins, de telle sorte qu'elle forme un angle accentué avec la ligne des
yeux (fig. 18 *bis*).

Mais bientôt, sous les règnes de Philippe de Valois et du roi Jean,
l'afféterie remplace la grâce, et les vêtements des deux sexes tombent
dans des exagérations étranges.

Les femmes adoptent des corsages de plus en plus serrés et bridés
jusqu'aux hanches ; les bandes des manches s'allongent démesurément ; les jupes possèdent des traînes longues ; la coiffure entoure
carrément le visage et découvre de plus en plus le front. Les hommes

commencent à porter ces surcots et corsets étroits et courts qui n'avaient ni la commodité, ni l'aisance des dernières robes du XIIIe siècle. Le manteau n'est plus admis que comme vêtement de cérémonie, et dans l'usage ordinaire, est remplacé par les houppelandes et pelices.

18 BIS

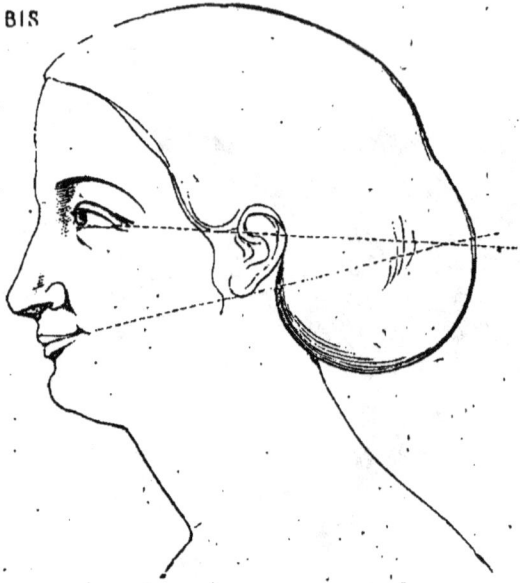

Pendant tout le cours du moyen âge on n'admet, comme marque de la beauté physique, que les cheveux blonds. En cela, on était d'accord avec l'antiquité grecque. Apollon était blond ; Vénus, Jonon, Minerve, sont représentées par Homère comme ayant des cheveux blonds. Il n'est pas une beauté dépeinte par les poètes du moyen âge qui n'ait la *crinie* blonde. Il y avait même le verbe *blondoier* (devenir blond). Les femmes attachaient une grande importance à faire paraître une belle et abondante chevelure qu'elles laissaient pendre, souvent, derrière le cou. Cependant, au XIIIe siècle, la chevelure des femmes est serrée sur la nuque et couvre rarement les épaules. Au commencement du XIVe siècle, elles s'en parent de nouveau, puis l'enferment dans des résilles, des couvre-chef, des tourets.

A la fin du XIVe siècle, la chevelure des femmes tombe parfois en longues nattes derrière l'escoffion, mais aussi s'y trouve souvent enfermée. Bientôt elle est complètement masquée sous les cornes et hennins (voy. COIFFURE), et ne reparaît plus qu'à la fin du XVe siècle.

L'usage, chez les femmes, de se farder comme nous l'avons dit, ne cessa d'être admis pendant le cours du moyen âge, mais il fut plus ou moins répandu. Les nombreuses satires du XIIIᵉ siècle n'en font guère mention, si ce n'est quand il s'agit des *femmes folles* qui, de tout temps, ont abusé du maquillage. Au commencement du XIVᵉ siècle, ces femmes étaient nombreuses dans les grandes villes, et notamment à Paris, où affluaient alors les étrangers. Il paraîtrait même que les clercs étaient les commensaux habituels de ces dames :

« Ces pullentes qui se fardent
« Et qui asfublent ces hardeaus,
« Des plus sages font rabardeaus [1].
« Tele se fait molt regarder
« Par son blanchir, par son farder,
« Qui plus est lede et plus est pesme [2]
« Que pechiez mortel en quaresme ;
« Tele est hideuse come estrie [3] ;
« Tele est noire, vieille et flestrie,
« Qui plus jointe qu'une fée,
« Quant ele est painte et at ifée ;
« Ni a si vielle ne si grille [4]
« N'ait do merdier do cocodrille [5].
« Fame bien doit, c'en est la some,
« Puir et à Deu et à home,
« Qui vis a paint, taint et doré
« *Cocodrilli de stercore* ;
« Aussi sont mais ensafrenées
« Com s'estoient en safran nées ;
« Si se florissent, si se perent,
« Pasque-floric de loinz perent ;
« Mais à un mot vos en di trout
« De loinz enhair, et de près trout.
« Chascune se paint mais et farde ;
« N'i a torche-pot ne gifarde [6],
« Tant ait desoz poure fardel,
« N'ait cuevre-chief, manche ou hardel [7] ;
« Et qui ne vuelle estre fardée,
« Por plus sovent estre esgardée
« Assez ont raeite en leur fardeaus [8]. »

[1] « Tapageurs, mauvais sujets. »
[2] « Mauvaise. »
[3] « Spectre. »
[4] « Maigre. »
[5] On faisait un onguent, croyait-on, de fiente de crocodile, qui passait pour être souverain. — Nous avons bien la graisse d'ours !
[6] « Qui a de grosses joues, joufflue. »
[7] Partie du vêtement.
[8] *De monacho in flumine periclitato*, etc. Appendice aux *Chron. des ducs de Normandie*, t. III, p. 525 (*Docum. inéd. sur l'hist. de France.* 1ʳᵉ série).

Les inventaires qui nous sont restés du xive siècle, touchant les garde-robes des grands seigneurs, indiquent un nombre prodigieux de vêtements et d'une grande valeur en étoffes et en fourrures. Ce luxe ne fit que s'accroître encore à la fin de ce siècle, surtout après la mort de Charles V ; car il faut bien reconnaître que la cour, en France, a dirigé le mouvement de la mode depuis le xiiie siècle. Les poëtes satiriques s'élèvent non seulement contre ce luxe scandaleux, mais contre les habitudes molles et efféminées des classes élevées de cette époque, depuis la noblesse jusqu'aux bourgeois riches. Dans l'*Apparition de Jehan de Meun* par le prieur de Salon, Honoré Bonnet [1], le *Sarrasin* parle ainsi des habitudes des Français de la fin du xive siècle :

> « Vous estes gens, car apris l'ay,
> « Qui vives délicieusement :
> « Se vous n'avez pain de froment,
> « Char de mouton, beuf et pourcel,
> « Perdriz, poucins, chappons, chevrel,
> « Canars, faysans, et connyns gras,
> « Et que demain ne faillist pas
> « Habondance plus qu'aujourd'huy,
> « Vous estes venus à l'annüy.
> « Et se vo lit mol blanc n'avez
> « Pour une nuyt, estes foulés :
> « Chemise blanche sur le corps
> « Ou autrement vous êtes mors... »

Puis il reproche aux Français le temps qu'ils passent à leur toilette :

> « Cuidiez-vous que pour estuver [2],
> « Pour doulx vivre, pour déporter,
> « Pour penser toujours en véandes,
> « Pour mangier des choses friandes... »

la façon molle dont ils élèvent leurs enfants :

> « Aussi vous tenés vos enfans
> « Tant doulx nourris et tant frians,
> « Tant bien vestus en leur jeunesse,
> « Que quand ils viennent à grandesse

---

[1] Voyez la publication de ce curieux manuscrit par la Société des bibliophiles français (écrit en 1398).

[2] « Se baigner. »

> « Ne scevent passer chaut ne froit,
> « Ne véande qui doulce ne soit ;
> « Enfant masle quand il est tendres
> « Doit fort mengier pour mettre membres,
> « Mais ne doit mengier doulx repast,
> « Car telle vie le rendroit gast.
> « En la jeunesse ne doit aver
> « Fourréure de menu ver,
> « Double chaperon, ne barette,
> « Ne chose qui à tendrour le mette. »

Il n'a garde de passer sous silence la vanité des petites gens qui veulent rivaliser de luxe, dans leurs habits, avec la noblesse :

> « Se un noble treuve nouvelle guise [1],
> « Un savetier, géponnier nice,
> « Un maçon et un vigneron,
> « Jamais n'en feroient pas leur pron,
> « S'ils n'avoient fait robe pareille.
> « Un marchandel robe vermeille
> « Portera d'escarlaste fine :
> « Sa femme vestue comme Royne.
> « Un qui n'a maison ne cuisine
> « Portera martres ou fayne [2]
> « Comme fera le filz d'un duc :
> « Et pour ce, seront malostrue,
> « Car quant leur fauldra tels etaz,
> « Feront larrecins ou baraz. »

Le luxe des habits s'était introduit alors aussi dans les couvents de femmes. Christine de Pisan a laissé une longue description en vers de l'abbaye de Poissy, où elle alla voir sa fille en nombreuse et gaie compagnie, ce qu'on faisait volontiers alors quand il s'agissait de se rendre dans les monastères. C'était une partie de plaisir. Elle dépeint ainsi le vêtement des religieuses :

> « Simples, doulces sont ; et portent deux paires
> « De vesteures, car froz et capulaires
>   « Et leur gonelle
> « Qui est dessoulz blanchie come noif [3] nouvelle,
> « Large, flotant, ceinte soubz la mamelle.
> « Mantel de noir ont dessus, n'y a celle.

---

[1] « Nouvelle mode. »
[2] « Fouine. »
[3] « Neige. »

« Qui autre arroy
« Ait à 'vestir, neiz la fille du Roy ;
« Et de ventres de connins, sens desroy,
« Sont les manteaulx fourrez de bon conroy,
        « Mais bien ont robes
« De bons fins draps. ce ne sont mie lobes,
« Tout ne soient ne mignotles ne gobes,
« Blanches, nettes, sans ordure ne hobes,
        « Et cueuvrechiefs
« Blans comme noif delielz sur leurs chiefs
« Et un voile noir dessus atachiez [1]. »

La mode, pour les hommes, des vêtements courts et serrés, avait
pris naissance vers 1340 ; elle tendait à l'exagération déjà au moment de la bataille de Poitiers. Sous Charles V, il y eut comme un
temps d'arrêt et même un retour vers un habillement plus ample,
bien que, sous ce prince, l'usage des corsets et surcots [2] ajustés,
et surtout très serrés à la taille, prévalût. Toutefois ces habits couvraient encore le haut des cuisses. A la fin du xiv⁰ siècle, les élégants adoptèrent à la fois et les vêtements collants sur la poitrine,
les chausses justes et des habits d'une excessive ampleur (peliçons,
houppelandes). Pour chevaucher, on portait volontiers alors un
habillement mixte, partie militaire, partie civil. Ainsi (fig. 19 [3]) les
jambes étaient armées, par-dessus les chausses, de cuissarts et de
grèves d'acier, et le corps était couvert d'un corset ou d'un surcot
civil, avec la ceinture noble. L'armure était alors si lourde et embar-
rassante, qu'on ne l'endossait que pour combattre ; mais c'était pour
la chevalerie un privilège et une marque distinctive de poser au moins
l'armure des jambes lorsqu'on voulait se montrer à cheval dans
quelques occasions importantes. Ce mélange du vêtement civil et du
vêtement militaire est assez fréquent pendant la première moitié du
xv⁰ siècle [4].

Pour les hommes, à la fin du xiv⁰ siècle, avoir le teint pâle, les
yeux longs, le front large, les lèvres minces, le menton un peu saillant et fin, le cou long et les épaules larges, les cheveux soigneusement peignés, coupés droit sur le front et tombant à peine ondés

---

[1] *Le Dit de Poissy*, de Christine de Pisan, en 1400, publ. par M. P. Pougin, *Biblioth.
de l'École des chartes*, 4⁰ série, tome III.

[2] Voyez CORSET, SURCOT.

[3] Manuscr. Biblioth. nation., Hayton, *Histoire de la terre d'Orient*, français (1390
environ).

[4] Voyez HOUPPELANDE, pl. 13.

19

CORDIER

sur les tempes et derrière la nuque, ou relevés autour du visage,

était la suprème élégance. Quant aux femmes, ou bien elles étaient
très décolletées avec le surçot paré, ou portaient des houppelandes et
peliçons dont les cols, hauts, serrés et garnis de fourrure, montaient
jusqu'aux oreilles. Elles commençaient à cacher leur chevelure sous le
grand hennin qu'Isabeau de Bavière semble avoir mis à la mode, et
des manches démesurées accompagnaient ces houppelandes et surcots.
Les jupes tombaient jusqu'à terre par devant, et se terminaient par
derrière par une traîne plus ou moins longue, suivant le rang des
personnes. C'était aussi le beau temps des souliers à la poulaine [1].
Simultanément avec les grands hennins qui cachaient la chevelure en
1400, les femmes portaient aussi des coiffures qui laissent voir les
cheveux, lesquels alors tombaient derrière la tête en longues tresses
ou torsades [2]. L'usage des faux cheveux parait même alors avoir été
assez répandu [3] :

> « D'autrui cheveus portent granz sommes,
> « Desus lor teste [4]. »

Il ne parait pas que les femmes, non plus que les hommes, missent
alors habituellement, pour dormir, des chemises.

Il est question de chemises de nuit, *doubliers*, qui semblent être
des robes de chambre faites de toile en double, qu'on portait peut-
être au lit pendant les grands froids ; mais les documents du XIVe siècle,
aussi bien que ceux du XIIIe, indiquent que l'usage de se coucher nu
était le plus fréquent, tandis qu'avant cette époque, comme à la fin du
XVe siècle, la chemise était portée pendant la nuit. Il est souvent question des personnages surpris la nuit, obligés de se lever brusquement
et ne mettant sur le corps qu'un peliçon ou un surcot.

La mode des vêtements serrés reprit de plus belle sous le règne
de Charles VII. Les hommes en portaient alors de tellement justes,
qu'ils suivaient exactement les formes du corps, si ce n'est que la
poitrine était plastronnée et les manches rembourrées aux arrière-
bras. Indépendamment des surcots ordinaires déjà très justes, mais
possédant des plis réguliers sur le devant et par derrière, des
épaules à la taille, surcots pourvus de manches amples, les gentils-

---

[1] Voyez CHAUSSURE, POULAINE, SOULIERS.
[2] Voyez COIFFURE, fig. 37, et JOYAUX, fig. 16.
[3] Voyez COIFFURE, p. 226.
[4] *Le Dict des cornetes.*

CORDIER

hommes portaient aussi des pourpoints ou corsets d'une extrême richesse comme broderies, et qui ne pouvaient convenir qu'à des personnes jeunes et très bien faites.

Le manuscrit de la Bibliothèque nationale de *Lancelot du Lac*, de 1390 environ[1], offre cette particularité curieuse, que la plupart de ses vignettes ont été repeintes vers le milieu du xv⁾ siècle, et que le peintre chargé de faire cette restauration a modifié les vêtements pour les mettre à la mode de son temps. Dans ce manuscrit, une miniature représente l'armement d'un chevalier. Le personnage qui remplit les fonctions de parrain est vêtu (fig. 20) de chausses pourpres brodées d'or et d'un corset bleu également couvert de broderies. Il est coiffé d'un bonnet gris violacé, avec agréments d'or. On ne pouvait guère aller plus loin en fait de vêtements justes. Aussi cette mode ne dura-t-elle que peu de temps, et les vêtements plus amples, les pelices et robes longues, mais étroites, reprirent le dessus. Alors aussi les femmes commençaient à laisser voir leurs cheveux; et la mode des hennins outrecuidants était près de sa fin. La campagne de Charles VIII mit fin à ces exagérations de la dernière période du moyen âge, et coupa court aux influences d'outre-Rhin, qui, par la cour de Bourgogne, menaçaient de supprimer les dernières traces d'élégance dans le costume français. Mais ce serait, pensons-nous, une erreur de croire que les influences d'outre-monts sur les vêtements français se soient fait sentir pour la première fois à la fin du xv⁾ siècle. Il y eut vers 1450 une certaine tendance à adopter quelques-unes des modes italiennes. Il ne faut pas oublier qu'en 1396 la république de Gênes s'était donnée à la France, et que Charles d'Orléans, à la mort de Marie Visconti, son oncle, en 1447, revendiqua le Milanais. A la suite d'une expédition assez légèrement entamée, le duc dut se contenter du comté d'Asti, dot de Valentine de Milan, sa mère. Il n'en demeure pas moins évident que, dès le commencement du xv⁾ siècle, les rapports avec l'Italie, si brillante alors, étaient fréquents, et que, bien avant les expéditions de Charles VIII et de Louis XII, nous avions été à même de prendre à ce pays des modes et des habitudes de toilette. On reconnaît, en effet, par bouffées, dirons-nous, ces influences au milieu des traditions gothiques encore si puissantes en France jusque sous le règne de Louis XI, et, dans les bâtiments dus aux princes d'Orléans, Louis et Charles, aussi bien que dans le goût de ces seigneurs pour les arts, soit dans leurs joyaux, leurs armes et leurs vêtements, des réminiscences italiennes des xiv⁾ et xv⁾ siècles.

[1] N° 120, français.

21

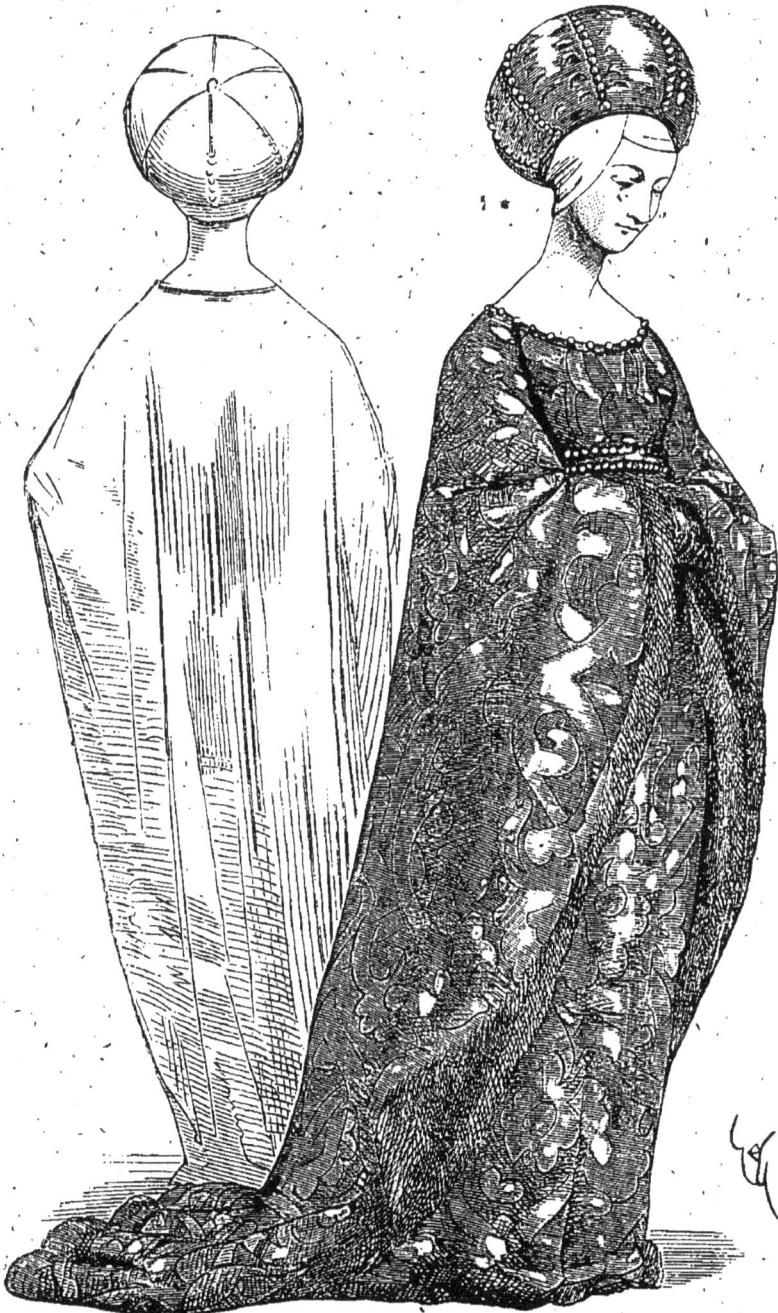

En effet, si l'on examine avec les yeux du critique certaines pein-

tures italiennes de ces époques, on y trouve des origines, bien plutôt
que des déductions, de quelques-unes de nos modes françaises.
Ainsi l'Italie n'adopta pas les hennins et les coiffures outrecuidantes

22

des dames de ce côté-ci de la Loire pendant la première moitié du
xve siècle; mais nous voyons — par exception — certaines modes
fréquentes adoptées dans l'Italie septentrionale, qui sont prises chez
nous par fragments. Des exemples sont nécessaires pour expliquer ce
fait.

Il existe dans le nouveau musée Correr de Venise deux tableaux attribués à l'école de la Romagne et au XIVe siècle [1]. Ces peintures datent évidemment de 1400 environ. L'un de ces tableaux, qui représente une noce, montre la fiancée vêtue d'un de ces amples surcots assez semblables à ceux que l'on portait alors en France, taillé dans un brocart d'or à grands ramages et fourré de martre (fig. 21). Mais cette demoiselle est coiffée d'un turban d'étoffe d'or posé sur un serre-tête blanc qui cache entièrement la chevelure. Or, nous ne voyons guère ce turban adopté en France que vers 1410.

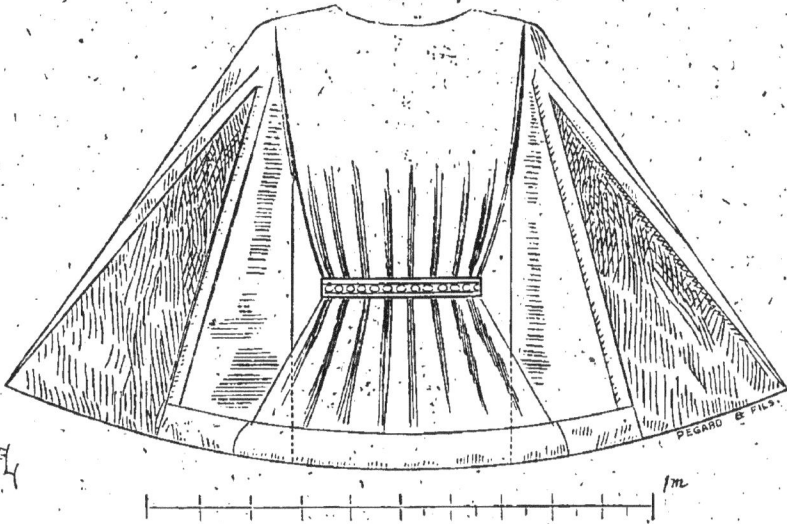

Un gentilhomme représenté dans le même tableau (fig. 22) est vêtu de chausses rouges, d'un surcot cramoisi avec manches de brocart d'or et deux ailes brodées en or sur le dos, bordure d'or et d'hermine au bas du vêtement. Ces surcots à plis réguliers, avec jupe descendant au-dessus des genoux, et manches entièrement fendues par devant et formant entonnoir (fig. 23), se rencontrent très fréquemment dans les peintures italiennes de 1395 à 1410, mais ne sont admis en France qu'exceptionnellement et encore avec certaines modifications. Les manches n'affectent pas ces formes en entonnoir, les jupes n'ont pas la roideur exagérée des jupes de ces surcots italiens. Les élégants et élégantes cherchaient plutôt alors,

[1] Nos. 5 et 6 du Catalogue.

pour tailler les vêtements, en France, des étoffes à dessins délicats,
et ces brocarts à grands ramages ne paraissent pas avoir été adoptés
chez nous avant le milieu du XVe siècle.

Il est très rare de trouver, dans les miniatures des manuscrits
français de 1400 à 1430, des dames vêtues de dalmatiques, tandis
que ce vêtement est assez fréquemment représenté dans les peintures italiennes de cette époque (fig. 24 [1]). Ces dalmatiques, tailladées
et fourrées, ont souvent, comme dans cet exemple, le pan de derrière
retenu à la taille par une ceinture cousue à la doublure. Cette ceinture serre quelquefois le pan de devant ou seulement la robe de

---

[1] Tableau du musée Correr, n° 5.

dessous à la hauteur de la taille, ainsi que le montre la figure 24. Le *Boccace français*, de la Bibliothèque nationale[1], dont les minia-

25

tures sont évidemment dues à un artiste français, de 1405 à 1410, nous montre une jeune femme vêtue d'un surcot et d'un turban laissant échapper les cheveux sur le cou (fig. 25). La dalmatique

[1] N° 129.

italienne est remplacée par le surcot français. Cès deux vêtements
ont, d'ailleurs, beaucoup d'analogie, mais le turban des dames italiennes de 1400 est encore amplifié. La dalmatique est fermée à la
hauteur des hanches, et c'est ce qui en fait ce qu'on appelait un
surcot en France. La taille de la robe est très serrée et les manches très justes. Cette robe est de brocart d'or et le surcot bleu
de roi. Le turban est or avec perles et tortil blanc, rouge et bleu, et
deux bandes d'étoffe blanche latéralement (voy. JOYAUX, fig. 16).

Voudra-t-on croire que l'artiste français a imité les peintures d'un
manuscrit italien, montrer des Italiens, puisqu'il s'agissait des *Cent
Nouvelles* de Boccace traduites en français? Outre que ce serait là
une exception, un procédé d'art étranger aux habitudes du temps,
les vêtements figurés sur ces miniatures sont exclusivement français
et ne ressemblent guère à ceux des miniaturistes italiens du même
temps. D'ailleurs, d'autres vignettes françaises montrent parfois de
ces turbans[1]. On peut donc admettre avec quelque fondement que,
par suite des rapports politiques qui s'étaient établis entre l'Italie
et la France à la fin du XIVᵉ siècle et vers 1450, quelques-unes des
modes d'outre-monts avaient exercé une influence sur certains
vêtements français qui paraissent ne pas se rapporter à la filiation
naturelle du costume et faire exception. Toutefois, ainsi que nous
l'avons dit, ces influences sont partielles, ne modifient pas la marche
générale de la mode. Il n'en est pas de même à la fin du XVᵉ siècle.
Alors, l'influence est marquée, suivie, sans cependant atteindre
l'imitation banale.

Le vêtement français conserve ses qualités : la grâce, l'élégance ;
et ses défauts : la recherche, une certaine affectation à exagérer
certaines allures naturelles du corps.

Mais la noblesse, à la fin du XVᵉ siècle, après les expéditions
d'Italie, renonçait définitivement au vêtement gothique, allait chercher les modes nouvelles au delà des Alpes, et particulièrement dans
les Etats septentrionaux de la Péninsule : Milan, Vérone, Venise et
Florence donnaient le ton aux modes françaises. Toutefois, la tradition conservait son empire, et surtout certaines habitudes dont il est
toujours difficile de se défaire, puisque nous les voyons persister
à travers les siècles. Ainsi, l'usage pour les femmes de dégager la
taille, de dessiner les hanches, de charger la tête de coiffures com-
pliquées et qui en modifient la forme et la dimension, se maintenait,
bien qu'alors, dans l'Italie du Nord, malgré la richesse des toilettes,

[1] Voyez ROBE, fig. 51.

DAME·VÉNITIENNE (fin du xvᵉ siècle)

on laissât toujours à la taille des femmes une certaine liberté, et l'on conservât toujours à la tête sa forme sous les plus précieuses coiffures. Un parallèle à ce sujet peut offrir quelque intérêt. Prenons, par exemple, une des plus riches parures d'une dame vénitienne, à la fin du xv° siècle (fig. 26 [1]).

Cette dame est vêtue d'une robe d'or gaufré; bordée, en haut du corsage, d'un rang de perles et d'un point de Venise. Les manches, de même étoffe, ont aux coudes un crevé bordé de bijoux, qui laisse voir la chemise blanche. Par-dessus est un surcot de velours noir, lacé aisé à la taille par un lacet noir. Ce surcot, qui est bordé de

joyaux, est ouvert jusqu'à la hauteur de l'estomac, n'a que des épaulettes qui laissent entre elles et le haut des manches passer la chemise. Une aiguillette retient l'épaulette du surcot à la partie supérieure de la manche ; un collier de perles est croisé sur la poitrine
en partant du haut du corsage et faisant le tour du cou ; par-dessus,
est posée une torsade d'or dont l'extrémité s'attache au lacet du
corsage. Une chaîne d'or forme ceinture lâche au-dessous de l'ouverture du surcot. La coiffure se compose d'une sorte de diadème or
et, noir, enveloppant les cheveux enroulés autour du crâne, surmonté d'une couronne d'or avec perles. Un voile très transparent,
bordé d'une ganse noire étroite, couvre le front, les joues, et descend
par derrière jusqu'aux talons. Ses deux bords antérieurs sont retenus
par deux ganses terminées par trois grosses perles. Des ganses d'or
séparent les lés de la jupe de velours noir du surcot. Il est difficile
d'imaginer un costume plus riche, et cependant les formes naturelles du corps et de la tête sont respectées. Prenons un autre
exemple tiré des fresques de Ghirlandajo[1] de Sainte-Marie-Nouvelle
de Florence (fig. 27). L'étoffe de la robe, marron, blanc et or, est
très riche, et la toilette est des plus parées. Cependant, ces mêmes
qualités, quant au respect de la forme du corps, sont observées.

Il n'en est pas ainsi de nos modes françaises, malgré les analogies qu'elles ont avec celles d'Italie. Les jupes traînantes persistent
aussi bien que les tailles longues, — car il est à observer qu'en
France, ce n'est qu'exceptionnellement que la taille des hommes
et celle des femmes a été courte. — Les corsages sont étroits et les
manches très amples. Les coiffures, bien que simplifiées, si on les
compare à celles du milieu du xve siècle, sont plus chargées que ne le
sont les coiffures italiennes ; cependant, l'arrangement des joyaux, la
prise de la gorge, la cambrure des reins, rappellent les modes d'outre-
monts (fig. 28[2]). Il est une chose à laquelle les modes, en France,
sont restées de tout temps fidèles, c'est la finesse de la taille, la longueur du cou et l'allongement des flancs, par cette raison que ce
caractère physique appartient aux femmes de ce pays. Jamais ces
modes n'ont pu se faire aux tailles épaisses et hautes de l'Italie, et l'on
comprend que ces conditions suffisent pour apporter dans la tournure du vêtement des différences notables avec ceux que les femmes
portaient au delà des Alpes.

[1] Mort en 1495.

[2] Des tapisseries du château d'Haroué (Meurthe), et des vignettes, gravures, de 1490
à 1500.

Les habits des gentilshommes, à cette époque, sont remarqua-

blement beaux, si on les compare à ceux portés sous le règne de
Louis XI, et commodes. Il est certain qu'ils subissent plus encore
que ceux des femmes les influences italiennes. De tout temps, les
hommes apportent dans leurs vêtements des modifications plus
radicales que ne le font les femmes. Les expéditions militaires, la vie
prolongée dans des pays étrangers, font subir nécessairement aux
habits masculins des changements que n'acceptent pas aussi facilement les femmes, plus sédentaires. Si l'époque des croisades fait
exception à cette règle, et si, au XIIe siècle, les femmes acceptent,
dans leurs habits, tout autant que les hommes, les influences des
modes orientales, c'est qu'alors beaucoup de dames séjournaient
en Syrie avec leurs époux, et que les armées des croisés étaient en-
combrées de femmes de tout état, depuis les princesses jusqu'aux
femmes d'artisans. Il n'en était pas de même à la fin du XVe siècle, et
les armées de Charles VIII et de Louis XII n'entraînaient point avec
elles leurs femmes et leurs enfants. Aussi, les dames de la fin du
XVe siècle n'acceptent les modes italiennes que de seconde main et
par ouï-dire : c'est une interprétation très libre ; tandis que les habits
des hommes arrivent à suivre à peu près exactement la coupe des
vêtements d'outre-monts (fig. 29 [1]). C'est ainsi que notre séjour
en Algérie a introduit, dans le costume actuel des hommes, des
éléments qui n'ont produit, sur les vêtements des femmes, qu'une
influence à peu près nulle.

Il faut dire, d'ailleurs, que le vêtement des hommes dans l'Italie
septentrionale, vers la fin du XVe siècle, était assez élégant, pittoresque et commode pour exercer une juste influence et pour séduire
les gentilshommes qui faisaient partie des expéditions françaises de
cette époque. La grâce de la coupe, la richesse des étoffes, étaient
bien faites pour rendre ridicule le vêtement étriqué et gênant du
temps de Louis XI. Mais il y avait surtout alors en Italie une certaine manière pittoresque et aisée de porter l'habit, qui devait, plus
encore que la coupe, directement influer sur les modes françaises.

Tous ceux qui ont séjourné en Italie, notamment à Venise et dans
les Romagnes, sont émerveillés de la façon avec laquelle les gens du
peuple savent donner à un lambeau d'étoffe un caractère pittoresque et noble même, par la manière de le porter. Cette qualité,
qui tend à se perdre de nos jours, était et devait être très développée
au XVe siècle. Elle ne manqua pas d'exercer une influence très marquée sur le vêtement français.

---

[1] Mêmes tapisseries.

GENTILHOMME FRANÇAIS (fin du xvᵉ siècle)

COMPAGNON DELLA CALZA. VENISE (fin du xvᵉ siècle)

Depuis le milieu du xve siècle, en France, ces façons élégantes, libres, imprévues, pittoresques, de porter le vêtement, si énergiquement reproduites sur nos monuments des xiiie et xive siècles, avaient fait place à des allures maniérées à l'excès dans les classes élevées, et vulgaires dans les classes inférieures. Cela tenait en partie à la coupe même de ces vêtements, disgracieuse souvent, ne permettant, par sa rectitude uniforme, aucune liberté individuelle.

Toutes fois qu'un habit adopte des formes tellement rigoureuses que l'individu est obligé, de par la mode, de les accepter, il en résulte une monotonie dans le maniéré ou dans le médiocre, à laquelle les natures physiquement les mieux douées ne peuvent se soustraire. Un valet de chambre porte aujourd'hui un frac aussi correctement qu'un marquis, par cette raison que le frac du valet de chambre est identique avec celui du marquis, et qu'il n'est guère possible, d'ailleurs, de porter un frac de deux façons différentes. Il n'en est pas de même lorsque la coupe de l'habit permet une certaine liberté dans la façon de le poser, ou lorsque cette coupe se prête à des fantaisies personnelles. C'est alors que les gens de goût peuvent être distingués de ceux qui n'en ont pas. Ainsi s'établit peu à peu la véritable élégance, celle qui fait loi, et qu'il n'est pas permis à tous d'atteindre. La façon de porter le manteau, le chaperon, le peliçon, le voile, pour les femmes, donnait, pendant les xiiie et xive siècles, le niveau du *bon ton*, de la noblesse des manières et d'une bonne éducation. Mais quand, au xve siècle, on adopta ces vêtements serrés dont tous les plis étaient façonnés d'avance et réguliers, ces robes et surcots à épaules d'une largeur impossible, méthodiquement taillés et dont la forme roide ne pouvait être modifiée par les allures personnelles, toute liberté et toute grâce, par conséquent, disparaissaient pour faire place à l'uniformité. Encore y avait-il dans l'exagération et la bizarrerie des modes, au commencement du xve siècle, quelque chose qui pouvait s'allier à l'élégance des manières ; car c'est le propre de la distinction naturelle, de rendre supportable et même piquant l'étrangeté du costume. Mais, à dater du règne de Louis XI, cette exagération du vêtement avait fait place à une sorte de compromis, gauche et banal, qui n'est pas dans la nature française et qui était dû, en partie, à l'influence qu'avait prise alors, sur les modes, la cour de Bourgogne, passablement pénétrée du goût des Flandres et de l'Allemagne. On conçoit combien durent paraître élégants, aisés, gracieux, ces vêtements italiens de la fin du xve siècle, à ces gentilshommes français, et combien leurs habits étriqués, roides, vulgaires ou maniérés, durent leur sembler maussades et gênants.

Les changements dans les modes masculines furent donc très brusques. Ces gentilshommes adoptèrent en partie la coupe du vêtement italien, mais surtout la façon aisée, parfois un peu théâtrale, du port de ces vêtements. Jamais l'histoire des modes n'avait vu s'accomplir une révolution aussi prompte et aussi radicale.

Présentons quelques-uns de ces vêtements italiens. Il sera facile alors à chacun de saisir l'influence qu'ils exercèrent sur les modes vers 1490.

31

Il y avait à Venise, à cette époque, la compagnie *della Calza* [1], recrutée parmi les gentilshommes, qui se faisait remarquer par le luxe de ses habits. Ces gentilshommes étaient vêtus de chausses collantes de quatre couleurs longitudinalement, avec broderies de perles par-dessus, d'un pourpoint de velours ou de brocart avec manches formant canons aux arrière-bras et gardes aux avant-bras,

---

[1] Des chausses.

rattachées au pourpoint par des aiguillettes de soie. La chemise,

32

très ample, bouffait entre ces parties de manches. Sur ce vêtement, ces compagnons portaient un large manteau de soie à capuchon, dont la goule était terminée en pointe par devant, avec deux attaches pour la gorge (fig. 30 [1]). Sur la tète était un petit bonnet rouge ou noir, avec ganses de soie pour le retenir sous le menton.

Quant aux jeunes gens de la classe moyenne, ils étaient alors vêtus ainsi que l'indique la figure 31 [2].

La figure 32 représente un jeune gentilhomme, fauconnier [3]. Il est vêtu de chausses rouge garance, d'un pourpoint violet noir, avec manches d'arrière-bras et d'avant-bras fendues, brunes, retenues par des lacets et laissant bouillonner la chemise blanche. Le pourpoint est ouvert par devant, avec larges revers rouges, et laisse voir la chemise à bouillons horizontaux sur la poitrine. Les bottes sont vert-bouteille avec revers gris, et le bonnet est noir Une chaine d'or est posée sur ses épaules. Il porte à la ceinture, qui est noire et or, une petite escarcelle noire avec couteau.

Si l'on se reporte à nos vêtements des dernières années du XVe siècle, on trouve avec ceux-ci des analogies frappantes. Nous adoptons ces manches par fragments rattachées par des aiguillettes, qui bientôt furent remplacées par des crevés ; ces pourpoints à revers, et cette coiffure, et ces bottines, et ces manteaux que l'on drapait à sa fantaisie, qu'on laissait pendre négligemment ; et cette variété de couleurs dans la composition du vêtement, et ces chemises se laissant voir sur la poitrine, aux bras, et aussi ces allures pittoresques dans la démarche, la pose, la façon d'être. Ajoutons, pour être vrai, que nos vêtements de la fin du XVe siècle tempèrent plutôt qu'ils n'exagèrent les modes de l'Italie septentrionale ; ils en prennent la grâce, l'élégance, mais en y mêlant quelque chose de grave et de contenu qui fait excuser l'imitation. Il n'en fut plus de même vers la fin du XVIe siècle. La cour de Henri III dépassa en recherches, en afféterie, l'Italie, dont le goût alors était outrageusement corrompu déjà. Ces vers d'Agrippa d'Aubigné en font foi. Il s'agit du dernier des Valois :

> « L'autre fut mieux instruict à juger des atours
> « Des putains de sa cour, et plus propre aux amours ;
> « Avoir ras le menton, garder la face pasle,
> « Le geste efféminé, l'œil d'un Sardanapale :

[1] Accademia de Venise, tableau représentant la place Saint-Marc. Gentile Bellini, 1496, n° 555 du Catalogue.
[2] Même tableau.
[3] Histoire de sainte Ursule, Carpaccio (1495 environ), n° 539 du Catalogue.

> « Si bien qu'un jour des Rois ce doubteux animal,
> « Sans cervelle, sans front, parut tel en son bal :
> « De cordons emperlez sa chevelure pleine,
> « Sous un bonnet sans bord faict à l'italienne,
> « Faisoit deux arcs voutez ; son menton pinceté,
> « Son visage de blanc et de rouge empasté,
> « Son chef tout empoudré, nous montrerent ridée
> « En la place d'un Roy, une putain fardée.
> « Pensez quel beau spectacle, et comm'il fit bon voir
> « Ce Prince avec un busc, un corps de satin noir
> « Coupé à l'Espagnolle, où des déchiquetures
> « Sortoient des passemens et des blanches tireures ;
> « Et affin que l'habit s'entresuivit de rang,
> « Il montroit des manchons gauffrez de satin blanc,
> « D'autres manches encor qui s'estendoient fenduës,
> « Et puis jusques aux pieds d'autres manches perduës :
> « Ainsy bien emmanché, il porta tout ce jour
> « Cet habit monstrueux, pareil à son amour :
> « Si qu'au premier abord, chacun estoit en peine
> « S'il voioit un Roy femme ou bien un homme Royne [1]. »

Il se trouvait, toutefois, un Agrippa d'Aubigné pour flageller jusqu'au sang cette recherche dans les habits, ces façons efféminées ; des contemporains pour lier et approuver le dur satirique. Et cependant la physionomie de ces *lions* de la fin du XVIᵉ siècle conserve encore ce caractère réfléchi, caustique et souvent audacieux, qui appartient à la race, et qui contraste alors avec l'extravagance du vêtement. Il suffit de regarder les admirables portraits du XVIᵉ siècle pour constater ce fait curieux [2]. Il est évident que ces mignons, que ces femmes de mœurs passablement légères, ont quelque chose dans la tête. Ce ne sont pas là des étourneaux ; ces gens-là pensent et savent ce qu'ils veulent. On trouve la trace de ces qualités jusque dans les portraits des personnages de la première moitié du XVIIᵉ siècle ; après quoi, les physionomies prennent des airs évaporés et distraits. On voit que la futilité ou la fatuité ont remplacé cette bonne nature française qui savait joindre l'audace et une certaine souplesse et mobilité de l'esprit avec la réflexion.

On pourrait faire une curieuse histoire de France rien qu'avec les portraits qui nous sont restés des personnages remarquables depuis le XIVᵉ siècle. Y a-t-il, par exemple, des physionomies mieux caractérisées que ne sont celles de Charles V, dont nous possédons la

---

[1] *Les Tragiques : Princes.*

[2] Voyez la collection du Louvre, et l'ouvrage : *Portraits des personnages français les plus illustres du XVIᵉ siècle*, recueillis par P. G. J. Niel, 1848.

statue à Saint-Denis et dont M. A. Lenoir avait fait un saint Louis pour les besoins de son musée ; que celles de Louis XI et de ses contemporains ; que celles de Louis XII, de François Ier, de Henri II et de ses successeurs ; que celles des ducs de Bourgogne et de Bourbon, dont on possède de si beaux portraits peints ou des marbres remarquables, pour ne parler que de ces princes ? Parmi ces portraits si divers, y en a-t-il un seul qui ne nous montre, comme dans un livre ouvert, le caractère de ces personnages, leurs qualités ou leurs défauts ? Et sauf les portraits de François Ier, qui placent le spectateur devant un homme vaniteux, léger et aux appétits brutaux, la plupart des autres ne montrent-ils pas dans la physionomie une longue pratique des affaires, des hommes, et par-dessus tout une habitude de réfléchir qui semble disparaître du type français depuis le XVIIe siècle, chez les grands aussi bien que chez les petits ? A quelle cause attribuer ce changement dans le caractère des physionomies, si ce n'est à l'oubli du sentiment de la responsabilité personnelle, si puissant pendant le moyen âge et si fort atténué par les régimes despotiques et de centralisation administrative inaugurés depuis le règne de Louis XIV ?

Nous croyons devoir terminer cet aperçu relatif à la toilette par quelques pages sur l'influence des femmes pendant la période du moyen âge.

Les meubles, les ustensiles, les vêtements adoptés par une société sont l'expression matérielle des habitudes, des mœurs et usages de cette société. On n'a connu un peu l'antiquité que du jour où les villes de Pompéi et d'Herculanum ont été découvertes, où les tombeaux fouillés nous ont rendu les objets qui avaient appartenu aux sociétés éteintes de l'Égypte, de l'Asie, de l'Étrurie et de la Grèce.

Les inscriptions funéraires seules ont permis d'apprécier exactement les rapports des maîtres avec les esclaves et affranchis, de ceux-ci entre eux. Encore, ces documents sont-ils rares, et de trop nombreuses lacunes existent pour permettre aux chercheurs les plus sagaces de vivre au milieu des sociétés antiques et d'en connaître exactement le mécanisme et le génie.

Il n'en est point ainsi du moyen âge : nous y touchons, nous vivons de la plupart des traditions qu'il nous a transmises ; nous possédons sur ses mœurs et ses habitudes, qui sont encore les nôtres en bien des points, des documents abondants. Ses monuments sont encore debout, et les écrits laissés par ses poëtes, ses romanciers, ses chroniqueurs, innombrables. Si nous ne connaissons pas le moyen âge, c'est, en vérité, que nous ne voulons pas le connaître,

que nous ne prenons pas la peine d'examiner, avec une attention
réfléchie et méthodique, les richesses accumulées par des siècles
dont peu d'années, mais beaucoup de préjugés, entretenus soigneusement par tous ceux qui bénéficient de l'ignorance et en vivent,
nous séparent.

Nous croyons que la civilisation n'est autre chose que la collection
méthodiquement classée des choses du passé. Chaque homme, en
naissant, n'apporte, pas plus aujourd'hui que du temps de Noé, un
bagage de connaissances. Ce qu'il devient à vingt-cinq ans n'est que
le produit condensé de ce que deux cents générations ont apporté de
lumières, d'épreuves et d'observations. Si par négligence, paresse
ou fatuité, il dédaigne une partie de ces richesses, il y a nécessairement dans son esprit une lacune, et cette lacune est le plus sérieux
obstacle au développement régulier de l'état civilisé. C'est comme
la page déchirée d'un livre qui empêche d'en comprendre le sens et
de profiter de l'enseignement qu'il contient.

Depuis quelque temps, et par suite des désastres dont nous avons
été les victimes et les témoins, il est bon nombre d'esprits réfléchis
qui se sont pris à douter de la perfectibilité humaine. Peut-être
s'était-on un peu pressé de croire à cette perfectibilité, à l'adou-
cissement des mœurs et aux progrès amenés par une instruction
libérale.

Les prodigieux résultats obtenus depuis le XVIe siècle dans les
sciences exactes, les progrès matériels accomplis de nos jours, faisaient illusion, et l'on pouvait croire, en présence de ces résultats et
progrès dont chacun profitait, que nous entrions décidément dans
une période de paix, de confraternité sociale, de libres discussions
devant se terminer par le triomphe de la raison et un hommage
rendu aux droits de l'humanité... Il n'en était rien, et le célèbre
dicton : « Grattez un Russe, vous trouverez le Tartare », peut s'appliquer à tous les peuples : « Grattez l'homme, vous trouverez le
sauvage aux appétits brutaux. »

C'est qu'il faut le concours de plusieurs éléments pour contribuer
au progrès de la civilisation, ou, si l'on veut, à la perfectibilité humaine. Ces éléments sont : l'éducation, l'instruction, et, comme conséquence, l'habitude de réfléchir, de former son jugement non sur
des préjugés, mais par l'étude attentive des faits. L'éducation bien
dirigée développe le sentiment du devoir, qui n'est autre chose qu'un
hommage rendu à la dignité humaine ; l'instruction apprend ou
doit apprendre à ne porter un jugement sur toute chose qu'après
examen.

Si barbare que fût le moyen âge, il développait ce sentiment du devoir, ne fût-ce que par orgueil; si faible que fût sa somme d'instruction, il apprenait, du moins, à réfléchir avant d'agir, et était dépourvu de cet ulcère des sociétés modernes, la fatuité. Aussi, le trouve-t-on naïf. Joinville, qui, certes, est un homme brave et toujours prêt à risquer sa vie s'il s'agit d'affronter un péril et de remplir un devoir, ne nous cache pas l'homme sous des faux dehors de mépris du danger. Il en connaît l'étendue, le craint et n'en est que plus méritant de le regarder en face. Dans les admirables pages laissées par lui, nulle trace de vanité. Cette plaie était ignorée du moyen âge. C'est qu'en effet, dans la société d'alors, rien ne pouvait la provoquer.

La vanité n'a fait en France des progrès incessants que depuis l'époque où toute valeur relevait de la cour. La vanité fait oublier les devoirs les plus sacrés, et le premier de tous, l'amour du pays, qui n'est qu'un sentiment collectif de dignité. La vanité, depuis le XVIIe siècle, a remplacé chez la noblesse féodale l'orgueil, c'est-à-dire qu'à un vice, si l'on veut, mais à un vice qui produit de grandes choses et côtoie une qualité, s'est substituée une faiblesse chez les grands, un appétit ruineux et avilissant chez les petits : un dissolvant.

C'est en développant la vanité dans toutes les classes, à commencer par l'aristocratie, que le despotime de Louis XIV a pu enfoncer de profondes racines dans la société française; racines que deux siècles bientôt et des révolutions n'ont pu arracher.

Le moyen âge est, nous l'accordons, un régime arbitraire, irrégulier, insupportable en maintes circonstances; il n'est jamais avilissant comme l'est l'absolutisme d'un maître unique et infaillible qui achète ou étouffe sous la dorure ce qu'il ne peut vaincre par la force. Toute l'histoire du moyen âge est un appel contre l'abus. L'abus est souvent le plus fort, mais il ne peut jamais éteindre la revendication. L'opprimé est vaincu, trahi, jamais soumis.

Ces mœurs sont un enseignement; nous le considérons comme sain.

Les sentiments religieux sont robustes pendant le moyen âge, mais cette énervante religiosité née avec le XVIIe siècle et singulièrement développée aujourd'hui n'y trouve pas sa place.

Le catholicisme est dur souvent, tyrannique et aveugle; il ne s'avilit pas par des compromis et n'avilit pas les esprits par la pratique de l'hypocrisie. Il brûle les hérétiques, mais n'abâtardit pas les âmes, et mieux vaut dans l'intérêt d'une société, peut-être, brûler les corps que corrompre ou tarir les sources de l'intelligence. C'est à dater du xvi⁰ siècle que l'hypocrisie devient endémique ; elle se développe singulièrement pendant le xvii⁰. Déjà sous les derniers Valois elle était de mise à la cour, et Agrippa d'Aubigné écrivait vers 1614, dans son *Baron de Feneste,* ce passage : « Mais l'abus du « paroistre en la religion, qui est le dernier point, est le plus perni- « cieux, pour ce que le terme de l'hypocrisie, qui se peut appliquer « au jeu, à l'amitié, à la guerre et au service des grands, est plus « proprement voué au fait de la religion... »

Les poëtes se permettaient sur le clergé du moyen âge des satires qui ne seraient point tolérées aujourd'hui, et qui, sous Louis XV, eussent valu à leur auteur une lettre de cachet, au moins.

Il y avait donc au milieu de ces temps confus, désordonnés, une force vitale qui résistait aux plus terribles épreuves. Cette force vitale tenait à l'éducation.

Nous n'entendons pas par « éducation », la soumission à une sorte de code de la *civilité puérile et honnête,* mais l'inoculation dès l'enfance de principes virils, sains, savoir : le sentiment du juste et de l'injuste, l'amour de la vérité, le développement de ce qu'on appelle la conscience ; par contre, l'horreur pour le mensonge, l'hy-pocrisie et l'oppression, pour la pusillanimité en face de l'iniquité et de l'abus de la force. L'éducation ne consiste pas à former des natures polies, habiles à sauvegarder leur égoïsme au milieu des difficultés ; se prêtant à tout, fuyant la responsabilité, faciles et agréables à vivre d'ailleurs, sortes de Panurges faisant les bons compagnons lorsque le danger est passé et que le ciel est clément... L'éducation doit viser mieux et plus haut ; son rôle est moins d'as-souplir les âmes que de les tremper, et c'est bien ainsi qu'on l'en-tendait pendant cette période du moyen âge si mal connue et si légè-rement jugée. Ce que nous avons de meilleur et de plus noble, dans la sphère morale de notre état civilisé, tient encore à ces époques ; et les peuples qui s'éloignent le plus des traditions qu'elles nous ont laissées, sont ceux qui inclinent davantage vers la décadence intel-lectuelle. En France, heureusement, ces traditions sont encore vivantes dans le cœur des femmes, dans l'armée ; et c'est par les femmes et par l'armée que notre pays, si cruellement éprouvé depuis bientôt un siècle, peut reprendre son rang dans la civili-sation.

Le rôle de la femme en Occident, depuis l'établissement du chris-tianisme, a pris une importance dont on ne peut méconnaître la nature. Si parfois l'influence de la femme a ses éclipses, ses défaillances, elle ne tarde guère, dans les moments de crise, à reprendre la place qui lui est dévolue ; or, cette influence abandonnée à elle-même est saine.

La femme, pendant le moyen âge, n'a jamais revendiqué cette sorte d'émancipation que rêvent pour elle, de nos jours, quelques esprits malades. Elle avait mieux à faire ; elle a fait des hommes, et, conservant son indépendance morale, elle a su maintenir en dehors des luttes, des désordres et des passions du moment, des principes élevés dans la conduite des choses humaines, qui lui donnaient souvent la valeur d'un arbitre. De serve et d'objet de plaisir qu'était la femme chez les peuples orientaux, elle comptait déjà pour quelque chose à Rome. Le christianisme ne fit que développer ce que la société romaine avait ébauché. L'introduction du christianisme au sein des populations du Nord et de l'Occident, d'origine aryenne, chez lesquelles la femme tenait déjà une place honorée, lui donna un rang qu'elle n'a jamais perdu et qu'elle sut élever très haut pendant les époques les plus désastreuses.

C'est pendant la période féodale que la femme se saisit du rôle qui convient le mieux à sa nature, et c'est aussi pendant cette période que son influence est la plus régulière et la plus efficace. Jusqu'alors on voit des femmes obtenir le rang le plus élevé, entrer dans le domaine de la politique, exercer sur les affaires une action directe beaucoup plus souvent nuisible qu'utile. Il suffit, pour en avoir la preuve, de lire Grégoire de Tours. Mais c'est sous les Carlovingiens et surtout à dater du xiie siècle, c'est-à-dire au moment de l'apogée de la féodalité, que le rôle social de la femme acquiert une qualité aussi nouvelle que bienfaisante. C'est alors qu'elle devient réellement la compagne de l'homme, qu'elle s'occupe d'élever des héritiers dignes de soutenir le rang et l'honneur de son seigneur ; qu'elle inculque soigneusement à l'enfant les principes virils qui doivent assurer l'indépendance de sa maison, qu'elle s'associe résolument à la fortune de celui dont elle porte le nom ; devient à l'occasion son second, souvent son conseil ; dirige les affaires intérieures, et se tient résolue, prête à tous les sacrifices, au milieu du domaine qu'il faut garder contre tous.

Mais ce qui caractérise la femme pendant ces siècles de luttes incessantes, c'est son indépendance et le sentiment de sa dignité.

Dans une *introduction*, très bien faite, aux *Nouvelles françaises en prose*, du xiiie siècle [1], on lit ce passage, à propos du *Conte du*

---

[1] Par MM. Moland et d'Héricault.

roi *Flore et de la belle Jeanne...* « C'est une œuvre prise au cœur
« même de la société féodale, ce qu'on pourrait appeler une *Histoire*
« *de la vie privée* au moyen âge ; et c'est précisément à ce titre qu'elle
« a une haute valeur, non seulement littéraire, mais encore histo-
« rique, parce qu'elle éclaire d'une lumière naïve les mœurs réelles,
« l'esprit domestique de ce temps-là. »

Le roi Flore est veuf et sans enfants ; il voudrait se remarier, mais
ne prendre femme moins belle et bonne que n'était sa première.
Un des chevaliers de son conseil privé lui dit qu'il connaît une dame
noble de grande vertu et beauté, veuve aussi, sans enfants, et qui a
montré son courage en maintes occasions, et notamment en sauvant
son époux. Le roi, séduit par la peinture qui lui est faite de la dame et
de ses belles qualités, envoie ce chevalier vers elle en secret pour la
prier de se rendre à sa cour.

Le chevalier se met donc en chemin, arrive au château de la dame,
qui a nom Jeanne. Celle-ci le reçoit très bien, car elle le connaît
depuis longtemps. En secret, le chevalier lui confie l'objet de son
voyage et que le roi Flore la mande près de lui avec l'intention de
la prendre pour femme. Quand la dame entend ce discours, elle
commence à sourire — ce qui lui allait très bien — et dit au chevalier : « Vostre Rois n'est pas si scienteus [1] ne si courtois coume je
« cuidoie, cant il me mande en si ke je voise à li et il me prendera
« à femme. Ciertes, je ne sui mie soudoiiere [2] pour aller à son cou-
« mant [3] ; mais dite à vostre Roi, s'il li plaist, k'il viegne à moi, se il
« me prise tant et ainme, et sé li soit biel se [4] je le veul prendre à
« mari et à espous ; car li signor doivent rekestre les dames, ne mie
« les dames les segnours. »

« Dame, dit le chevalier, tout ce que vous venez de me dire je le
répéterai, mais je crains que le roi ne trouve en ceci un peu d'orgueil.
— Il le prendra comme il voudra, reprend la dame, mais à ma
réponse il ne manque ni courtoisie ni raison. — N'avez-vous plus rien
à ajouter ? — Oui : faites au roi mes salutations ; je lui sais bon gré
de l'honneur qu'il a voulu me faire. » La fière réponse de la belle
Jeanne rapportée au roi, « si coumencha à penser, et ne dist mot
« devant grant pièce [5]. »

---

[1] « Bien élevé. »

[2] « Mercenaire. »

[3] « Commandement »

[4] « Et qu'il s'estime heureux si.... »

[5] « Et demeura longtemps sans dire mot. »

L'un des conseillers intimes du roi loue grandement la réponse de la dame et déclare hautement que ce qu'a de mieux à faire son seigneur, c'est de fixer un jour pour se rendre au château de la belle Jeanne. Ainsi fait le roi, et il l'épouse.

Il était bien entendu que l'époux considérait sa femme comme son égale :

> « Por l'amor vostre pere vous ai-je forment chier,
> « Ma fille vous donrai se la volez baillier,
> « Por que la vueilliez prendre à per et à moillier [1]. »

Et dans la *Chanson de Roland*, quand, après la funeste bataille de Roncevaux, Charlemagne revient à Aix, Alde, la belle Alde,

> « Ço dist al rei : — O est Rollans le catanie [2]
> « Ki me jurat cume sa per à prendre ? »

Charles, à cette question, ne peut contenir sa douleur ; il pleure et tire sa barbe blanche : « Sœur, chère amie, répond-il à la belle Alde, tu me demandes des nouvelles d'un homme mort... Je te trouverai un parti plus honorable encore : c'est Louis, mon fils, qui tiendra mes frontières : je ne puis mieux dire. »

> « Alde respunt : — Cest mot mei est estrange,
> « Ne place Deu ne ses seinz ne ses angles,
> « Après Rollant que jo vive remaigne [3] ! »

Et elle tomba morte aux pieds de l'empereur.

Cette dignité, cette élévation des sentiments chez la femme pendant le moyen âge se manifestent constamment dans l'histoire, les poëmes et romans. Les amours du duc Robert de Normandie et d'Arlette, mère de Guillaume le Bâtard, expriment de la manière la plus vive ces sentiments élevés. Le duc, séduit par la beauté de la blanchisseuse Arlette qu'il rencontre en revenant de la chasse, fait demander par un de ses chambellans et un vieux chevalier, au père de la fille, de consentir à ce qu'elle soit conduite au château, en promettant biens et honneurs à ces petits bourgeois. L'accord est fait ; la jeune fille s'habille de neuf, se pare du mieux qu'elle peut. Les

---

[1] *Gautier d'Aupais*, fabl. du XIIIᵉ siècle.

[2] « Le capitaine. »

[3] « Plaise à Dieu, à ses saints et à ses anges que je ne vive, Roland mort. » (Strophe CCLXX).

deux entremetteurs chargés de la mener secrètement au palais lui font observer que, pour ne pas exciter le scandale dans le voisinage, elle fera bien de se vêtir d'une chape de laine. Mais Arlette ne l'entend point ainsi. « Puisque, dit-il, le duc me mande vers lui, je ne veux point passer pour une *soudïoère* ou une pauvre chambrière. J'irai.

> « Cum pucele fille à prodome,
> « Por m'onor creistre et por mon bien,
> « E si ne m'en vergoin de rien[1]. »

Elle ne veut point aller à pied, mais sur un palefroi.

Arrivés au château, les messagers font descendre la jeune fille et ouvrir le guichet ; mais Arlette ne veut point entrer :

> « Bele, funt-il, venez avant ;
> « Ne dotez que riens vos i sace.
> « Vez ! delivre est tote là place. »

« Pour ce, répond-elle, je n'en ferai rien ; quand le duc m'a mandée près de lui, c'est pour que sa porte me soit ouverte. Or, faites-la-moi ouvrir, et non le guichet. »

Arlette se donne librement. Elle est fière du choix que le duc a fait d'elle et veut entrer parée par la grande porte du palais. Ainsi fait-elle.

De ce que certains gentilshommes savaient à peine signer leur nom, on en déduit que la noblesse, pendant le cours du moyen âge, était ignorante et grossière ; tant on aime, chez nous surtout, à simplifier les questions, ou plutôt à les résoudre à l'aide d'une opinion faite d'une pièce. Cela évite la peine de les examiner. Rien n'est moins exact cependant. Sans compter les poésies et autres écrits dus à des nobles personnages, le goût que beaucoup d'entre eux professaient pour les lettres, les bibliothèques qu'ils formaient dans leurs châteaux, la protection qu'ils accordaient aux trouvères et aux clercs, les *Assises de Jérusalem*, sont un témoin irrécusable des lumières que possédait la noblesse française pendant les XIIe et XIIIe siècles. Les femmes elles-mêmes étaient relativement instruites, se plaisaient aux occupations intellectuelles, aimaient les poètes, les conteurs, savaient les goûter et les encourager. Pendant ces longues soirées passées dans les châteaux, il fallait bien occuper l'esprit de cette

[1] *Chron. des ducs de Normandie*, vers 31323 et suiv.

noblesse. C'étaient des jeux de combinaison comme les échecs, les *tables* (trictrac) ; des chansons, romans ou poëmes que débitaient les trouvères, que l'on écoutait attentivement et qui faisaient le sujet de commentaires sans fin ; des gageures, des questions posées et que chacun devait résoudre.

On ne voit pas que sous ce rapport nous ayons à nous flatter d'avoir fait de notables progrès ; loin de là, si l'on considère la vie futile, désœuvrée et dépourvue de toute occupation intellectuelle de beaucoup de nos grands propriétaires terriens.

Villehardouin, Joinville, étaient gentilshommes et des écrivains du premier ordre. Ce dernier rapporte que pendant la bataille de la Massoure, étant fort pressé par les Sarrasins, le comte de Soissons, qui près de lui était, disait, tout en chargeant sur la foule des ennemis qui les harcelait : « Seneschaus, laissons huer cette chiennaille ; « que, par la Quoife Dieu ! (ainsi comme il juroit) encore en par- « lerons-nous entre vous et moi de ceste journée ès chambres des « dames[1] ». Aux récits des trouvères, aux chansons, se mêlait la narration des événements auxquels assistait cette chevalerie ; des combats réels, des périls auxquels on avait échappé, des aventures d'outre-mer ; et cela, devant les dames. Ces quelques mots du « bons cuens de Soissons », comme dit Joinville, laissent entrevoir un coin de l'existence de la noblesse féodale pendant les heures de loisir au milieu de ses châteaux, et combien la société des femmes était le pivot de la vie sédentaire. Fallait-il que les femmes fussent assez instruites, assez au fait de tout ce qui intéressait les hommes pour que ces longues conversations eussent l'attrait qui suggère au comte de Soissons, en pleine mêlée, les quelques mots cités plus haut. Et, en effet, on est émerveillé en lisant les romans, les contes, les chroniques des XIIe, XIIIe et XIVe siècles, combien la femme est au fait de tout, comme elle participe à tout ; comme elle sait, dans les circonstances difficiles, se tirer d'affaire, commander, prendre une décision ; comme son esprit s'élève à la hauteur des événements ; comme elle joint, à tous les charmes d'une éducation délicate au besoin, des sentiments virils, l'indépendance du caractère, l'amour de la justice ; comme elle est éloignée de cette dévotion étroite et famélique si fort à la mode depuis le XVIIe siècle ; comme elle a horreur de la pusillanimité, de l'hypocrisie et de tous ces petits moyens chers aux âmes faibles.

[1] *Hist. de saint Louis*, par le sire de Joinville, édit. de M. N. de Vailly, p. 86.

Quelle était donc cette éducation de la femme? Robert de Blois nous le dira en quelques vers [1] :

> « Por ce (dit l'auteur) vueil-je courtoisement
> « Enseignier les dames comment
> « Eles se doivent contenir. »

Qu'elles aillent et viennent, parlent ou se taisent, en tout faut-il de la mesure. Si une femme parle trop, on la tient pour indiscrète et folle ; si elle ne dit mot, on la trouve peu avenante, car faut-il qu'elle sache recevoir les gens. Fait-elle courtoisement fête à tous, il est des sots qui se vantent d'être l'objet de ses bonnes grâces, bien qu'elle n'y songe pas. Mais si au contraire elle est réservée, on la trouve fière ou orgueilleuse, ou sournoise et dédaigneuse. Sachez donc que mainte dame s'abstient de faire bonne chère à certaines personnes qui leur plaisent, par défiance des propos.

Il faut donc ne faire ni trop, ni trop peu.

Mais entendez comme il se faut conduire : — Si vous allez à l'église ou ailleurs, gardez-vous de mettre votre haquenée au trot ou au galop. Marchez droit, bon pas et ne dépassez point ceux qui vous accompagnent ; cela est malséant. Ne tournez pas vos regards à droite et à gauche, mais fixez-les droit devant vous. Saluez avec amabilité ceux que vous rencontrez. Cela ne coûte guère et l'on vous en sait gré. N'est pas généreux celui qui est avare de saluts ; or, un salut vaut pour moi dix marcs. Pour les pauvres gens, n'ayez point l'apparence du mépris, mais approchez-les doucement ; ne leur donnant rien du vôtre, faut-il au moins leur parler avec bienveillance.

> « Après vous di que de sa bouche,
> « Nus hom à la vostre ne touche,
> « Fors cil à cui vous estes toute,
> « Nest pas sage qui de ce doute,
> «   »

Ne regardez jamais un homme en face, à moins que ce ne soit celui auquel votre amour est légitimement accordé. Retenez bien ceci : quand une dame regarde souvent quelqu'un, celui-ci ne manque pas de se croire préféré ; et c'est merveille s'il ne le croit pas, car les yeux vont là où le cœur est porté.

Si quelqu'un vous prie de lui accorder votre amour, gardez-vous

---

[1] *Le Chastiement* (le savoir-vivre) *des dames.*

de vous en vanter. C'est vilain de se vanter, et si vous voulez accorder ce qu'il demande, il est inutile que tout le monde le sache.

Il est prudent de céder ses affections, car on ne sait jamais ce qu'elles peuvent devenir, et souvent celui dont on a fait le moins de cas arrive à se faire aimer.

On doit ne pas se décolleter, montrer ses épaules et sa gorge, laisser découvrir une jambe. On fait ainsi deviner ce qui doit rester caché. Toute femme qui se montre en négligé devant ses gens est bientôt mal famée. D'aucun n'acceptez joyaux, car ce que l'on donne ainsi est chèrement vendu ; or, toute femme d'honneur doit se garder de rien accepter si ce n'est de ses parents : alors doit-elle remercier loyalement et garder le cadeau, non à cause de sa valeur, mais comme un souvenir sans prix. Secrètement n'acceptez jamais rien.

Surtout évitez les querelles, les discussions ; femme qui se laisse entraîner dans une discussion perd tout son prestige et passe pour une ribaude. Facilement les femmes, à leur grand préjudice, dans la chaleur de la dispute, en disent plus qu'elles ne veulent et ont lieu de regretter un mouvement de colère. Si l'on vous parle d'une manière peu convenable, laissez dire. Dieu vous en saura bon gré, et votre bonne renommée y gagnera. Tout ce que vous pourriez répliquer tournerait à votre préjudice. Rien n'est tel que de savoir se taire, et ainsi ferez-vous plus de tort à celui qui vous cherche querelle que si vous lui répondiez. Celle qui dit des injures salit sa bouche. La femme querelleuse est odieuse à Dieu et à tous. A plus forte raison, dames ne doivent jamais jurer. Il n'est pas moins honteux pour une femme de boire et de manger avec excès, et il n'est pas de plus grand vice pour une femme que la gourmandise.

> « Gloute desouz, gloute deseure,
> « Dehait qui tels Dames honeure !
> « Courtoisie, biauté, savoir
> « Ne peut dame yvre en soi avoir ;
> « Outréement nule proesce
> « N'a Dame sousprise d'yvrece.
>
> « . . . .
> « Fi de la Dame qui s'enyvre,
> « Ele n'est pas digne de vivre,
> « . . . .
> « Bien est honis, et honis soit
> « Et home et fame qui trop boit :
> « A cui li vins n'est mie sains,
> « Mesler le doit, ou boivre moins. »

La dame qui ne bouge quand un seigneur la salue, et qui cache

son visage, est tenue pour mal élevée. On peut croire alors qu'elle est
malsaine.

« Ou de ses denz ou de s'alaine. »

Je ne dis pas qu'il ne faille au besoin cacher son visage ; il ne faut
pas plus tenir pour sotte celle qui se voile que tenir pour sage celle
qui trop se couvre. En cela, il est un juste milieu à garder. Laides,
cachez-vous ; jolies, laissez-vous voir ; mais si vous chevauchez, tenez-
vous voilées. A l'église, laissez voir votre visage ; toutefois, si vous
riez par aventure, mettez la main devant votre bouche.

Il est des soins de toilette que toutes femmes doivent observer,
suivant leur complexion et en raison des circonstances.

Apportez la plus grande attention à votre tenue à l'église, car là
chacun vous observe et ne marquera pas de gloser. Gardez-vous de
rire, de parler ou de tourner les yeux de tous côtés. Ce n'est point le
lieu. La messe chantée, laissez la foule s'écouler, puis allez-vous-en
sans vous presser et en saluant ceux que vous connaissez, attendant
les personnes qui vous accompagnent. Rendez les honneurs aux dames
de haute lignée et ne sortéz qu'après elles.

Si vous avez une belle voix, chantez, mais non trop. Car trop chanter ennuie souvent. Si vous êtes en compagnie de gens de haute naissance et si l'on vous prie de chanter, ne vous en défendez pas. Faites-
le simplement, comme si vous étiez dans l'intimité...

Tenez vos mains nettes, les ongles bien coupés et clairs. Il n'y a
pas de beauté qui puisse faire oublier les soins de propreté...

Si vous passez devant une maison, ne regardez pas ce qui s'y passe,
mais suivez votre chemin. Si vous devez y entrer, prévenez de votre
présence en toussant ou en parlant ; car il ne faut jamais entrer
à l'improviste chez les gens.

A table, observez-vous, c'est un point important. Riez peu, parlez
modérément. Si vous mangez avec quelqu'un [1], tournez les meilleurs
morceaux devant lui. Ne mettez dans votre bouche des morceaux ni
trop chauds, ni trop gros. Chaque fois que vous buvez, essuyez-vous
la bouche, mais gardez-vous d'approcher la nappe de vos yeux ou de
votre nez, ou de vous tacher les doigts...

De tous les vices, le mensonge est le pire. Nul ne peut aimer ni
servir femme qui ment. On guérit d'une blessure, non de l'habitude.

[1] Il était d'usage de se placer à table par couples, et parfois de manger dans la
même assiette.

de mentir. Si donc vous avez quelque souci de votre âme, gardez-vous
de mentir, car la bouche qui ment tue l'âme.

> « Mainte dame, quant on la prie
> « D'amor, en est si esbahie
> « Qu'ele ne s·t que doie dire,
> « Ne comment d'amor escondire. »

Elle se tait, n'accorde, ni ne refuse.

> « Et ce li vient de simpleté »

Alors le poursuivant croit avoir trouvé ce qu'il cherche, et
devient-il pressant! Bien près est de faillir celle qui tout d'abord n'op-
pose un refus aux prières qu'on lui adresse, et est-elle peu prisée.
Sachez donc que si vous voulez être estimée, faut-il d'abord éconduire le solliciteur. Faites-vous désirer. L'amour acquis sans difficultés est bientôt transi. Accumulez les difficultés, plus doux sera le
succès.

> « Apres la pluie le biau tanz
> « Plus agrée, plus est plesanz.
> « D'autre part amors otroié
> « Si tost, n'est mie si proisié
> « Com cele c'on a par dangier';
> « Qar li amanz porra cuidier
> « C'uns autres l'ait si tost comme il,
> « Et por ce la tendra por vil ;
> « Et ce qu'ele fet tost à un,
> « Feroit aussi tost à chascun. »

Je vais vous apprendre comme il faut éconduire l'amant. Or viendra celui qui se dit tout vôtre ; il peindra ses angoisses, ses doutes
et le prix qu'il attache à votre amour. « Dame, dira-t-il, nuit et
jour votre beauté me fait languir ; je ne puis chasser votre image de
mon souvenir, ni boire, ni manger. Ma vie se passe en plaintes et en
soupirs ; et ne puis durer ainsi si vous ne me prenez à merci. Quand
je vous vois, ma joie est aussi grande que si je voyais Dieu, et votre
doux regard me réjouit si fort que toute autre sensation m'échappe.
A ma pensée sans cesse vous êtes présente et mon cœur se tourne
toujours vers vous. Plus je songe à vous, plus ces pensers me tour-
mentent, et je ne sais alors que me plaindre et soupirer, oubliant tous
autres soins. Dame, pour vous je languis ; de jour en jour je vais
de mal en pis. Et à présent que ferez-vous ? A la mort vous pouvez

m'arracher ; car en vous est ma vie ou ma mort, ma douleur ou ma joie. Pour Dieu, de moi ayez pitié : pitié de votre ami ! pitié ! pitié ! Mon cœur est sincère et je n'ai d'autre désir que de vous posséder. Me donnerez-vous espoir ? »

> « En chantant ainsi se plaindra.
>
> «
>
> « — Quant voi ces oisiaus esjoïr,
> « Por la douçor de la seson,
> « Lors chant [*] por ma dolor couvrir,
> « N'ai de chanter autre reson ;
> « Genz cors, franz cuers, clere façon,
> « Por vous me covendra morir,
> « Se je par vous n'ai garison.
>
> «   »

Que doit lui répondre la dame ? « Beau sire, si vous êtes en peine, ce n'est certes pas ma volonté, et si, à cause de moi, vous vous lamentez, sachez bien que votre cœur est affolé. De votre bonheur, de votre contentement, je serais très joyeuse et votre mal me causerait du chagrin. Je vous aime autant que je dois aimer tout honnête homme. Soyez assuré que je n'ai jamais aimé et n'aimerai autrement, s'il plaît à Dieu. J'aime celui à qui j'ai promis foi, amour et dévouement. Celui-là aura mon affection qui la doit avoir, et je ne puis souffrir que celui qui me doit aimer me haïsse. Pourrait-il me haïr, en effet, s'il savait que j'écoute de pareils propos ? Il est digne de mon amour et d'une affection plus haute même : de lui seul je prendrai conseil.

« Je ne sais ce que vous avez pu supposer de moi, mais il paraît bien qu'en me tenant de pareils discours vous me prenez pour la plus sotte ou la plus folle des femmes. Je ne suis pas d'une beauté à provoquer ces extravagances, et certes, si j'étais telle, « plus nettement me garderoie ».

« Je ne saurais trop maudire cette beauté par laquelle je serais avilie... Ce n'est point à cause de ma beauté que vous parlez ainsi, mais pour passer le temps. J'en suis fâchée. Que Dieu m'aide, si vous me prisez si peu que vous vouliez vous moquer de moi. Laissons cela ; cependant, si vous me répétez des propos semblables, je vous retire toute mon estime, et vous êtes assuré que j'éviterai de me trouver là où vous allez... »

Les trouvères ne manquent jamais de montrer l'amour et le

---

[*] « Alors je chante. »

dévouement de la femme comme le prix de la bravoure et de la loyauté. La lâcheté, la faiblesse de cœur lui sont odieuses, et les poëtes (qui évidemment ne faisaient que suivre l'opinion dominante au milieu de la société qu'ils se chargeaient de distraire et de charmer par leurs récits) vont bien loin, à cet égard, dans leurs écrits. Témoin le conte de Béranger :

Un chevalier ruiné, en proie aux usuriers, ne sachant plus de quel bois faire flèche, se décide à donner sa fille au fils d'un vilain riche auquel il a emprunté de grosses sommes. La demoiselle se résigne, bien qu'à regret. Le père arme de sa main son gendre chevalier, afin de n'avoir pas à rougir de l'alliance à laquelle il a poussé sa fille. Le nouveau chevalier se croit un héros, méprise ses anciens compagnons, ne cesse de se vanter et de parler à tout propos de tournois et de faits de guerre, croyant ainsi en imposer à sa femme. Celle-ci n'est point dupe de ces rodomontades et attend l'occasion de voir à l'œuvre son époux. Le nouveau chevalier ne trouve rien de mieux, un matin, pour prouver sa bravoure, que de s'en aller seul dans un bois. Là il attache son écu à une branche d'arbre et frappe dessus avec son épée à coup redoublés. Il rompt sa lance ; puis il retourne chez lui en annonçant qu'il vient de combattre une troupe de gens armés. La femme, qui voit le cheval frais, sans une égratignure, son époux sans blessure aucune, conçoit des soupçons, et, à quelques jours de là, son seigneur sortant armé pour aller, dit-il, combattre de nouveau les coureurs de chemins, elle s'arme aussi, monte à cheval, suit le chevalier, et arrive près de lui au moment où celui-ci se dispose à recommencer le jeu de l'écu tranché. Elle le défie alors ; mais le quidam n'entend point se battre, et passe par toutes les humiliations que lui impose le nouveau venu, qu'il ne reconnaît point sous le harnais et qui lui dit se nommer Béranger.

Que fait la dame ? Elle se rend chez un chevalier qui l'aimait et dont elle avait repoussé jusqu'alors les services ; elle l'emmène chez elle en croupe, le fait monter dans sa chambre, et quand l'époux revient, encore disposé à se vanter, malgré la mauvaise issue de son aventure, elle embrasse devant lui son amant. Le pauvre mari veut menacer : « Taisez-vous, dit la dame, vous n'êtes qu'un lâche ; et si vous souf- « flez mot, je fais ici venir Béranger : vous savez comme il traite les « couards. »

Le vilain ennobli ne souffla-t-il mot.

Ce conte, parmi bien d'autres, montre assez que la société d'alors considérait la lâcheté, le mensonge et la forfanterie comme les derniers des vices qui mettaient l'homme en dehors de la loi commune et le privaient de tous ses droits.

Dans le *Roman de Foulque de Candie*[1], Aufélise parle ainsi à Manduit, auquel sa foi était promise, mais qui l'a abandonnée et s'est laissé renverser de cheval, ce pendant qu'il devait la protéger :

« . . . . . . — Vos fustes ja mès drus :
« Mès or en estes de l'angarde abatus.
« A cest besoing avès esté molt mus.
« Tornez arriere : si soit mes gans rendus.
« Si l'aura tex, qui miels est cornéus.
« Molt contralie la pucele a Mauduit :
« — Amis, fait ele, vous estes de grant bruit ;
« Mais cil destrier vi ge hui main tout vuit.
« Car dites ore, doit cil avoir déduit
« De gente damé ne par jor ne par nuit,
« Qui lait s'amie et delez lui s'en fuit ?
« Vous me guerpistes dedens vostre conduit.
« Tiébaut mon frere en pesa, que je cuit,
« Il me rescout ; plus m'en tenoi d'uit
« Vostre est la honte : gardez que ne m'anuit,
« Molt est vile cele, qui de vos atent fruit.
« Poignez avant ; qu'or nous esgardent tuit. »

Les femmes encouragent et soutiennent les hommes dans les entreprises qui lassent leur patience. Le même poëme d'Herbert le Duc nous montre le roi Louis, fatigué de la guerre qu'il fait dans le Roussillon ; il tient à rentrer en France, et emmène la belle Ganite qui s'est convertie, a épousé un de ses barons et à laquelle il avait promis de rendre ses terres restées entre les mains des Sarrasins. Cependant les seigneurs des pays incomplètement soumis viennent le trouver et lui demandent d'achever son entreprise. Louis refuse ; il en a fait assez, dit-il, et est trop heureux de rentrer chez lui. La guerre jamais ne finirait, s'il les écoutait !

Ganite alors lui parle ainsi :

« — Sire, ce dist Ganite, je vous proie et senion
« Por Dieu le fils Marie, qui soufri passion,
« Qu'un petit m'entendez : ne vous quier autre don.
« Pour vous ai déguerpi Apolyn et Mahon,
« Et mon riche lignage du règne Pharaon.
« Moie et toute la terre si qu'en Karphanaon ;
« A XXX rois pooie lacier mon gomphanon :

---

[1] Par Herbert le Duc de Dammartin, commencement du XIIIe siècle. (Voyez la *Collec. des poëtes de Champagne*, publ. par M. Prosper Tarbé).

> « De mon grant tenement n'ai vaillant .I. bouton.
> « Sire, à vostre plésir m'avez donné baron.
> « Selons qu'ai fait pour vous, m'en rendez guerredon ?
> « S'ainsi me deshéritent les hoirs Marsilion,
> « A tous jours en auront mes hoirs rétraction,
> « Et vous en seriez retés de traïson ! »

Le roi lui promet de ne point abandonner sa cause, mais Ganite ne s'en tient pas à cette promesse ; elle entend que l'effet suive, aussi insiste-t-elle :

> « — Gentis rois, dist la bele, vous m'avez mariée
> « Au meilleur chevalier, qui onc férist d'espée.
> « Bertran le palazin ravez fame donnée,
> « Et Guichart le hardi, qui proesce a doublée,
> « Et si m'avez en fons hauptisiée et levée.
> « Sire, que diroit on en la vostre contrée
> « Sé la vostre fillole lessiez deshéritée ? »

Et en effet le roi Louis assemble ses barons et achève son entreprise.

On sait combien de femmes, pendant le cours du moyen âge, ont su montrer des sentiments virils et défendre, avec autant d'énergie que de prudence les graves intérêts qui parfois leur étaient confiés. Il est peu de figures plus grandes et plus nobles que celle d'Héloïse. Il est peu de souverains qui aient pu, au milieu de périls imminents, gouverner avec autant de prudence et de fermeté que le fit la reine Blanche de Castille, mère de saint Louis. Ce personnage, mal connu, faiblement apprécié, croyons-nous, par l'histoire, et qui montra un cœur si français, bien que les seigneurs ligués contre la couronne traitassent la reine régente *d'étrangère qu'il fallait mettre hors du royaume*, parvint à dissoudre cette ligue et à remettre intacte à son fils cette couronne convoitée par les grands vassaux[1]. Les romans des XIIe et XIIIe siècles sont remplis d'aventures dans lesquelles des femmes savent, avec prudence et courage, surmonter les plus graves dangers. Certes les romans ne sont pas l'histoire, mais ils sont la peinture des mœurs, et n'ont la vogue qu'autant qu'ils prennent leurs types dans la société au milieu de laquelle ils sont écrits[2]. Si dans beaucoup de ces romans la rigidité des mœurs n'est pas toujours mise au premier rang, du moins la loyauté, le courage, la per-

---

[1] Disons cependant que, da[n]s son *Histoire de France*, M. Henri Martin (tome IV) fait ressortir la grandeur du rôle de la reine Blanche.

[2] Voyez, entre autres, le roman de *Hugues Capet* (XIV[e] siècle).

sistance, la noblesse du cœur, sont les moyens de séduction qui attirent le beau sexe. C'est à ces qualités que les femmes ne résistent point et qu'elles demeurent fidèles. Ce sont ces qualités qu'elles savent provoquer, exalter; et, bien entendu, le lecteur alors se met de leur côté, même si les lois sociales s'en trouvent parfois violées. Un sens moral élevé sort toujours intact de ces œuvres belles ou médiocres des trouvères du moyen âge; et cette société que les esprits superficiels veulent considérer comme bigote et grossière, portait dans son sein, en dehors des sentiments religieux, des principes moraux, d'honneur, de loyauté, de sincérité et de délicatesse qui formaient le fond solide sur lequel s'appuyaient toutes les classes. Une société peut être très religieuse et très débile et corrompue (cela s'est vu et se voit encore), si elle n'a pas, à côté de la religion, qui pardonne aux faibles et aux vicieux, des principes moraux, qui ne pardonnent jamais l'oubli de ces principes et qui ne laissent aux violateurs de ces lois que le déshonneur ou la mort comme châtiment. Or les femmes étaient les gardiennes de ces lois, et de leurs jugements il n'y avait point à appeler. Ce fait ressort de tous les écrits français du moyen âge. Souvent elles sont consultées, souvent aussi elles résistent à des conseils qu'elles considèrent comme s'éloignant du strict devoir. Elles s'insurgent contre l'arbitraire, la tyrannie et la cruauté. Elles prennent le parti du faible, et savent, au besoin, adoucir les amertumes du vaincu [1]: aussi étaient-elles respectées.

À ce propos, Froissart rapporte une charmante anecdote et qui peint de la manière la plus vive, comme tout ce qu'écrit ce merveilleux auteur, les mœurs de l'époque. C'est en 1342; et la scène se passe en Angleterre; mais alors les mœurs des gentilshommes anglais ne différaient pas de celles de France. Il s'agit du roi Edouard qui arrive avec son armée [2] pour faire lever le siège du château de Salisbury investi par le roi d'Ecosse et défendu par la comtesse. En effet, le roi d'Ecosse n'attend pas l'arrivée d'Édouard et s'en retourne avec son monde.

« Il estoit venu en si grand'haste (le roi d'Angleterre), que ses gens « et ses chevaux estoient durement travaillés. Si commanda que

---

[1] On ne trouverait dans aucun document du moyen âge un fait analogue à celui dont nous avons été les témoins: des femmes écrivant à leurs maris de se hâter de détruire une ville qui résiste; et nous espérons que ce fait ne se produirait pas dans la société des femmes françaises. Leurs aïeules eussent eu honte, loin du combat, de provoquer les cruautés du vainqueur.

[2] *Chron. de Froissart*, liv. 1, chap. CLXV et CLXVI.

« chascun se logeast là endroit, car il vouloit aller voir le chastel et
« la gentil dame qui laiens estoit ; car il ne l'avoit vue puis les noces
« dont elle estoit mariée..... Sitost comme le roi Édouard fut dés-
« armé, il prit jusques à dix ou douze chevaliers et s'en alla vers le
« chastel pour saluer la comtesse de Salebrin et pour voir la maniere
« des assauts que les Escots avoient faits, et des deffenses que ceux du
« chastel avoient faites à l'encontre. Sitost que la dame de Salebrin
« sçut le roi venant, elle fist ouvrir toutes les portes, et vint hors si
« richement vestue et atournée, que chascun s'en émerveilloit et ne
« se pouvoit tenir de la regarder et de remirer à la grand'noblesse
« de la dame, avec la grand'beauté et le gracieux maintien qu'elle
« avoit. Quand elle fut venue jusques au roi, elle s'inclina jusques à
« terre contre lui, en le regraciant de la grace et des secours que fait
« lui avoit ; et l'emmena au chastel pour le fester et honorer, comme
« celle qui très bien le savoit faire. Chascun la regardoit à merveille,
« et le roi mesme ne se put tenir de la regarder ; et bien lui estoit
« avis qu'oncques n'avoit vue si noble, si frique ni si belle de li. Si le
« férit tantost une étincelle de fine amour au cœur, que madame
« Vénus lui envoya par Cupido, le dieu d'amour, et qui lui dura par
« longtemps, car bien lui sembloit que au monde n'avoit dame qui
« tant fit à aimer comme elle. Si entrerent au chastel main à main ; et
« le mena la dame premier en la salle, et puis en sa chambre, qui
« estoit si noblement parée comme à lui afféroit. Et toudis regardoit
« le roi la gentil dame, si ardemment qu'elle en devenoit toute
« honteuse et abaubie. Quand il l'eut grand'pièce regardée, il alla à
« une fenêtre pour s'appuyer, et commença fortement à penser.
« La dame, qui à ce point ne pensoit, alla les autres seigneurs et che-
« valiers fester et saluer moult grandement et à point, ainsi qu'elle
« savoit bien faire, chascun selon son estat ; et puis commanda à appa-
« reiller à diner, et, quand tems seroit, mettre les tables, et la salle
« parer et ordonner.
    « Quand la dame eut devisé et commandé à ses gens tout ce que bon
« lui sembla, elle s'en revint, à chere liée, devers le roi, qui encore
« pensoit et musoit fortement, et lui dit : — Cher Sire, pourquoi
« pensez-vous si fort ? Tant penser n'affiert pas à vous, ce m'est avis,
« sauve votre grace ; ains deussiez faire feste et joie et bonne chere,
« quand vous avez enchassé vos ennemis, qui ne vous ont osé
« attendre, et deussiez les autres penser du remenant. — Le roi ré-
« pondit et dit: Ha ! chere dame, sachez que depuis que j'entrai
« céans m'est un songe survenu, de quoi je ne me prenois pas garde ;
« si m'y convient penser, et ne sais qu'advenir m'en pourra : mais

« je n'en puis mon cœur oster. — Cher Sire, ce dit la dame, vous
« deussiez toujours faire bonne chere pour vos gens conforter, et
« laisser le penser et le muser. Dieu vous a si bien aidé jusques à
« maintenant dans toutes vos besognes, et donné si grand'grace que
« vous estes le plus douté et honoré prince des chrétiens; et si
« le roi d'Ecosse vous a fait dépit et dommage, vous le pourrez bien
« amender quand vous voudrez, ainsi que autrefois avez fait. Si
« laissez le muser et venez en la salle, s'il vous plaist, de lez vos
« chevaliers ; tantost sera prest pour diner. — Ha ! ma chere dame,
« dit le roi, autre chose me touche et gist en mon cœur que vous ne
« pensez ; car certainement, le doux maintien, le parfait sens, la
« grand'noblesse, la grace et la fine beauté que j'ai vue et trouvée
« en vous m'ont si surpris et entrepris, qu'il convient que je sois de
« vous aimé ; car nul escondit ne m'en pourroit oster.

« La gentil dame fut adonc durement ébahie, et dit : — Ha ! très
« cher Sire, ne me veuillez moquer, essayer, ni tenter : je ne
« pourrois cuider ni penser que ce fust acertes que vous dites, ni que
« si noble, ni si gentil prince que vous estes, dust quérir tour ni pen-
« ser pour déshonorer moi et mon mari, qui est si vaillant cheva-
« lier, et qui tant vous a servi que vous savez, et encore est pour
« vous emprisonné. Certes, vous seriez de tel cas peu prisé et
« amendé ; certes, telle pensée oncques ne me vint en cœur, ni ja
« n'y viendra, si Dieu plaist, pour homme qui soit né ; et si je le fai-
« sois, vous m'en devriez blasmer, non pas blasmer seulement, mais
« mon corps justicier et démembrer, pour donner l'exemple aux
« autres d'estre loyales à leurs maris.

« Adonc se partit la gentil dame et laissa le roi durement ébahi,
« et s'en revint en la salle pour haster le diner, et puis s'en retourna
« au roi et emmena de ses chevaliers et lui : — Sire, venez en la
« salle ; les chevaliers vous attendent pour laver, car ils ont trop
« jeuné ; aussi avez-vous. »

Comme on peut le penser, le roi ne fit guère honneur au dîner
et ne cessait de regarder la comtesse, qui, sans y prendre autrement garde, faisait fête à tous. Le roi, cependant, tourmenté par
des sentiments contraires, son amour et sa loyauté, passait la plus
mauvaise nuit. Le matin il fit déloger son ost afin de poursuivre les
Ecossais, et, prenant congé de la dame, il lui dit : « — Ma chere dame,
« à Dieu vous recommande jusqu'au revenir : si vous prie que vous
« vous veuillez aviser et autrement estre conseillée que vous ne m'avez
« dit. — Cher Sire, répondit la dame, le Pere Glorieux vous
« veuille conduire et oster de mauvaise et vilaine pensée et désho-

« norable ; car je suis et serai toujours apareillée à vous servir
« à vostre honneur et à la moye. »

Il est inutile, pensons-nous, d'insister sur le côté délicat de cette
narration, dans laquelle la femme est présentée sous un jour plein de
grâce et de digne simplicité. Savoir être simple, même dans les circonstances les plus délicates et les plus périlleuses, est certainement
la marque d'une éducation morale parfaite.

Ces sentiments élevés chez la femme, nous les voyons sans cesse
exprimés dans les documents laissés par le moyen âge.

Le livre des *Quatre Dames* d'Alain Chartier met en scène, après
la bataille d'Azincourt, les maîtresses de quatre chevaliers, lesquelles
se désolent ; et en ont-elles sujet. La première a perdu son amant,
tué en combattant bravement ; l'ami de la seconde a été blessé griève-
ment, et elle ne sait s'il est encore vivant. Celui de la troisième est
prisonnier, elle ne peut prévoir l'époque de sa délivrance. C'est à
qui des trois dames se prétendra la plus infortunée. Si la première
n'a plus que des regrets, les deux autres vivent dans l'anxiété, pire
que les regrets. Vient la quatrième, et c'est ainsi qu'elle s'exprime :

> « Mes dames, qu'alez-vous disant ?
> « Je suis à vous contredisant,
> « Non pas pour estre desprisant,
>   « Ou courroucer
> « Vos cueurs, que je n'ay pas pou cher.
> « Mais de ce qui me peult toucher,
> « Et que je voy ci reproucher,
>   « Me fault respondre.
> « Force de dueil me vient semondre
> « De mon cas très honteux espondre,
> « Qui me fait tout en lermes fondre :
>   « Et tiens moins compte
> « Du desplaisir que de la honte.
> « J'oy l'une de vous qui racompte
> « Que par moy sa douleur surmonte,
>   « Ou par celuy
> « Que je cuide meilleur que luy,
> « Et l'ay amé plus que nully.
> « Vous ne parlastes de tel huy.
>   « Or a fuy
> « Laschement, et s'en est fuy,
> « Dont il a honneur deffuy,
> « Et dit-on : pourquoi y fut y ?
>   « Et ses semblables,
> « Quand leurs laschetez dommageables,
> « Et leurs fuites deshonorables,
> « Ont fait mourir tant de notables

« Presque à milliers.
« Et fait perdre les chevaliers
« Qui de la France estoient pilliers
« Menez comme bœufs en colliers
         « En violentes
« Prisons, où n'a que poux et lentes ?
« Ainsi leurs couardiés lentes
« Ont fait tant de dames doulentes,
         « Et esplourées !
« Tant en ont de lermes plourées,
« Maintes grans Dames honnorées,
« Qui en sont seules demourées
         « Comme vous dites.
« Ainsi vous en semble mauldites
« Les fuitifs pour leurs démérites,
« Dont ils ne seront jamais quittes,
         « Quant courrouché
« Ont les bons, dont a touché,
« Dont j'ay le cueur bien courrouché,
« Qui me peult estre reprouché
         « D'avoir amé,
« Et pour serviteur réclamé
« Ung lasche fuitif diffamé,
« Et de tel déshonneur blasmé,
         « Comme de fuire
« En tel place, et aux aultres nuires,
« Faire son bacinet reluire,
« Et vestir harnois pour dessuire,
         « Ha ! quel journée !
« Folle de sens, mal aournée ;
« Las ! pourquoy fuz-je ce jour née,
« Ne onques à lui amer tournée ?
         « En tel erreur
« Les yeulx, qui m'ont fait la foleur,
« En portent la peine et le pleur.
« . . . .
« Las ! à qui doncques m'en prendray,
         « Fors à moy seule ! »

La quatrième dame est considérée comme la plus à plaindre. Nous connaissons peu de morceau de poésie empreint d'un aussi noble caractère et d'un sentiment plus pathétique. C'est un poëte qui parle, objectera-t-on. Oui, c'est un poëte, mais ses vers étaient la consolation des esprits les plus élevés de son temps, et il n'obtenait ces inspirations si profondément pénétrées des malheurs du pays que parce qu'il peignait les sentiments conservés encore dans quelques âmes d'élite. Ces sentiments que le poëte fait exprimer par des femmes avec une singulière énergie, étaient bien réels et trouvaient un écho tout autour de lui, ainsi que le prouve assez l'admiration et le respect que montrait pour notre poëte Marguerite d'Écosse, ainsi que les dames qui l'entouraient.

Au milieu du désarroi du commencement du XVe siècle, lorsque la France semblait à tout jamais démembrée et perdue par les fautes d'une féodalité égoïste et corrompue, l'avilissement des populations et la soumission des grands corps du royaume à la loi du plus fort : clergé, université, corporations, congrégations, — car de tout temps les corps privilégiés n'ont songé et ne songent qu'à maintenir leurs privilèges et se soucient peu, au fond, de la patrie, puisque la patrie pour eux est l'intégrité de leur existence comme corps, — les femmes seules ne désespéraient pas de cette patrie déchirée, et enfin Jeanne Darc, la plus humble d'entre toutes, s'adressait aux derniers membres encore palpitants de la nation et opposait aux envahisseurs une résistance fortuite qu'ils ne savaient vaincre, au moment où ils pensaient être, pour toujours, les maîtres du royaume.

Alain Chartier était donc dans le vrai, quand il mettait dans la bouche des femmes les nobles discours qu'on vient de lire.

Plus qu'en aucun autre pays de la vieille Europe, la femme, en France, n'admet l'abus de la force, la soumission à une loi que son cœur réprouve, à une nécessité qui semble inflexible aux âmes prudentes. Et si, par hasard, elle est obligée de se plier à la brutalité d'un fait, elle entretient et sait nourrir dans le cœur des enfants qu'elle élève ces haines saintes contre l'oppression et la tyrannie qui tôt ou tard se dressent formidables, en face de la puissance la mieux affermie.

Les femmes ont été pour beaucoup dans le mouvement révolutionnaire du dernier siècle ; elles ont été pour beaucoup dans la réaction contre les excès où furent bientôt entraînés tant d'esprits pusillanimes, à la suite de quelques atroces fanatiques.

La femme, chez nous, a sa logique, toute de sentiment, qui déconcerte souvent les calculs les plus profonds ; elle est rarement dupe, et si elle obéit, c'est que son esprit lui démontre que cette obéissance s'accorde avec ce que ses instincts souvent bons, parfois mauvais, lui dictent. A ce propos, l'auteur du *Ménagier de Paris*, qui donne dans son livre de si délicats enseignements à sa jeune femme, cherche à lui démontrer que l'épouse doit à l'époux une obéissance passive, absolue : jusqu'à l'absurde. Et pour l'affermir dans cette idée, il lui raconte l'*Histoire de Grisilidis*, qui est jolie, mais qui manque absolument le but ; car, dans ce conte, la

femme obéissante qui se laisse ravir ses enfants sous un prétexte
futile donné par le mari, est contre nature et n'est qu'une pauvre
sotte. Clytemnestre est bien autrement dans le vrai, heureusement.
Mais, par contre, le même auteur cite les deux historiettes suivantes
qui peignent exactement la femme française, et la sienne probablement :

« J'ai ouï dire au bailly de Tournay, écrit l'auteur du *Ménagier*,
qu'étant en compagnie avec plusieurs hommes depuis longtemps mariés, ceux-ci firent la gageure que voici : Ceux d'entre eux, dont les
femmes compteraient jusqu'à quatre, sans arrêts, contradictions,
moquerie ou observation, seraient quittes ; mais ceux dont les moi-
tiés n'arriveraient pas à compter jusqu'à quatre, sans interruption
ou sans mêler à ces simples mots, *un, deux, trois, quatre*, quelque observation, moquerie ou contradictions, payeraient à souper
à la compagnie. On va donc chez le premier, qui s'appelait Robin
et dont la femme faisait fort la glorieuse ; et devant tous l'époux lui
dit : « Marie, dictes après moy ce que je diroy. — Voulentiers, sire.
« — Marie, dictes : Empreu [1]... — Empreu. — Et deux... — Et deux. —
« Et trois... A donc Marie un peu fièrement disoit : Et sept, et douze,
« et quatorze ! Esgar [2] ! vous mocquez-vous de moy ? Ainsi le mary
« Marie perdoit. Après ce, l'en aloit en l'hostel Jehan, qui appeloit
« Agnesot sa femme qui bien savoit faire la dame, et luy disoit :
« — Dictes après moy ce que je diroy : Empreu... — Agnesot disoit
« par desdain : Et deux. A donc perdoit. Tassin disoit à dame Tas-
« sine : Empreu... — Tassine par orgueil disoit en hault : C'est
« de nouvel ! ou disoit : Je ne suis mie enfant pour apprendre à
« compter. Ou disoit : Or ça, de par Dieu, esgar, estes-vous devenu
« menestrier ? Et les semblables. Et ainsi perdoit ; et tous ceulx qui
« avoient espousées les jeunes, bien aprises et bien endoctrinées
« gagnoient et estoient joyeux. »

Voici le second conte :

« Trois abbés et trois mariés estoient en une compagnie, et
« entre eulx vint une question en disant lesquels estoient plus obéis-
« sans, ou les femmes à leurs maris, ou les religieux à leur abbé ;
« et sur ce eurent moult de paroles, d'argumens et exemples
« racontés d'une part et d'autre. Se les exemples estoient vrais, je
« ne sçay ; mais en conclusion, ils demourèrent contraires et ordon-
« nèrent que une preuve s'en feroit loyaument, et secrètement jurée

[1] « En premier, un. »
[2] « Voyons ! »

« entre eulx par foy et par serment : c'est assavoir que chascun des
« abbés commanderoit à chascuns de ses moines que sans le sceu
« des autres il laissast la nuit sa chambre ouverte et unes verges
« soubz son chevet, en attendant la discipline que son abbé luy
« vouldroit donner ; et chascun des maris commanderoit secrete-
« ment à sa femme, à leur couchier, et sans ce que aucun de leur
« mesgnie[1] en sceussent rien, ni aucun fors eulx deux, qu'elle meist
« et laissast toute nuit un balay derrière l'uis de leur chambre ; et
« dedens huit jours rassembleroit illeques les abbés et les mariés,
« et jureroient lors d'avoir exécuté leur essay et de rapporter juste-
« ment et loyaument, sans fraude, ce qui en seroit ensuivi ; et
« ceulx ou des abbés et des mariés à qui l'on auroit moins obéy
« paieroient un escot de dix francs. » Les abbés rapportèrent sur
leur honneur qu'ils avaient à minuit trouvé dans la cellule de chacun
de leurs moines la verge placée sous le chevet, et qu'ils avaient été
ainsi scupuleusement obéis. Il n'en fut pas de même des maris.

Le premier rapporta qu'ayant dit secrètement à sa moitié, avant
de se mettre au lit, de placer un balai derrière la porte, la femme
avait demandé à quoi cela pouvait être bon : ne le voulant dire,
elle se réfusa à le faire ; alors le mari avait fait semblant de
se fâcher, et sa moitié s'était soumise. Les lumières emportées,
le mari fit lever sa femme, et il entendit très bien qu'elle posait
le balai derrière la porte. Il lui en sut bon gré et s'endormit ; peu
après, s'étant réveillé et s'apercevant que sa femme dormait, il
sortit doucement du lit, alla à la porte, mais n'y trouva pas le balai.
Il se recoucha, et, réveillant sa femme, il lui demanda si le balai
était bien derrière l'huis. « — Oui, dit-elle. — J'y suis allé voir,
répondit le mari, il n'y est point. — Dussé-je perdre ma meilleure
robe, répliqua la dame, je ne l'y aurais laissé, car dès que vous
fûtes endormi, je sentis mes cheveux se hérisser, « et commençay
« à tressuer et n'eusse peu dormir tant qu'il eust été en ceste
« chambre ; je l'ay gecté en la rue par les fenestres. »

Le second raconta qu'après s'être mis au lit, il avait fait relever
sa femme ; de très méchante humeur, elle avait mis le balai derrière la porte, mais que s'étant aussitôt rhabillée, elle avait juré de
ne pas demeurer là plus longtemps, et s'en était allée coucher avec
sa chambrière.

« Ma femme, dit le troisième, m'a répondu qu'elle n'était point

---

[1] « Des gens de la maison. »

fille d'enchanteurs ou de sorciers et qu'elle ne savait jouer du balai la nuit. » Si bien que les abbés gagnèrent.

Ceci prouve que les femmes ne sont pas plus des moines que les moines ne sont des raisons, et qu'au XIVe siècle non plus qu'aujourd'hui, chez nous, la femme ne se soumet qu'autant que son jugement, sa passion ou sa dignité le lui commandent... Et c'est fort heureux !

TOUREZ, s. m. Coiffure de femme, basse, usitée à dater du commencement du XIVe siècle : « Pour plusieurs pieces de cueuvre- « chiefs, gorgieres, tourez, espingles et autres atours, achatez par « l'Argentier en la présence de Othebon [1] ...... »

Le *tourez* était ou une sorte de diadème d'orfévrerie ou de pierreries, de perles, ou une coiffure d'étoffe. Nous n'avons sur cet accessoire de la toilette que des renseignements incomplets. Nous rangeons donc dans cet article les coiffures de femmes, qui ne sont ni des couronnes, ni des escoffions, ni des cornes ou hennins, voiles et couvre-chef. Dans le *Cymbalum mundi*, le mot *touret* est employé comme *loup*, demi-masque. Mais au XIVe siècle, en France, le loup n'était pas en usage, et le mot *touret* désignait habituellement un rouet pour filer. Il ne semble pas que le mot *tourez*, appliqué à la coiffure des femmes au XIVe siècle, puisse désigner autre

---

[1] *Dépenses faites à l'occasion du mariage de Blanche de Bourbon avec le roi de Castille D. Pedro* (voyez *Comptes de l'argenterie des rois de France*, par L. Douët d'Arcq).

chose qu'un cercle. Au xive siècle, ces sortes de cercles sont souvent accompagnés d'une voilette qui pouvait, au besoin, cacher le haut du visage, ce qui ferait rentrer le tourez dans la signification que lui donne l'auteur du *Cymbalum mundi*.

2

Æ

La figure 1 pourrait être un tourez [1]. Cette coiffure est composée d'une sorte de diadème de perles retenant les cheveux. La dame qui le porte est montée sur une haquenée.

3

La figure 2 [2] présente un cercle également de perles, mais non

---

[1] Manuscr. Biblioth. nation., *Lancelot du Lac*, français, miniatures de facture italienne (1360 environ).
[2] Même manuscrit.

posé comme une couronne. Ce tourez retient la chevelure derrière la nuque, comme le précédent.

La figure 3 [1] montre un de ces tourez faits d'étoffe pourpre avec perles d'or. Il enserre aussi la chevelure, ce qui paraît être le caractère propre à cette coiffure.

La figure 4 [2] est un tourez fait en forme de barrette de velours, avec poche d'étoffe d'or pour retenir la chevelure. Une voilette très transparente est attachée entre la barrette et la poche.

Ces exemples indiquent la différence qui existait entre le couvre-chef, l'escoffion, la couronne et le tourez proprement dit, lequel n'est point posé horizontalement sur la tête comme la couronne, n'a pas l'importance de l'escoffion, et se rapprocherait plutôt du couvre-chef (voyez cet article). C'était certainement une coiffure parée.

TRESSOIR, s. m. (tresseoire). — Voyez PEIGNE.

TROUSSOIRE, s. f. (troussouaire). Agrafe pour relever un des pans des robes longues des dames. Ce mot ne paraît pas employé avant le xvᵉ siècle :

« Et sa Dame, une cordeliere,
« Pour luy faire une troussouaire [3]. »

[1] Manuscr. Biblioth. nation., *Lancelot du Lac*, français (1425 environ).
[2] Manuscr. Biblioth. nation., *Gérart de Nevers*, français (milieu du xvᵉ siècle).
[3] Martial d'Auvergne, *l'Amant rendu cordelier*.

1

A

B

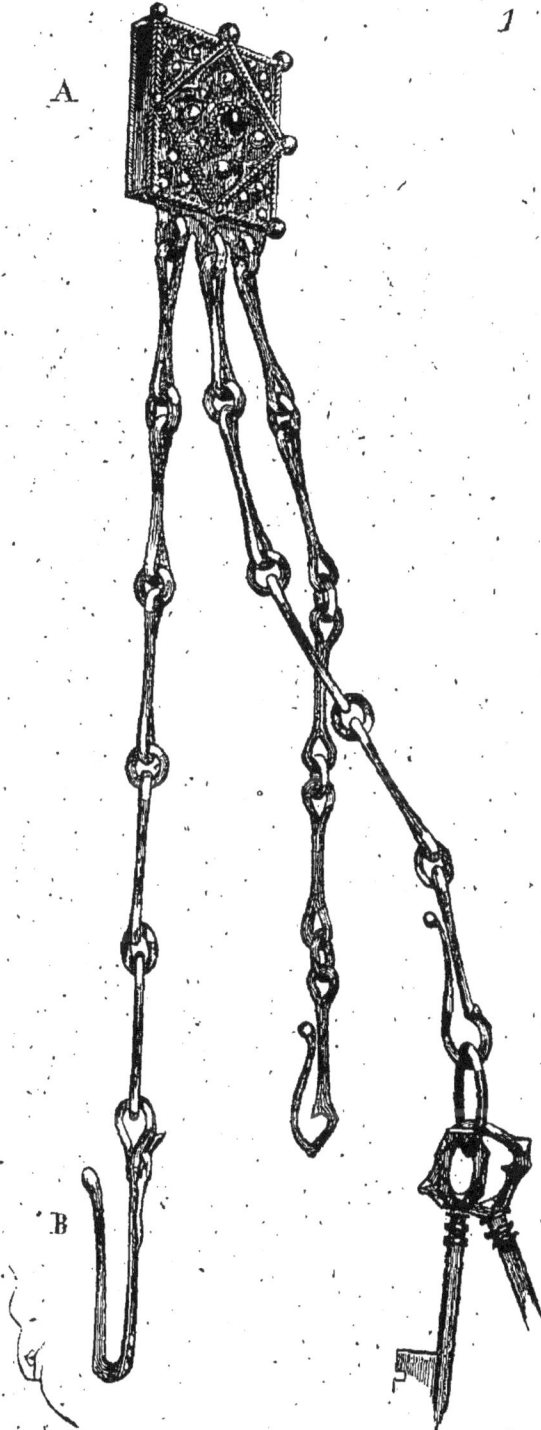

Ces troussoires étaient de diverses sortes. Elles ne consistaient qu'en une agrafe pendue au-dessous de la ceinture, et à laquelle on attachait un pan de la jupe au moyen d'un œil pratiqué sur celle-ci ; ou bien c'était une chaînette plus ou moins riche attachée à la ceinture, recevant une cassolette, quelques menus objets, des clefs, et une forte agrafe destinée à relever la robe pour faciliter la marche. La figure 1[1] donne une de ces chaînettes, qui date de la fin du XIVe siècle. Le passant A était pris dans la ceinture. L'agrafe B rattachait la jupe au moyen d'un œillet.

Dans les Flandres et en Bourgogne, les femmes de médiocre condition avaient aussi à la ceinture une longue lanière de cuir orné, ou de velours, ou de passementerie, qui permettait de trousser la robe. Mais cette mode ne semble pas avoir été usitée en France, tandis qu'elle est très fréquemment indiquée sur les monuments rhénans de la fin du XVe siècle.

TUNIQUE, s. f. — Voyez AUBE, COTTE, JUBE, ROBE.

VERGE, s. f. Nous voyons que les huissiers portaient comme signe de leur charge, dès le XIIIe siècle, une verge :

> « Mult i out rois, contes et ducs ;
> « Treis cenz huissers i out as huis,
> « Chescuns avoit ou vers ou gris
> « Et bon paille d'autre païs.
> « Si conduient les barons
> « Par les desgrez pur les garçons,
> « Od les verges k'ès mains tenoient
> « As évesques voie fesoient
> « Que nul garçon n'i apresmast,
> « Si aucuns de euë n'el comandast[2]. »

Ces bâtons, entre les mains des huissiers, servaient alors à faire place aux personnages auxquels ils servaient d'introducteurs.

Quand Guillaume revient à Westminster après son premier retour sur le continent, il y tint une grande fête, à laquelle assistaient les

---

[1] Ancienne collection Garneray (moitié d'exécution).
[2] *Chron. de Geoffroi Gaimar*, publiée par M. Fr. Michel, t. I, p. 39

seigneurs du pays de Galles. Ceux-ci prétendaient tenir les épées,
dans le cortège du roi, qu'on devait porter devant lui ; mais les
seigneurs normands ne le souffrirent pas :

> « .liij. contes vindrent avant,
> « Chescuns une espée saisit,
> « De bel porter chascuns servit. »

Mais le comte Huon fut si fier, qu'il ne daigna se saisir d'aucune,
disant qu'il n'était pas sergent. Le roi se mit à rire, et de belle
humeur lui donna sa verge d'or (son sceptre) à tenir avec charge de la
défendre :

> « . . . . Jeo la prendrai (répondit le comte),
> « Come à seigneur la vus rendrai,
> « Sustiendrai-la tant cum vodrez
> « Pur le grant fès qe vus portez
> « Del soc [1], del sceptre et la corone :
> « Dont estes rois et dreit persone ;
> « Et pur l'onur que fet m'avez
> « Me met en vostre féautez [2]. »

Si l'orgueil d'un noble vassal ne lui permettait pas de porter l'épée
du suzerain, il ne lui défendait pas, parait-il, de porter la verge
ou le sceptre. De tout temps la vanité ne s'est pas piquée d'être
logique.

Au XIVe siècle, on voit les gentilshommes porter des cannes légères
ou verges, à cheval, pendant certaines solennités, comme signe de
leurs charges à la cour, ou de puissance féodale. Au XVe siècle, cette
habitude parait adoptée comme complément de toilette, et alors ces
verges étaient souvent très précieuses.

On donnait aussi à certaines bagues le nom de *verges*.

Dans le conte de *la Damoiselle cavalière* [3], celle-ci donne à son
amant une verge d'or (bague) émaillée de larmes noires, en signe de
sa fidélité et comme promesse de le prendre pour époux. Le quidam
l'ayant trompée, la demoiselle trouve moyen de reprendre sa bague,
et se trouve ainsi déliée.

VOILE, s. m. Habillement de tête des femmes, qui remonte à la
plus haute antiquité, fort usité pendant les premiers siècles du

---

[1] « Du manteau. »
[2] *Chron. de Geoffroi Gaimar.*
[3] *Les Cent Nouvelles nouvelles.*

moyen âge, mais qui affecte des formes très variées. Il y a les grands
voiles demi-circulaires, qui tombent jusqu'à terre et qui sont adoptés
pendant l'époque carlovingienne (voy. TOILETTE, fig. 2); puis les
voiles ronds, les voiles en manière d'écharpe, les voilettes, les voiles
de lin, opaques, et les voiles transparents, à la mode pendant le
XVᵉ siècle. Les articles du *Dictionnaire* montrent une grande quantité
de ces voiles depuis le xᵉ siècle jusqu'au xvıᵉ. Toutefois il est nécessaire ici de résumer les formes principales qu'affecte cette partie du
vêtement féminin.

Le grand voile circulaire, qui était si fort de mode vers les
derniers temps de l'époque carlovingienne, paraît avoir été porté
par les femmes de toutes classes. Il avait environ 1ᵐ,50 de diamètre,
était fait de lin blanc et souvent brodé. Le bord était posé sur
la tête, et l'étoffe tombait naturellement sur les épaules et les bras
(fig. 1).

- Le petit voile circulaire, qui n'avait que 80 centimètres de diamètre environ, est porté par les dames nobles, pendant le XII° siècle, sous le cercle ou la couronne d'orfévrerie. Celui-là était fait souvent d'un fin tissu de soie. L'art consistait à donner aux bords du voile des plis en cascade, ce que permettait d'obtenir la forme circulaire.

2

Pendant le XIII° siècle, les dames portaient aussi le petit voile circulaire et le voile quadrangulaire, large de 50 centimètres environ et long de 1^m,50. On posait ce voile sur la tête en laissant tomber un des bouts du côté gauche, puis on ramenait l'autre partie sur la poitrine, et on la laissait pendre derrière l'épaule gauche (fig. 2). Ces voiles étaient faits, ou d'une toile de lin fine, ou d'une étoffe de soie transparente ; les bords étaient cernés d'une ganse noire ou d'or.

Ces voiles oblongs se posaient aussi de cette manière :

Le milieu du bord d'un des longs pans était posé sous le menton ; puis on relevait les deux extrémités, le long des joues, sur le sommet de la tête, où elles se croisaient ; l'une d'elles était ramenée sur le front en formant une courbe prononcée ; l'un des bouts tombait latéralement, l'autre par derrière. Un cercle d'orfévrerie maintenait le tout, et permettait d'obtenir, en pinçant le voile, les deux angles

3

aigus qu'il formait des deux côtés du front (fig. 3). On voit ici la disposition du voile par devant et par derrière. Cette mode est adoptée à la fin du xiiie siècle et au commencement du xive.

Le voile était alors pris sous le devant du corsage, comme dans l'exemple que nous présentons ici, ou passait dessus en formant guimpe.

Dans les articles COIFFURE, ROBE, TOILETTE, nous avons donné un assez grand nombre de ces voiles de diverses formes, pour qu'il ne soit pas nécessaire d'insister sur ce détail de la parure des femmes pendant le moyen âge.

FIN DU TOME QUATRIÈME

TABLE

DES MOTS CONTENUS DANS LE TOME QUATRIÈME

DU

DICTIONNAIRE DU MOBILIER FRANÇAIS

Septième partie. — Vêtements, bijoux de corps, objets de toilette.

(SUITE)